公共政策学

Public Policy

吴光芸 主编　唐兵 副主编

天津出版传媒集团

天津人民出版社

图书在版编目（ＣＩＰ）数据

公共政策学 / 吴光芸主编. -- 天津：天津人民出版社，2015.12

经典教材教参系列

ISBN 978-7-201-10055-5

Ⅰ.①公… Ⅱ.①吴… Ⅲ.①政策科学—教材 Ⅳ.①D0

中国版本图书馆 CIP 数据核字（2015）第 316221 号

公共政策学
GONGGONG ZHENGCEXUE

出　　版	天津人民出版社
出 版 人	黄　沛
地　　址	天津市和平区西康路35号康岳大厦
邮政编码	300051
邮购电话	（022）23332469
网　　址	http://www.tjrmcbs.com
电子信箱	tjrmcbs@126.com
策划编辑	王　康
责任编辑	郑　玥
特约编辑	王　倩
装帧设计	明轩文化
印　　刷	高教社(天津)印务有限公司
经　　销	新华书店
开　　本	710×1000毫米　1/16
印　　张	27.75
插　　页	2插页
字　　数	270千字
版次印次	2015年12月第1版　2015年12月第1次印刷
定　　价	68.00元

前　言

公共政策虽然不是一个全新的概念，但相关研究却是一门新的学科。它发端于第二次世界大战后几个主要的工业发达国家，其后迅速扩展到许多国家和地区。可以认为，公共政策学是战后社会科学领域发展最迅速、影响面最大、应用领域最广、实证性最强、社会效用最明显的学科之一。

近一二十年，国外的公共政策研究（公共政策分析、政策科学）正变得越来越多样化，在本学科领域出现了大量的新途径、新理论以及新方法。同时，也分散在其他学科领域对各种实质性政策（尤其是经济与社会政策）的研究之中。

政策科学或公共政策研究包含着众多的分支或主题领域，如政策科学理论、政策分析方法、本国公共政策、比较公共政策、公共政策伦理、战略研究、未来研究、制度分析与公共选择等；对实质性政策的研究可以细分为政治政策、外交政策、经济政策、社会政策、文化政策及科技政策、教育政策等分支；对公共决策过程（政策过程）的基本环节或功能活动的分别研究也可形成专门的分支，如政策战略（元政策）、政策制定、政策执行、政策评估（或项目评估）、政策周期、政策实验、政策传播、政策变迁、政策创新等内容的研究。

而在我国，公共政策学的学科分化程度还比较低，除了政策科学理论、政策分析方法和若干实质性政策领域的研究之外，大部分分支学科并未分化、成型。针对这一缺陷，国内从事政策科学教学与研究的学者们呼吁开拓公共政策的新研究领域，展开对各分支领域的研究，尽快开设实质性政策的主要领域和政策过程各基本环节的独立课程，加快学科分化步伐，建立健全中国公共政策学的学科体系。因此，如何去研究公共政策的基本理念、基本原则、基本研究方法等主要内容，探寻公共政策这门新兴学科的科学发展规律，就成为每一位从事公共政策教学与研究工作者的重要历史使命。特别是如何积极地去构建系统性、整体性、科学性、具有本土化特色的公共政策理论与方法体系,现已成为了中国公共政策研究领域的当务之急和重中之重,具有迫切的时代需求。

编者从事公共政策教学和科研十余年,深感公共政策学作为应用性和实践性很强的一门学科,如何将公共政策的理论知识与公共决策实践过程密切联系起来,提倡以问题为中心而不是以学科为中心的知识产生方式,围绕政策问题的解决而整合来自于各种学科的知识和方法,也离不开国内外公共政策学的研究者对政策科学理论的不断发展和完善。近年来,课程组将"研讨式教学法"引入到《公共政策学》课堂教学中,根据教学内容和对象的不同,通过学术前沿专题研讨、公共政策案例研讨和具体政策问题研讨三种形式来展开研讨式公共政策课堂教学,取得了良好的教学成果。在实际教学过程中我们发现,公共政策分析建立在学生对基本的政策系统和政策过程理论全面把握的基础上,同时又必须掌握政策分析的本质和政策分析的方法,了解公共政策学科发展的前沿理论。因此,本教材将其理论体系分为四个部分:政策系统、政策过程、政策分析和公共政策研究学术前沿。本教材在每章节都编写具体政策理论介绍的同时,结合课堂教学中的具体政策案例分析论述,便于学生对抽象理论的理解。同时添加政策冲突、政策滞后、政策失灵、政策网络理论、政策变迁理论等目前国内教材没有的内容,具有创新性,适用于行政管理专业的本科生和研究生。

本教材获得南昌大学教材出版资助,是江西省学位与研究生教育教学改革研究项目(JXYJG-2014-17)、南昌大学教改课题"研讨式教学方法在《公共政策学》课程中的应用研究(14000982)"的成果。

目　录

本章重点：

1. 公共政策的研究范式
2. 公共政策的学科性质
3. 公共政策学科的理论体系
4. 西方公共政策学的形成和发展
5. 中国公共政策学下一步发展的关注点
6. 学习公共政策学的方法和意义

第一章　公共政策研究导论

公共政策虽然不是一个全新的概念，但相关研究却是一门新的学科。它发端于第二次世界大战后几个主要的工业发达国家，其后迅速扩展到许多国家和地区。可以认为，公共政策学是战后社会科学领域发展最迅速、影响面最大、应用领域最广、实证性最强、社会效用最明显的学科之一。

公共政策学之所以在较短的时间内迅速兴起和发展，既与现代社会的管理特征相联系，也与公共政策自身的学科特征相联系。现代政府所面临的已不再是个别的、单一的、简单的和基本稳定或一再重复出现的社会问题，而是大量的相互关联、相互制约得越来越具复杂性、尖锐性、普遍性、专业性、变化性和发展性的各种社会矛盾和问题。与此同时，公众所关心的问题和兴趣的焦点，也不再是抽象的理念或原则问题，而是那些与自身利益密切相关的特殊的公共政策问题，比如犯罪与社会安全、公平与经济发展、种族与社会和谐、战争与外交方针、污染与环境保护，以及住房、卫生、社会保障、公共交通等一系列实际问题。由于这些问题直接关系到人们自身境况的改善，因而人们对这类问题的关注与日俱增，并因此产生了对政府制定公共政策的能力、程序、方式以及公共政策的质量的疑问和不满。这就使一批具有一定的学术素养，同时具备相当实际经验的学者、科学家和政府官员深切感

第
一
章

到,应当建立一种能够兼容各相关学科的优势,且能够解决各种现实公共政策问题的全新的学科。这一学科就是我们现在所学的公共政策学。包括社会科学和自然科学在内的诸多学科的不断发展,为公共政策学的形成提供了一定的理论基础和实用技术,现实压力和未来需要则为其提供了发展的动力。可以说,公共政策学的产生与发展有其历史必然性。

第一节　公共政策的研究"范式"

"范式"(Paradigm)一词源自语言学,来自希腊文,原来包含"共同显示"的意思,由此引出模式、模型、范例等义。原本"范式"是表示语言变化的规则,托马斯·库恩(Thomas Kunn)将其引入科学哲学,表示"在科学实际活动中被公认的范例——包括定律、理论、应用以及仪器设备统统在内的范例——为某种科学研究传统的出现提供了模型"。

"一个科学的范式就是一套关于现实的假设,这套假设比其他的假设能更好地说明当今的世界。"按照库恩在《科学革命的结构》(1962)一书中的定义,所谓的"范式"是指为进一步的科学研究提供模式的特定科学成就,或者说是多数或全部研究者所认同的一套成文或默许的制度,包括学科的术语、理论、方法、假设、论证方式、操作规则等。

库恩科学范式理论的研究重心是对科学共同体的结构展开分析,认为范式是科学共同体在某一历史时段内对科学研究所秉持的基本承诺、共同信念和研究共识,是一种整体的科学观。一旦科学范式形成并稳定后,科学共同体就会在其指导下,运用一套特定的概念工具和技术工具进行研究,并通过教科书广泛传播,从而进入常规科学研究阶段。在官僚共同体中,情况要比科学共同体复杂得多。由于公共政策是一种连接理论与实践的桥梁,是学术与政治、知识与权力双向互动的结果,因此其范式具有两大层面:理论层面上的政策科学范式与实践层面上的公共政策范式。尽管前者对后者常常会发生实际影响,但为将范围缩小,本文主要讨论的是后者意义上的政策范式。因此,公共政策范式(Public Policy Paradigms)可以理解为在某一历史时段内被官僚共同体所抱持的政治承诺、共同信仰和施政共识,是一种整体的施政观、政绩观、发展观。或者如政治学者彼得·霍尔所指出的,公共政策范式是政策制定者对公共问题的基本性质及其解决之道所持的信念、价值观和态度。

在《科学革命的结构》日文版的后记中,库恩进一步将科学范式的基本内涵阐发为包括符号概括、学科承诺、价值观念、共有范例、意会知识等在内的一整套"学科基质"。同样地,政策范式的基本内涵也可解读为一整套的"官僚基质",包括政治口号、政治承诺、政绩观念、典型个案、领导艺术等。或者更具体地说,包括政策制定者所追求的宽广目标、观察公共问题的特定方式、解决公共问题的特定方法以及达到目标所使用的特定政策工具等。

一、学科名称梳理

通常意义上讲,"政策科学""政策分析""公共政策"经常用来表示这一学科领域的术语,在西方的文献中,这些术语有时当作同义词而交替使用。

一般认为,"政策科学"的概念是由美国政治科学家哈罗德·D.拉斯韦尔(Harold D. Lasswell)最早提出的。早在1943年的一个备忘录中,他就提到了"政策科学"的概念,而这一概念在出版物中的首次出现则是他与卡普兰在1950年合著的《权力和社会:政治研究的框架》一书中。1951年,拉斯韦尔在与拉纳合编的《政策科学:范围和方法的新近发展》一书特别是拉斯韦尔本人所写的"政策方向"一文中,首次对社会科学中的政策研究方向,即政策科学的对象、性质和发展方向作出规定,奠定了政策科学发展的基础,成了政策科学诞生的标志,拉斯韦尔因此成为"现代政策科学的奠基人";政策科学作为一个独立学科的形成,则是20世纪60年代末70年代初的事,它以德洛尔的政策科学"三部曲"——《公共政策制定检讨》(1968年)、《政策科学构想》(1971年)和《政策科学进展》(1971年)的出版为代表,这些著作构成政策科学发展的第二里程碑。

"政策分析"一词则是由美国经济学家和政治学家林德布洛姆(Charles E.Lindblom)首先提出的。他在1958年发表了《政策分析》一文,用"政策分析"表示一种将定性与定量相结合的渐进比较分析类型。在西方文献中,"政策科学"与"政策分析"两个概念的关系颇为复杂,有的学者将两者当作同义词使用;有的学者将它们加以区别,用"政策科学"作为一个总的学科领域名称,强调它的跨学科、综合性特征,而将"政策分析"看作政策科学的一个分支,强调政策分析作为社会科学领域中的一个应用性学科的特征。

我国的政策科学学者给政策科学或公共政策学下过一些定义。可以概括为以下四种看法：

1. 认为政策科学主要研究政策制定的理论和方法，是研究如何制定正确政策、避免错误政策的学科领域；

2. 认为政策科学是关于制定政策方案、规划政策的实施、评价政策的结果、预测政策的方向的一门学科；

3. 认为政策科学是研究政策的属性及特点、政策制定和执行规律的科学；

4. 从广义和狭义两个方面来界定政策科学，认为广义的政策科学是对不同的公共政策的性质、原因和结果进行的研究；狭义的政策研究可以界定为对目标、方案及社会效果之间的相互关系的研究。

综合而言，政策科学是"一个综合地运用各种知识和方法来研究政策系统和政策过程，探求公共政策的实质、原因和结果的学科"，其目的是提供政策相关知识，改善公共决策系统，提高公共政策质量。

二、公共政策学科的研究对象

公共政策学科以人类社会的政策系统和政策过程作为专门的研究对象，它既要研究政策的本质、原因和结果，注重内容分析；又要研究政策系统及政策过程（包括政策的制定、执行、评估等环节），注重系统过程分析。

三、公共政策的学科性质

公共政策学作为一个全新的、独立的学科，有如下四个基本特征：

（一）公共政策学是一个综合性、跨学科的新研究领域

政策科学不是现有的某一学科的更新，而是一个全新的跨学科的研究领域，具有综合、交叉的特点。它的产生和发展需要以大量的知识和方法为基础，几乎所有迄今为止人类所创造的科学知识和方法都可以运用于政策研究之中。政策科学是在吸收其他学科尤其是政治学、经济学、社会学、管理学、心理学、哲学、统计学、运筹学、系统分析等学科的知识和方法的基础上，形成和发展起来的。另一方面，政策科学并不是由这些学科的知识和方法的拼凑堆积而成的，而是在新的学术框架中将种种知识和方法有机地结合起

来。与各种常规社会科学学科相比,政策科学实现了范式转换,形成了一系列的新范式。它将科学知识尤其是社会科学知识与公共决策过程密切联系起来,提倡以问题为中心,而不是以学科为中心的知识产生方法,政策科学的倡导者们力求指出当代社会科学尤其是管理科学和行为科学的偏狭性,提出一门能把各种知识和方法直接运用于改进公共决策系统、提高政策质量的新学科,因而各种学科的理论和方法在政策科学的新框架中获得了新的意义,政策科学具有全新综合的特征。

(二)政策科学是一门行动取向的学科,体现着理论与实践的统一

　　按照政策科学的奠基人的观点,政策科学是一门行动取向的学科,它是适应人类利用已有的知识和方法去改进政策制定系统,提高政策质量的需要而产生的。政策科学的奠基者们发现,以往的大部分科学知识尤其是应用社会科学研究并没有对政策系统的改进和政策质量的提高产生应有的积极影响。因为尽管它们有时也提出政策建议,但这些建议往往因不切实际或缺乏政治可行性而被否决。政策科学的研究对象是政策实践或实际的政策过程,它的目的和功能是提供政策相关知识,为政策实践服务。因此,政策科学不是纯理论科学或基础研究,而是一门应用性较强的学科。政策科学既在实践中产生,又在实践中得到应用和发展。它要指导执政党或国家的各项政策的制定、执行和评估的实践活动,它以实践定向,以发现和解决社会的政策问题为宗旨,为实践服务;而政策实践则为政策科学提出需要解决的问题,提供经验教训,检验和发展政策科学理论。

(三)公共政策学不仅是一门描述性的学科,而且是一门规范性学科

　　政策科学可以说是对一般选择理论的研究,而选择则以价值(观)作为基础。因此,它不仅关心事实,而且更关心价值和行动;它不仅是描述的,而且也是规范的。

　　描述性是对某一人口总体或社会现象的特征进行系统、精确的测量和叙述,进而形成命题和假设的研究类型。它的主要目标是回答"是什么"或"怎么样"的问题。描述情况和事件是社会研究的主要目的之一。在描述性研究中,研究者对所研究的社会现象进行周密而仔细的科学观察,然后从特

征、状况、规模、程度等方面详尽地把它们描述出来。

规范性重在价值,规范性的研究,包含各种价值判断,如自由、人权、平等……不一而足,不管是自由主义、社会主义、国家主义、民族主义、女性主义,各种主义都有各自的价值,用它们所揭示的价值,作为批判现状的研究方法,就是规范性研究。

没有哪一种研究是完全的规范性,它总是有意识无意识地与现实有关;也不会是完全的描述性,因为研究也是人做的,既然是研究,也总是会有问题,需要有数据,需要经过诠释。事实和价值的分离或追求价值中立性曾在相当长的时期被当作经验科学的目标,这实际上是实证主义不切实际的科学理想。政策科学是描述的,是因为它关心事实,追求有关公共政策的性质、原因和结果的知识。政策科学则明确地以价值为取向。政策科学可以说是对一般选择理论的研究,而选择则以价值(观)作为基础,更关心价值和行动;它不仅是描述的,而且也是规范的。说它是规范的,是因为它重视价值取向和价值评价,它的一个重要目标是创造和批评有关的公共政策价值的知识主张,或推荐应该采取的行动过程。政策科学的规范或价值批评的方面可以由这样一点来加以说明,即政策科学相关知识包含了具有价值特征的因变项(目的)和自变项(手段)的互动;这些变项地选择往往涉及在健康、财富、安全、和平、正义、平等和自由一类的价值中做出取舍。选择哪一个价值,并不仅仅是一个技术判断问题,而且往往需要伦理推导。因此,公共政策价值观或公共政策与伦理的关系问题在政策科学中占有极为重要的地位。

(四)政策科学是软科学的一个重要分支

所谓软科学是指那些以阐明现代社会复杂的课题为目的,应用各种相关学科的理论和方法,对包括人和社会在内的广泛对象进行跨学科研究的知识领域。从20世纪初开始尤其是第二次世界大战结束以后,出现了一系列新兴软科学学科,包括人工智能、战略研究、系统分析、未来研究、科学学、决策学、领导科学等。政策科学已经成为软科学的一个重要分支,甚至可以说是当代软科学的核心。软科学经历了较长的历史发展,在它发展的不同阶段呈现出不同的特点,并具有不同的重点。按照我国的一些学者的说法,软科学在20世纪50年代的重点是科学学尤其是科学社会学的研究;60年代的重点是运筹学;70年代的重点是未来学及预测学;到了80年代,其重点已经转向政策科学了。政策科学实际上构成决策科学化和民主化的主要支持学科，它对解决政策问题和促进社会发展的重大作用正被越来越多的人所认识。

四、公共政策学科的理论体系

目前国内教材对公共政策学科的理论体系的概括主要包含三个方面：政策系统、政策过程、政策分析，具体如下：

政策系统：这一部分包括公共政策的内容与实质、政策系统的构成及其划分，政策工具等内容。

政策过程：这一部分包括政策过程的概念框架、政策制定、政策执行、政策评估和监控、政策终结与政策周期各个阶段。

政策分析：这一部分包括政策分析的原则、政策分析的性质、政策分析的方法、政策分析的结构与框架等内容。

除此之外，本书将会在国内外公共政策学术研究的基础上，介绍公共政策研究的学术前沿，包括公共政策冲突、公共政策滞后、公共政策失灵、政策网络理论、政策变迁理论、多源流理论、中断—平衡理论、倡导联盟理论、政策扩散理论等。

五、公共政策学科的划界

所谓"划界"是指科学与非科学之间和科学中各个学科之间的分界。在此，我们着重说明的是政策分析与几个相邻学科的关系，便于更好地把握它作为一门交叉学科的特点。

(一)政策科学与政治学

在所有的社会科学学科中，政治学与政策分析有着最密切的关系。尤其是行为主义政治学的出现，可以说是政策分析产生与发展的一个重要原因。但是，政策分析是对政策全面、具体和专门的研究，而政治学除政策之外还关注阶级、国家、政党、制度、民主等重大问题。即便在政策研究中，前者强调政策及其相互之间的关系，后者更强调政府的结构、作用和行为，一般不关心具体政策。同时，政策分析的知识和研究方法涉及社会科学领域的各个方面,政治学只是其中来源之一。从某种意义上讲,政策科学是政治学的一个重要组成部分,甚至可以说是政治学的一个核心分支。政策科学与政治学可以视为部分与整体的关系。

(二)政策科学与经济学

从政策分析的发展来看,经济政策的研究起源很早,丰富了政策科学的知识。不仅如此,经济学分析已经发展成为政策分析的主要研究途径,提供了一系列政策分析的工具和研究的视野、框架,影响深远。但是,两者在研究对象与任务上存在着根本的差异。经济学是一门研究人类经济行为、经济现象的学科,政策分析虽然涉及经济政策研究,但它并不具体研究各种经济现象及经济行为。从研究任务来看,经济学致力于扩展一个国家或地区的经济总量,提升经济能力;政策分析则研究如何利用社会资源,包括经济能力以实现社会效益的最大化。因此,经济学所关注的经济效益只是政策科学研究中的一个因素,政策分析研究必须着眼于社会需求的满足。

(三)政策科学与社会学

"从最广泛的意义上说,社会学既是一门特殊的社会科学,又是一门政策科学。"[1]社会学与政策科学的联系以及它对政策科学发展的贡献是多方面的,主要有:①社会学研究日益关注了解社会政策的制定和执行过程。社会学家对政策过程的研究更多地集中在对某些特殊的过程和实况做出解释的宏观模式上,而不太注意决策如何做出的微观模式。他们的宏观模式力求解释某些特殊的社会控制形式是如何形成以及为什么形成、当代社会的功能一类的问题。他们关注的是回溯性地解释为什么有某项政策、法案出台以及为何出现某些管理效果。②社会学与政策科学的关系主要表现在它对社会问题、越轨行为、犯罪和社会变迁所特有的学科兴趣上;社会学中的政策研究几乎都是描述性的,而不是规范性的,而且主要集中在政策过程,而不是政策内容上。③社会学在评估研究上对政策科学的发展也做出了贡献,尽

---

① Albert J.Reigg, Jr., *Sociology and Public Policy*. See Social Science and Public Policy:The Roles of Academic Disciplines in Policy Analysis. N.Y., Port Washington:Assoeiated Faculty Press, 1984. p.20.

管社会科学的其他学科也同样在这方面有所贡献，但社会学提出了一些独特的评估方法或模式，他们的日常评估工作是在自然的社会状况下来进行的，而且他们更重视政策或项目失败的组织原因的分析。④社会学领域中出现了"社会政策(学)"的专门领域，它既是社会学的一个分支，也是政策科学的有机组成部分。

(四)政策科学与管理科学

美国管理学家赫伯特·西蒙(Herbert Simon)曾说："管理就是决策"。决策贯穿于管理过程的始终，也是政策科学研究的重要内容。管理学中关于环境、决策过程、方法与影响因素、计划编制与执行以及控制等环节的研究与政策分析有着类似、重合之处。可以这样说，两者的核心都在于改进决策，管理学致力于管理决策的改进，政策分析则致力于政策决策的改进。因此，管理学关注的是管理过程的各个环节和各个方面，它不仅包括对事的管理，而且包括对人的管理。政策分析的研究围绕政策展开，它是针对特定问题而提出的解决方案。

(五)政策科学与伦理学

从某种意义上说，政策分析或政策科学是一门关于选择的科学，而人的选择行为以价值判断或价值观作为基础。因而，伦理学是政策分析的一个重要学科基础，而伦理学分析(价值分析)构成政策分析的一个基本方面。政策分析的研究要解决以下几个问题：①描述性问题：公共政策的原因和结果是什么？②评价性问题：这项政策有什么价值？③倡导性问题：应该做什么？所以，邓恩在其《政策分析中的价值、伦理观和标准》一文中认为，政策分析采用各种探讨和论证的方法提出有关政策的信息并转换其形式，政策分析的范围和方法部分是描述性的，目的在于提出关于公共政策的原因和结果的信息；然而，政策分析也是规范性的：它的另一个重要目的是产生这种后果对过去、现在和将来几代人具有何种价值的信息。美国学者R.M.克朗(Robert M. Krone)在《系统分析和政策科学》一书中将价值分析看作政策分析(系统分析)方法论的一个方面。他认为，系统分析方法论包括三个相互关联的基本范畴：①行为研究；②价值研究；③规范研究。行为研究(事实分析)

要回答"是什么"的问题,前提是能够了解到事物的本来面目,能够发现事实真相,它要对事物、事件、关系和相互作用等进行描述、观察、计数和测度;价值研究(价值分析)要回答"喜欢什么"的问题,价值分析旨在确认某种目的是否值得为之争取,采取的手段是否能被接受以及改进系统的结果是否"良好",它通过价值的确认与分析而直接面对价值问题;规范研究要解答"应该是什么"的问题,它寻求的是通过确定和肯定为达到预定目的而采取的行动和手段,来证实"应该如何"的论断或假设。

当然,政策分析与法学、哲学和自然科学之间也存在着联系与差异,彼此之间互相借鉴、互相影响。鉴于篇幅的限制,此处就不再赘述。但可以肯定的是,作为一门独立的、新兴的学科,政策分析的发展需要不断地从其他学科吸取营养,而它自身的不断发展同样会对其他学科直接或间接地起到促进作用。

第二节 公共政策学的形成和发展

一、西方公共政策学的形成和发展

公共政策的研究对象并不是从一开始就像现在这样明确的。各个政策从产生到发展都经历了一个漫长的演变过程。正是在这一过程中,公共政策的研究对象与内容才逐渐变得清晰起来,公共政策作为一个学科门类才逐渐建立起来。

严格说来,西方现代政策科学(Modern Policy Science)是20世纪50年代以后才发展起来的一门社会科学学科。但是,政策研究作为社会科学中的一个领域在西方却早已存在。

在19世纪80年代以前,西方的政策研究还只是附属于经济科学。80年代以后,这种情况就发生了很大的变化。引起这种变化的一个重要原因是西方的一些国家开始重视对公共行政的研究。政策研究也随之进入了公共行政的领域。美国是最早建立公共行政科学的国家,因此政策问题比较早地在美国公共行政科学中得到发展。1887年伍德罗·威尔逊(Woddrow Wilson)在《政治学季刊》第二期上发表了题为"行政的研究"的论文,这是美国公共行政科学正式建立的标志。正是在这篇论文中,威尔逊从公共政策的角度将政治与行政区分为两个领域。他认为政治制度只负责制定或决定公共政策,而公共行政则负责执行公共政策。威尔逊特别指出,政治学应当关心公共政策的发展,应当细心地分析法律、法令的产生与变迁的历史。[①]对美国公共行政科学发展做出了重大贡献的古德诺(Frank J.Goodnow)也十分重视公共政策问题。他也像威尔逊一样,主张政治与行政分开,政治家依据一定的价值标准制定政策,而公共行政却可以以价值中立的态度去执行公共政策。实际上,古德诺把公共政策的制定看成是非理性过程,而公共政策的执行则是理性过程。[②]古德诺和威尔逊的共同点在于,他们都否认政治是一门科学,都相信执行公共政策的公共行政则可以完全根据科学和理性来有效地运行。

人类在20世纪40年代以前所作的政策研究还是初步的,政策研究还远远没有上升到学科的地位。对于政策的本质、内容及其研究方法也未能进行深入、详细的说明。但是,这种初步的研究却为现代政策科学的兴起与发展奠定了基础。

(一)起步阶段(20世纪50年代—60年代)

作为一门社会科学学科的现代政策研究是在二战以后逐步出现的,它的建立是与拉斯韦尔的名字分不开的。早在1943年,哈罗德·D. 拉斯韦尔(Harold D.Lasswell)就在他的一份备忘录中提到"政策科学"这一术语。1950年,他与卡普兰合著了《权力和社会:政治研究的框架》一书,书中正式使用了"政策科学"这一概念。1951年,拉纳与拉斯韦尔主编了《政策科学:范围和方法的新近发展》[③],在这一著作中,拉斯韦尔第一次对政策科学的学科性质、研究内容、发展方向作了详尽的论述。在西方学术界,人们普遍认为,《政策科学:范围和方法的新近发展》的问世,是政策科学诞生的标志。从20世纪50年代开始,在西方特别是在美国,出现了一场来势凶猛的"政策科学运动"(Policy Science Movement)。

拉斯韦尔被誉为"现代政策科学的创立者"。在《政策科学:范围和方法

① 彭和平等编译:《国外公共行政理论精选》,中共中央党校出版社,1997年,第14~15页。

② 同上,第28~32页。

③ Allen D. *Putt*, J. Fred Springer, *Policy Research:Concepts, Methods and Applications*, New Jersey: Prentice-Hall, Inc., 1989, p.12.

的新近发展》尤其是其中的"政策方向"一文中,他首次对社会科学中的政策研究方向即政策科学的对象、性质和发展方向等问题加以论述,奠定了政策科学发展的基础。他认为政策科学或社会科学中的政策方向可以超越社会科学的零碎的专门化,确立起一种全新的、统一的社会科学;时下局部的问题并不是政策科学所主要关心的,政策科学将致力于一般选择理论的研究;政策科学是某种不同于应用社会科学的研究,因为它主要关心"社会中人的基本问题";"关心解释政策制定和政策执行过程,关心搜集数据并提供对特定时期政策问题的解释"。政策科学采取一种全球观点,强调政策的历史脉络尤其是面向未来,重视对变化、创新和革命的研究。虽然拉斯韦尔在20世纪50年代初就指明了社会科学中的政策研究方向,但是在此后的十几年里,除了在政策分析的定量方法及技术方面,特别是运筹学、系统分析、线性规划和成本—效益分析等方法及技术上取得成就之外,政策科学的学科建设并没有取得重大突破。20世纪60年代中期以后,情况发生了改变,政策科学取得了迅速的发展。著名的科学哲学家库恩的《科学革命的结构》在当时起到了方法论的解放作用,给政策科学的发展注入了新的活力。但为政策科学的突破真正做出贡献的是一批政策科学家及政策分析者(更准确地说是一批政治学家、经济学家、社会学家或系统分析家),其中贡献最突出的是叶海卡·德罗尔(Yehezkel Dror)。他在1968—1971短短的几年时间里,出版了所谓政策科学的"三部曲"——《公共政策制定检讨》(1968年)、《政策科学构想》(1971年)、《政策科学进展》(1971年),并发表了一批政策科学论文。这些著作构成了政策科学发展的第二个里程碑。德罗尔继承和发展了拉斯韦尔的政策科学思想,对政策科学的一系列基本理论问题作了进一步具体详尽(有时近乎烦琐)的论证,从而形成了拉斯韦尔—德罗尔的政策科学传统。在这些论著中,德罗尔分析当代社会科学尤其是管理科学和行为科学的局限性以及政策科学产生的必然性和必要性,讨论了政策科学的对象、性质、范围及方法论问题。20世纪60年代末,当政策科学作为一个独立研究领域刚趋向成熟时,一些著名高等学府的学者就迫不及待地把研究生教育的眼光紧紧地盯住了这个充满希望和诱惑的新领域。从1967—1971短短的几年时间里,出现了第一批公共政策或公共事务学院或研究所(如密歇根大学公共政策研究所、哈佛大学肯尼迪政策学院、加州大学伯克利分校公共政策学院、兰德公司研究生院、杜克大学政策科学研究所等),开始了这方面的硕士生和博士生教育。这些著名学府不约而同地兴办政策科学专业的研究生教育项目,充分说明这一领域的重要性和生命力,说明它在培养政府决策、管理和政策分析人才方面的优越性,有力地推动了政策科学的进一步发展。

(二)发展阶段(20世纪70年代—80年代)

在20世纪70年代—80年代,政策科学研究获得了新的进展,在政策系统与政策过程的研究上取得了显著的成就,特别是在政策评估、政策执行和政策终结方面形成了各种理论。首先,政策评估成为一个重要的研究领域。20世纪60年代美国联邦政府推行了许多重大的改革和发展政策,70年代对其中的一部分政策进行评估,这在客观上促进了政策评估研究的发展。其次,政策执行也成为政策科学研究的一个重要课题。针对20世纪60年代美国社会改革政策的失败,政策执行的研究得到了加强。哈佛大学肯尼迪政策学院首先发表了一篇《公共政策执行问题的报告》,指出对政策执行过程的政治与官僚方面的研究往往被人们所忽视;有些学者如哈格罗夫则指出,在政策形成与政策成功之间存在着一个忽略或错失了的环节——政策执行, 只有加以补充才能使政策生效; 加州大学伯克利分校公共政策学院的普雷斯曼和韦尔达夫斯基等人则对奥克兰计划案例进行详细的跟踪研究, 写成经典性的《执行》一书。他们力图解决失误的政策能否终止、如何终止以及采取何种终止策略问题,由此形成相关的政策终结及周期理论。最后,20世纪70年代渐露头角的公共选择(Public choice)理论也可以视为政策科学在这一时期取得的一个成就,因为这种理论实质上是用经济学的途径来研究非市场决策即公共决策问题。

进入20世纪80年代中后期,政策科学研究出现了一些新趋向:一是加强了政策价值观或公共政策与伦理关系问题的研究, 政策科学的研究者从政治哲学、案例分析、职业道德等角度或方面去研究政策价值观问题。二是政策科学与公共行政学日益相互融合,并出现了用公共事务(Public affairs)来统指这两个领域的新趋向,美国政策科学或政策分析的最权威的组织——政策分析与管理学会的成立,目的就是要沟通政策分析研究和管理研究,促进组织管理与公共政策的融合。三是政策研究的视野进一步拓宽,一些学者认为过去的政策科学片面强调经济理性和技术理性, 无法解释丰富多彩的政策现象,因此这些学者主张用社会、政治和法律的理性取代经济和技术的理性。现在,政策科学在美国已经体制化,其体制化的内容包括学术团体、基金来源、出版发行渠道、教育培训和职业化等方面都已相当完备。在学术团体方面,出现了一批学会(如"政策研究组织""评估研究会""公共政策分析与管理学会")和大量的思想库(如布鲁金斯学会、斯坦福研究所、企业研究所和传统基金会)。在出版发行渠道方面,出现了一批政策科学或政策分析的期刊(如《政策科学》《政策分析》《政策研究杂志》《公共政策》《政策分析与管理杂志》等)和一批周边期刊(如《美国公共行政评论》《美国政治科学评论》等),并出版了大量的论著和教科书。在教育培训方面,继第一批公共政策研究学院出现之后,许多大学纷纷效仿,设立相同或相似的学院或研究所。现在美国的主要研究型大学都设有公共政策研究生院、研究所或中心,一般的大学都开设了这方面的课程。在职业化方面,"政策分析家"已成为一种正式的职业,联邦、州和地方政府都设立了政策分析职位,再加上大学及思想库的教研职位,政策科学的职业化已达到相当的规模。

(三)最新发展(20世纪90年代以后)

20世纪90年代西方公共政策的研究表现出两种趋势,一种是对原有研究主题的深化,另一种是拓展新的研究方向。

关于对原有主题的深化研究,主要体现在两个问题上:一个问题是公共政策的伦理与价值。在20世纪90年代,学者们感兴趣的是究竟从哪些途径去探索公共政策的伦理价值。罗尔斯在《正义论》、布坎南在《伦理与公共政策》、高斯罗伯在《公共管理部门、系统与伦理》中分别提出了有关社会哲学、社会道德和专业伦理的研究方法。另一个问题是公共政策与公共管理的关系。关于公共政策与公共管理的关系问题也是一个老的课题,学者们不再去讨论两者的区别,而是探索两者的结合。梅尔斯诺和贝拉威在《政策组织》一书中提出了政策管理、政策沟通、政策组织、政策行动,四者相互影响的理论;林恩则在《管理公共政策》一书中提出组织行为、政治理论与公共政策的融合思想。

关于拓展新的研究方向也主要体现在两个方面:一是开辟了新的研究领域,增强公共政策的应用性。公共政策学家开始将研究的兴趣转向一系列新的社会问题,如电脑犯罪、信息政策、试管婴儿、温室效应等。二是加强理性意识形态,由传统的政策决策研究转向政策调查研究。

（四）总结

　　总之，经过半个世纪的发展，政策科学已成为美国及西方社会科学中的一个独立的而又有相当影响的社会科学领域。政策科学的产生是当代社会、经济和科技以及社会科学发展的必然产物，随着技术革命、价值革命和管理革命的迅猛兴起，西方各国的政府、公共机构和企业所要解决的社会生活中的公共问题也发生了变化。一是各种社会公共领域的问题具有相互依存性，这种相互依存不仅表现为一国内部政治、经济关系的连锁反应，而且还表现在国家与国家之间的关联上；二是公共领域中出现的问题日益错综复杂，矛盾与冲突不仅频繁而且交错在一起；三是公共领域中的问题具有不稳定性和变动性，一些问题的解决又会引起另一些问题的出现，新的问题会出人意料地涌现，各种突发问题层出不穷。

　　顺应上述变化，20世纪西方的公共政策无论是在理论还是在实践方面都具有了许多新的特点。首先，公共政策的数目增加，多数国家的政府放弃自由放任的理论，转而采取积极干预的立场，因而制定和实行了更多的经济、社会政策；其次，公共政策的范围增大，政府要干预的不是社会生活的某个方面、某些部门、某些集团，公共政策几乎涉及所有的部门、层次领域和集团，政策内容覆盖到经济、政治、社会、文化、国防、外交、军事、技术、交通、卫生、教育等各个方面；再次，公共政策的目标增多，以往公共政策的目标可能是单一的，但是社会生活的相互关联日益紧密，一种政策的实施，其产生的效果是多重的，有时甚至是意料之外的，因此，政策的目标越来越复杂化、多重化；最后，公共政策的不确定性增强，政策制定和执行的环境日趋复杂、多变，因而制定政策时所要考虑的变量增多，不确定性因素也增多。

　　同时，二战后，西方科学技术取得了突飞猛进的发展，科学技术出现了纵向分工、横向交叉融合的趋势，涌现出大量新学科，特别是系统分析、运筹学的发展为政策科学的产生奠定了方法论基础。当拉斯韦尔开始提倡政策科学的时候，统计学、数学和经济学等学科各自独立发展出一些新的概念工具，应用的技术也相应得到改善，传统的其他人文社会科学学科，如政治学、社会学、心理学、史学和哲学也为政策科学提供了知识基础。然而，当代科学尤其是社会科学的这些进展并未直接促进或提高人类对政策问题的解决能力，或者说科学的发展水平与它所能解决社会问题的实际状况不成比例；现有的社会科学的片面专业化及实证主义的研究方式反而使理论与实践脱节,社会科学离开了对重大社会问题的研究和解决。因此,迫切需要一个超越社会科学的片面专门化,以人类社会的基本问题作为研究对象,以端正人类社会发展方向为目标的跨学科、综合性的研究领域,这种社会科学进步的内在动力或要求是政策科学产生的一个必要条件。

二、中国公共政策学的形成和发展

公共政策学在我国的形成与发展有其深刻的理论与现实背景。我国的经济发展特别是改革开放以来社会发展和变革需要有科学的政策环境,客观上要求有新的学科规范来支撑经济、社会的发展。公共政策学在西方的兴起与逐渐成熟为我国的学术界与政策界提供了新的视野。在多重背景下,我国开始注重对公共政策学进行消化和吸收,推动了我国公共政策学的建立和发展。

(一)中国公共政策学的产生

中国公共政策学产生的原因,从根本上源于人们对改革开放前公共政策实践的经验与教训,特别是政策抉择所带来的不良后果的深刻反思,对改革开放后现代化建设实践对政府公共政策科学与民主化及政策执行规范化和高效化的迫切要求。

自20世纪50年代中期,中国在经济建设和政治发展过程中走了不少弯路,多次政治运动导致经济发展最终几近崩溃。从1958年脱离客观实际的盲目"大跃进",到1966年发动的使中国社会发展遭受重创的"文化大革命",当时一个又一个公共政策上的重大失误在很大程度上无视决策科学、缺乏科学民主的决策程序、与仅凭政治领袖的个人意志决定中国命运的决策方式密切相关。党的十一届三中全会以后,党和政府在拨乱反正、总结新中国成立以来公共政策实践经验和教训的过程中,经过对改革开放前一次又一次决策失误教训的深刻反思,逐渐明白了决策科学对于政府公共决策乃至国家的发展和民族的兴盛所具有的重要性,正如第七届全国人大常委会委员长万里所言:"我们没有决策科学,决策的科学性就无从检验,决策的失败难以受到及时有效的监督,现在到了非改不可的地步。"

改革开放后，现代化建设不仅迫切需要加强对公共政策制定问题的研究，而且还要加强对公共政策执行的研究，从决策和执行两个方面来完善公共政策运行机制，提高政府效率。就公共政策的制定而言，改革开放和现代化建设标志着我国进入了一个新的历史发展时期，新出现的各种公共政策问题使得我国政府面临的决策环境空前复杂化，特别是伴随着我国加入世界贸易组织而置身于一个市场竞争日益激烈的环境和全球经济一体化的格局之中，中国政府所面临的诸如如何通过公共政策创新来适应世贸组织规则和国际贸易惯例的问题，以及因国内改革进程中出现的深层矛盾而产生的诸多亟须回答的公共政策问题，均呼唤着公共政策研究者从理论上去探讨、应对和解答。对于公共政策的执行来说，在改革开放以前实行计划经济体制时期，似乎并未存在太多严重的问题，那时由于权力的高度集中，加之利益表达机制的不健全，我国基本上是国家大一统的单一利益主体的利益格局。但在改革开放之后，特别在最近10年，随着中央向地方分权和放权，伴随着社会主义市场经济新体制的建立和完善，原有的利益格局已经被打破，各利益主体的利益边界正在变得越来越明晰，多元化的利益格局已经形成，此时诸如"上有政策、下有对策""有令不行、有禁不止""政策走样"等政策执行阻滞的不良情况在我国的政策实践中屡有发生，甚至有愈演愈烈之势，严重妨碍着现代化建设事业的顺利进行，为此也迫切地需要通过对政策执行过程进行深入、系统的科学研究来寻求对策。所有这些问题的存在客观上极大地促进了中国公共政策科学的兴起与发展。

正是在这样的背景下，我国理论界、学术界的一些专家学者和从事实际工作的一些政策研究人员，开始介绍并引进西方政策科学的研究成果。随着政策科学研究成果的引进，拓展了我国学术界的研究视野，把人们带入了一个崭新的学科领域。随后，政策科学不仅得到了学术界的重视，而且日益引起了高层决策者的关注。1982年，国家科委技术局出版了《科学技术政策研究》论文集。在这本论文集里，许多专家学者研究科技政策提出了一些政策理论问题，发表了一些有益的见解。不久他们便在报纸杂志上发表论文，提出要开展我国的政策科学研究，我们通常认为这是标志着我国政策科学研究的开端。[1]如1983年孟繁森发表文章，明确提出要"建立一门研究党和国家

---

[1]　王文捷：《马克思主义政策学》，吉林人民出版社，1990年，第12页。

生命的科学——政策学"。①1984年李铁映发表题为"决策研究"的论文,文章最后呼吁"加快决策科学化的步伐",要求"各级领导应该学习决策科学的知识",并"在各级干部学校、有关大学的某些系或专业应开设决策理论的选修课,系统地讲授各种决策知识和技术,培养造就未来的各级决策者"。②随后科学决策和民主决策的问题,引起了党和国家最高决策层的高度重视。1986年7月,时任国务院副总理的万里在全国软科学工作座谈会上做了《决策民主化和科学化是政治体制改革的一个重要课题》的报告,明确提出要做"政策研究"这一重大课题,进一步促使我国的政策科学研究逐步走上了正轨。③

(二)中国公共政策学的发展

20世纪80年代中期,在引进西方政策科学研究成果的基础上中国公共政策学科应运而生,经过二十多年的探索,在学界与政界的共同努力下,经过引进、吸收、消化、应用、挖掘、总结、探索、创新等阶段的发展,目前已成为中国公共管理学科乃至整个中国社会科学研究领域一个极为重要且富有活力的部分。中国公共政策科学研究取得了重要的进展,为学科发展、学术繁荣、人才培养和推进中国公共政策实践的科学化、民主化、法制化以及提高公共政策质量做出了重要的贡献,其主要表现是:④

1. "使中国公共政策科学开始从政治学和公共行政中分离出来成为一个独立的研究领域"⑤,取得了自己应有的学术地位和社会地位

逐步确立了一个以公共政策问题、政策功能、政策类型、政策结构、政策主体、政策客体、政策环境、政策系统、政策价值等基本概念为基础的,以由政策议程、政策规划、政策采纳、政策执行、政策监控、政策评估、政策终结等环节构成的公共政策运行过程为中轴,以政策科学方法论为重要内容的政策科学理论框架,使公共政策科学与其他学科的学科界限越来越清晰。

2. 在学科化和组织化上取得重大进展

从学科化上看:一是开设了公共政策课程、创办了研究机构、培养了研

① 孟繁森:《需要建立一门研究党和国家生命的科学——政策学》,《理论探讨》,1983年第7期。
② 李铁映:《决策研究》,《哲学研究》,1984年第4期。
③ 万里:《决策民主化和科学化是政治体制改革的一个重要课题》,《人民日报》,1986年8月5日。
④ 王立京:《中国公共政策科学研究20年的回顾与思考》,《江汉论坛》,2002年第10期。
⑤ 胡宁生:《现代公共政策研究》,中国社会科学出版社,2000年,第29页。

究生。20世纪90年代以来,在一些全国重点高校的政治学、行政学专业中,陆续开设了以"公共政策分析""公共政策"或"政策科学"为名称的课程。成立了从事公共政策研究的机构,如北京大学的公共政策研究所。一些著名高校也在其他专业的名目下,开始招收以公共政策、公共政策分析或政策分析为研究方向的硕士生与博士生。二是翻译出版了一批公共政策教材,发表了千余篇论文。二十多年来,我国政策科学研究取得了显著的成果,发表或出版了一批有分量的论著、译著。其中,翻译出版的国外政策科学代表作有:R.M.克朗著的《系统分析和政策科学》(1986年)、查尔斯·E.林德布洛姆著的《政策制定过程》(1988年)、斯图亚特·S.那格尔主编的《政策研究百科全书》(1990年)、詹姆斯·E.安德森著的《公共决策》(1990年)、史蒂文·凯尔曼著的《制定公共政策》(1990年)、药师寺泰藏著的《公共政策》(1991年)、大岛秀夫著的《政策过程》(1992年)、E.R.克鲁斯克主编的《公共政策辞典》(1992年)、叶海卡·德罗尔著的《逆境中的政策制定》(1996年)、拉雷·N.格斯顿著的《公共政策的制定》(2001年)、卡尔·帕顿和大卫·沙维奇著的《政策分析和规划的初步方法》(2001年)、威廉·N.邓恩著的《公共政策分析导论》(2002年)、托马斯·R.戴伊著的《自上而下的政策制定》(2002年)、戴维·L.韦默和艾丹·R.维宁著的《政策分析——理论与实践》(2003年)等。国内的专家学者也撰写、出版了不少有关政策科学方面的著作或教材,主要有:张金马主编的《政策科学导论》(1992年)、王福生著的《政策学研究》(1992年)、沈承刚著的《政策学》(1996年)、陈庆云主编的《公共政策分析》(1996年)、张国庆著的《现代公共政策导论》(1997年)、陈振明主编的《政策科学》(1998年)、刘斌和王春福主编的《政策科学研究》(第一、二卷)(2000年)、郭巍青和卢坤建著的《现代公共政策分析》(2000年)、刁田丁等编著的《政策学》(2000年)、宁骚主编的《公共政策》(2000年)、郑传坤主编的《公共政策学》(2001年)、王传宏、李燕凌编著的《公共政策行为》(2002年)、陈振明编著的《公共政策分析》(2002年)、陈振明主编的《政策科学——公共政策分析导论》(2003年)等;还有中国社会科学院公共政策研究中心等编的《中国公共政策分析》(2001年、2002年、2003年)三卷、郭振英和耿建新主编的《中国政策年鉴》(2003年)等。另外,台湾、香港地区还出版了林水波和张世贤著的《公共政策》(1982年)、林水波著的《政策分析评论》(1984年)、张世贤著的《公共政策论析》(1986年)、伍启元著的《公共政策》(1989年)、林钟沂著的《政策分析的理论与实践》(1994年)、曹俊汉著的《公共政策》(1997年)等。同时,专家学者们还在《中国社会科学》《国外社会科学》《中国行政管理》《政治学研究》《理论探讨》等刊物上发表了千余篇学术论文，[1]特别是近几年研究政策科学的文献更是不断涌现。从组织化上看：一是建立了全国性的公共政策科学研究会。1991年8月，中国行政管理学会在吉林省长春市召开全国首届政策科学研讨会。1992年10月，在山东省召开了第一届中国行政管理学会政策科学研究分会成立大会，这次大会的召开，标志着我国开始有了全国性的专门从事政策科学研究的学术团体。二是其他类型的政策研究组织，如行政性政策研究组织和民间性政策研究组织得到加强和发展。

3. 向党政机关传播了公共政策方面的知识，使它们认识到公共决策需要科学理论的指导，需要科学化、民主化和法制化

同时，更多地关注和参与中国公共政策实践，使高层决策机构在政策制定和执行过程中做到了制度化、程序化，并建立了相应的政策咨询系统、支持系统、评价系统、监督系统和反馈系统。在产业化或应用方面，政策科学及政策分析的理论方法和技术开始被应用到改革开放和经济建设的重大政策、方针的决策和重大工程项目的研究和论证之中，在推进决策科学化、民主化方面起到重要的作用。

在二十多年的发展历程中，中国公共政策科学研究所取得的成绩是世人有目共睹的，应予以充分的肯定，但实事求是地讲，我们不能不承认它是一个发展中的学科，是一个不够成熟的学科，其自身存在着明显的弱点。其主要表现是：

1. 中国公共政策科学研究处于初级阶段

现代公共政策科学产生于西方，建立有中国特色的公共政策科学，必然要经历引进、介绍、消化、吸收、借鉴和提高、创新的过程，这是一个自然的历史过程。但经过二十多年的发展，中国公共政策科学现在依然处在引进和介绍阶段，关于中国的公共政策的理论研究水平远远落后于西方，一些名为"政策科学"的著述基本上局限于对既定政策的阐述、概括和宣传，缺乏对政策过程规律性的揭示和把握，缺乏科学化的政策分析方法和研究路径，因而也就不能为政策制定和执行公共政策提供科学的理论指导和有力的智力支撑，这不能不说是我国公共政策实践失误频频的一个重要原因。当然，近几年我国政策科学研究有了空前的发展，一批有分量的成果也相继问世。但从

---

① 刘斌、王春福：《政策科学研究》（第一卷），人民出版社，2000年，第5页。

总体上看,能跟踪和把握世界政策科学前沿,并结合中国的实际国情研究国家的政策环境、政策过程和具有中国特色的高质量的研究成果还少之又少。这方面一个突出的表现就是中国的公共政策科学研究目前基本上还停留在西方20世纪70年代以前的水平,片面重视对政策制定过程及其内容的研究,特别是强调围绕所谓政策制定的科学化、民主化,研究有关政策制定的理论、模型、规范、原则和方法等,而现阶段的中国处于社会急剧转型期,改革过程中出现的失序、失范和日益严重的权力腐败等问题很大程度上都来源于许多科学合理的重大政策在执行过程中被扭曲、变形甚至消解,因此,正是由于缺乏这方面的研究造成不能适应中国政策实践的需要。同时我们目前对西方公共政策科学的理论的介绍,缺乏系统和深刻的分析,这也不利于中国公共政策科学的提高与创新。

2. 中国公共政策科学学术研究匮乏

改革开放以来的公共政策科学研究虽然取得了丰硕的成果,一批有关政策科学和公共政策研究的专著和教科书不断涌现,但这些著作和教科书内容重复、体系雷同、缺乏创新,对西方和中国的政策环境及政策过程的差异性知识认识不足。这一方面表明中国公共政策科学还不够成熟,另一方面也表明一些学者治学态度不够严谨。如果任这种情况发展下去,将阻碍公共政策科学的进一步发展和创新。

3. 公共政策科学研究方法单一和落后

科学研究需要科学的方法,没有科学的方法,就很难探索出真理。国外思想库的成功,在很大程度上是由于掌握了先进的研究方法与手段。目前我国公共政策研究方法落后,主要表现为:一是定性分析多、定量分析少,没有充分利用计算机、统计学、运筹学、计量经济学等的方法和手段进行定量分析;二是总结分析多,预测研究少,主要是对历史的总结和现状分析,对未来预测做得不够;三是跨学科、综合性的研究少,只注重考虑经济、技术因素,少考虑政治、社会因素;四是多局限于某个领域和某些具体政策的分析技术和方法,缺乏对整个公共政策研究领域系统统一的方法论基础。同时,我国公共政策的比较研究薄弱。没有比较,就没有借鉴,也就不可能有较快的发展。二十多年来,我国对国外公共政策理论、思想、方法和技术虽有过一些介绍,但从历史的角度,运用系统分析的方法进行深入的比较研究,却显得不够。这就大大降低了中国公共政策科学的水平,使我们研究的视野不够开阔。

4. 学科综合化显得不够

现代公共政策科学和政策研究是一个综合性、跨学科的新研究领域,具有系统综合的特点,它的产生和发展以借鉴其他学科大量的知识和方法为基础,并在实际政策研究中充分运用这些知识和方法,从而形成了现代公共政策科学。学科综合化是指在公共政策科学的学科框架下,将各学科的知识和方法有机地结合起来,它不仅涉及政治学和公共行政学领域,还涉及经济学、管理学、运筹学和系统分析等各学科的知识和方法。而中国的公共政策科学目前多局限于政治学和公共行政学领域,这是制约中国公共政策科学研究由传统向现代转化的主要障碍。

5. 理论与实际相脱离倾向比较严重

主要两方面原因:一是作为政策制定者的各级领导对政策科学重视不够,还处于经验决策、常规决策、非理性决策的阶段,政策制定的随意性和非规范性还很明显。二是我们也可以从已出版的著作和发表的论文中发现,有一部分学者仍然把自己关在象牙塔中,搞自己的研究,而不去深入实际调查研究,参与公共政策实践。公共政策的产生是社会发展的需要,公共政策科学是一门应用性很强的科学,研究中国的政策实践是我国政策科学研究和发展的基本目标和根本任务。这种理论与实践的脱节,既使公共政策科学成为无源之水、无本之木,同时也必将使公共政策科学因与社会生活实践格格不入而被社会所遗弃。

(三)中国公共政策学下一步发展的关注点

近一二十年来,国外的公共政策研究(公共政策分析、政策科学)正变得越来越多样化,在本学科领域出现了大量的新途径、新理论和新方法,同时也分散在其他学科领域对各种实质性政策(尤其是经济与社会政策)的研究之中。公共政策研究似乎正在向后现代主义或后实证主义转变中。有学者认为,当代公共政策学的研究相当程度上处在四分五裂而无法统合的状态,而各方鼎立的研究态势可以归纳为政策分析与政治的公共政策、实证主义和后实证主义之争论,后实证主义者强调公共政策的政治内涵与价值冲突(陈庆云等)。

毛寿龙认为:"一直到目前为止,公共政策的研究依然处于比较初级的阶段,在理论和方法方面的开发尤其如此。"学者们认为,中国公共政策研究的困境在于:公共政策的理论研究滞后于实践研究;本土化研究与独创性成果的缺乏;对国外公共政策研究成果的消化吸收的不足。当然,目前国内许多研究机构及研究人员也在积极进行本土化探索的尝试。例如,中国人民大学制度分析与公共政策研究中心试图吸收域外公共政策研究的经验,为适应中国实践的需要,开发新的理论分析框架,组织开放性的研究群体,促进中国特色的中国公共政策研究的发展。

在陈振明教授看来,中国政策科学下一步发展的关注点有五个方面:

1. 注重学术创新与学科理论构建

必须深入探讨公共政策的基本理论、方法论及分析技术问题,推动知识增长,构建学科的理论体系。加强公共政策的学科范式与学科体系的探索,政策研究方法及分析方法和技术的开发,政策系统及其运行(政策系统、政策活动者、政策过程、政策工具等)的分析。增强公共政策学研究的规范性,尤其克服重定性、轻定量,定量分析方法及技术的开发与应用不足的倾向。须知,没有定量分析手段,就没有政策科学以及政策分析,政策科学在很大程度上是建立在当代科学方法论以及运筹学、系统分析、数学、统计学、经济学的分析方法的基础之上,是一门"硬知识"。"工欲善其事,必先利其器",必须在研究方法及分析技术的开发上下苦功,特别注意研制和引入新的研究方法及分析技术。还必须注意政策科学研究的本土化问题。在徐湘林看来,本土化涉及三个层面:价值伦理层面的价值取向和价值定位,政策实践的原创式的经验性研究,概念、理论和方法的本土化和创新。应处理好规范化(国际化)与本土化(特色)、主观性和客观性、价值与真理之间的关系,在借鉴国外公共政策学研究的积极成果的同时,加强对中国政策实践以及中国模式及经验的总结分析,在形成有自己特色的公共政策学概念、理论和方法上下功夫。

2. 跟踪国外学科发展前沿

近一二十年,国外的公共政策研究出现了一系列新变化与新趋势,已步入了后现代主义或后实证主义的时代。公共政策研究新途径涉及从理性主义、有限理性到理性选择及公共选择,制度分析与政策部门,政策网络及政策共同体、治理及合作模式,后现代主义及批判与话语分析等;政策科学的新理论包括政策主体或政策行为者的新研究(如国家的角色及其与市场和社会的关系、政策子系统、议题网络与政策网络等),政策过程的新理论(制度理性选择、多源流分析、倡导联盟框架、中断—平衡模式、政策扩散框架),

以及对政策议程、政策执行、政策评估、政策周期与政策变迁(政策学习、政策传播、政策创新),政策分析与政治决策(政策分析设计、政策悖论、政策对话、政策论证、公民参与),政策工具(政策工具的特性、分类、选择、评价、应用和组合)等主题的拓展研究。公共决策研究方法的日趋多样化突出地表现为研究策略、调研方法尤其是田野调查、假说检验与有效性比较等方法的日益广泛的应用。因此,必须紧密跟踪国外政策科学的这些发展趋势及学术前沿,深入研究并借鉴国外先进的公共政策理论与方法成果。

3. 加强跨学科研究及学科间的合作

跨学科、综合性是政策科学的一个显著特征。与传统的人文社会科学的各学科(如政治学、经济学、社会学等)相比较,政策科学或公共政策学具有更广泛的学术框架。公共政策研究不只是公共管理的一个分支,它也构成经济学、政治学、社会学和文化研究等人文社会科学学科的重要组成部分(如经济学中的经济政策研究、社会学中的社会政策研究都有悠久的历史)。近一二十年来,在人文社会科学的各个学科,尤其是经济学、政治学、社会学和文化研究等领域,公共政策研究取得长足发展,但政策分析的学科整合以及相关学科新知识吸收的进展相对缓慢。必须拓宽研究的视野,将公共政策视为一个相对独立的跨学科研究领域,加强跨学科研究及学科间的合作,重视对来自于经济学、政治学、社会学和文化研究等相关学科的公共政策研究成果的吸收,夯实学科的知识基础。同时,大力发展公共政策专业教育尤其是公共政策专业硕士(简称MPP)教育,推动相对独立的公共政策学科建设。

4. 促进政策科学的学科分化

政策科学或公共政策研究包含着众多的分支或主题领域,如政策科学理论、政策分析方法、本国公共政策、比较公共政策、公共政策伦理、战略研究、未来研究、制度分析与公共选择等;对实质性政策的研究可以细分为政治政策、外交政策、经济政策、社会政策、文化政策及科技政策、教育政策等分支;对公共决策过程(政策过程)的基本环节或功能活动的分别研究也可形成专门的分支,如政策战略(元政策)、政策制定、政策执行、政策评估(或项目评估)、政策周期、政策实验、政策传播、政策变迁、政策创新等的研究。而在我国,公共政策学的学科分化程度还比较低,除了政策科学理论、政策分析方法和若干实质性政策领域的研究之外,大部分分支学科并未分化、成型。针对这一缺陷,必须开拓公共政策的研究新领域,展开对各分支领域的研究,首先要做的就是在政策分析专业中,尽快开设实质性政策的主要领域和政策过程各基本环节的独立课程,加快学科分化步伐,建立健全中国公共政策学的学科体系。

5. 加大政策知识的开发与应用力度

应用性或实践性是政策科学的另一个显著特征,政策科学是一门以实践为取向的学科,它将科学知识尤其是社会科学知识与公共决策过程密切联系起来,提倡以问题为中心而不是以学科为中心的知识产生方式,围绕政策问题的解决而整合来自于各种学科的知识和方法,它需要学界、政界和社会的紧密合作。因此,针对目前公共政策的理论研究滞后于实践研究,知识应用的体制机制不健全的弊端,必须立足于当代中国及世界的政策实践,在切实研究我国改革开放和现代化建设中出现的各种现实政策问题（如政治的、经济的、社会的和文化的问题）的基础上,加强政策相关知识在政府决策过程中的应用,发挥政策科学理论在政策实践中的指导作用,凸显中国政策科学的应用性、现实性和生命力,沟通学界、政界及社会联系桥梁,推进思想库建设,建立健全政策知识应用的体制机制,加大政策知识的开发的力度,拓展政策知识应用的范围。

总之,近三十年来,中国政策科学研究虽困难重重,但成就显著,同时挑战与机遇并存。必须顺应科学技术发展趋势和我国经济社会发展的现实需求,推动中国政策科学的进一步发展与突破。

第三节　学习公共政策学的方法和途径

公共政策学是一个跨学科、综合性的研究领域、它可以有不同的研究途径、方法或观点,研究途径和方法的不同导致对公共政策的性质、原因和结果以及公共决策系统及其运行做出不同的描述或解释,从而形成不同的公共政策学的理论。

一、政治学的研究途径

公共政策研究的一大特征就是研究方法的多样性, 其集中表现在三个层面:第一,认识论基础的多样性;第二,学科视角和分析路径上的多样性;第三,在操作层面或者说工具性方面方法的多样性。应该说,研究路径和方法的多样性对于我们深入地理解和把握公共政策的本质和运动规律是大有裨益的。然而,我们也应当看到,更加多元和综合的方法"并不能保证政策分析的成功,因为任何方法论都只能提供我们对这些方法的思考和理解,这些方法只有在具体的实践活动中才能展现其价值"①。下面介绍公共政策的五种主要的研究途径和方法。

(一)系统途径:公共政策是政治系统的输出

由戴维·伊斯顿等人提出来的,从系统论的角度来研究公共政策问题,将公共政策看作对周围环境所提出的要求的反应,或者说将公共政策看作是政治系统的输出。系统途径注重环境与政治系统的相互作用和社会反映。

(1)环境。指政治系统以外的各种环境,包括内部社会环境和外部社会环境。政治系统在社会环境系统中生存,它既接受来自环境的影响流,又影响环境。

(2)输入。指环境输入政治系统的要求和支持,是政治系统公共决策活动的开端。

(3)需求。指个人和团体为了满足自己的利益和价值追求而向政治系统提出的应采取政策行动的主张。

(4)支持。指团体和个人接受选举结果,遵守法规,交纳税收,服从法律,以及接受权威性的政治系统为满足要求而做出的政策决定或采取的政策行动。

(5)输出。指政治系统对全社会价值所做的权威性分配,即公共政策输出,这是政策系统影响环境的方式。

(6)反馈。指公共政策输出后环境所发生的变化向政治系统返回的信息。政策输出可能改变环境,满足环境提出的要求,也可能政策输出后环境产生新的要求,而这种新要求将进一步导致政策输出。

(二)过程途径:政策是政治活动

这种途径的要点是将政策看作一种政治行为或政治行动,通过政治与政策的关系对政策的政治行为进行阶段性或程序化研究,这显然是行为主

---

① [美]威廉·N.邓恩:《公共政策导论》(第二版),谢明等译,中国人民大学出版社,2002年,第9页。

义政治学观点在公共政策研究上的反映。

　　自第二次世界大战以来,现代"行为主义"政治学就一直在研究选民、利益集团、立法者、总统、行政官僚、法官和其他政治主体的行为活动。这种研究的目的之一就是解释行为或者"过程"的模式。对政策感兴趣的政治学家,根据各种行为与公共政策的关系,来划分为各个阶段,正如表1.1所显示的内容,其大致步骤为:问题确认、议程设定、政策形成、政策合法化、政策执行、政策评估,政策过程被视为由一系列的政治活动所构成。根据政策过程的每一步骤的特点,对政策加以分析,从而发现政策是如何形成的以及决策应当如何做出。

表1.1　政策过程①

●问题确认	通过公民对政府行为的要求来确认政策问题。
●议程设定	特定的公共问题引起媒体和政府官员的关注,促使其被提上政策议程。
●政策形成	由利益集团、白宫官员、国会议员和智囊团提出政策建议。
●政策合法化	通过国会、总统和法院的政治活动,选择并制定政策。
●政策执行	通过官僚组织、公共支出、行政机构的活动来推动政策实施。
●政策评估	由政府机构本身,政府外部的顾问、咨询人员、媒体和公众等来评价政策实施的效果。

　　过程途径对于我们理解政策制定过程中的各种活动是很有帮助的。我们需要明白政策制定包括:议程设定(吸引决策者的关注)、政策形成(设计并选择政策)、政策合法化(寻求政治支持,获得国会、总统或法院的批准)、政策执行(建立官僚机构、财政支出、施行法律)、政策评估(探寻政策是否有效,是否受到人们支持)。

(三)团体途径:政策是团体利益的平衡

　　根据团体理论,任一特定时间的公共政策,都是团体竞争达成平衡的结果(见图1.1)。这种途径将公共政策看作利益集团之间相互作用、相互斗争以

　　① [美]托马斯·R.戴伊:《理解公共政策》(第十二版),谢明译,中国人民大学出版社,2011年,第13页。

及彼此协商、定约和妥协的产物。团体理论的主旨是将所有重大的政治活动都描述为利益集团及政治组织之间的相互斗争，政策制定被视为一种处理来自各利益集团压力的活动,政策则是这些利益集团之间的斗争、妥协的结果。政策研究的团体途径认为,在任何时候,公共政策都是占支配地位的团体的利益的反映,一个团体的势力或影响力取决于它的人数、财产、组织化程度、领袖能力、内聚力以及与决策者联系的密切程度等。

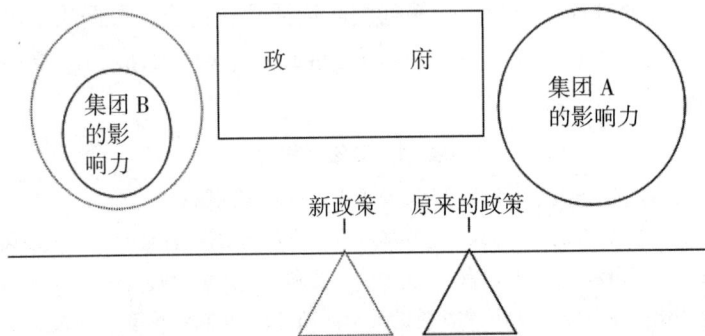

图1.1　团体模型①

(四)精英途径:政策是精英的价值偏好

这是由戴伊和汤姆逊等人提出的一种途径。它认为公共政策是那些居统治地位的领袖人物的偏好和价值的反映。

公共政策研究的精英途径从政治学精英理论出发,认为政策反映的是精英的偏好、价值观和利益,而不是群众的要求;政策的变化或完善实际上是精英们的价值变化的结果;群众对于政策是麻木不仁的,不知情的。政策实际上变成领袖的按自己的偏好作选择,而政府不过是执行领袖们做出选择的机构;政策是自上而下由领袖提出并加以执行,而不是自下而上产生于群众的要求(见图1.2)。

_____

① [美]托马斯·R.戴伊:《理解公共政策》(第十二版),谢明译,中国人民大学出版社,2011年,第20页。

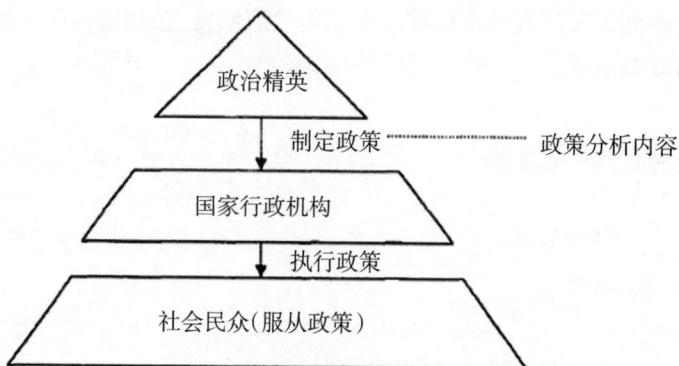

图1.2 精英模型

精英理论对于政策分析的意义在于：第一，精英主义告诉我们公共政策并不反映公众的需求，而是反映精英们的利益、价值和偏好。因此，公共政策的变革和创新，最终只不过是精英们对其价值的重新界定。由于精英集团普遍存在保守主义的情节，致力于维持现行的政治和社会体系，因此公共政策的变革是渐进性的，而非革命性的。公共政策经常会被修正，但是很少会被新的政策替代。精英的价值观也许是"公众取向"的，一种"贵族行为理应高尚"的使命感也渗透于精英价值观念中，大众福利也可能会成为精英制定政策的一个重要因素。因此，精英主义并不必然意味着公共政策与大众福利是敌对的，只不过把承担大众福利的责任赋予了精英而非大众。

第二，很大程度上，精英主义把大众视为被动的、态度冷漠的、消息闭塞的，因此大众的情感更多受到精英的操纵，而精英的价值观却很少受到大众情感的影响；就绝大多数情况而言，精英与大众之间的交流是自上而下的。大众最多只能对精英的决策行为产生一种间接的影响。

(五)制度途径：政策是制度的输出

这种途径将政策看作政府机构或体制的产生。国家或政府机构历来是政治学研究的焦点，传统政治学则以政府机构作为主要的研究对象。政策是由政府机构制定并加以实施的，一项政策方案若不被政府所采纳和执行，就不能成为政策。这正是公共政策区别于其他社会团体或组织的规章制度或个人决策的根本之点。

由于公共政策与政府的制度或机构、体制存在的这种密切关系，我们可以从制度的侧面来研究政策问题。不同的政府制度、结构或体制可能产生非常不同的政策后果。

二、经济学的研究途径

(一)福利经济学

福利经济学也许是被最广泛地运用于公共政策研究的途径。它认为,应该通过市场机制,依靠个人而做出大部分的社会决策。然而,市场是有缺陷的,它并不能总是有效地分配资源,或者说,不能加总个人的效应最大化行为而最优化全体社会福利。在市场失灵的情况下,必须依靠政府来补充或取代市场机制的不足。

从这种假定出发,福利经济学家发展出一种关于公共政策制定的理论,认为政府有责任纠正市场失灵,因为最优化的社会结果并不是由纯粹的个人决策所产生的,面临着行动要求的政府必须首先确定是否市场失灵正在引起社会问题。如果确定需要政府干预,那么关键是要发现最有效的干预办法(即政策手段),而最有效的方法是成本最低的方法,并且用来确定它的分析技术是成本—效益分析。

(二)公共选择理论

公共选择理论将"经济人"假说、交换范式和方法论个人主义应用到政治和公共政策领域。作为一种公共政策的研究途径,公共选择理论假定:政治行动者个人(不管是决策者还是投票者)都被自利的动机所引导而选择一项对其最有利的行动方案。由这一假定出发,公共选择理论得出了一系列关于公共政策及其过程的理论解释。根据这种途径,投票者更像是一个消费者;压力集团可以看作政治消费者协会或有时作为合作者;政党变成企业家——它们提出竞争的一揽子服务和税收的交换选票;政治宣传等于商业广告;政府机构就是公共公司——它们依靠动员和获得充分的政治支持以掩盖成本。

(三)新制度经济学

　　新制度经济学强调制度在政治生活中的决定性作用，认为制度自身是人类设计的产物，是工具性指向的个人的有目的的结果；制度之所以在社会中存在，是因为它们可以克服社会组织中的信息阻碍和减少交易成本；在社会中，两种能最小化交易成本的组织是市场和等级制(官僚制)；作为持续不断的正式或非正式的规则，制度规定行为角色，约束行为和形成偏好。

　　政策科学的制度主义途径认为，制度结构是社会和政治生活的基本建筑材料，个人的偏好、能力和基本的认同以这些体制结构作为条件；历史发展是路径依赖，一旦做出某种选择，它便限制了未来的可能性；决策者在特定时期可利用的选择范围是那些早期确定了的制度性能的函数。依据这种分析途径，并不是制度引起行动，而是它们通过形成问题的解释和可能的解决方案，通过限制解决方案和选择以及它们被执行的方式而影响行动。

思考题

一、概念解释

　　1. 政策科学

　　2. 政策分析

　　3. 公共选择理论

　　4. 路径依赖

二、简答题

　　1. 如何理解公共政策研究的系统途径?

　　2. 如何理解公共政策是团体利益的平衡?

　　3. 阐述中国公共政策学下一步发展的关注点。

　　4. 阐述学习公共政策学的意义。

本章重点：

1. 公共政策的概念
2. 公共政策的本质与特征
3. 公共政策的功能
4. 公共政策系统的构成

第二章　公共政策基本理论概述

公共政策的内容与实质是公共政策学的一个基本主题，是公共政策学研究公共政策的性质、原因和结果最重要的内容。政策内容与实质的研究也就是对政策的特征、起源、本质、功能、类型和结构等一类问题的研究。本章将介绍公共政策的含义、本质、特征、分类等基本内容。

第一节　公共政策概述

公共政策是具有跨学科性质的综合研究领域，众多政策研究者从不同的分析角度，应用不同的理论和方法研究政策现象，从而对政策概念做出不同的解释。另外，由于各国的政治制度不同，文化背景不同，价值差异较大，不同国家的学者对公共政策概念的理解也不尽一致，歧义颇多，并没有形成一致的界定和彼此的认同。

一、中外学者关于公共政策的定义

（一）西方学者的定义

行政学鼻祖，美国学者伍德罗·威尔逊（Woodrow Wilson）认为，政策是由政治家即具有立法权者制定的而由行政人员执行的法律和法规。①

美籍加拿大学者戴维·伊斯顿（David Easton）认为："公共政策是对全社会的价值做权威性的分配。"②

政策科学主要的倡导者和创立者，哈罗德·D.拉斯韦尔（Harald D.Lasswell）与亚伯拉罕·卡普兰（A.Kplan）认为：政策是"一种含有目标、价值与策略的大型计划"③。

罗伯特·艾斯顿（Robert Eyestone）认为：公共政策就是"政府机构和它周围环境之间的关系"④。

托马斯·R.戴伊（Thomas R.Dye）认为："凡是政府决定做的或不做的事情就是公共政策。"⑤

詹姆斯·E.安德森（James E.Anderson）认为："政策是一个有目的的活动过程，而这些活动是由一个或一批行为者，为处理某一问题或有关事务而采取的"；"公共政策是由政府机关或政府官员制定的政策"。⑥

卡尔·弗里德里奇（Carl J.Friedrich）认为：政策是"在某一特定的环境下，个人、团体或政府有计划的活动过程，提出政策的用意就是利用时机、克服障碍，以实现某个既定的目标，或达到某一既定的目的"⑦。

---

① 转引自伍启元：《公共政策》，香港商务印书馆，1989年，第4页。

② D. Easton, *The Political System*. New York：Kropf, 1953, p.129.

③ H. D. Lasswell and A. Kaplan, *Power and Society*. New Haven：Yale University Press, 1970, p.71.

④ R.Eyestone, *The Threads of Public Policy：A Study in Policy Leadership*. Indianapolis：Bobbs-Merril, 1971, p.18.

⑤ Thomas R. Dye, *Understanding Public Policy(6th., ed.)*. Englewood Cliffs., N.J.：Prentice-Hall Inc., 1987, p.2.

⑥ ［美］詹姆斯·E.安德森：《公共决策》，华夏出版社，1990年，第4页。

⑦ Carl J. Friedrich, *Man and His Government*. New York：McGraw-Hill, 1963, p.79.

由于西方著名学者对"政策"的定义分别是从某一方面来论述的,因而不可避免地带有片面性的倾向。威尔逊将"政策"界定为"法律和法规",排除了政府的大型计划、政府首脑的指示报告、会议决议文件和政府某种特定意图等政策范围;他还将政策制定、执行者限定为政治家和行政人员,缩小了政策制定与执行者的主体范围。伊斯顿强调政策的"价值分配"功能,把指导行动的准则等同于行动本身。拉斯韦尔和卡普兰认为政策是一种"大型计划",犯了同威尔逊一样的错误,"计划"可以是政策,但政策并不仅局限于计划或方案,计划只是政策的一个子类;艾斯顿和戴伊或者从生态学的角度论述政策,或者是仅强调政府的主导地位。安德森和弗里德里奇相对来说较全面,并强调政策是一个"活动过程"。

但是,西方学者的政策内涵表述,基本上概括了它的主要含义:①政策是由政府或其他权威人士所制定的计划和规划;②政策是一系列活动组成的过程;③政策具有明确的目的、目标或方向,不是自发或盲目性的行为;④政策是对社会所做的权威性价值分配。

(二)我国学者关于公共政策的定义

《政策科学》(孙光著):"政策是国家和政党为了实现一定的总目标而确定的行动准则,它表现为对人们的利益进行分配和调节的政治措施和复杂过程。"

《政策学研究》(王福生著):政策可以解释为"人们为实现某一目标而确定的行为准则和谋略","简言之,政策就是治党治国的规则和方略"。

《政策科学导论》(张金马主编):"党和政府用以规范、引导有关机构团体和个人行为的准则或指南。其表现形式有法律、规章、行政命令、政府首脑的书面或口头声明和指示以及行动计划与策略等。"

《公共政策》(林水波、张世贤合著):公共政策是指"政府选择作为或不作为的行为"(类似于戴伊的政策定义)。

《公共政策》(伍启元著):"公共政策是政府所采取对公私行动的指引。"

《公共政策分析》(陈庆云主编):"公共政策是政府依据特定时期的目标,在对社会公共利益进行选择、综合、分配和落实的过程中所制定的行为准则。"

《公共政策学》(宁骚主编):"公共政策是公共权力机关经由政治过程所选择和制定的为解决公共问题、达成公共目标、以实现公共利益的方案。"

《公共政策学》(陈振明著):"公共政策是国家(政府)、执政党及其他政治团体在特定时期为实现或服务于一定社会政治、经济、文化目标所采取的政治行动或所规定的行为准则,它是一系列谋略、法令、措施、办法、方法、条例等的总称。"

《政策分析概论》(谢明著):"公共政策是社会公共权威在特定情境中,为达到一定目标而制定的行动方案或行动准则:其作用是规范和指导有关机构、团体或个人的行动,其表达形式包括法律法规、行政规定或命令、国家领导人口头或书面的指示、政府大型规划、具体行动计划及相关策略等。"

综合国内外学者的观点可以看出,西方学者更注重公共政策的政治过程、分配功能等因素,而我国学者则注重政党和政府的政策主体地位,过于强调政策的目标取向而忽略了政策的过程特点。可见,中外学者都力图给政策下一个恰当的定义,但由于角度不同及利益取向的差异,各有优劣。我们采纳这个定义:政策是国家机关、政党及其他政治团体在特定时期为实现或服务于一定社会政治、经济、文化目标所采取的政治行为或规定的行为准则,它是一系列谋略、法令、措施、办法、方法、条例等的总称。

(三)正确把握"政策"的内涵

我们可以从以下四方面来把握"政策"的内涵:

第一,政策主体。任何政策都有特定的主体,即国家权威机构、政党及其他政治集团、团体。政策体现了主体的意志,它与个人、企业等所做出的决定不同,具有法定的权威性。

第二,目标取向。一定的政策总是要实现一定的目标,具有明确的方向性。同时,政策又在特定的历史时期内起作用,具有时效性,政策不是无意识或偶然性的行为,目标指向明显。

第三,活动过程。政策是主体服务于特定目标而采取的一系列活动,是与谋略、措施、办法、规定密切相关的一系列政治行为。毛泽东指出:"政策是革命政党一切实际行动的出发点,并且表现于行动的过程和归宿。一个革命政党的任何行动都是实行政策,不是实行正确的政策,就是实行错误的政策;不是自觉地,就是盲目地实行某种政策。"[①]

① 《毛泽东选集》(第四卷),人民出版社,1991年,第1286页。

第四,行为规范。政策是一种行为准则或行为规范,政策总有具体的作用对象或客体,它规定对象应做什么和不应做什么;规定哪些行为受鼓励,哪些行为被禁止。政策规定常带有强制性,它必须为政策对象所遵守。行为规范和准则,使政策具有可操作性,从而才能实现特定的社会目标。

(四)对不同学者观点的归纳与评价

公共政策作为一种理解政治变化的途径,其定义几乎与存在的公共政策问题一样多。人们从不同的视角出发,对公共政策的含义做出各种不同的解释,至今众说纷纭,莫衷一是。大体上可以归纳为以下六类。

1. 分配论

持此观点的学者认为公共政策就是分配价值。美国政治学家戴维·伊斯顿认为公共政策就是当局对整个社会的价值作权威性分配。我国也有学者持此观点,认为"公共政策是指特定的主体对社会公共资源进行权威性分配的过程"。"分配论"强调了公共政策的价值分配功能。的确,分配价值是公共政策的重要功能,向谁分配价值、怎样分配价值,不仅反映公共组织的公共政策能力,而且在一定程度上反映了公共政策的本质。但是我们知道,公共政策除了具有分配价值的功能外,还包括寻求价值、确认价值、实现价值、创造价值等功能。实质上,分配功能只是某些公共政策的功能或是某些公共政策的功能之一,并不是公共政策功能的全部。

2. 选择论

美国政治学家托马斯·R.戴伊认为"公共政策就是政府选择做什么或不做什么"。这种观点一方面突出了公共政策的行为特征,即公共政策过程始终伴随着有关组织或人员的行为;另一方面也强调了公共政策的选择性,而比较基础上的"选择"正是公共政策的理性基础。这种观点的不足之处主要有两点:一是"做什么或不做什么"有可能只是一个决定而已,并不必然包括一连串行为或过程,我们应该把公共政策"看作是由'或多或少有联系的活动所组成的一个较长的过程',以及这些活动对有关事物的影响"。二是将"不做什么"也作为公共政策,显然泛化了公共政策的内涵,似乎政府本身就等于公共政策。无论从什么角度看,政府和公共政策都是两个不同的概念。

3. 计划论

政策科学的创始人拉斯韦尔认为,公共政策是包括目标、价值和策略的大型计划。这种观点的可取之处在于强调了公共政策作为一种以特定目标为取向的行动计划，以及它与一般计划的区别。同时，由于这一定义强调了公共政策的目的性，在实践中它有助于公共政策制定和执行阶段的科学分析和论证。但存在三点不足：一是虽然指出了公共政策与一般计划存在区别，但是并未说明公共政策作为一种计划的特殊性何在，它与其他社会活动计划的区别是什么，从而使公共政策的内涵过于笼统。二是没有指出公共政策的主体是谁，导致公共政策的主体泛化，容易使公共政策和私人（如个人或企业）政策发生混淆。三是大型计划与小型计划只是相对而言的，难道我们能说中央政府的计划属于公共政策，而地方或基层政府的计划都不是公共政策吗？很显然，按照拉氏的逻辑，公共政策的外延便变窄了。

　　4. 特定时期论

　　此观点认为公共政策是政府或社会公共权威在特定历史时期为达到一定目标而采取的行动方案或行为依据，即公共政策是在某一特定的环境下，个人、团体或政府有计划的活动过程。我国也有学者持此观点，认为"政策是国家机关、政党及其他政治团体在特定时期为实现或服务于一定社会政治、经济和文化目标所采取的政治行为或规定的行为准则，它是一系列谋略、法令、措施、办法、方法、条例等的总称"。"特定时期论"的可取之处在于一方面强调了公共政策的时效性、实践性、针对性，也就是说，公共政策是针对特定时期的政策问题而采取的行为，公共政策应随着政策环境的变化而不断地作出调整或修改。另一方面，在一定程度上将法律和公共政策区别开来，避免法学与政策科学的研究对象发生重复。相对而言，法律的存续时间比公共政策长，其稳定性也比公共政策高，往往是对长期形成的定型化的客观现象的确认和规范。其不足之处在于忽视了公共政策的相对稳定性特征，在实践中容易导致政策多变。我们在跨社会、跨历史的比较研究中就会发现，不少政治系统的一些公共政策始终是一以贯之的，并没有因为政策环境的变化而有所改变，比如前工业社会的一些公共政策，经历了上百年，甚至上千年之后，依然故我。

　　5. 均衡论

　　西方团体理论者大多持此观点。他们认为公共政策就是各团体之间为争取自身利益而相互竞争并达成妥协的产物，公共政策是在任何既定的时间内，经由团体竞争达成的一种均衡。这种观点看到了当今社会利益需求多元化、利益集团多元化的客观现实，并强调了利益集团对公共政策的重要影响,为我们研究复杂的公共政策现象提供了一种分析视角。不可否认,当代许多公共政策的确是各利益集团相互斗争相互妥协的产物,但是这种观点的前提假设条件,即认为各利益集团与政府在政策制定时完全处于平等和均势的地位存在缺陷。事实上,就公共政策制定而言,政府居于主导地位,并以自己独有的方式掌握着权力的操纵杆,一切利益集团的政策诉求都必须经由政府的认同才能转化为公共政策。

6. 制定主体政府论

国内外的许多学者都持此观点,他们认为公共政策的制定主体只能是政府。换言之,若其制定主体不是政府,而是其他组织或机构,那么他们所选择的方案或采取的行动等就不属于公共政策的范畴。美国学者安德森认为"公共政策是由政府机关和政府官员所制定的政策"。中国香港学者伍启元认为"公共政策是一个政府对公私行动所采取的指引"。中国台湾学者朱志宏指出"公共政策是由伊斯顿所谓之政治体系中的'当局'——即政府——所制定"。其他学者也持此观点,认为公共政策是"通过国家行政机构——政府制定和实施的社会行为准则"。"制定主体政府论"既说明了政府制定的公共政策的数量在一个政治系统的政策体系中占有绝对优势,又说明了公共政策是政府实施公共行政的重要手段。但是我们在跨社会的比较研究中就会发现,在有些政治系统内,某些或某个政党已经"行政化",其地位和作用甚至居于政府之上。该政党制定的政策实质上已经成为政府的"政策之母"。政党的权力和职能明显具有"公共"特征。在此情况下,我们很显然不能笼统地将这样的政党排除于公共政策制定主体之外。随着新公共管理运动的勃兴,公共管理的主体并不仅限于政府,而且还包括非政府、非营利性的第三部门,他们同样担负着解决公共问题,实现公共利益,运用公共权力对公共事务施加管理的社会任务。第三部门所制定的政策同样具有政府政策的特征和功能。因此,将公共政策的制定主体仅仅局限于政府,在理论上是不全面的,在现实中是行不通的。我们认为:公共政策是国家机关、政党及其他政治团体在特定时期为实现或服务于一定社会政治、经济、文化目标所采取的政治行为或规定的行为准则。它是一系列谋略、法令、措施、办法、方法、条例等的总称。

(五)公共政策的界定

每一种关于公共政策的概念都有其合理之处,也都有值得讨论之处。从学术研究的视角来看,基于价值偏好、理论架构不同等原因,针对同一研究对象作出不同的界定是经常发生的。其实,关于公共政策的精确的定义在理论上并没有多少重要的意义,在实践上更没有多少实际的意义。进而言之,公共政策研究的最重要的问题并不在于对公共政策做出学理性的、全面的、精确的概括,而在于能够把握住公共政策的精神实质,把握住它的学科体系和研究方法,进而为公共政策的实践提供行动指南和可靠的分析方法。[①]

　　基于以上考虑,我们认为,所谓的公共政策,是指一定的社会公共权威为解决社会公共问题,针对一定的社会生活所做出的正式的决定或安排。通常,这种决定或安排是确立一定社会生活的行为准则和行为依据,可以表现为法律、政令、计划、方案、程序等形式。一般来说,公共政策有广义和狭义之分。我们这里的定义即广义的公共政策,而狭义的公共政策不包括法律。

　　我们可以从以下五个方面来把握政策内涵:

　　1. 政策主体

　　制定公共政策的主体是拥有合法权威的包括立法机关、行政机关、司法机关在内的政府,以及由它们授权的有关机构或部门。

　　公共政策的制定和实施主体是公共组织。它包括政府(行政机构)、第三部门和一些国家的执政党。从一般的意义上说,政党的政策不属于公共政策的范畴,因为它至多只能对本组织内的机构和成员具有约束力,而对组织外的组织和成员不具有约束力。但是在一些政治系统,执政党能够对其社会政治生活进行"立体式"领导,它的政策不仅对本组织及其成员具有约束力,而且对包括国家机构在内的所有组织和社会成员均具有约束力。在此情况下,执政党自然属于公共组织的范畴。在当代社会,第三部门由于它承担了相当一部分公共管理职能,所以我们将其归入公共组织的范畴。

　　2. 政策客体

　　公共政策总是针对特定的公共问题而形成的,与公共事务联系紧密。那些纯粹私人的、不受任何合法社会组织或法律监督和制约的个人活动和个人关系,不是政策涉及的领域。公共问题是公共政策的逻辑起点。

　　3. 目标取向

　　制定公共政策的目的是为了解决社会公共问题,归根结底是为了解决公共资源或社会公共利益的分配问题。公共政策的目标是为了实现公共利

[①]　参见张国庆:《公共政策分析》,复旦大学出版社,2004年,第4页。

益,至少是声称为了公共利益。否则,公共政策在实践中就难以施行。

4. 活动过程

公共政策是主体服务于特定目标而采取的一系列活动,是与谋略、措施、办法、规定密切相关的一系列政治行为。公共政策是由一系列行为或活动组成,而并非只是一个"决定"。

5. 行为规范

政策是一种行为准则或行为规范,政策总有具体的作用对象或客体,它规定对象应做什么和不应做什么;规定哪些行为受鼓励,哪些行为被禁止。

二、公共政策的本质

政策的制定、执行及其执行的结果都是为了解决一定的社会问题,调整社会利益关系。政策本质集中表现在三个方面:政策集中反映或体现统治阶级的意志和愿望,是执政党、国家或政府进行政治控制或阶级统治的工具或手段;政策作为执政党、国家或政府的公共管理的工具或手段,服务于社会经济的发展和文化的进步;政策作为分配或调整各种利益关系的工具或手段,是各种利益关系的调节器。

(一)政策是阶级意志、利益的集中体现和表达

政策的本质首先表现在它是一定社会阶级意志和利益的集中体现。在阶级社会中,不同性质的国家政权和代表不同阶级、阶层利益的政党及其他政治组织,面对的是各种各样、错综复杂又千变万化的社会问题。为了解决这些社会问题,他们就必须制定自己的政策;而任何政策的制定和执行都是以维护本阶级政治上、经济上的利益为宗旨的。

政策在一定程度上表示着阶级力量的变化。由于政策是阶级利益的集中体现,所以任何阶级、国家在制定自己的政策时,首先考虑的是如何维护自己的经济利益,如何巩固自己的政治地位,如何削弱敌对阶级的力量,剥夺敌对阶级的政治经济权益,这是制定和执行政策的根本出发点。但是任何阶级在制定和维护政策时,又不能不考虑到现实的阶级关系、现实政治力量的对比。一定的阶级为了本阶级的长远的整体的利益,往往会在眼前的、局部的利益方面向敌对阶级做出某种让步和妥协。政策在一定程度上便成了

各阶级政治力量对比变化的晴雨表。

政策体现了阶级的意志、利益，不同历史阶段的不同统治阶级，其政策的本质有明显区别，但都是为着巩固其统治、进行政治管理的基本工具。

(二)政策服务于社会经济的发展

政策服务于社会经济的发展，政策的这种本质是由国家职能的两重性所决定的。国家作为阶级统治的工具，除了维护其统治的政治职能外，还有维护其统治的社会经济职能。作为其意志与利益的直接体现的政策及法律当然也带有这样的特性。国家负有管理社会事务方面的职能，作为阶级统治的工具，国家总是力图把阶级斗争控制在秩序的范围内，努力营造相对稳定的政治局面。这样，国家往往根据统治阶级的需要，组织社会经济活动，发展科技文化事业，管理某些社会公共事务，从而使国家履行管理社会事务方面的职能。这种职能必然通过国家政策而体现出来，使政策在执行过程中，通过对各种社会资源的利用，对各种社会潜能挖掘，在总体上实现政策目标的同时，推动社会经济文化的发展。20世纪30年代大萧条时期，美国"罗斯福新政"既要缓解危机，维护统治，又要挽救社会经济崩溃，促进社会平衡协调发展。大量公共工程建设，减少了失业人口，刺激了消费，使美国经济逐渐回升，走出低谷，从而造成美国社会的再次繁荣。我国开发中西部战略决策，明确表示缩小地区间差异，促进整体协调发展，保证社会的稳定、进步、发展。

(三)政策是各种利益关系的调节器

政策本质的核心就是要解决社会利益分配的问题，所有政策最终都表现为对社会利益关系的处理。在对社会利益分配的理解上，应该是既全面而又重点突出。政策本质首先表现在它是一定社会阶级意志和利益的集中体现，政策所要调控的各种社会利益关系实际上是阶级关系的表现形式。其次，政策对社会利益关系的分配又是一种反映全体社会成员利益(从根本上说仍是服务于阶级的整体和长远的利益，服务于政府整体目标的需要)的全社会利益的综合性分配。再次，"公共政策对利益的分配，是一个动态的过程。这种过程取向大致经历四个环节：利益选择、利益综合、利益分配与利益落实"①。

三、公共政策的特征

作为对社会利益进行分配的政策，是要调整社会成员之间的利益关系，实现政府的目标。在不同的社会形态里，公共政策的表现形式各异。在阶级社会里，它具有如下明显的共同特征：

1. 权威性

所谓权威性，是指公共政策具有强制性地得以贯彻的性质。公共政策具有权威性的根本原因，是制定公共政策的主体凭借的是社会公权力，因此，它总是带有权威的特征。一般来说，公共政策可以分为两大部分：一是转化为法律形式的公共政策（即经过立法部门批准执行的公共政策）；二是以条文、规定形式存在的公共政策。在狭义上，公共政策等于后者，从而与法律相区别，而在广义上，公共政策也包括法律。相比较而言，法律形式的公共政策有更加强烈的强制性，其权威性更加明显。

2. 阶级性

在阶级社会里，制定公共政策的社会公共权威总是代表着统治阶级的利益，具有强烈的政治倾向，这种政治倾向必须反映政策之中，甚至是政策制定的指导原则。公共政策总是有阶级性的，没有真正超阶级的公共政策。公共政策的制定者总是要把自己阶级的利益放在首位。在剥削阶级社会里，公共政策形式上是保护公众的，但实际上这是以不损害少数的统治阶级的利益为前提的，而在社会主义社会，公共政策所代表的公共性在形式和内涵上获得了真正的统一。

3. 普遍性

公共政策的普遍性体现在两个方面。一方面，从公共政策的权力范围看，由于公共政策与社会公共权威相联系，而公共权威总是同一定社会所有人相关的，这样公共政策就涉及所有公众，在一定范围内具有普遍的效力。另一方面，从公共政策的作用结果看，由于公共政策是针对社会公共问题所做出的规定，是对公共利益的一种权威性分配，因此，公共政策就对社会绝大多数公众有效，具有普遍性。

---

① 陈庆云：《公共政策分析》，中国经济出版社，1996年，第9页。

4. 层次性

公共政策作为一个体系,具有明显的层次性。层次性一方面体现在政策主体上,即按照权力主体来划分,公共政策基本上可分为中央政策和地方政策。另一方面体现在政策内容上,即在内容上具在层次性,可分为元政策、基本政策和具体政策,而且在这一纵向层次上,高层次的政策对低层次的政策起着支配作用,但高层次的政策的内容是概括和抽象的,难以直接规范公众的行为,因而最高层次的元政策只有逐级转化为基本政策和具体政策,才能发挥出作用。

5. 丰富性

相对于社会的私政策来说,公共政策具有极大的丰富性。这一特征根本上是由公共政策的"公共"性决定的。在任何一个社会,需要由政府管理的社会公共事务有政治的、经济的和社会的,涉及了社会的政治、经济、文化等领域, 这就决定了政府关于解决社会公共事务的公共政策的涉及范围的广泛性和内容的丰富性。而且,随着现代社会的发展,社会事务的内容越来越丰富, 如以往主要是作为个人发展的教育问题、生育问题乃至家庭教育问题等,也成为社会公共问题,从而增加了需要通过公共政策去处理的事务。

四、公共政策的分类

由于公共政策本身具有系统性、复杂性,从不同的角度出发可以将其划分为不同的类型。为便于将抽象的公共政策变为更有形的、更接近于实际的、可理解的形态,我们对公共政策进行如下划分:

(一)从政策功能标准来分类

按照政策的功能这一标准可以分为分配性政策、调节性政策、自我调节性政策和再分配性政策等。这种分类是美国著名行政学家洛伊的研究成果,也是比较典型、有影响的政策分类。按照洛伊的观点,几乎所有的公共政策都可以纳入到这个类型中来,它们分别发挥着四种功能中的一类作用。

分配性政策涉及将服务和利益分配给人口中特定部分的个人、团体、公司和社会,如九年制义务教育政策;

调节性政策与将限制和约束加之于个人和团体的行动有关, 它减少那

些受调节者的自由和权利,如征收个人收入所得税政策;

自我调节性政策涉及对某一事物或团体的限制或控制，它与调节性政策的不同之处在于它不是别的团体强加的,而是受调节的团体主动要求,并作为保护和促进自我利益的手段而出现的,如货币发行政策;

再分配性政策涉及政府在社会各阶级(阶层)或团体中进行有意识的财富、收入、财产或权利的转移分配,如城市居民最低生活保障政策。

(二)从纵向层次上划分

由于公共政策所面对和要解决的公共政策问题的多样性和层次性,决定了公共政策具有不同的层次类型。在政策理论中通常将其划分为元政策、基本政策和具体政策三个层次。

1. 元政策

元政策是指用以指导和规范政府公共政策行为的一套理念和方法的总和。元政策的基本功用是指导和规范政府正确地制定公共政策和执行公共政策。因此,元政策是关于政策的政策。它涉及的主要问题是:公共政策的指导思想、价值标准、行为准则、程序步骤、方式方法等。从公共政策与社会的关系看,总政策要解决的是有关社会发展的方向、基本价值以及政策制定系统的问题等。如我国在党的十一届三中全会后确定的"改革开放""以经济建设为中心"等政策,所涉及的是"封闭"与"开放"之间,"阶级斗争"与"经济建设"之间的关系,带有根本的方向性和基本价值取向,就可视为一个历史时期中的元政策。

2. 基本政策

基本政策是连接元政策与具体政策的中间环节，是用以指导某一方面公共问题的主导性政策。基本政策一般反映占社会主导力量的社会群体的政策信仰和社会价值观,具有层次高(如政策主体一般是中央级政府)、范围广、时间长和权威性强的特征,或说具有这些特征的公共政策就是公共政策系统中的基本政策。

3. 具体政策

具体政策主要是由公共部门针对特定而具体的公共问题做出的政策性的规定。一般来说,具体政策所涉及或要解决的是特定而具体的公共问题,表现为一系列行动方案和步骤,并要求有对应的部门或机构来具体实施,而且具体政策的实施效果常常是在经验的基础上可以直接观察到并可以评价的。

(三)从横向内容来划分

从横向的角度看,按照政策所涉及的社会生活领域的不同,可以将公共政策划分为政治政策、经济政策、社会政策、文化政策、科技政策。

1. 政治政策

政治政策就是政府在处理政治问题或调整政治关系方面所采取的行动或规定的行为规范。政治政策是掌握政权的统治阶级及其政党为调节、处理人们政治关系中所产生的问题而设立的种种原则、准则、法规的总称。它是政策主体在政治生活领域里为达到一定的政治目标而针对相关对象制定的行为准则与规范,是政治体系(国家、政府、政党等)得以存续、维持和发展的根本举措。获取、巩固和增益国家权力和维护统治阶级的利益是政治政策的核心价值。政治政策中最重要的是阶级政策和政党政策,其他还包括法制政策、外交政策、国防政策、国家安全政策、公共安全政策、人力资源政策、阶级政策、民族政策,等等。

2. 经济政策

经济政策是为解决经济生活中存在的问题而制定的规范、准则,也是公共权力在经济领域里为达到一定的经济、政治与社会目标而制定的调整人们的经济关系、经济活动的准则和规范。具体说来,获取最佳社会经济效益是经济政策的核心价值。经济政策包括产业政策、农业政策、工业政策、金融政策、财政政策、贸易政策、环境政策、房地产政策、区域发展政策,等等。

3. 社会政策

社会政策是为了协调各种社会因素、解决社会矛盾和问题、确保社会正常发展所制定和实施的各种社会行为规范和准则。公共权力为了解决重大的、带有全局性的社会问题,就必须制定和实施相应的社会公共政策。重要的社会政策有:婚姻政策、人口政策、移民政策、种族政策、就业政策、劳动工资政策、劳保和福利政策、养老保险政策、公共救助政策、社会优抚政策、社会治安政策,等等。

4. 文教政策

文化与教育政策指的是公共权力在文化教育领域内,为达到一定的目标而制定的发展规划、指导原则和行为规范,即公共组织(主要是政府)用来解决文化与教育领域中的问题,引导文化与教育事业正常发展的各种原则、规范和指导意见。文化政策包括大众传播(新闻、出版、广播、电视等)政策、文学艺术政策、体育政策等,教育政策包括国民义务教育政策、高等教育政策、职业教育政策、继续教育政策、社会教育政策,等等。

5. 科技政策

科技政策即公共权力机构制定的指导科技发展的规范与准则。主要有:国家科技发展政策、基础科研政策、应用科研政策、科技投入政策、科技转化政策、科技产业政策,等等。

第二节　公共政策的功能

所谓政策功能,简单地说就是政策所发挥的功效和作用,它通过政策的地位、结构、作用表现出来,它总是在与某种社会目标的联系中得到判定。政策的基本功能包括:导向功能、控制功能、协调功能、分配功能和象征功能。

一、导向功能

导向功能,即指公共政策通过其所具有的特定的强制性的规范,具有对社会公众的行为和社会发展的引导作用。公共政策是社会公共权威机构针对社会利益关系中的矛盾所引发的社会公共问题所做出的对社会公众行为的规定和准则,而这一规定和准则不仅是社会公众必须执行和遵守的,而且由于公共政策的目标本身相对于将发生的行为而言是预设的,具有超前性,从而通过这一公共政策的强制执行和遵守,将社会公众和社会的发展导向预定的目标。这样,公共政策为社会的发展和人们的行动确定了方向,"使整个社会生活由复杂的、多面的、相互冲突、漫无目的的行为,能有效地纳入到统一的明确的目标上来,使之按既定的目标有序前进"。可以说,公共政策在社会生活中有着十分重要的作用,社会生活的有序化主要依赖于各种社会公共政策的合理制定与实施,社会经济、文化的进步也离不开公共政策。实际上,我们每个人无时无刻不受到一定历史时期的公共政策的影响,没有公共政策的引导,就没有社会的存在和发展。

政策导向功能是指政策引导人们的行为或事物的发展朝着政策制定者

所期望的方向发展。政策导向功能包含两个方面：一是规定目标、确定方向。规定目标就是把整个社会生活（包括政治生活、经济生活、文化生活等）中表现出的复杂的、多元的、相互冲突的、漫无目的的潮流纳入明晰的、单面的、统一的、目标明确的轨道，使社会有序地发展；二是教育指导、统一认识、协调行动、因势利导。任何政策，不仅要告诉人们什么是该做的、什么是不该做的，还要使人们明白为什么要这样做而不那样做，怎样做才能做得更好，如先富带动后富政策。

二、控制功能

政策的控制功能是指政策对社会中人们的行为或事物的发展起到制约或促进的作用。政策的出台都是为了解决一定的社会问题或是为了预防特定社会问题的发生；政策制定者在政策上对所希望发生的行为予以鼓励，对不希望发生的行为予以惩罚，从而达到对社会的控制。政策的控制功能分为直接控制和间接控制两种。典型的例子是我国的计划生育政策，它通过政策的控制功能把我国的人口总量和增长率控制在一个与我国经济社会发展相适应的水平。

三、协调功能

协调功能，即指公共政策对包含于社会公共问题中的各种利益矛盾具有调节和控制的作用。社会的人总是活生生的人，有不同的利益要求，并相应组成为不同的利益集团。而不同个人以及不同利益集团之间总要发生这样或那样的利益冲突，而当这些利益冲突所引发的矛盾成为一个社会普遍的公共的问题时，就必须要靠公共权威通过一定的手段来调节，而公共政策就是一个调节公共问题所包含的利益矛盾的一个有效手段。因为公共政策的制定与实施总是要考虑人们的公共利益，它所解决的政策问题本身是公共性的。实际上，公共政策是人们利益相互作用相互趋近的产物。只考虑少数个人的利益要求，不可能形成真正的公共政策。

国家的管理活动是一个复杂的系统过程，其中有许多利益关系需要协调，以保证整个国家社会生活的和谐进行。这些关系主要包括社会组织之间的关系、各种政治权利关系各种经济关系、各民族之间的关系等。这些性质各异、错综复杂的关系不能靠长官意志或个人权威来协调,而必须依赖正确的公共政策。比如我国实行的民族区域自治政策,坚持民族平等、民族团结、各民族共同繁荣,反对大汉族主义和地方民族主义,是我国协调各民族关系的基本政策;我国的民主党派政策是协调执政的共产党和各民主党派之间关系的基本政策。

四、分配功能

分配功能,即指公共政策能将社会的公共利益按一定的标准对一定的对象进行分割,这是公共政策本质最集中而典型的表现。实际上,公共政策在一定层面上通过解决社会公共问题能对社会矛盾进行调节,根本上正是站在一定的立场上,用强制性的政策来调整现实的社会利益关系,从而调节社会成员的利益分配。通常,当利益冲突引起矛盾进而导致特定的公共政策出台后,随着这一公共政策付诸实施,必然是一部分人获得利益,另一部分人未获得利益;或者一部分人获得了较多的利益,另一部分人可能不仅没有增加利益,反而减少了原有的利益。一般来说,作为立足于解决社会公共问题的基点上,对社会公共利益进行权威性分配的公共政策,为了减少社会成员的利益摩擦和冲突,必须站在公正的立场上发挥利益分配的作用。

实现公共政策的利益分配功能,需要解决好三个方面的问题:一是将那些满足社会需求的价值或利益向谁分配;二是如何进行分配;三是什么样的分配方案是合理的乃至最佳的。在通常情况下,公共政策应该把价值或利益分配给最能代表社会生产力发展方向的社会大众,让社会多数成员普遍获益,分配的过程和结果都应该遵循公平的原则。

五、象征功能

政策的象征功能是指政策仅具有符号意义,不产生实质性后果,主要发挥象征性作用。象征功能不在于政策的实际作用,或者说制定者对它的期望并非如物质性政策那样,经过各环节的实施,产生明显的实际政策效果。它仅仅在于影响公众的看法、观念或思想意识。[①]例如我国推广的普通话政策。

---

① 参见陈振明:《政策科学——公共政策分析导论》,中国人民大学出版社,2003年,第54页。

樊钉认为履行象征性功能的政策"是那些对人们的权益没有产生实际影响的政策。政府制定和颁布此类政策，只是表明态度，起一种象征性作用"。[①]顾建光认为"象征性的政策借助于一些荣誉性的价值，而不是实质性的利益"。[②]例如关于国旗、国徽的政策，教师节的设立等。

第三节　公共政策系统的构成

我们将公共政策系统界定为公共政策过程所包含的一系列相互联系的因素所组成的具有一定结构、特定功能的有机整体。这些因素包括政策主体、政策问题、政策措施和政策环境等。政策系统是公共政策运行的载体，是政策过程开展的基础。因此，对公共政策的系统结构的分析与讨论，有助于我们进一步理解和认识公共政策。

一、政策主体

一般而言，公共政策主体是指直接或间接地参与公共政策全过程的个人、团体或组织。公共政策主体不仅参与和影响公共政策的制定，而且在公共政策的执行、评估和监控等环节都发挥着积极的能动作用。当然，由于各国社会政治制度、经济发展状况和文化传统等方面的不同，各国的政策过程存在着差别，造成了各国政策过程存在着很多方面的不同，进而使得各国政策主体的构成要素和作用方式也有所不同。当然，无论公共政策主体多么复杂多样，关键的影响者还是比较明显的。概括来讲，公共政策主体主要包括立法机关、行政机关、司法机关、政党、利益集团、思想库、大众传媒和公民个人等。在公共政策主体的分类上。存在着官方决策者和非官方参与者、体制内和体制外等划分方式。安德森认为，官方决策者是指那些拥有法定权威参与制定公共政策的人们，包括立法者、政府首脑、行政人员和法官，而非官方参与者包括那些参与政策过程的利益集团、政治党派、研究组织、大众传媒和公民个人。这些非官方参与者通常并不具有制定公共政策的法定权威，它

---

① 樊钉:《公共政策》，国家行政学院出版社，2005年，第31页。

② 顾建光:《公共政策分析引论》，武汉出版社，2002年，第9页。

们主要是在政策制定过程中提供信息、施加压力、游说官方决策者。①琼斯和马瑟斯把政策提案者(即政策制定者)分为政府内部和政府外部两大类。政府内部的提案者包括:行政长官、官僚、咨询者、研究机构、议员及其助手;政府外部的提案者包括:利益团体和协会、委托人团体、公民团体、政治党派和传播媒介。②

虽然这两种分类方式的划分标准不同,但它们对公共政策主体的分类大致是相同的。拥有法定权威的官方决策者大致等同于体制内政策主体,不拥有法定权威的非官方参与者大致等同于体制外主体。有学者把体制外主体细分为社会政治法权主体和社会非法权主体。③综合这两种分类方式,我们可以从官方和非官方角度来探讨公共政策主体的构成及其行为,前者着重探讨权力配置问题,后者着重探讨政策参与问题。

应该注意到,这两种分类都是以西方社会为背景的,体现了西方国家政策过程的基本特点。由于政治体制的差异,我国的公共政策主体与西方国家的公共政策主体并不一致。我们在下文中将结合我国实际情况对公共政策主体进行讨论。

(一)官方政策活动者

一般而言,官方决策者是指广义的政府,即立法机关、行政机关和司法机关。在现代政治体制中,这三大系统分别掌握着立法、行政和司法三种权力,各司其职,依据宪法赋予的权力制定各类公共政策,同时相互制约,保持三种权力之间的平衡。但是在我国,执政党在公共政策制定中有着极为重要的地位,所以官方决策者包括立法机关、行政机关、司法机关和执政党。下面介绍官方的政策活动者及其行为。

1. 立法机关

立法机关是公共政策主体最重要的构成要素之一,其主要职责是立法,即履行制定法律和政策。立法机关在西方主要指国会、议会、代表大会一类的国家权力机构, 在我国则是指全国及地方各级人民代表大会及其常务委

---

① James E.Anderson, *Public Policy Making: An introduction*, Boston: Houghtion Mifflin Company, 2003, pp.46–66.

② 参见[美]斯图亚特·S.那格尔:《政策研究百科全书》,科学技术文献出版社,1990年。

③ 参见张国庆:《现代公共政策导论》,北京大学出版社,1997年,第34页。

员会。由于政治体制的不同,各国的立法机关在公共政策过程中所扮演的角色、所起的作用不尽相同。

安德森认为,在西方尤其是美国,各个层次的立法机关通常能够独立地行使立法权。美国国会在税收、人权、社会福利、消费者保护、经济规制和环境保护等政策制定上发挥着决定性作用。在国会中,常设委员会对提交的法案通常拥有生杀大权,它们甚至可以不顾大多数议员的反对,强行通过有关议案。但是,我们并不能因此认为立法机关具有完全独立的决策地位。在国防和外交政策方面,总统拥有比国会更大的权力。

我国实行议行合一的政治体制,立法机构或权力机构是各级人民代表大会及其常务委员会。宪法规定,中华人民共和国的一切权力属于人民,人民行使国家权力的机关是全国人民代表大会和地方各级人民代表大会。全国人大及其常务委员会是最高权力机关,其制定的法律和政策具有最高效力,行政、司法机关制定的法规、政策一旦与全国人民代表大会制定的法律、政策相抵触,全国人民代表大会有权对其加以纠正或将其撤销。

2. 行政机关

行政机关及其官员是政策主体的一个重要组成部分,尤其是当代,行政权力扩张,行政机关在政策过程中的地位和作用就显得更加突出了。在西方,特别是美国,无论是政策的制定,还是政策的执行,政府效能从根本上说取决于行政领导尤其是总统。总统在进行立法和政策领导方面的权威大大加强,国会的立法往往将重大的决策权授予总统。在我国,政府作为管理机关,是政策主体的一个重要组成部分。

3. 执政党

政党尤其是执政党是政策主体中的一种核心力量。公共政策在很大程度上可以视为执政党的政策。现代国家的政治统治大都通过政党政治的途径来实现。在我国,中国共产党是全国人民的领导核心,它在政策的制定、执行、评估和监控中起着主导作用。

4. 司法机关

作为国家或政府组成部分的司法机关,在公共决策过程中也占有重要的一席之地,它也是政策主体的构成因素之一。在美国,司法机关(法院)能通过司法审查权和法令解释权而对公共政策的性质和内容产生很大的影响;通过判例对经济政策(财产所有权、合同、企业、劳动关系等)和社会政策(如福利政策、基础设施建设等)产生影响。法院不仅参与政策制定,而且在其中扮演重要角色,它不仅规定政府不能做什么,而且规定政府应该采取何种行动以符合宪法和法律的要求。在我国,司法机关也在政策过程中起到某些类似的作用,它也是我国政策主体的一个有机组成部分。

(二)非官方政策活动者

非官方参与者包括利益集团、政治党派、大众传媒、思想库和公民个人等。它们作为体制外的力量,通过游说官方决策者,施加压力,从而影响公共政策过程。

1.利益团体

所谓利益集团,就是指"因兴趣或利益而联系在一起,并意识到这些共同利益的人的组合"[①]。我国经济学家厉以宁认为:"利益集团是一个不明确的概念,它是以经济利益目的相联系的一种无形组织。所谓利益集团是指这样一些人,他们彼此认同,有着共同或基本一致的社会、政治、经济利益的目的。因此他们往往有共同的主张和愿望,使自己的利益得以维持或扩大。"[②]

我们认为:利益团体是基于某种共同价值、共同利益、共同态度或者是某种职业和行业而形成的正式、非正式团体和群体等社会组织,其目的在于建议、维持、增进共同利益和共同态度所蕴含的行为模式;其职责是履行利益聚合功能,以保障或增进其成员的利益作为最高目标。

利益集团影响政策制定的方式(即如何表达自身利益的方式)是多种多样的,而如何表达利益的问题,实际上就是一个政治参与的问题。一般情况下有:

(1)通过本团体在各种代表机构中的代表人物,就某个政策问题向政府陈述意见,提出建议或提案。

(2)通过社会舆论表达本团体对某个问题的观点或见解,力图说服政府采纳。

(3)对社会规范价值重新加以界定。

(4)用现有法规、制度上的规定表明自己的立场。

---

① [美]加布里埃尔·A.阿尔蒙德、小G.宾厄姆·鲍威尔等:《比较政治学:体系、过程和政策》,上海译文出版社,1987年,第96页。

② 参见厉以宁:《转型发展理论》,同心出版社,1996年。

　　在某种特殊、紧急的情况下，也可能由一个团体单独或几个团体联合向政府施加某种压力。

　　利益团体对政策制定的影响力的大小，取决于团体自身所处的社会地位、成员多少、声望大小、财力厚薄、组织强弱、领导力高低、内部凝聚力状况和运用策略的情形等诸多因素。

　　利益团体影响公共决策的方式主要有游说、宣传、捐款、抗议等。

　　2. 大众传播媒介

　　大众传播媒介能及时反映社会所发生的公共问题，同时，其传播的信息是对政策信息和政策问题进行选择、整理、淘汰、处理，经过层次加工和处理后，再提供给公众的。大众传播的直接性、迅速性和广泛性使它能够为政策制定创造良好的公众支持环境，从而扩大政策诉求群体，提高政策问题的认知程度。大众传播媒介的"焦点效应"，可以形成强烈的政策舆论压力，促使决策系统接收来自公众的愿望和要求。大众传播媒介是连接政府与社会的中介，可以扩大公众对政策制定的参与程度，使分散的公众公开表达自己的诉求。大众传播媒介主要包括广播、报纸、电视、书刊、电影、国际互联网等传播工具。在现代社会，大众传媒是社会公众获取信息的主要来源，对公共政策过程有着非常重要的影响。大众传媒的作用主要体现在以下两个方面：

　　第一，传播公共政策信息，实现政府与社会公众的双向沟通。大众传媒可以将政府的政策意图自上而下地及时、迅速、广泛、有效地告知公众，同时也可以把民情民意自下而上地告知和反馈给政策制定者，为公共政策的制定和调整提供客观依据。大众传媒是实现政府与社会公众双向信息沟通的重要媒介，为公众参与公共政策制定提供了途径。

　　第二，引导社会舆论，影响公共政策议程设置。大众传媒可以通过自己带有倾向性的报道和对新闻事件的分析、解释，引导和控制公众舆论的焦点和走向，使人们按照大众传媒给每个问题确定的重要性次序来分配自己的注意力。大众传媒通过影响和引导社会舆论，从而影响政府的公共政策议程的设置。

　　3. 公民（选民）

　　公民或选民是公共政策主体的一个重要组成部分，虽然没有明确的组织，力量比较分散，但却是最为广泛的非官方政策主体。公民个人通过各种政治参与途径，影响或制约公共政策的制定与执行。在不同的政治体制下，公民作用于公共政策过程的方式、效果不同。在西方国家，公民参与政策过程的方式主要包括投票选举、全民公决、听证会、示威游行、罢工等。具体来讲：

（1）以国家主人或主权者的身份，对某些重大政策问题直接行使主权，如对宪法的修订、领导人的选举、基本国策或重要的地方性政策采取直接投票的方式来加以解决。

（2）用间接或代议的方式，选出自己的代表制定或修改并执行公共政策。

（3）使用各种威胁性方式（如请愿、示威游行、罢工、罢课等）去反对某些政策，迫使政府将问题提上议事日程。

（4）通过参加利益集团，借助团体的力量去影响政策，或者通过制造舆论或游说的方式去影响政策。

（5）对政府通过并实施的政策采取合作或不合作的态度，以此影响政策结果等。

二、政策客体

政策客体指的是政策所发生作用的对象，包括政策所要处理的社会问题（事）和所要发生作用的社会成员（人）两个方面。政策最基本的特征就是充当人们处理社会问题，进行社会控制以及调整人们之间关系特别是利益关系的工具或手段。这里有必要指出的是，由于公共政策系统及公共政策过程的复杂性，公共政策主体和公共政策客体的划分只是相对意义上的。对于许多处于中间层次的人、团体和组织而言，他们（它们）往往充当了政策主体和政策客体的双重角色。

（一）社会问题

从事的角度看，公共政策所要处理的是社会问题、公共问题或政策问题。社会问题多种多样，表现的具体形式也不同，划分依据不同类型也就不同。对社会问题类型的把握有助于公共政策分析中的问题界定和构建。

1. 过失性社会问题和结构性社会问题

过失性社会问题产生于偏离社会正常生活和规范的一些过失行为，如青少年失足和社会犯罪等。一般来说，因为这些问题与大多数人的正常生活格格不入，所以这类问题很容易被人们所认识。当然，在这里要注意过失和偏差的具体差别，过失和偏差往往是相对而言的，并没有绝对标准，要在特定的社会环境中去理解。一些社会规范允许一定程度的行为偏差,这并不认为就是超越了规范极限的过失行为,也就并不形成公共问题。

结构性社会问题是指社会自身结构不合理所导致的一些社会现象。这类问题涉及社会生活的许多方面,其中最为突出的就是各种各样的不平等现象和问题。如经济发展不平衡带来的贫富两极分化,并由此基础上产生的贫困问题。除了贫困问题,还有由民族歧视和种族偏见所引发的民族矛盾;由政治不平等所产生的政府权力滥用;由教育不平等所导致的社会不满等都属于结构性问题。

2. 实质性社会问题和程序性社会问题

实质性社会问题涉及人类活动所产生的实际后果。人类的行为总会在社会上产生一定的结果,那些不当行为会引发一些偏离社会正常发展要求的结果,从而产生社会问题。实质性社会问题强调的是产生了实质性的结果,通常是不好的结果,如只注重经济发展,忽视环境生态保护造成的生态环境问题;近年来频繁发生的食品药品安全问题等。

程序性社会问题则与政府如何组织和如何采取行动有关。程序性社会问题涉及程序正当问题,指由于缺乏正当合法的程序,或不遵循既定程序而引发的社会问题。如我国的暴力拆迁问题和公众对听证会的不信任问题,我国的房屋征收与补偿条例明确规定的房屋的征收与补偿程序与条件,但在具体的政策执行中相关主体并不按照法定程序办事,往往采取暴力拆迁的方式;公众对听证会的不信任问题主要由于许多听证会往往流于形式,公众的意见难以通过听证会真实地表达出来。

3. 分配型政策问题、规制型政策问题和再分配型政策问题

公共政策学者罗威(Lowi)依据利益分配和利益分配中人们的相互关系,将政策问题分为分配型政策问题、规制型政策问题和再分配型政策问题三种类型。

(1)分配型政策问题

所谓分配,是指将资源分配给社会的个人或组织。国家向某个领域或区域提供经济资助或资源投入,个人或组织通过自身的劳动获得的收入,都属于分配的范畴。在分配过程中,相关的个人或组织都或多或少获得资源,其一方的资源获得并不是建立在另一方所失的基础上,因此资源分配中的人们的关系是非零和博弈关系。但是,在资源分配过程中,也会引发有关问题,这些问题就是分配型政策问题。例如,公费医疗问题、食品代用券问题、退伍

军人管理问题等都是分配型政策问题。由于在资源分配中人们关系是非零和博弈关系,因此分配型政策问题并非激烈对抗的问题。

（2）规制型政策问题

肯尼斯·J.梅尔认为,规制是指政府控制公民、公司或下级政府行为的尝试。在某种意义上,规制指政府对社会范围内公民的选择的限制。政府之所以要对公民行为进行限制,主要是为了实现某种目标。例如,为了控制污染,政府会对排污企业进行限制。规制型政策问题是指政府根据一定的规制标准和规则对个人或组织的行为进行限制时引发的问题。规制型问题是多种多样的,涉及各个领域。例如,对排污企业进行管制产生的问题就是污染规制问题;在突发事件发生时对人们的行为进行限制的问题也是规制型问题;对交通实施临时的限制是交通管制问题。规制对部分人的行为进行限制,实际就是对他们某些利益的剥夺,因此在规制过程中,相关参与者的关系是零和博弈关系,即一方所得的利益是建立在另一方所失的基础上。所以规制型政策问题往往暗含着较为激烈的冲突或对抗,解决起来会较为困难。

（3）再分配型政策问题

资源的再分配是指政府将资源或财富从一部分人的手中转移到另一部分人的手中,目的是缩小贫富差距,实现社会公平。再分配型政策问题就是指资源或财富从一部分人的手中转移到另一部分人手中的过程中所引发的问题。例如,为了解决穷人的生存和保障问题,就需要建立个人所得税制度,将财富从富人手中转移到穷人手中。个人所得税的有关问题,就是再分配型政策问题。再分配型政策问题是一种零和博弈问题,因为一方所得即另一方所失,因此这类问题解决起来也会比较困难。

4. 按社会生活领域的不同将政策问题分为政治、经济、社会（狭义）和文化等领域的问题

政治领域问题涉及政治系统的问题,包括政治体制、国家机构、军事外交、人事、行政管理、民族、阶级等方面的问题。政治问题具有很强的政治性,可以被社会中具有政治意识的各种组织或人所感觉到, 对整个上层建筑的构建完善具有重要意义。经济领域问题常与每个人息息相关,具有直接性和现实性,包括经济体制和经济发展问题,生产过程中生产、交换、分配、消费等各个环节中的财政、金融和产业等方面的问题。社会（狭义）领域问题是关系社会本身发展、常态与变态冲突等问题。如环保、人口、治安、福利、保障、贫困等方面的问题。文化领域的问题包括科技、文教、体育、卫生等方面的问题。

（二）目标团体

从人的角度来看，政策所发生作用的对象是社会成员，这些受规范、制约的社会成员称为目标团体。

公共政策是对社会价值进行权威性的配置，而社会价值的配置并不是一个价值无限增大的过程，在绝大多数情况下，它就像分蛋糕一样，总存在一些人多些，而另一些人少些的结果，甚至会出现将一些人的利益减损而用来补充另外一些人利益的结果。这种利益将会受到公共政策实施带来的价值影响，个体或者组织就是目标群体。

目标群体是公共政策实施的重要环节，也是公共政策实施是否产生成效的重要决定变量。目标群体的特征在一定程度上决定了公共政策实施的成败。影响政策实施的目标群体因素有：

1. 目标群体的规模

目标群体规模越大对公共政策的影响力越大，公共政策实施者不得不认真考虑这些群体的态度、利益和政治倾向。如三峡工程需要移民数十万，这么庞大的目标群体自然给实施这一政策带来巨大的困难。相反，目标群体较小，则对实施者来说，是一件轻松的事情。但是有些较小的目标群体也会有强大的政治能力，也可以给实施者带来麻烦。

2. 目标群体的结构

目标群体的结构是指目标群体是否组织化，组织化程度如何。一般来说，高度组织化的目标群体具有强大的政治表达力，能够利用它们的组织能力来实施影响。面对这种群体，公共政策主体必须有准备和按照法律规定来加强协调与合作。而相对分散、组织化程度低的目标群体在政治组织力方面较弱，要实施一些权威性政策比较容易，然而，如果要实施一种组织化与动员性的政策，则比较困难。例如在农村地区防范传染病就比较困难。

3. 目标群体的要素特性

目标群体要素的性质主要指群体的文化素质、阶层属性、年龄构成、身份地位等。这些要素明显地会对不同的政策产生影响。如文化素质高的群体对公共政策的认知水平较高，较容易说服，但是也容易对不合理的地方提出反对意见。不同的阶层属性、年龄构成和身份地位的群体对有利于自己的政策会表现出支持的态度，而对不利于自己群体的政策则会表现出反对或者消极对待的态度。

4. 目标群体的认知态度。目标群体的认知态度是指他们对公共政策的认识、理解、同情和支持的心理状态。这种心理状态成为目标群体支持和不支持公共政策的重要力量。这就是在公共政策开始阶段要大力进行政策宣传的原因,宣传可以让公众更好地了解相关政策的内容、目的和价值,从而提高认识度和支持度。但是目标群体对公共政策的认知态度受到多重因素的影响,宣传的效果最终也要看它和原有的心理观念的结合情况。根据现有的研究成果,影响目标群体的心理态度的重要因素有:政治社会化的影响、传统思想观念和行为习惯的制约、对政策形式合理与实质合理的看法、对成本收益的权衡、对大局或整体的考虑;避免受到惩罚、环境条件的变化等。

三、政策研究组织

现代政策研究组织又称为脑库(brain trust)、思想库(think tank),是政策系统一个重要组成部分。它在当代政策研究中起着重要作用,有学者称"思想库是现代国家决策链条中不可或缺的一环"。自第二次世界大战以来,涌现出大量现代思想库,如美国的兰德公司(Research and Development,简称RAND),企业与公共行政研究所,日本的野村综合研究所,英国的伦敦国际战略研究所。这些政策研究机构后来不仅服务于企业,也服务于政府公共部门。政策咨询研究的范围也从经济、商务领域扩展到了宏观经济、政治、法律、环境、军事、外交等广泛的领域。

(一)政策研究组织的特征

作为政策主体的一个重要组成部分,现代政策研究组织(思想库)有如下四个基本特征:

1. 以改进政策制定为目标

无论哪种类型的思想库,都把改进政策制定作为最终目标,它的一切活动都围绕着这一目标开展,尽管它的服务也收取报酬,但不以营利为目的,只是为了维持组织的继续运转,其目标始终是改进有关机构和部门的政策制定,促进决策科学化和民主化。

2. 研究人员构成的多学科性

现代政策研究组织面对的是各种复杂的问题,具有高度综合性特征,设计众多学科领域和社会生活的各个方面。显然,要探索解决一系列极为复杂的问题,仅靠单一学科的知识和方法难以奏效,需要采取跨学科、跨部门的研究方法,因而研究人员学科范围广泛。

3. 从事政策研究和咨询的相对独立性

现代政策研究组织的研究活动是在尊重科学和实践基础上,从实际出发,依靠科学实验和论证,做出科学的结论。

4. 运用现代科学理论和先进技术手段

现在政策研究机构广泛运用现代科学理论和科学技术,建立模拟模型和数据库,建立决策支持系统,有效地提高了政策研究组织研究成果的可靠性、可行性,缩短了决策过程,使决策更加科学、合理。

(二)政策研究组织的类型

公共政策的实践应用性特点,决定了思想库是学术部门和实际部门的有机结合,各个思想库的服务对象、研究领域和所起的作用不同,可以将思想库分为如下四个类型:

1. 官方思想库

这类思想库通常隶属于不同国家或地区的政府及其职能部门,带有明确的官方色彩,反映了政府一定的态度、立场和感兴趣的问题。它们直接研究政策问题,为决策提供咨询。

2. 半官方思想库

西方国家为了让专家们能在民间的环境中工作,使其智慧为政府部门服务,通过各种途径和方式,建立了许多半官方思想库:

一是政府通过投资和资助重点研究领域和方向,把它们纳入为政府服务的轨道。西方政府正是通过资金上的援助与思想库建立长期的、稳定的、密切的合作关系。

二是政府通过和思想库签订合同,建立相互依存的关系。如斯坦福国际咨询研究所总收入的70%来自政府与军方的合同收入,它是主要为政府和军方服务的半官方研究咨询机构。

三是与政府部门对口挂钩的思想库,为政府部门提供研究咨询服务。虽然政府对这类思想库的资助只占很小一部分,但它们与政府部门对口挂钩,直接为对口的政府部门提供研究咨询服务。因此,它们实际上也是半官方的研究咨询机构,如美国对外关系委员会(与国务院对口挂钩)、经济发展委员会(与商务部对口挂钩)、税务基金会(与财政部对口挂钩)。

3. 民间思想库

民间思想库是民间发起,得到基金会和企业资助,为国家机构及其长官服务的政策研究机构。最大特点是独立性和客观性。民间思想库有两大优势:一是由于民间政策研究组织有一定社会性,在获取真实信息方面有较多的优势和有利条件,可以克服行政性研究机构在搜集真实政策信息上的局限性;二是可以保证政策的连续性和系统性,克服政府政策研究机构因领导人更迭和领导注意力转移而影响政策研究课题和条件的弊端,有利于提高决策的透明度、开放度和民众参与度。

4. 跨国思想库

这是由世界各国科学家、经济学家、企业家、政策科学家组成,以研究人类全球问题为主的思想库。如罗马俱乐部。这类思想库研究的是在规模上具有全球性、在性质上涉及全人类的利益,在解决时需要世界各国协同努力、采取共同对策的委托等。跨国思想库以研究课题为目标,不为任何国家、政党利益服务,只关心全人类的利益和人类未来为宗旨,发挥着其他思想库难以发挥的作用,影响着人类未来。

四、政策资源

一般来说,政策资源主要有物力财力资源、人力资源、信息资源和权威资源。

1. 物力资源与财力资源

物力和财力是两种最基本的政策资源,充足的经费、物质和设备供给是公共政策实施的重要保证。我国许多政策实施起来比较困难就在于经费的缺乏。但在公共政策的执行过程中,并非物力和财力方面的投入越多越好,过多的财政经费开支不仅会导致过剩的、闲置的设备,还会导致过多人员投入及执行机构的臃肿和因人浮于事而产生的内耗,从而增加公共政策实施的难度。

2. 人力资源

公共政策实施主体的政策水平、知识结构、组织能力以及目标群体的受教育程度、政治参与水平和社会能力等素质条件是公共政策实施的重要政治资源。如果公共政策实施主体的政策水平不高或知识水平有限、知识结构不完善，可能造成政策认知的不当。不能正确地理解具有战略性和抽象性的宏观政策；不能认清公共政策的精神实质，即最高目标和最低目标、长远目标和近期目标的区别与联系；不能认清公共政策的内在机理，即公共政策的目标、原则、计划、程序、手段的内在统一性；不能认清公共政策的相互关系，即元政策与基本政策、旧政策与新政策、中央政策与地方政策的关系。由于不能正确理解政策，又可能造成政策宣传不当和执行不力。

3. 信息资源

政策信息作为公共政策实施的最为重要的政治资源，是公共政策有效执行的首要条件，畅通的信息渠道和充足的信息来源是政策方案得以顺利实施的重要保证。信息不对称是政治资源大量流失的重要原因。信息不对称造成了公共政策实施的政策宣传不当、政策理解失误、政策沟通堵塞，尤其可能产生部分政策实施的"暗箱操作"和以权谋私，难以对公共政策实施的全过程进行有效监督与控制。信息不对称及其传播渠道受阻又会使公共政策实施产生"伴生噪音"，即小道消息的蔓延。"小道消息"以其传播的效率高、间隔短、迎合受众的心理需求而迅速占据"传播市场"，误导信息的接受者，致使受众对正确的政策信息内容产生质疑、排斥、抗拒，给政策的有效执行带来很大的阻力。

4. 权威资源

在政策实施活动中，权威是一种特殊的资源。负责执行政策的人员要使其执行活动得以顺利地进行，则必须被赋予相应的权威，用以执行其工作上的任务。权威乃是采取行动、进行指挥、获取资源而执行其工作任务的权力来源。权威资源的不足会导致现有的政策执行不力或政策走样。

五、政策环境

所谓政策环境是指影响政策产生、存在和发展的一切因素的总和。政策环境是公共政策的生长基础，理解政策环境是认识公共政策的前提。政策环境影响公共政策的问题形成、政策制定、执行、评估和调整等过程。公共政策同其环境应该具有内在的一致性和相容性，政策环境的变迁决定着公共政策的行为周期。一个完整的政策过程是：政策环境首先把各种政策要求传导给政策主体，这些要求通过政治体系的内部转换，变成公共政策的方案输出,作用于环境,引起环境的变化,产生新的公共政策安排要求,新的政策安排要求又反馈到政治系统,进一步导致政策输出。就这样,在环境和政策系统的循环往复中,政策源源不断地产生,公共政策过程得以持续进行。

伊斯顿在《政治生活的系统分析》一书中将政策环境分为社会内部环境和社会外部环境两个部分。社会内部环境包括生态系统、生物系统、个人系统以及社会系统;社会外部环境是指某社会本身以外的系统,它们是国际社会的功能部分,或者我们可以将其描述为"超社会""超系统"环境。①在这里我们采用较为容易接受的环境划分方法:将之划分为自然环境和社会环境两大部分。自然环境主要是指一国的地理位置、面积大小、气候条件、山川河流、矿藏资源等。自然环境是人类赖以生存的场所和创造文明的自然前提,对一国的内外政策具有影响或制约作用。社会环境对公共政策的影响和制约更加直接也更加明显,甚至对公共政策起决定作用,包括政治状况、经济社会状况、文化状况、教育状况、法律状况、人口状况、科技状况、国际环境等。

(一)自然环境

自然环境主要是指一国的地理位置、面积大小、气候条件、山川河流、矿藏资源和人种构成等方面。自然环境对人的语言、社会习俗、人的性格等有很大的影响,是一个国家生存与发展的物质基础,也是国家经济建设的立足点和出发点,构成政策系统最稳定的环境,对一国的内外政策具有必然的影响或制约作用。

公共政策与自然环境有着密切的联系,许多学者早已注意到了这一现象。法国历史学家布罗代尔将地理因素看成是影响一个国家历史进程的"长变量"。自然资源状况通常会直接或间接成为公共政策分析者、决策者的考量因素。例如鼓励经济发展、促进消费等政策必须考虑自然的承载力,自然资源的分布情况也会对一个国家的经济发展产生很大的影响,制约公共政策的作用。例如澳大利亚拥有辽阔的草原,政府就把畜牧业的发展作为任务;加拿大森林资源丰富,木材的采伐和加工就占有突出地位;中东的阿联酋、科威特等国家地处沙漠,但有丰富的石油资源,石油的开采和炼制成为国民经济的主要支柱。自然环境状况还影响一个国家的政治制度的内容与

① 参见[美]戴维·伊斯顿:《政治生活的系统分析》,华夏出版社,1999年,第26~27页。

形式。可以想象,在传统的山高林密的高原地形国家,实行政治上的直接民主其难度就比通衢的平原地区困难。[1]

总之,自然环境对公共政策有重要影响。自然环境不仅为社会发展提供了各种可能性,同时也为政策的制定和执行提供了可能。当然必须强调指出的是,自然环境对于公共政策虽然具有很大的影响力,而且其影响力是长期的、永恒的,但是过分夸大自然环境对政策系统的制约作用而忽视政策系统自身的能动作用,则会导致机械唯物主义的"地理环境决定论"。自然环境对于公共政策的制定具有重要影响,但不是决定性影响,也不是不可以改变的。

(二)经济环境

经济环境是一国或地区的公共决策的最重要的依据。政府要想制定出合理的政策方案,并使它取得预期效果,首要的和根本的一条是从本国或本地的实际情况尤其是社会经济发展的现实出发;任何超越或落后于社会经济发展水平的政策最终注定是要失败的。

首先,经济环境是一国或地区的政府政策制定的基本出发点。一个国家或地区的社会经济条件如何? 它处于何种发展阶段上? 综合实力如何? 这是一国或地区政府的公共决策必须首先加以考虑的。

其次,经济环境、经济实力是公共政策制定和实施的基本物质条件。"公共政策的制定、执行、评估、监控等活动都需要消耗一定的人力、物力、财力、信息、权威等资源。这构成了政策系统的运行成本。没有一定的资源投入,就不可能出现有所作为的、产出良好的政策效果。而政策主体系统提取的实际资源不可能是无限的,总要受到经济规模总量、经济实力的限制。"[2]也就是说,国家或地区一定的经济实力是政策制定和实施的基本物质条件,它影响着国家的基本政策倾向和政策实施效率。因此,政策制定必须基于经济实力允许的范围,并在保留一定余地的情况下,对政策过程以经济上的支持,并由此决定了政策的可行性和有效性。否则,如果超越经济实力所及,过多投入财力、物力,出现经济资源中的资本沉积,一旦环境形势有所变化,便难以向新的政策过渡,或在一定程度上排除了政策替代的机会。

再次,经济环境会影响公共政策的目标和方向。[3]在社会生活各个领域

①③ 参见刘圣中:《公共政策学》,武汉大学出版社,2008年,第66页。

② 宁骚:《公共政策学》,高等教育出版社,2003年,第243页。

里，人们之间在交往过程所发生的各种关系中，经济利益是最为基本的关系。由于人们在自己生活的社会生产中，对生产资料占有的差异，所处的经济地位以及职业、身份、收入、居住区域的不同，首先表现为对经济生活和各种经济条件需求的不同，由此直接决定了人们在社会经济中经济利益的不同及矛盾的发生，进而引发人们在政治、思想、文化生活中利益需求的差别和对立。于是，植根于社会经济关系中的或受其制约的诸多矛盾的存在与解决，便成为大量经济社会政策的启动之源。所以，社会特定经济状况以及它的分配与矛盾关系的调节，是一定历史时期政策体系的目标和大量经济社会政策得以确立的主要依据。

(三)制度或体制环境

政策总是在一定的经济和文化体制或制度下制定和实施的。对于经济发展来说，制度是至关重要的，因为"制度提供了一种经济的刺激结构，随着该结构的演进，它规划了经济朝着增长、停滞或朝衰退变化的方向"[1]。经济学家罗纳德·科斯(Ronald Coase)还进一步指出："没有恰当的制度，任何有意义的市场经济都是不可能的。"[2]

那么，何为制度呢? 道格拉斯·C.诺思(Douglass C.North)给制度下的定义是："制度是一系列被制定出来的规则、守法程序和行为的道德伦理规范，它旨在约束追求主体福利最大化或效用最大化的利益的个人行为。"[3]

显然，经济学家是从广义上理解制度——制度是正式或非正式的人类社会运行规则。我们倾向使用"体制"这一术语。所谓体制，是国家机关、企事业单位的机构设置、隶属关系和权责划分等方面的体系和制度的总称。体制或制度为公共政策提供外部组织环境。

体制或制度条件对公共政策系统及其过程的影响主要表现在如下几个方面：

首先，体制在政策制定过程中起着十分重要的作用。显然，体制并非对任何政策建议都能接受。它对于政策形成的制约首先表现在某项政策是否

① Douglass C. North, "Institutional", *Journal of Economic Review*, September, 1992.

② Ronald Coase, "The Institutional Structure of Production", *American Economic Review*, September, 1992.

③ [美]道格拉斯·C.诺思：《经济史中的结构与变迁》，上海三联书店，1994年，第225~226页。

可行；即使具有可行性，并得到确定，其实现过程也受到体制的制约。如下级政府制定的政策是否可行，受体制的制约的一个首要因素就是上级政府所赋予的管理权限。政策的制定机关涉及各个部门、各个层次，它们之间横亘着一条条组织界限，各自所要解决的问题以及关心的利益不同，使得政策制定过程成为一个复杂的利益、权力划分的过程。制定政策的机构不仅为整体经济和社会利益服务，它还有着自身系统的利益要求。于是，各自为政、政出多门便时有发生。各单位内部组织机构之间的关系以及政策在该组织所辖范围中所处的地位和决策程序的科学化程度等，也是影响政策制定的因素。由此可见，要想改变政策的制定过程，就要改变政策制定系统内部的机构设置，就要协调各组织之间的利益，调解在政策问题上发生的冲突。由专家和政府官员制定政策，并与各利益集团进行协商、谈判和讨价还价，已成为西方国家政策形成过程的主要特征。长期以来，我国政策形成过程往往是先由有关的职能部门提出意见，然后由领导决定，其中缺少带有统揽全局的研究和咨询环节，因而政策失误的可能性较大。实践证明，政策失误不是某一个机构或某一个人的问题，根本的还是体制问题。

其次，一项政策的决策，往往是在多个方案中选择的，选择的结果与体制密切相关。作为决策者，必须考虑到政策的执行及其所要达到的预期目标。这就必须考虑到各执行机关与决策机关的关系及它们的管理权限、部门利益等，即体制制约着政策的选择，体制上容纳的可能性决定了政策选择的结果。在现行体制下可行的政策往往容易被选择；相反，与现行体制相抵触的政策往往被搁置。

再次，体制的习惯势力的大小和所占优势的程度，影响着人们对各种社会利益和社会问题的认识和表达以及这些利益和问题得到正确解决的机会。显然，如果代表旧体制的习惯势力占优势，则很难推出改革的新政策。由此可见，政策取向的选择往往正是决定于政策制定机关各种权力关系的结构情况即体制状况。随着民主机制的加强，政策选择问题上的争执和分歧将愈来愈明显，很难制定意见一致的政策，更需要探讨日渐增多的体制对政策选择的制约因素。体制是影响政策选择结果的主要因素之一。如一些西方国家，对政策起制约作用的因素有联邦制、议会程序、联邦法院、政府机关制定政策的政治——行政模式。即使政权更迭，也很难改变行政机构的惰性和过去养成的习惯。体制上的限制和惰性使得政策不可能发生迅速的实质性的变化。一些重大的政策的变革不光是某政党和政府按照自己的意愿和思想做出的选择，而且必须伴随体制上的变革，才有可能实现。

最后，体制制约着政策的执行。如果政出多门、政策上出现不一致，那么政策很难得以真正贯彻。新中国成立以来，党和国家提出许多正确的指导具体工作的方针政策，但由于体制的原因，不少由于缺乏统一的认识，而使其难以得到顺利的实施。体制是否具有贯彻执行某一政策的能力，也直接影响到政策的执行。如20世纪70年代的联邦德国同瑞典同样实施一项积极的劳动力市场政策，瑞典的劳动力管理部门能和雇主、工会以及培训机构建立高效率的联系和协作网，20多年来一直发挥作用。而在联邦德国，这方面的工作却刚开始。当危机来临时，瑞典的劳动部门为40%的劳动力提供了培训和就业机会；而联邦德国虽有相同的计划，提供的机会却从未超过劳动力的1.5%。

政策方案与执行机构的利益是否协调也在很大程度上影响政策的执行。二者利益一致时，政策执行机构的积极性就高，政策执行就会很顺利；相反，政策的推行就会受阻，政策难以落实。如1985年关于科技体制改革的决定中，允许科技人员在完成本职工作和不侵犯本单位技术权益、经济利益的情况下，增加其劳动收入，这是合理的政策。但由于涉及一些单位的利益，有关人员在执行这些政策时往往采取消极态度。

旧体制还制约着新政策的执行。新的重大政策的执行，必须有与之配套的新体制。如我国经济领域中的开放政策的执行，必须有开放的经济体制与之相适应。因为一个开放的体制才能促进我国与世界各国在经济管理、技术、人才等方面进行广泛的交流。相反，若固守过去那种封闭式的体制，各项对外开放政策则难以畅通地贯彻。如我国制定了一系列吸引外资的优惠政策，但有些在现行体制中运行得步履维艰，在有的地方甚至根本实施不了。

（四）政治文化

美国学者阿尔蒙德（G.A.Almond）将政治文化定义为"是一个民族在特定时期流行的一套政治态度、信仰和感情"[1]。而另一位美国学者派伊（L.W.Pye）则将政治文化定义为"赋予政治过程内容和形式的知识、情感和价值观的总和"[2]。在此，我们将政治文化定义为：政治文化是人类政治生活中的主观意

---

[1] 　[美]G.A.阿尔蒙德、G.B.小鲍威尔：《比较政治学：体系、过程和政策》，上海译文出版社，1987年，第29页。

[2] 　L. Pye, *The Encyclopedia of Democracy*, London and New York: Routledge, 1995, pp.965-969.

识范畴,是人们对有关政治方面的信仰、理论、感情、情绪、评价和态度等历史和现实的总和。政治文化主要包括三个层次:政治意识、政治价值观和政治理想等。

(1)政治意识。政治意识有两种形态,一种是内在的心理形态,一种是外在的文化形态。政治意识的心理形态是其文化形态的基础和内化,政治意识的文化形态是对其心理形态的升华和外化。首先,政治心理是一种潜在的社会力量,它通过一定社会实践主体起作用。人们对政治的态度、情绪、动机等心理态势,直接影响到人们的政治行为。因此,现代社会政策的制定往往十分重视对社会政治心理的了解和分析。一定的社会政治心理状况是一定的社会政治经济形势的晴雨表。占主导地位的社会政治心理,诸如社会情绪、社会思潮、公众的社会舆论等,往往是某种社会变革、政治和经济危机的预兆。这种预兆显示出社会上一定的阶级或统治集团的政治要求和思想倾向,因而是制定政策的一种重要依据。其次,文化形态的政治意识对政策过程直接发生影响的是政治理论和政治意识形态。政治理论是政策的行动指南,政策是在特定的理论指导下做出的,没有理论指导的政策,是没有政治方向的政策。政治意识形态是一定阶级及其政党对政治现实、政治关系、政治发展的认识和理解,集中表达了政治主体的根本利益和愿望。贯彻和维护本阶级、本民族的根本利益和愿望,是任何一个阶级及其政党采取任何一个政治行动的出发点和归宿。因此,反映和表达阶级及其政党根本利益和愿望的政治意识形态就成了政策的价值取向和行动准则。

(2)政治价值观。政治价值观是政治意识形态的核心内容,是政治主体对客观存在的政治价值关系和政治价值创造活动等的反映。政治价值观一经形成,就以相对定型的观念模式存在,规范和约束政治主体的政治行为,规定政策实践的指向。政治价值观从不同的方面对政策主体提出各种标准以影响政策。至于哪一种政治价值观能占主导地位,成为政策标准,则由政策主体根据决策过程中的政治情势和所在组织的纪律状况决定。政治价值观对政策的具体影响主要表现在以下三个方面:一是影响政策目标的确定和方案的制定。在政策过程中,政策主体总要以一定的价值观和价值尺度去认识和衡量政策问题,认识要解决的政策问题所面临的各种利害关系,从而形成解决问题的价值取向、政策的目标和方案。由于政治价值观不同,对同一政策问题的解决会形成迥然相异的政策方案。二是影响对政策方案的评价。政策方案的分析和评估,在一定意义上也就是用特定的政治评价标准和价值尺度对政策方案进行价值分析并做出价值判断;评价标准不同,对方案利弊得失的评价也就不同。三是影响方案的选择。政治价值观能影响政策主体对政治价值的创造和选择活动,政策主体对某种方案的政治价值属性持肯定态度,就会选择这一方案;否则,就会放弃该方案。

(3)政治理想。政治理想是政治主体对政治体系、政治活动和政治发展所寄予的希望和对未来的设计。政治理想在政治社会化的作用下转化为政治信仰,成为政治社会的定向因素和精神支柱,从而规定了政策的动机、基本目标、基本方向和指导原则。人们可能将物质福利、安全、民主、自由作为政治理想来加以追求。然而,对于理想社会的实现,是福利平等,还是机会均等却有不同看法,对社会福利的分配方式也产生分歧。例如不同社会对私有财富和公有财产的观念迥异。近一个世纪以来,共产党人开展武装斗争、进行社会主义革命和社会主义建设等一系列重大的政治决策就是在实现人类最美好的社会——消灭私有制、实现人的自由解放的共产主义社会的理想目标的指导下做出的。

(五)国际环境

当代世界的全球化、市场化和信息化的趋势对一国或地区的公共政策产生了极为深刻的影响。世界经济一体化及区域化,使得各国或地区在制定经济社会政策时,无时无刻都必须考虑世界经济局势的发展变化;国际组织的存在和作用使得民族国家在某些政策领域丧失了部分的决策权。国际组织似乎承担了一种广泛的道义职责,人们希望它们处理或解决各国之间、甚至各国内部因某种原因而无法解决的问题(如一个贫困国家处于经济困境时,它可能立即请求世界银行或国际货币基金组织帮助);不少发展中国家觉得,只要加入世界贸易组织,国家经济发展就有了保障;国际组织(尤其是政府间组织)能把各国政府要员召集在一起,确定共同国际议题,引起世界舆论重视并使国际社会采取一致行动(1992年,在巴西里约热内卢召开的世界环境保护和发展问题的各国首脑会议便是一例)。国际组织的规章、决议以及国际协定也对各国的政策制定具有明显的制约、甚至决定的作用。联合国宪章、联合国安理会的决议可能成为许多国家或地区的政策制定的一个依据,在当代,大多数国家或地区不敢把这些决议、协定当儿戏。加入关贸总协定(世贸组织的前身)必须遵守其"透明条款";申请世界银行和国际货币基金组织的援助必须符合其"申报规定";请求国际原子能机构给予技术指导必须受其"检查"的约束。这就使相关国家或地区的经济政策、甚至经济体制受到制约或影响。国际组织还直接或间接地参与一国或地区的公共政策的制定与执行。例如,国际货币基金组织不仅仅监督国际货币体系,而且直接影响各国的公共决策:鼓励巴西等拉美国家制定和实施经济稳定计划;监督东欧各国尤其是波兰的预算制定;研究一些东亚国家在市场化进程中出现的问题,并提出改进建议;批评某些发展中国家的军事政策,要求其削减军火开支……另外,跨国公司对各国的政策尤其是经济政策的制定和执行的影响也日益增强,它们甚至可以左右一些国家的经济命运。

　　总之,在当代,国际环境成为各国公共决策的一个重要变数,离开国际环境,无视国际经济、政治、科技文化的发展趋势的公共政策,要取得预期结果是不可想象的。

六、政策系统运行环节

　　政策主体、客体与环境以及政策系统的各个子系统之间相互联系和相互作用,使得政策系统呈现为一个动态的运行过程。从系统论的观点看,政策系统的运行表现为一个系统的不断输入、转换和输出的过程。

　　政策系统的运行大致包括下列五个环节:

　　(1)政策制定——从发现问题到政策方案出台的一系列功能活动过程,包括建立议程、界定问题、设计方案、预测结果、比较与抉择方案和方案的合法化等环节。

　　(2)政策执行——政策方案付诸实践、解决实际政策问题的过程,也就是将政策理想变为政策现实的过程,包括组织和物质准备、政策分解、政策宣传、政策实验和指挥、沟通、协调等功能环节。

　　(3)政策评估——依据一定的标准和程序,对政策的效果作出判断,确定某项政策的效果、效益和优劣,并弄清该政策为什么能取得成功,或者为什么会导致失败。

　　(4)政策监控——为达到政策方案的预期目标,避免政策失误对政策过程尤其是执行阶段的监控,以保证政策的权威性和严肃性,包括监督、控制和调整等功能活动环节。

　　(5)政策终结——即在政策实施并加以认真评估之后,发现该政策的使命已经完成,成为多余的、不必要的或不起作用的,采用措施予以结束的过程或行为。

思考题

一、概念解释

    1. 公共政策

    2. 政策资源

    3. 政策研究组织

    4. 利益集团

    5. 政治文化

二、简答题

    1. 如何理解公共政策的定义?

    2. 如何理解公共政策的象征功能?

    3. 如何理解实质性社会问题和程序性社会问题?

    4. 阐述公共政策资源包含哪些方面的内容?

    5. 阐述在中国建立独立的政策研究组织的条件有哪些?

本章重点：

    1. 政策工具的概念

    2. 政策工具的研究途径

    3. 基本的政策工具

    4. 政策工具研究的主题与走向

    5. 政策工具的选择

第三章　公共政策工具

    公共政策是公共政策系统的输出，是公共政策主体、公共政策客体和公共政策环境互动的产物。在公共政策的制定中，我们不仅要界定政策问题、确定政策目标、选择政策方案，而且还要确定采取何种手段、通过何种机制来执行政策。这种手段和机制就是公共政策工具。在执行政策时，选用何种政策工具和用哪一种标准来评价该政策工具的效果，对政府能否达成既定政策目标具有决定性影响。因此，政策工具研究是十分必要的。而在我国，政策工具研究还处于起步阶段，许多重大的问题的研究才刚刚开始。在本章我们将对公共政策工具的含义、类型和选择作简要的介绍。

第一节　政策工具概述

    当我们研究政策工具时，首先会碰到这样一系列问题，比如什么是政策工具，政策工具研究从何时开始以及政策工具该怎样分类等。对于这些问题，从现有的文献中可以查出相当多的资料，然而却找不到一个统一的答案。下面，我们先从政策工具研究的状况谈起。

一、政策工具研究的兴起

政府对政策工具的研究有着很长的历史，可以说政策研究一开始就伴随着对政策工具的研究。目前，学术界对政策工具的重视源于政府对自身行动及其影响的关注。学术界对工具的兴趣的增加使得政策制定者们开始根据目标和手段之间的联系来进行思考，这种转变被看成是二战后政府治理的最为重要的进步之一。

政策工具研究最早起源于社会科学领域，当初的研究主要集中于一点，即个人或公共组织通过什么样的方式和途径来有目的地影响和作用于社会进步。此后，大量的假设和提问都是以这一点作为基础的。工具研究并不必然地只与一个单一的学科相联系，相反，它存在于社会科学的不同领域。在经济学领域，工具途径已经流行了相当长时间，为了达到既定的经济利益，工资、价格和社会福利政策在传统上一直就被当成工具来使用。在政治学领域，达尔和林德布洛姆在《政治、经济和福利》一书中已论及政策工具的基本原理，在此之后，政治学中的政策工具研究沿着两个不同的方向发展—— 一是注重对工具的政治属性的研究，它以政治文化及意识形态的研究为基础；另一个发展方向是沿袭结构—功能传统，力求通过对工具的研究来确定公共政策功能。法学领域同样包含着工具研究途径，20世纪初，庞德（Pond）就提出过法律是一种社会控制工具的观点；公共行政学研究的发展也同样为工具途径的产生和发展做出了贡献。

20世纪80年代以后，在政策科学和公共行政学领域，出现了不少关于政策工具方面的论著。其中，在80年代最有影响的著作可能要算胡德（C. Hood）的《政府的工具》；在90年代，最有影响的著作可能要算彼特斯和尼斯潘（B. Guy Peters and Frans K. M. van Nispen）主编的《公共政策工具》一书（该书是1992年春在荷兰鹿特丹大学举行的政策工具研讨会的论文集，较全面地反映了目前政策工具研究的现状，是一本很好的参考书）。

最近几年，政策工具研究开始盛行，在公共管理领域出现了众多的政策工具研究，这些研究大部分是在德国、荷兰和美国进行的。那么，是什么推动了工具研究的盛行呢？

首先，理论与实践的结合。大学学者与政策工具领域的实践者（实际操作者）保持密切的联系，比如说高校法律权威同时也参与实际生活中法律的制定、执行、评估和终结等过程。这种学术与实践的密切结合刺激了更多的学者投身于解决实际社会问题。因此，推动了对政策工具的研究。

其次，近代以来政策执行难度和复杂性程度的大大提高以及政府职能的扩张，导致对政府管理相关知识的需求增大，这就要求对社会政策问题做更多的科学与实证分析和研究。由于政策工具研究致力于如何把一个简单却难以回答的社会问题付诸实施，因此，根据政策目标和途径来进行思考使政策工具研究为公共管理做出了重大贡献。

最后，长期以来工具研究途径的倡导得到了政治和意识形态方面的支持。群众对福利国家的某些政府部门的不满使人们要求对政策失败的分析予以更多的关注。20世纪80年代初，荷兰的吉尔霍德（Geelhoed）委员会得出结论：政策工具知识的缺乏和不足是导致政策失败的重要原因。因此，解决政策失败问题的关键在于建立和发展一门政策工具理论并将它付诸实践。

二、政策工具的内涵与分类

对政策工具的理解与认识首先需要把握政策工具的内涵，了解有哪些类型的政策工具。学者们从不同的角度对政策工具进行研究，从而对政策工具内涵的理解也有差异，也依据不同的标准对政策工具进行分类。在总结相关学者研究的基础上我们对政策工具的内涵与分类作进一步的探讨。

（一）政策工具的内涵

对于什么是政策工具，由于研究者们的理解角度不同，给出的定义也是各不相同。有学者把政策工具定义为"影响政策过程以达到既定目的的任何事物"或"一个行动者能够使用或潜在地加以使用，以便达成一个或更多的目的的任何事物"；也有学者通过分类或列出几组具体工具来对政策工具进行描述。这些观点都把工具看成是拥有某些共同特征的活动，例如一项计划、一条法令。还有学者认为工具只具有正式（官方）和合法性特征，如尼达姆（D.Barrie Needham）的定义就是"相对于公共主体的可用的具有合法性的治理"[①]，

① D. Barrie Needham, Choosing the Right Policy Instruments, an Investigation of Two Types of Instruments, Physical and Financial, and a Study of Their Application to Local Problems of Unemployment. Aldershot: Gower, 1982.

许多坚持工具的正式特征的学者都赞成这个定义。然而,显而易见的是政策工具不仅仅具有正式特征,现实中还存在着大量非正式工具。

得到广泛认同的观点是把政策工具看成是一种"客体",如胡德(C.Hood)就认为"工具"的概念可以将它区分为"客体"和"活动"从而得到更明晰的理解。①首先,工具可以被当作是"客体",尤其是在法律文献中,人们把法律和行政法规说成是工具,它指的是形成法律和法规的一整套命令和规则。其次,工具也可以被当作一种"活动",如林格林(Arthur B. Ringeling)就把工具概念描述成为:"致力于影响和支配社会进步的具有共同特性的政策活动的集合"②。然而,这种区分定义法却在一定程度上模糊了"政策"和"工具"这两个概念之间的界限。如果说政策是"与某一社会问题相联系的行动或行为",那么政策工具又是什么呢? 因此,人们更倾向于把政策工具看作是"客体"。不幸的是,这种定义在将之具体化时却存在着困难。

另外,欧文·E.休斯(Owen·E.Hughes)在《公共管理导论》一书中将政策工具定义为:"政府的行为方式,以及通过某种途径用以调节政府行为的机制"。③我国学者张成福的定义则是:"政府将其实质目标转化为具体行动的路径和机制"。④

要界定什么是政策工具,必须弄清楚几点。首先,政策工具存在的理由是为了实现政策目标,它是作为目标和结果之间的桥梁而存在的。其次,政策工具仅仅是手段,而不是目的本身。"条条大路通罗马",政策工具的范围相当广泛,对其选择也可具有相当大的灵活性。最后,政策工具的主体不仅仅是政府,其他主体也可以拥有自己的工具。

综上所述,我们将政策工具定义为:人们为解决某一社会问题这一政策目标而采用的具体手段和方式。

(二)政策工具的分类

在很长一段时间里,政策工具的分类主要依据工具特性来进行。为了形

---

① C.Hood, *The Tools of Government*, London: Macmillan, 1983.

② See, B.Guy Peters and Frans K.M. van Nispen(eds.), *Public Policy Instruments*. Northampton: Edward Elgar Publishing.Inc., 1998, p.14.

③ [澳]欧文·E.休斯:《公共管理导论》,中国人民大学出版社,2001年,第99页。

④ 张成福、党秀云:《公共管理学》,中国人民大学出版社,2001年,第62页。

成一种明确的分类,人们已经投入了不少的时间和精力。然而,现有的分类都不怎么让人满意,没有一个能够对政策工具做全面详尽的介绍。由于分类标准不统一,学者们对于工具分类也都各持己见。

荷兰经济学家科臣(E.S.Kirschen)最早试图对政策工具加以分类,他着重研究这样的问题, 即是否存在着一系列的执行经济政策以获得最优化结果的工具。他整理出64种一般化的工具,但并未加以系统化的分类,也没有对这些工具的起源和影响加以理论化探讨。

美国政治学家罗威、达尔和林德布洛姆等人也做过类似的研究,但他们倾向于将这些工具归入一个宽泛的分类框架中, 如将工具分为规制性工具和非规制性工具两类。萨尔蒙推进了他们的讨论,增加了开支性工具和非开支性工具两种类型。

著名政策分析家狄龙(Van der Doelen)将政策工具划分为法律工具、经济工具和交流工具三类,每组工具都有其变种,可以限制和扩展其影响行动者行为的可能性。另一种更新近的三分法是将政策工具分为管制性工具、财政激励工具和信息转移工具。

胡德提出了一种系统化的分类框架。他认为,所有政策工具都会使用下列四种广泛的"政府资源"的其中一项,即政府通过使用其所拥有的信息、权威、财力和可利用的正式组织来处理公共问题。

麦克唐纳尔和艾莫尔(L.M.McDonell and R.F.Elmore)根据工具所要获得的目标将政策工具分为四类,即命令性工具、激励性工具、能力建设工具和系统变化工具。

英格拉姆(H.M.Ingram)等人也作出了一个类似的分类,将政策工具分为激励、能力建设、符号和规劝、学习这四类。

加拿大公共政策学者霍莱特和拉梅什(M. Howlett and M. Ramesh)在《公共政策研究》一书中根据政策工具的强制性程度来分类。他们将政策工具分为自愿性工具(非强制性工具)、强制性工具和混合性工具三类。[1]与其他分类方法相比,他们的分类框架更具解释力、更合理。

休斯在《公共管理导论》一书中认为绝大多数的政府干预往往可以通过四方面的经济手段得以实现,它们是:①供应,即政府通过财政预算提供商

---

① Michael Howlett and M. Ramesh, *Studying Public Policy: Policy Cycles and Policy Subsystems.* Oxford University, 1995, p.85.

品和服务;②补贴,它事实上是供应的一种补充手段,政府正是通过这种方式来资助私人经济领域的某些个人,生产政府需要的商品和服务;③生产,指政府生产在市场上出售的商品和服务;④管制,指政府运用国家强制力批准或禁止私人经济领域的某种活动。[1]

林德和彼得斯认为政策工具是多元的,他们列出了以下的工具:命令条款、财政补助、管制规定、征税、劝诫、权威、契约。[2]

我国学者张成福在《公共管理学》中,按政府介入的程度对政策工具进行了分类,它们是:政府部门直接提供财货与服务、政府部门委托其他部门提供、签约外包、补助或补贴、抵用券、经营特许权、政府贩售特定服务、自我协助、志愿服务和市场运作。[3]

我们将政策工具分为三大类,即市场化工具、工商管理技术和社会化手段。市场化工具指的是,政府利用市场这一资源配置的有效手段,来达到提供公共物品和服务的目的的具体方式,民营化、用者付费、管制与放松管制、合同外包、内部市场等都可以用来帮助政府达成政策目标。作为政策工具,工商管理技术将企业的管理理念和方式借鉴到公共部门管理中,吸取有效经验达成政府的政策目标,它包括战略管理技术、绩效管理技术、顾客导向技术、目标管理技术、全面质量管理技术、标杆管理技术和企业流程再造技术等。社会化手段是指政府更多地利用社会资源,在一种互动的基础上来实现政策目标,如社区治理、个人与家庭、志愿者组织、公私伙伴关系等(在下一节中,我们将对这三种工具加以论述)。

分类法的形成最初被看成是对工具理论的一个较早的贡献。到目前为止,对政策工具分类的研究成果可说是相当丰硕的。尽管如此,我们还是不得不承认,可以为工具理论奠定基本构架的令人信服的分类似乎并不存在。众多的问题对分类法的发展造成了阻碍:首先,这些分类都不是穷尽的,现有的许多分类都没有看到非正式工具的重要性。其次,大多数分类并没有相互区别,相互间并不具有排他性,研究中存在着灰色地带。最后,分类的另一个障碍就是工具被看成是静态的,主体使用工具就好像是工匠使用锤子,经过一定时间之后就形成了习惯,工具的微小变化被忽略,对工具的观念却依

---

[1]　参见欧文·E.休斯:《公共管理导论》,中国人民大学出版社,2001年,第98页。

[2]　See, S.Linder and B. Guy Peters, The Study of Public Policy Instrument, *Policy Current*, 1992, Vol.2, No. 2.

[3]　张成福、党秀云:《公共管理学》,中国人民大学出版社,2001年,第62页。

然一成不变。

三、政策工具的研究途径

国外政策工具的研究已形成了多种途径,根据前述《公共政策工具》一书的说法,主要有如下四种基本途径:

(一)工具主义

这种途径又称古典途径。它认为,人们知道一种特殊的工具,了解其内在的作用机制;这种工具的效果已被证明或具有现实性;人们在大部分可预测的环境中可以期待其产生的效果;并且,恰当的工具可以将政策失败转变为政策成功。因此,政策工具研究应弄清楚工具的属性与特点,以便辨别、提炼少数具有普遍适用性的工具,扩大其应用范围。

工具主义认为工具的属性本身就构造了政策过程,即工具使用及其效果的好坏是由政策工具的特性先决定的,政策失败是由于所选择的政策工具存在着缺陷,这是一种工具至上主义。这种途径假定,人们可以通过对各种工具进行逐一的经验研究从而形成对各种工具及其应用的解释;而且经过一定时间的研究,可望形成一整套工具理论以及确定有关工具的各项原则。

(二)过程主义

这种途径的支持者并不承认存在着超出特殊具体问题之外的工具。他们认为,各种工具之间有着重要的差别,没有哪一种或哪一类的工具具有普遍的适应性;恰当的工具并不是抽象计算的产物,而仅仅是一种在动态适应过程中的试探性解决办法;工具的恰当与否是因具体情况而定的。因此,过程主义者所强调的是工具发展的重复性过程,而不是工具的特性。

(三)权变主义

这种途径又称工具—背景研究途径。它所持的是传统的社会计划观点,认为工具选择的根据是:工具的绩效特征是如何满足某种特殊问题背景的需要的。一旦政策的目标或目的明晰化了,那么直截了当的事情就是要去工具箱中找出最适应的工具。因此,工具的研究既要注意弄清解决问题的特定要求,又要注意选出最适合这种要求的工具。

权变主义途径试图通过同时考察工具本身的特性和工具的应用背景来解释工具的应用过程,这种途径与古典途径的区别在于它认为工具的使用过程及其效果不仅由工具的特性决定,而且由工具应用的环境或背景(包括执行组织、目标团体及其他利益相关组织和人员等)所决定。这种途径注意到了工具使用过程中环境因素的作用。在这里,那种无所不能的工具至上主义受到了极大挑战。

（四）建构主义

这种途径比权变主义又前进了一步。它认为,要了解特定工具被采用的脉络背景的特殊性,就必须了解这些工具的主观意义。在这里,主观意义既表示非工具性的方面(如符号的或伦理的内涵),又表示那些其意义和解释被价值和感知所中介的工具性特征。依这种途径,并不存在关于工具及其特征的客观现实,相反工具代表了一种社会建构的实践形式,其意义和合法性被不断地加以建构和再建构。

建构主义研究途径在修正工具地位方面走得很远。它认为政策工具在政策系统内、在决策领域和执行过程中并不起决定性作用而仅仅是决定政策过程的众多因素之一。这样一来,工具主义特征完全消失了。在这里研究重心发生了转移,人们关心的不再是"工具",取而代之的是政策系统、政策网络、决策系统和执行过程。

通过对这四种研究途径的介绍,我们可以看出,"政策工具"似乎是在逐步变得越来越自我否定,从第一个途径到第四个途径的演变使得政策工具的"工具性"特征的重要性被降到如此低的程度,以至于给人们造成这样一种印象,似乎工具理论不再适用了。虽然实际情况还没有这么严重,但是这种研究途径的变化却在一定程度上反映了政策工具的研究走向及其发展过程中面临的威胁。

四、政策工具研究的主题与走向

对政策工具应用的重视促使更多学者对政策工具的研究，学者们从不同的侧面来研究政策工具形成了不同的政策研究主题。政策工具在政策过程中究竟起着什么样的作用？政策工具研究的未来走向如何？这些都是我们需要关注的问题。

（一）政策工具研究的主题

政策工具研究实际上就是一些问题的集合，这些问题就是关于如何将政策意向转变为管理行为。以往的研究表明，该领域并不存在着单一的中心主题而是存在着一系列相互关联的研究主题，下面我们就介绍六个重要的主题。

1. 政策工具的应用

评价工具的效力是古典研究途径中最重要的问题之一，虽然在目前的研究中，效力仍然具有重要性，但它却日渐失去了往日的地位，人们逐渐将注意力转移到了政策工具的具体应用过程中。在这里，关注的焦点集中在：哪些主体参与了工具的应用过程，这些主体对于各个过程的影响及其程度，和各参与者之间的协调与合作等问题。对政策工具主体的研究是对效果视角的补充，这一转变体现了人们对第四种研究途径的兴趣的日益增长。

2. "新工具"

近年来，人们开始关注"新工具"的运用，休普（P.L.Hupe）在其著作中提到了"后现代工具"；有学者（如J.A.De Bruijn和E.F.Ten Heurelhof）提出了"第二代工具"的概念。政策执行者也呼吁采用新工具，对新工具的引进可以看作是对社会经济发展的一种回应。虽然新的政策工具常常与旧的政策工具相提并论，但其着重点已经不再是政府统治的单方性，研究更多地聚焦于治理的双边性甚至是多边性上。同时，新工具的提倡伴随着对旧工具的批判，如传统意义上的管制就被认为是过时的。另外，新工具中的"新"并非绝对化，旧工具也可以用新策略来实施。

3. 偶发性事件

古典途径的一个隐含假设就是"社会过程在一定程度上是可以控制

的",但事实上并非总是如此。在政策执行过程中人们往往会碰到一些非预期状况或突发性事件,这种偶然性因素是不可忽视的。政策工具研究过度强调"工具""政策"和"社会问题"等概念,忽视了偶发性事件对政策工具应用过程的可能性影响。

4. 政策网络

政策工具并非自行生效的,它要发挥作用必须得借助组织的努力,而且不仅仅局限于政府组织的执行活动。近10年来,人们对政策执行网络中的各种主体进行研究。库尔瓦斯(E.Koolhuas)提到了目标团体中的权威人物的影响和政策工具施行者与其他主体间的互动;赫林(E. H. Hlijn)指出组织文化和官员所承受的压力对政策工具产生的影响;阿伦森(M. J. Arentsen)则指出政策工具执行领域以外的主体也具有一定影响。不同的研究表明,探寻政策网络的性质,对于研究政策工具及其功效将是一个良好的开端。

5. 工具的动态性

政策工具并非一经选定就永久不变, 它必须不断地调整以达到跟上社会经济发展的需要。在执行过程中,它会随着时间推移而发生改变,即使它们本身不变,主体运用它们的方式、策略和目标团体为了逃避该工具的影响而采取的策略都有可能发生巨大改变。此外,一种模式并不能适应各种不同的情况。因此,需要对工具的多样性和动态性做更多的研究。神经机械学为研究工具的易变性提供了研究框架,另一种有益的研究则是把工具的实施看成是一个学习的过程。

6. 工具的优化组合

古典研究途径的支持者们提倡一种"纯"工具研究和"纯化"的工具应用实践。他们认为对各种具体工具的研究应分别独立地进行,人们应要么使用这种工具,要么使用那种工具,工具的组合运用是导致政策失败的原因。然而,要对各种工具做非常明确的区分显然是不可能的,目前的分类法还做不到这一点。现在,人们认为,工具的同时并且协调的运作更符合现实社会经济发展的需要,工具的优化组合可以取长补短,避免单个工具应用的片面性。

(二)政策工具研究的走向

随着政策工具研究的发展,这个领域也逐渐出现了一些新的变化,这些新变化反映出工具研究范围的转变和扩展。首先,转变是指工具适用的环境及其背景受到更多的关注。从古典途径向建构主义途径的转变,使得政策工具研究从微观层面上升到中观层面,即走向网络研究,并且其研究重点也发生了转移;其次,扩展是指这个领域内出现了许多新的理论,如网络理论、执行理论和学习理论等。同时,通过介绍新工具和工具应用新策略而充实了整个工具研究,为其理论发展与实际应用做出了极大贡献。这两个变化从某种程度上扩大了政策工具研究的范围,但同时也削弱了工具本身的重要性,因为政策工具逐渐被看成是影响政策产出的变量之一。政策工具研究从最初的强调工具本身,到注重环境的影响,再到认为工具只是影响政策的因素之一,这个过程显示出了对政策工具本身的威胁。

(三)政策工具研究的成就与不足

工具研究对政策科学的直接作用也许是微小的,但其间接影响却是不容忽视的。它使得政策制定者们开始改变思考方式,同时也促进了政策制定者之间、制定者和分析家之间的相互交流。它紧跟政策实践的发展,为实际操作提供方法论,成为政策执行实践与理论之间的桥梁。

虽然研究是颇有成效的,但并不能掩盖其不足。除了分类法方面的缺陷外,研究还存在着理论上的片面性。第一,研究片面地集中于环境和经济政策领域;第二,研究片面地关注于工具的运用,而实际上工具选择的过程和历史同样有助于解释其功能;第三,目前的理论对工具应用的环境的复杂性重视不够。另外,对政策工具研究的另一个批判是针对该领域的一个隐喻,即把工具比作工匠手中的锤子或钳子,这种隐喻看起来似乎很形象、很合理,但实际上它却是对我们的一种误导。它容易让我们把工具看成是中立的手段而忽视其政治性;容易使人们把效力看成是评价工具的唯一标准(事实上,政府评价工具还需要考虑别的价值标准);它还给人们一种错觉,即政策制定者控制着工具,而实际上他们并不能做到这一点,对工具的控制受着诸多方面的限制。

现在,政策工具领域仍然存在着大量的问题需要我们进一步探讨,对于很多问题,至今仍然没有统一的答案。例如,政策工具应怎样分类;在评价某一具体工具时,应采用何种评价标准;在理解工具在政策过程中的角色时,是工具自身的属性重要呢,还是工具选择的过程重要。对于诸如此类的问题,人们还没有达成共识。因此,虽然对政策工具的研究已经起步,但后续仍然有很多研究工作要做。

第二节 基本的政策工具

在这一节中,我们将分别讨论市场化工具、工商管理技术和社会化手段这三类基本的政策工具。

一、市场化工具

市场化工具指利用那些明显具有市场化特征的政策工具来达到政策目标,如民营化、用者付费、管制、合同外包等。

(一)民营化

广义而言,民营化可以界定为更多依靠民间机构,更少依赖政府来满足公众的需求。[1]它往往指所有权的转移,将"原先由政府控制或拥有的职能交由企业私方承包或出售给私方"[2],通过市场的作用,依靠市场的力量来提高生产力,搞活国有企业。其中最典型的做法是国有公司一半以上的股票出售给私人或全部直截了当地出售国有企业。民营化的实质就是通过市场机制合理配置资源,使资源能够流向使用效率更高的部门。民营化并非为了弥补政府的预算缺口,而是要实现对公共部门资源的再分配。

民营化可以通过多种途径来完成:①把政府机构利用它的雇员直接提供的职能以合同的方式承包出去;②出卖政府资产和垄断权,把国有企业转让给私人部门和企业,例如电信系统;③在某一公共问题上,政府和私人部门共同合作,并明确各自的角色;④鼓励某些特定的私人部门行为,一个例子就是纽约市通过税收减免计划来改善城市的居住条件,通过免除资产税(地产税),市政府鼓励私人部门房东和承包商承担起维护和发展低收入群体的居住条件的责任。

---

[1] See, E. S. Savas, Privatization, *The Key to Better Government*. Chatham, NJ: Chatham House, 1987.

[2] [美]斯蒂夫·H.汉克主编:《私有化与发展》,中国社会科学出版社,1989年,第1页。

　　作为一种政策工具,民营化的优点是:可以促进管理者降低成本,提高质量;民营化是一种新的管理形式和技术,同时也是获得资金的新来源;通过减少政府的直接行为,公共管理者可以专注于政策制定。但是,民营化的弊端也是显而易见的:政府丧失对实施公共政策的公共物品和服务提供的直接控制;由于民营化,政府在经济发展方面的功能和角色有所消退;对私人部门管理的控制不容易做到等。

(二)用者付费

　　用者付费是指政府对某种物品、服务或行为确定"价格",由使用者或行为者支付这种费用, 其主要目的是想通过付费把价格机制引入到公共服务中来。用者付费经常被用于控制负的外部性,特别是控制污染的领域,它也被用于城市交通控制。例如,我国将对排污费的征收、管理、使用范围等进行改革。改革后,排污费将作为对环境造成的损害的补偿费用,逐渐提高征收标准,最终使之高于污染治理的成本,促使排污者治理污染。英国、美国等国家在很多服务领域(除了一些如教育、卫生和社会服务领域之外)都采取用者付费制。

　　作为政策工具,用者付费是一种灵活的工具,它的主要优点是:第一,它能够克服免费提供公共服务所导致的对资源的不合理配置和浪费;第二,无偿提供公共服务将导致无目的的补贴和资助,对社会公平造成损害;第三,通过付费制,价格可以真正起到信号灯的作用,从而使市场机制在公共服务领域得以良好运用;第四,客观上,通过付费制也可以增加政府的财政收入,缓和政府的财政危机。其主要缺点是:收费水平难以准确确定;在得到一种最优化的收费标准的过程中,资源有可能误置;不能作为处理危机的工具;管理成本高且繁杂。

(三)管制与放松管制

　　根据里根(M. Reagan)的说法:管制是一种活动过程,在这种活动过程中,政府对个人和机构提出要求或规定某些活动,并经历一种持续的行政管理过程(一般是通过特别指定的管理机构来完成这项工作)。政府管制是由政府制定的,目标团体和个人必须遵守、服从,如不遵守或不服从将受到惩罚。大部分管制是通过行政法规来进行(有时管制实际上就是一般的法律),并由政府部门或特别的机构(如美国的独立管制委员会)来管理。管制采取了不同的形式,如规章、标准、许可、禁止、法律秩序和执行程序等。政府管制遍及于社会生活的许多领域,尤其是物品和服务的价格和标准等方面。

　　放松管制,就是在市场机制可以发挥作用的行业完全或部分取消对价格和市场进入的管制,使企业在制定价格和选择产品上有更多的自主权。其基本观念是"政府无效率的主要原因是对管理层进行干预控制的内部管制的数量太多……基本的假设是,如果公共组织能够清除戒律,它就能更加具有灵活性和效率"①。它与管制一样,是"一种政府与其公民之间特殊的关系"。具体做法包括:①放松对定价权管制,放宽或取消最低限价和最高限价;②逐步减少价格管制所涵盖的产品的范围;③放宽或取消进入市场的规制等。

　　放松管制在北美的行政改革中比较盛行。放松管制包括放松市场管制、社会管制和行业管制等,其重点是放松市场管制。它在20世纪70年代成为经济理论的热门话题,80年代形成高峰并扩展到各个领域。但放松管制并不是不要政府的干预,只是要减少政府不必要的干预与控制。

　　作为一种政策工具,管制与放松管制有其优缺点:管制主要优点是,所需的信息较少,较容易实施和管理,成本较低,效果具有直接性,更适应于作为处理危机的工具。其缺点是,扭曲自愿性和私人活动,可能导致经济上的无效率,不利于革新和技术进步,过于刻板而缺乏灵活性等。放松管制主要优点是:可以使服务多样化,通过削减行政费用来减轻国民负担,并且在宏观上由于减低收费水平和使服务多样化扩大了需求和投资,从而使经济增长率得到提高。其缺点是:不易操作,会遭到既得利益集团的反对。②

(四)合同外包

　　合同外包也称合同出租、竞争招标,指的是政府确定某种公共服务项目的数量和质量标准,对外承包给私营企业或非营利机构,中标的承包商按照与政府签订的合同提供公共服务,政府用财政拨款购买承包商的公共产品和劳务。它的做出以合同双方当事人协商一致为前提,变过去单方面的强制

---

① 　[美]盖·彼德斯:《欧洲的行政现代化:一种北美视角的分析》,载于:《国外行政改革评述》,国家行政学院出版社,1996年,第70页。

② 　参见[日]植草益:《微观规制经济学》,中国发展出版社,1992年,第184页。

行为为一种双方合意的行为。政府与其他组织一样都以平等主体的身份进入市场。政府的职责是确定需要什么，然后依照所签订的合同监督绩效，而不是靠强迫。

政府可以通过与营利性民间组织签订关于物品和服务的承包合同的形式来实现某一活动。在合同承包形式中，政府的理想角色是：①评估公共物品和服务的需求状况；②向私营部门购买物品和服务来提供给公众；③检测和评估所购买的物品和服务。

合同外包制非常普遍。在英国，竞争性合同外包（招标）是对某些地方政府服务的强制性要求。在美国，地方政府的二百多项服务由合同承包商提供。不论哪个政党上台执政，合同外包方式在州和地方政府都急剧增长。[①]政府和私人组织签订直接面向公众的"产出"服务合同，如垃圾收集、救护车服务、路灯维修、马路维修和多样化的社会服务，其中大多数社会服务是由非营利组织提供的。政府也可以通过签订合同来获取多种多样的"投入（input）"服务，即面向政府部门的辅助服务，如人员监护、秘书和书记工作、计算中心管理、内部车辆维修、培训等。

公共服务合同外包的一种特殊形式是：政府保留设施和资产的所有权，让私人企业去经营。供水系统、废水处理厂、资源回收工厂、垃圾填埋场、医院和会议中心等都可以采取这种形式，以求达到更高的效率。这和租赁有所不同，因为私营企业不能将所租用的资产用于自己的其他业务，而只是代表政府从事经营并从政府获取相应的报酬。

合同外包的有效实施需要一些具体条件：①工作任务要清楚界定；②存在潜在的竞争，能够创造竞争气氛；③政府能够监测承包商的工作绩效；④承包的条件和具体要求在合同文本中明确规定并确保落实。

合同外包被视为既提高服务水平又缩小政府规模的重要途径，是降低成本、节约开支的有效手段。作为一种政策工具，合同外包可以利用竞争力量给无效率的生产者施加压力，提高生产率；能够摆脱政治因素的不当干预和影响，提高管理水平；可以把通常模糊不清的政府服务成本以承包价格的形式明确化，有助于强化管理。但是，承包权的授予上可能存在腐败和寻租行为；可能形成对承包商的依赖，承包企业雇员罢工、怠工和企业破产会使公众利益受到损害。

---

① E. S. Savas，Privatization，*the Key to Better Government*. Chatham，N.J.：Chatham House，1987.

（五）分权与权力下放

实行分权与权力下放的主要目的是要通过公共组织政治和执行的分离来赋予执行者更大的自主权,使被授予权力的下级组织成为独立的单位,能够自己控制自己的预算,自由地与其他组织进行竞争,而政治家只是确立目标并对绩效进行有效控制。分权与权力下放既涉及中央—地方关系,又涉及中央政府部门内部上下级关系。后一方面最典型的是英国的"下一步行动方案"(The Next Steps)和新西兰的公司化改革。

分权往往体现了决策与执行分离,它超越了层级节制的传统集权模式,实行参与管理,分散部门权力,组织结构扁平化,层级简化,致力于公共人力资源的开发和培训,使之有能力开展创造性的工作,实现了上下级关系由直接隶属到契约关系的转变和上级对下级的控制由着眼于工作流程到着眼于工作效果的转变。

分权的一种方式是通过财政分权来实现。这种方式在英国得到广泛的应用,英国财政部于1982年公布的财政管理新方案,主要特征就是采用财政分权的方式。①分权的另一种方式是通过建立内部代理机构来实现。这些代理机构享有更大的自主权,在决策和执行上更为灵活。与财政分权相比,这种形式下等级官僚组织链条被打破得更彻底。

作为一种政策工具,分权与权力下放给下级组织和人员以自主权,有利其积极性和创造力的发挥,可以在政治和执行两者之间达到制衡。但是,在市场经济转型中,不能一味追求分权,分权与权力下放是有底线的,超过这个底线分权就会变成分裂,分权不当会导致权力分散,造成新的集权从而造成腐败,分权还必须考虑下层组织的承受能力。

（六）内部市场

它的最大特点是将提供公共物品和服务的政府部门人为地划分为生产者和购买者两方,这样在政府组织内部就产生了"生产者"和"消费者"两个角色。一个政府可以雇佣或付费给其他政府以提供公共服务。小的社区可以

---

① 周志忍:《英国行政改革与西方行政管理新趋势》,《北京大学学报》,1994年第5期。

从一些专门化的政府单位购买图书馆、娱乐设施或消防服务,这些单位由该地区的政府部门共同组织并向政府部门提供服务。公共服务提供的内部市场方式相当普遍,在社会服务提供中的运用最为普遍。[1]

内部市场在英国行政改革中得到广泛应用, 并成为英国行政改革的一大特点。例如从1992年开始,英国政府把原来给医院的大部分款项拨给家庭医生。医院的手术和住院服务明码标价,形成医疗服务的内部市场。家庭医生与病人协商选择医院,然后从自己的预算中向医院交付手术费和住院费。在不影响公民免费医疗权利的前提下, 这一改革不仅彻底改变了医院效率越高越容易亏损的局面,而且迫使各医院提高质量、降低价格,为吸引更多的"顾客"而开展激烈的竞争。

内部市场的实现需要具备三个要素:①要明确划分生产者和消费者;②内部市场的主体在内部签订准合同和商业契约,并在此基础上运作;③要求一定的付费制度和会计制度作为保障。

内部市场是公共管理改革的一个新思想,很有创新性。但是,运作起来需要许多条件来支持,需要政府形成一种契约意识和平等的竞争环境,高素质的管理人员和完备的信息管理系统。

（七）产权交易

财产权利指的是 "一系列用来确定每个人相对于稀缺资源使用时的地位和经济社会关系"[2],它由使用权、收益权、决策权和让渡权等组成。产权交易基于这样的假定:市场通常是最有效的配置工具,政府通过产权拍卖,在没有市场的公共物品和服务领域建立起市场。政府通过一定数量的为消费者指定的资源和可转移的产权而建立起市场,这可以创造人为的稀缺,并让价格机制起作用。

使用这种工具的一个典型的例子就是污染防治。许多国家采用了这种工具来控制有害污染物的排放。基本思路是:政府确定可以进入市场的污染物的量,并定期拍卖可利用的释放数量的产权。我国已开始了这方面的实验

---

[1]　Rowan Miranda and Karlyn Anderson, *Alternative Service Delivery in Local Government(1982–1992)*. In Municipal Year Book(1994).Washington,D. C.:International City Management Association,1994,pp.26–35.

[2]　卢现祥:《西方新制度经济学》,中国发展出版社,1996年,第174页。

（太原市的控制二氧化硫排放量就采取了这种办法）。另一个典型的例子是控制城市道路机动车数量，尤其是出租车牌照的拍卖。

产权交易的最大优点是它创造了市场，将竞争机制引入公共物品和服务的提供，并且它是一种具有灵活性的工具。其最大的缺点是鼓励投机行为甚至产生欺诈行为，同时它也是一种不公平的工具。

当然，各国在公共管理中应用的市场化工具远不仅此，凡是在某一方面具有明显市场特征（如价格、利润、私有产权、金钱诱因、自由化等）的方式、方法和手段，都是市场机制的反映，都可以视为市场化工具。

二、工商管理技术

工商管理技术主要是利用组织的一些管理手段和技术来实现政策目标的政策工具，主要包括战略管理技术、绩效管理技术、顾客导向技术、目标管理技术等。

（一）战略管理技术

战略管理最初源于军队的"决策过程"（Decision-making processes），在这个过程中，内容主要包含着为了任一最后结果而作的大量准备工作。战略管理的核心是广泛的参与。

战略分析（strategic analysis）、战略选择（strategic choice）和战略执行（strategic implementation）三部分构成战略管理的核心框架。这三者之间的相互作用形成战略。其中，"分析部分"解决政策的定位问题，某一项政策所要解决的问题是什么，它面临什么样的外部环境。"战略选择"对可能的行动进行评估并形成选择方案。"战略执行"[1]将战略推向实施。

公共部门的战略管理是一个使组织和领导者能够通过资源分配和工作分工来达到组织目标的过程。布赖森（John Bryson）等人所下的定义是："设计一系列的程序和工具来帮助领导者和管理者明白，他们的组织应该如何做才能生存和发展。"[2]大部分学者赞同这一观点，但他们同时也认为，战略管

---

① 王革非：《战略管理方法》，经济管理出版社，2002年，第8页。

② J. M. Bryson, and W. D. Reering, *Strategic Planning：Options For the Public Sector.* In J.L.Perry（ed.），Handbook of Public Administration. San Francisco：Jossy-Bass Publishers，1996，p.479.

理最大的价值在于它能使组织的使命(mission)、目标(goals)和方法(means)连接起来,并利用可获取的资源来实现目标。

　　作为一种政策工具,战略管理提供了一种全面、综合的组织观念,可以实现重心从即时的工作任务向组织整体目标、产出和影响的转变,更好地实现对组织资源和目标的控制。但是,它需要花费大量的管理性时间和分析性资源,同时战略管理不仅要让人明白组织要做什么,还要说明组织不做什么,对于公共部门来说,这可能产生政治上的困境,因为它可能激起反对派和利益团体的反对。

(二)绩效管理技术

　　绩效管理是指为了达成组织的目标,通过持续开放的沟通过程,形成组织目标所预期的利益和产出,并推动团队和个人做出有利于目标达成的行为。[1]绩效管理是一个完整的过程,绩效管理的过程通常被看作一个循环。这个循环的周期通常分为四个步骤,即绩效计划、绩效实施与管理、绩效评估、绩效反馈面谈。

　　所谓政府绩效管理,就是通常说的"政绩考察"和"政绩评估",即"看政绩用干部"的管理制度。上级领导部门通过对下属机关的业绩考核,确定和判断该部门的工作优劣情况,并以此作为从该部门选拔人才的基础。

　　绩效管理的目的并不是纯粹为了进行对个人绩效的评估而设计的,它更深层的目的是为了有效推进个人的行为表现,引导组织全体人员从个人开始,以带动整个部门或事业部,共同朝着组织整体战略目标迈进。其优点是:它与每个人的切身利益密切相关,可以充分激发个人积极性和主动性,尤其是地方政府,其管理事务多是比较具体、可量化的工作,故而绩效管理的成效更是立竿见影。不足之处在于:绩效指标的量化比较难,其可行性也是有待检验的,绩效的基本资料来源是否可靠也会在很大程度上影响管理的成效。

---

　　① 武欣编著:《绩效管理实务手册》,机械工业出版社,2001年,第13页。

(三)顾客导向技术

公共部门管理以顾客满意为导向最初是从企业管理中借鉴过来的,其基本取向是:①以顾客为中心,即从顾客的角度出发开展活动和提供服务;②以追求顾客满意为基本精神;③以社会和顾客的期待为理想目标。这些基本取向被发达国家引入到政府公共部门的管理中。

"新公共行政学"的代表人物弗雷德里克森认为,在组织形态的设计上,要坚持顾客导向,即将公众——公共行政服务对象的需求作为组织存在和发展的前提。以奥斯本为代表提出的"企业家政府理论"强调,引入竞争机制,树立顾客意识,制定顾客驱使政府的制度,使政府自觉地为顾客服务。

在当代,政府活动已不再是简单的公共物品和服务的提供,而是必须及时了解公众需求并设法满足,即从"供应顾客"到"创造顾客"的转变。所以,顾客导向的政府无论是进行公共物品和服务的创新,还是进行制度和管理的创新,都必须立足于顾客。

相对于政府而言的顾客,一是指公共物品和服务的最终使用者;二是指相对意义上的顾客,即公共物品和服务供给过程中的参与者。顾客导向的技术是"倒金字塔式"的方式,政府关注的是顾客即公众的需要,提供"回应性"服务。政府的一切职能、行为和改革等都要围绕顾客来展开,以顾客满意作为政府机构的考察量度。

作为一种政策工具,顾客导向技术要求公共机构像管理其他资源那样对顾客进行管理,做到顾客至上,民众优先,了解顾客,针对顾客的需求生产和提供公共物品和服务,以顾客价值作为政策的基点,注重与顾客互动、沟通,依据收集到的顾客相关信息改善行政机关的产品和服务,为顾客创造利益和价值。

(四)目标管理技术

政府中的目标管理就是通过预先设计的政府工作目标,激励和引导政府部门和公务人员的管理行为,并对这种行为实施控制,最终实现政府工作目标的管理方式。通过目标管理,把发展和改革的总体目标,转化为政府工作目标,协调发展,突出政府工作重点。

　　作为一种政策工具，目标管理在公共部门中的应用，要求按照统一、效能的原则，将竞争机制引入公共管理活动，落实公共管理系统工作责任制，促进公共部门转变作风，克服官僚主义，提高工作效率，按照职能和目标逐步理顺公共部门的权限和职责，把各部门、各单位的思想和行动统一到实现预定目标上来。通过目标管理的导向和协同作用，加强政府工作的横向联系，减少内耗，以获取更好的整体功能和管理绩效。

　　目标管理的优点是：可以调动每一个雇员的积极性，提高公共部门的工作效率；把总目标分解下达各部门，可以增强部门间的沟通协调，保证政令畅通，从而强化行政权威。缺点在于：目标体系的构建，公共管理目标的量化和可行存在技术难题；目标管理的双向沟通等均与员工素质有极大关联，尤其是在公共组织中，创造一种上下级共同议事、平等对待的氛围，无疑对上级和下属的素质都有特殊要求。

（五）全面质量管理技术

　　20世纪50年代，美国通用电器公司的费根堡姆和质量管理专家朱兰提出了"全面质量管理（TQM：Total Quality Management）"概念。其基本含义是：①单靠数理统计方法来控制生产是不够的，还要有组织管理工作；②产品质量是在质量螺旋前进中形成的，包括市场调查、设计、生产、检验、销售等；③质量不能脱离成本。当然，这三个方面无论是从时间上还是从内容上看，都应当是一个相互联系、发展与提高的过程。[①]全面质量管理主要包括以下三项业务活动：①与你的供应商协作，确保生产过程使用的供应品是根据你的需要而设计的；②坚持不懈的员工工作过程分析，改进工作，减少工作过程中无谓的重复；③与顾客密切交流，明确和理解他们的要求及对质量的评定。

　　作为一种政策工具，全面质量管理技术就是将产品生产的全面质量管理的基本观念、工作原则、运作模式应用于政府机构之中，以求达到政府机构在提供公共物品和服务的全面优质、高效。旧有的官僚体制——通晓规章制度，能在制度限定内完成工作任务，并且不惹麻烦——已经证明是低效率的了，而在全面质量管理体制下，顾客与质量才是最有价值的。一个高效率

---

　　① 参见[美]史蒂文·科恩、罗纳德·布兰德：《政府全面质量管理：实践指南》，中国人民大学出版社，2002年，第2页。

的公共管理人员,他会以某些更简单、更快捷、更经济的方法来完成工作。理解规章,并在其限定范围内工作已经不那么重要了,采用这些规章并为改进质量而改变工作程序更具有价值。

全面质量管理技术的优点是：促使政府学会如何利用现有的资源配置取得更多的成果,改进政府所提供的服务质量;激发员工的积极性,赋予他们一些权利,能够激励成功。但是,它也存在一些难题:全面质量管理是一种新的思维方法,人们无法一下子改变原有的工作方式——官僚作风;只有机构人员有这种意愿,全面质量管理才能起作用,但人们接受新知识、变革工作方式的能力各不相同,且绝对是有限的,所以需要勇气和决心。

(六)标杆管理技术

标杆管理技术是一个甄别和引进最佳实践,以提高绩效的过程——包括那些使标杆管理具有独特性和有别于程序改进活动的主要理念,使之尽可能包含在我们探求最佳实践将碰到的各种活动和目标中。①

标杆是一种业绩标准,这种标准可能是组织为达到某个目标或期望的业绩水准,或出于其他各种原因而订立的。标杆管理是一个帮助机构发现其他组织更高绩效水平的过程,并尽量了解他们是如何达到那种水准的,以便产生那种水准的做法和程序得以应用到自己的组织机构中来。威廉·盖伊(William Gay)称标杆管理是"消费者给公共部门的报告"。他说,标杆给市民——消费者提供精确的可靠的信息,通过这些信息,可以建立标准,做出比较和评判绩效。

应当注意,标杆管理并不是简单地抄袭其他组织的做法,它是组织机构之间合作的过程。具有匹配性(例如相同或类似的工作条件和工作要求)的组织机构(包括公共机构及私营部门)之间,采取对革新和新思想的开放态度,彼此合作、信息分享,相互了解对方是如何实施某项具体程序,并借鉴到自己的组织机构中来。

作为一种政策工具,标杆管理可以激励公共部门组织进行改变,积极采纳私营部门优秀的工作和管理程序;可以促成合作,使各不相同的职能部门

---

① 参见[美]帕特里夏·基利等:《公共部门标杆管理:突破政府绩效的瓶颈》,中国人民大学出版社,2002年,第7页。

聚合在一起,一旦一个机构与外部合作伙伴就标杆管理开展合作,那么各类公共部门、私营机构和其他参与此项目的组织就成为合作关系。它主要的不足是:实施标杆管理的组织与其合作伙伴之间的相似度不易达成;一个组织的行政主管和标杆管理小组为了引入最佳实践所做出的努力和对革新的态度,很大程度限制了标杆管理的成功;尚有大量的准备工作要做,如文化、运作、技术等方面的准备。

(七)企业流程再造技术

企业再造是20世纪80年代初在美国出现的。其创始人汉默(Michael Hammer)和钱皮(Janes Champy)在《企业再造——经营革命宣言》一书中所下的定义是:再造是对公司的流程、组织结构和文化等进行彻底的、急剧的重塑,以达到绩效的飞跃。①

根据1994年美国公共行政学会(NAPA:National Academy of Public Administration)报告称,再造技术可以在政府部门很好地适用。这份报告还提到,在1993—1994年间,有44个公共机构通过再造获得成功。根据美国公共行政学会的报告:"政府流程再造是一个激进的改进方式,它在政治视角内严肃地重新思考和重新设计组织的任务、提供公共物品和服务的过程,并通过不断评估和调整行为方式来取得最佳行为。它是过程管理模式的关键组成。"②

作为一种政策工具,流程再造技术可以提高提供公共物品和服务效率和质量;帮助组织应对风险和变化;是一种鼓励个人创造性的新途径,使组织能够在国际竞争和日新月异的变革中生存。但是,必须付出一定的代价:公共部门的成本难以量化,所以难以评估提高服务和降低成本的比例关系;相对于企业而言,打破部门界限和壁垒在政府机构中难度更大。

当然,还存在着其他企业化管理技术的政策工具,如公司化、企业基金、种子基金、内部企业管理等,我们就不一一加以阐述。

---

① M. Hammer, and J. Champy, *The Reengineering the Corporation: A Manifesto for Business Revolution*. New York: Harper Collins, 1994, p.31.

② National Academy of Public Administration, Reengineering for Results: Keys to Successful Government Experience. Washington, D. C.: NAPA, 1997, p.7.

三、社会化手段

社会化手段主要指政府与社会力量的合作以达到解决社会问题的工具,它的特点是具有非强制性,可以作为一种辅助性工具加以使用,主要有社区治理、个人与家庭、志愿者服务、公私伙伴关系等。

(一)社区治理

在我国大力发展社区建设和社区服务的实践中,社区治理是一种重要的政策工具。开发和利用社区文化资源、人力资源等,在社区内通过建立各种敬老院、福利院、康复中心、医疗站、托儿所、幼儿园等设施,对老年人、儿童和残疾人等实行社区照顾;调动社区居民不定期地参加保护社区环境的清洁卫生工作,美化居住环境;加强社区治安管理等。

社区治理的优点在于:不花或者很少花政府的钱;调动公民积极广泛的参与,受到群众的支持和欢迎。但是,社区治理作为一种政策工具是虚弱无力的,往往只能作为一种辅助工具来使用。

(二)个人与家庭

在任何社会中,家庭和个人都提供了无数的物品与服务,政府也往往有意识来扩展它们在达成政策目标上的作用,尤其是在提倡"小政府,大社会"的当今现实状况中。

安装警报器预防火灾,锁上房门防止偷盗等是最早的也是最基本的个人服务方式。人们自己包扎伤口或者自己存钱以保证退休后的生活,都是个人服务行为。

作为一个服务单位,家庭是人们在住房、健康、教育、福利和养老等方面最古老也最有效的服务部门,它为其成员提供了广泛而又重要的服务。在美国,每8个就业人员中大约有1个直接照顾老年父母,这个比例预计还会增长。①

---

① Sue Shellenbarger, "More Children Start Making Plans Early to Care for Elders", *Wall Street Journal*, July 8, 1998.

作为一种政策工具，个人与家庭可以做好许多政府无法做或做不好的事情，可以减轻政府的负担。但是，它也同样只能作为一种辅助工具来使用。

(三)志愿者服务

作为一种政策工具，志愿者组织的活动免受国家强制力和经济利益分配的约束。志愿者组织提供某些社会服务。例如，慈善机构为穷人提供医疗保健、教育和食品；志愿者团体提供诸如海滩和公园的公益服务等。

在传统社会里，志愿者或非营利组织就提供了大量的社会服务，尤其是从事公益事业，现代福利国家的出现曾一度降低它们的重要性程度。但是，在当代社会中，它们仍然被广泛地当作一种处理社会问题的重要手段。在我国，随着政府职能的转变，志愿者或非营利组织作为一种政策工具的地位和作用也将日益重要。

志愿者服务的最大优点是创新，即创造性地迅速确认并满足需求的能力(例如在救灾方面，志愿者组织行动的速度往往比政府迅速)。由志愿者提供社会服务还可以减少对政府行动的需要并减轻政府的负担。但是，其应用范围有限，大量的经济与社会问题不能通过这种政策工具来处理；志愿者组织容易蜕化变成准官僚机构，从而降低它的效能和效益。

(四)公私伙伴关系

我们可以从三个层面来使用公私伙伴关系：首先，广义上指公共和私营部门共同参与生产与提供物品和服务的任何安排。其次，它指一些复杂的、多方参与的并被民营化了的基础设施项目。最后，它指企业、社会贤达和地方政府为改善城市状况而进行的一种正式合作。[1]

为了满足人们的需求和促进经济的发展，政府部门正在努力寻求资金进行基础设施建设。在基础设施领域中公私合作的发展，为政府提供了一条解决之道。

公私合作伙伴关系在实践中有几种典型的形式：租赁/购买—建设—经

---

[1] Perry Davis(ed.), Public-Private Partnerships: Improving Urban Life, *Proceedings of the Academy of Political Science*, Volume 36, Number 2(1986).

营（LBO/BBO）——民营企业从政府手中租用或收购基础设施，在特许权下改造、扩建并经营该基础设施；它可以根据特许权向用户收取费用，同时向政府交纳一定的特许费；建设—转让—经营（BTO）——民营企业投资兴建新的基础设施，建成后把所有权移交给公共部门，然后可以经营该基础设施20—40年，在此期间内向用户收取费用。BOT与BTO类似，不同之处在于：基础设施的所有权在民营部门经营20—40年后才转移给公共部门。建设—拥有—经营（BOO）——民营部门在永久性的特许权下，投资兴建，拥有并经营基础设施。

在各种公私伙伴关系的形式中，民营部门可以是企业、咨询者和专家的集合，包括设计工程师、建筑公司、银行家、律师、设备制造商、科研技术单位、房地产开发商等。

作为一种政策工具，公私伙伴关系可以利用民间资本市场弥补政府资源的不足，帮助政府发展基础设施；民间投资者和有经验的商业借贷者的参与，有助于更好保证一个项目在技术上和财政上的可行性，分担一些本来由公共部门承担的风险；在开展合作项目中，民营部门可以促进技术转让，并为政府部门培训人才。但是，公私伙伴关系有多种形式，每一种形式都十分复杂，需要公共部门和私营部门双方具备相当的专业知识才能成功；竞争是一个关键性的因素，但在这些形式中引入竞争却需要高超的技能；如何适当而合理地分担风险也是必须考虑的问题。

（五）公众参与及听证会

政府决策民主化要求增强政府决策的透明度，建立公众参与的制度，赋予公众在国家决策上的发言权，公众依照法律赋予的民主权利，通过各种形式反映社会生活中的各种问题，提出各方面的建议。[①]

公众参与是衡量现代社会民主化程度和水平的一项重要指标，它的具体形式很多，包括直接选举和全民公决，还包括公共决策听证会。其中，公共决策中的听证制度是现代民主社会普遍推行的用于保证各方利益主体平等参与公共决策过程，最终实现决策民主化、公开化、科学化和公正的一种重要制度安排。

---

① 参见李荣华：《听政程序与行政决策民主化》，《中国行政管理》，1999年，第8期。

听证源于英美普通法的自然正义观念的听取两方面意见之法理，最初仅用于司法权的行使，作为司法审判活动的必经程序，谓之"司法听证"。后来随着司法听证的广泛应用和不断发展而移植到决策领域，形成"决策听证制度"。决策听证是指在政府决策过程中，听取有关专家学者的意见，特别是听取与该决策有利害关系的当事人的意见，它把科学引入决策过程中，运用民主和科学的方法，把决策变成集思广益的、有科学根据的、有制度保证的过程。

作为一种政策工具，听证会提高了决策的民主性和科学化，扩大决策参与，增加决策透明度和公开性。但是，作为一项全新的工具和制度，在我国应该有一个逐步推广的过程。我国现在尚不具备将所有的政府决策都纳入听证程序的经济实力，民主和法律观念也有待提高。

第三节　政策工具的选择

政策工具选择是政策工具研究中的一个重要组成部分，是工具执行和工具效果研究之外的一个重要方面。在这一节中我们主要探讨政策工具选择的重要性、影响工具选择的因素和如何进行工具选择三个问题。

一、政策执行中工具选择的重要性

政策工具是用来达成政策目标的手段。政策目标主要是在政策制定阶段确立的，因此政策工具的选择主要发生在政策执行阶段。政策工具的选择在政策执行中占据着重要地位，这主要表现在以下三个方面：

（一）政策工具是实现政策目标的基本途径

政府为了有效地管理国家和社会事物，必须根据社会政治、经济、文化发展的需要和态势，针对现实中的重大政策问题，确定正确的政策目标。而政策目标要变成现实，必须以各种政策工具作为媒介。没有有效的政策工具，政策目标也就实现不了。所以说，选择有效的政策工具是实现政策目标的基本途径。

（二）政策执行本身就是政策工具选择的过程

政策执行是一个复杂的过程，它包含了一些基本环节或一系列的功能活动，而这些活动的完成必须依靠一些必要的执行手段（即政策工具）。在特定背景下，一些工具会比另一些工具更有效；而一种工具失效后，就要转变为其他工具。所以，政策执行活动作为一个动态过程，就其本质而言就是一个针对具体情况对各种执行工具不断做出选择的过程。

（三）工具选择是政策成功与否的关键

政策是主体服务于特定目标而采取的一系列活动，在这一系列活动中，政策工具的选择是关键。工具为这些活动提供了路径，路径选择正确与否自然是政策成功与否的关键。有学者认为，自20世纪70年代以后，西方国家面临的政府危机，主要就是在工具的层面上产生的，即传统的政策工具失灵。"今天我们政府失败的主要之处，不在目的而在手段。"①当代西方政府改革运动正是致力于政策工具的重新选择而获得了成功。可见，能否选择恰当的工具是政策成功与否的关键。

二、影响政策工具选择的因素

关于政策工具选择的影响因素，西方学者作出了不同的分析，他们各自强调影响工具选择的某一或某些方面的因素，甚至将某一影响因素推崇到极致而忽略其他因素。综合西方学者的分析，并结合我国的实际情况，我们将影响政策工具选择的因素归纳为政策目标、工具的特性、工具应用的背景、以前的工具选择和意识形态五个方面。

（一）政策目标

政策目标是政策制定者希望通过政策实施所达到的效果。政策目标来

---

① ［美］奥斯本·戴正维、盖布勒·特德：《改革政府》，上海译文出版社，1996年，第46页。

自政策问题,只有首先对问题进行诊断之后明确目标,才能找到一个全面的解决办法,选择有效的政策工具。政策目标为政策工具规定了方向,为判断政策工具的有效性提供了评判标准。在进行政策工具选择时,关于政策目标要考虑以下三点:

首先,如果目标是单一的,就要明确目标是什么。目标不明确所带来的工具选择失误是政策实践中经常出现的问题。过去我国在执行"林业禁伐政策"时,单纯强调"禁伐"而忽视"林业资源的保护",没有注意及时纠正是导致天然林不当使用和不可持续管理的潜在原因。"森林禁伐"是一种管制工具,往往是为了集中解决由于管理不善所造成的一些后果,而这种工具并不能有效地达成"林业资源保护"的目标。

其次,如果目标是多重的,就要明确目标构成。因为政策所要解决的常常是比较复杂的问题,因而政策目标往往不是单一的,而是多重目标的有机结合;有些目标甚至是相互冲突的,反映不同的利益诉求。复杂的目标体系为政策工具选择提出了挑战。例如,有些目标仅具有象征性意义,并不具备实质性后果,不是为了解决问题,而仅在于影响公众的看法、观念或思想意识。这样,所选择的工具并不会达成实质性后果。这种工具只是给行动者一些信号,政府在认真考虑这件事情,准备采取一些行动,而实际上政府在很长一段时间内并没有做什么事情。①

最后,政策工具在执行一段时间后,要考虑政策目标是否已发生转变。如果目标已经转变,就要考虑达成目标的工具是否还有存在的理由,是否需要选择新的工具。实践中经常出现的问题就是,目标已经改变,工具却因其具有惯性而长期存在。人们批评工具主义忽视目标和工具之间的动态联系,目标被认为是一劳永逸的。但是如果目标已经过时,用它来评价工具的有效性是没有意义的。如果在政策变化前后使用同样的工具,那么政策改变几乎没什么意义。一方面,它会传达错误信息即政策是成功的;另一方面,它会掩盖政策失误这一事实。②

工具主义的研究途径致力于目标理性,认为手段是依据目标做出选择的,并主张目标和手段关系的最优化。③而事实上,目标只是影响工具选择的

---

① See, B. Guy Peters and Frans K. M. van Nispen, *Public Policy Instruments*, Edward Elgar, 1988, p.210.

② Ibid, 1998, p.61.

③ Ibid, 1998, p.208.

一方面因素，此外还受其他因素影响，所以在实践中往往很难实现最优选择，只能作为一个努力的方向。

（二）工具的特性

每种工具都有其特征、适用范围和优劣。每种工具的倡导者都想让人们相信他们偏爱的工具是管理者的灵丹妙药。事实上，每种工具都有其适用范围，都有其价值，但不能包医百病。[①]

每种工具有其自身优缺点。以对污染的治理为例，减少污染有多种手段。过去常见的办法是"管制"，这一工具有直接性和更易见效的优点；但它会扭曲自愿性和私人活动，导致经济上的无效率，不利于革新和技术进步，并无法完全解决经济增长所带来的环境污染问题。现在，一些国家采用"污染许可权交易"这一工具，即某工厂只要能成功地把污染量降低至标准以下，就可以获得"降低污染信用额度"，将其卖给其他工厂，来支付其污染量超过最低标准的部分。这一工具的优点是使一些能够用最低成本来降低污染量的工厂，有经济诱因去降低污染。而大部分降低污染排放的工作，都由执行时最有效率的工厂来完成，整个社会将以最低的社会成本，达成空气品质标准。这即经济学家所谓用人类理性自利的天性来达成公共目标。但这一工具也有缺陷，这一工具强调经济理性，却减弱了某些工厂保护环境的自觉性。所以选择工具时要将其优缺点都考虑在内，以避免工具的滥用。

同时，不同工具有其不同的适用范围，被用于解决不同的问题，运用于不同组织环境。如战略规划最适于处理外部问题；流程再造适合处理大规模的内部问题；全面质量管理适合处理小规模的内部问题。有时，流程再造会成为一种灾难，破坏组织内的功能系统，将组织置换成一个不能运作的系统；有时候政治状况不允许政府组织运用标杆管理；在一个没有实施战略规划的组织，全面质量管理会导致以更有效的方式做错误的事情。[②]这些都是选择政策工具时应该考虑的因素。

工具主义途径认为每种工具均有其子程序、主要的活动、实施中的问题

---

① See, Steven Cohen and William Eimicke, *Tools for Innovators*, San Francisco: Jossey-Bass Publishers, 1998, p.6.

② See, B.Guy Peters and Frans K.M.van Nispen, *Public Polic Policy Instruments*, Edward Elgar, 1998, p.15.

及影响,主张通过对每种工具进行经验研究来解释工具的运用;①并认为许多工具构成一个工具箱,在仔细研究影响和环境的需求后,就可以做出选择。②这就是说,工具主义往往把注意力放在目标和手段的联系上,而忽略了工具应用的背景。③

(三)工具应用的背景

工具实施的背景因素包括执行组织、目标团体、其他工具及政策领域的其他因素。

1. 执行组织

某个工具的实施会对执行组织产生正面或负面的影响,在选择政策工具时,执行组织会考虑这些影响。如果某个政策工具能使执行机构受益,执行机构就会积极支持该项政策工具;如果某种工具的选择会降低执行机构的地位,改变组织结构,影响组织成员的利益,这种工具就会受到抵制。虽然某种工具就实现目标而言是更有效的工具,但执行机构也会抵制它。我国政府在改革过程中就会遇到这样的问题。政府为了更好地实现政策目标,倾向于使用更有效的政策工具。但一些新的政策工具意味着政府向市场和社会放权,对原来执行该工具的政府机构来说,这意味着机构的裁减,权力的丧失。因此,这些工具的选择常常受到政府执行机构的阻挠,但这些工具却会受到私营组织和民间团体的欢迎。

2. 目标团体

目标团体是政策直接作用、影响的对象,因此政策工具的实施对目标团体有直接影响,而不同政策工具会对目标团体产生不同影响。目标团体会抵制对自身不利的政策工具,使其无法开展,同时会通过各种手段使对自身有利的政策工具继续下去。政策主体在进行政策选择时,迫于目标团体的压力,往往会考虑工具的可行性和可接受性,选择具有较大可行性和较高可接受性的工具。

---

① See,B.Guy Peters and Frans K.M.van Nispen,*Public Policy Instruments*,Edward Elgar,1998,p.46.

② Ibid,1998,p.205.

③ Ibid,1998,p.16.

第三章

3. 其他工具

工具并不是孤立地发挥作用的，不同工具间会相互关联，相互影响，甚至相互冲突。因此，一些西方学者强调工具的整合研究，以避免单一工具研究的片面性。

4. 政策领域的其他因素

除了上述的环境因素外，政策领域的其他因素也会影响工具选择。例如，近年来不可预知的环境变化越来越多地受到西方学者的关注。

古典研究方法假定社会过程在某种程度上是可控的，而过程主义研究途径崇尚背景因素，分析家们不再关注"工具"，而是强调政策系统、政策制定的活动及政策执行过程。[①]可以说工具实施的背景或环境是一个重要的影响因素，在某些情况下工具的产生和问题的实质没有关系，而是和背景密切相关。

(四)以前的工具选择

关于这一方面的影响，建构主义的论述最为充分。建构主义认为，工具选择不仅与工具的有效性相关，而且确立政策工具的"正当过程"在评价政策工具时也发挥重要作用。在这一过程中，工具被赋予了组织的价值。

建构主义认为，工具被建构的内涵表现在如下三个方面：首先，建构主义把过去也考虑进来，工具在运用一段时间后被内化于组织之中。这意味着政策工具选择不是自由选择，也不是自我利益的较量过程；改变工具不仅要求扩充工具箱，而且需要改变组织的文化。其次，建构主义认为，工具的选择代表一种递增的发展，涉入其中的个体行动者决定和控制它的能力很小。新工具的主要组成部分出现在旧的范式中，这意味着旧的范式依然有影响。旧的范式会破坏新工具的实际意义。最后，行动者在选择政策工具时不仅考虑其效果，而且受传统、路线和特定的思考和行动方式支配。所以，其焦点集中在工具的形成过程，而不是工具的效果。尽管某种政策工具并不被认为是达成既定目标的最有效的工具，但是这一工具却依然被频繁地使用，因为行动者能够达成一致，使冲突最小化。

总的来说，政策工具的选择受到先前工具选择的限制，因此工具选择依

---

① See, B. Guy Peters and Frans K. M. van Nispen, *Public Policy Instruments*, Edward Elgar, 1998, p.16.

赖于一定路线。由于这种工具是在过去选择的,要转换成其他工具就会很难(因为已经积累了相关经验,并且目标团体信任它)。这种工具在经过一段时间后已经成了一种路线,背离它会付出额外的努力和代价。从纵向看,这种工具已内化为组织的执行路线,可选择的其他政策工具根本不被考虑;从横向看,它和其他工具或执行活动交织在一起。①这种影响在我国政策实践中也有所体现,组织路线往往限制了对新工具的使用。

建构主义途径对组织路线的强调有助于消除这样一种错误的认识,即认为选择政策工具就是从工具箱中拿出其中的一件,并且依据权变规则就能设计出所需的工具;行动者调适自己的行为以适应环境,工具的选择被看作是工具和环境的匹配;当环境激励和政策工具改变时,机构结构也会改变。②

(五)意识形态

工具选择还受意识形态的影响。意识形态是一个信仰的体系,它为既存或构想中的社会,解释并辩护为人所喜好的政治秩序,并且为实现其秩序提供策略。③不同的意识形态倾向于使用不同的政策工具。

在西方国家中,政策工具的选择有着明显的意识形态特征。例如,在20世纪80年代以后,西方国家出现的市场化运动强调公共服务的民营化和市场机制,强调放松管制,各种市场化工具的运用都反映了亲市场的意识形态倾向。亲市场而远政府,可以看作是"新公共管理"关于政府治理工具选择主张的基本特征。正是由于这一特征,使得"新公共管理"被戴上了"市场主义"的帽子,成为人们批判的靶子。

西方社会在政府改革运动中运用的政策工具,为我们在新形势下治理工具的选择和创新提供了有用的借鉴。但作为一种带有很强的地域特征和浓厚意识形态色彩的"新公共管理",其自身也存在一定的局限性。在借鉴时,要注意吸收其中的合理性的成分,尤其是其技术层面的东西。但是,工具、技术层面的东西也受到意识形态"刚性"的限制。政策工具的选择在很大程度上会受意识形态影响。市场化工具、工商管理工具和社会化工具这三类

① See, B. Guy Peters and Frans K. M. van Nispen, *Public Policy Instruments*, Edward Elgar, 1998, p.63.

② Ibid, 1998, p.65.

③ 参见彭怀恩:《政治学的世界》,风云论坛出版社,1993年,第43页。

工具在我国的应用就受到我们现有意识形态的影响。我国政府为了更有效地管理公共事务,也在逐步尝试选择多种工具,但是由于意识形态的影响,这些工具在实践运作过程中总是显得很谨慎。所以,我们需要进行意识形态创新,倡导一种直接面向民众的更切实际的价值观念。

以上是影响工具选择的五种主要因素。认识这些影响因素,有利于分析存在问题,更好地做出工具选择,实现政府治理目标,从而最大程度地满足人民的利益诉求。

思考题

一、概念解释

    1. 政策工具

    2. 工具主义

    3. 权变主义

    4. 公私伙伴关系

二、简答题

    1. 如何理解政策工具的含义?

    2. 阐述政策工具的研究主题和未来走向。

    3. 阐述市场化政策工具有哪些?

    4. 阐述政策工具的四种研究途径。

    5. 阐述影响政策工具选择的因素有哪些?

本章重点:

1. 政策问题的含义与特征
2. 政策问题的类型
3. 政策问题议程
4. 政策议程建立的影响因素
5. 政策问题认定的过程
6. 政策问题认定的方法

第四章　公共政策制定

政策制定(Policy making)是政策过程的第一和首要的阶段,是政策科学的核心主题。何谓政策制定?政策科学文献有广义的和狭义的两种理解。有些政策科学家如德洛尔将政策制定理解为整个政策过程,把政策执行、政策评估等环节称为后政策制定阶段。大多数政策科学家则对政策制定作了狭义的理解,即把它理解为政策形成(Policy formation)或政策规划(Policy formulation),指从问题界定到方案抉择以及合法化的过程。我们从后一种意义上来理解政策制定。本章将讨论政策制定过程的各阶段、环节或功能活动。

第一节　公共政策问题的确认

公共政策问题的确认是公共政策过程的逻辑起点。这是因为:公共政策的特质之一是问题取向(Problem oriented)——"公共政策关心解决或改善社会问题"①。正是在此意义上,美国学者邓恩将公共政策分析称作"问题分析

---

①　John S.Dryzek and Brian Ripley,"The Ambitions of Policy Design",*Policy studies Journal*,Summer 1998,vol.7,No.4,pp.705~719.

之学"（science of Problem analysis）。①政策科学家重视问题的分析更甚于答案的找寻,他们宁愿将三分之二的精力花在问题的分析上,因为一旦找到了问题的症结,政策方案就很容易浮现。因此,"要想成功地解决问题,就必须对正确的问题找出正确的答案。我们经历失败常常更多的是因为解决了错误的问题,而不是因为我们为正确的问题找到了错误的答案"②。"政策分析中最致命的错误是第三类错误,即当应该解决正确的问题时,却解决了错误的问题。"③豪伍德与彼得斯所谓的政策病理（policy pathology）④其实就是政策制定者经常对错误的问题提出正确的解决方案,原本以为解决了问题,实际上远离了问题的症结,从而导致政策方案无效果。因此,成功地解决政策问题的前提是针对正确的问题找出正确的答案。

因此,要制定公共政策,首先必须挖掘和确认政策问题,了解问题产生的原因和背景,寻找社会问题进入政策议程的途径,把握政策问题分析的基本方法。

一、公共政策问题的含义与特征

确立公共政策问题是公共政策过程的逻辑起点,但要准确确定公共政策问题必须要明确公共政策问题的含义与特征。

（一）公共政策问题的含义

公共政策问题是一种特殊的社会问题。因此,要弄清公共政策问题的含义就必须先弄清私人问题、公共问题与政策问题之间的联系与区别。

1. 私人问题

在社会问题中,有不少问题仅仅涉及少数几个人,它与其他多数人没有联系,这类社会问题称为私人问题。换句话说,私人问题的影响范围仅仅局

---

① ［美］威廉·N.邓恩：《公共政策分析导论》（第二版）,中国人民大学出版社,2002年,第195页。

② Russel L.Ackoff, *Redesighing the Future:A System Approach to Social Problem*, New York:Willey, 1974.

③ ［美］威廉·N.邓恩：《公共政策分析导论》（第二版）,中国人民大学出版社,2002年,第197页。

④ B.W.Hogwood and B.C.Peters, *The Pathology of Public Policy*, Oxford:Clarendn Press House, Emert R, 1985.

限于某些个人,对其他人或公共领域没有影响。例如,李某经常与妻子吵架;张三打篮球扭伤了腿;某企业产品出现严重的积压。这些都是私人问题,因为李某与妻子吵架,张三扭伤腿,都仅仅是他们的个人行为,其后果也由个人承担。由于私人问题仅仅与个人有关,那么私人问题的解决当然也由个人负责。然而,这并不意味着私人问题的产生与社会因素没有任何瓜葛。事实上,私人问题的产生往往是由社会因素导致的,因此,私人问题可以理解为就是一种社会问题。例如,夫妻之间经常吵架,表面上是夫妻之间的问题,但实际上,夫妻之间经常吵架在很大程度受社会因素的影响,婚姻观念的改变、女权主义的兴起、工作压力过大等都可能是促使夫妻之间经常吵架的社会因素。因此,私人问题的解决不仅仅从个人身上找原因,还需要找出私人问题产生背后的社会因素。

2. 公共问题

所谓公共问题,就是在公共领域体现出来对多数社会公众都产生直接影响的社会问题。约翰·杜威(John Dewey)认为:"总的来说,我们把那些影响广(包括对不直接相关的人有影响)的问题称之为公共问题;而把影响有限,只涉及一个或少数几个人的问题看作是私人问题"。公共问题是在多数人身上体现出来的问题。

公共问题具有不可分割性和社会共享性,即公共问题一旦产生,它将对所有个体或团体产生的影响都是相同的,没有一个个体或团体可以置身于这些问题之外。例如前面谈到的有毒气体排放,只要是在该区域的人们,都会受到有毒气体的影响,概莫能外。而当空气污染水平降低时,所有在该地区的人们都将获益,不可能排除某个人不让其享受这一好处。

由于公共问题产生普遍的社会影响,因而它将引起社会的关注,新闻传媒、网络、社团组织和政府有关部门等都会对公共问题表现出高度的关注。同时,由于公共问题的范围较为广泛,因而个人通常没有足够的力量来解决;由于公共问题往往是由社会因素导致的,因而公共问题的解决不应由个人负主要责任。公共问题的解决需要依靠社会力量和众多人的行动。政府作为公共部门和社会权威机构的代表,应该在公共问题的解决方面负有主要责任。

3. 政策问题

社会在运行过程中往往会出现大量的各种各样的公共问题,看看这个清单,就知道公共问题多得数不胜数:空气污染、水污染、资源稀缺、土地流失、自然灾害、教育不公平、穷人看不起病、贫富差距、住房问题、人口结构失衡、抢劫、偷盗……政府要解决公共问题，就需要搜寻公共问题。然而，并非所有的公共问题都能够引起政府的注意，进入政府的视野；另外，即使有些公共问题引起了政府注意，但由于问题过于复杂或者出于某种利益的考虑，政府也会对这些公共问题采取漠视态度。因此，在实际中，很多公共问题并没有进入政府议程，真正得到政府重视，并进入政府的政策议程的公共问题只是少数而已。那些受到政府重视并进入政府议程的公共问题便由一般的公共问题转化为政策问题。

对于政策问题的含义，政策学家各自有不同的界定。安德森认为："从政策意图的角度看，政策问题可以被定义为某种条件或环境。这种条件和环境引起社会上某一部分人的需要或不满足，并为此寻求援助或补偿。寻求援助和补偿的活动可以由那些受环境影响的人直接从事，也可以由别人以他们的名义进行。"邓恩认为："政策问题时有待实现的价值、需要或发展机会，它不管是怎样被确定的，都可以通过公共行为实现。"国内有学者认为："政策问题是指应该由政府为代表的公共权威机构负责解决的，且已经纳入政府工作程序或宣布即将纳入政府工作程序，开始实际解决的社会公共问题。"

本书认为，所谓公共政策问题，是指基于特定的社会问题，由政府列入政策议程并采取行动，通过公共行为希望实现或解决的问题。

(二)公共政策问题的性质

依照美国学者邓恩的看法，当代公共政策问题具有下列特征[①]：

1. 政策问题的动态性(dynamics)

社会总是处于发展运动过程中，因此，社会机体上产生的政策问题也处于发展变化过程中。政策问题的动态性主要是指，由于作用于政策问题的经济、政治、社会和自然环境发生了变化，那么政策问题的性质、程度、影响范围也随之发生变化。政策问题的动态性不仅体现为政策问题的性质、程度、影响范围等发生变化，还体现为旧政策问题的消失和新政策问题的产生。例如，某位官员贪污腐败，那么对这位官员的违法行为进行惩处属于法律问题，然而当这位官员携巨款逃到某个国家，而该国拒绝引渡时，那么这个问

[①] [美]威廉·N.邓恩：《公共政策分析导论》(第二版)，中国人民大学出版社，2002年，第159~160页。

题就可能演变为导致两国争执的政治问题。再如,在改革开放之前,电力供应紧张是一个较为严重的政策问题,改革开放之后,随着发电设施的建设,电力供应紧张问题也随之消失了。

政策问题的动态性提示我们,在政策问题分析时,必须要看到政策问题的发展变化性,积极寻找新的解决方案,防止陷入因政策问题变化而造成的被动局面。"问题和解决方案都在经常变动,因此问题并不等在那儿听候解决——尽管方案要解决的问题不会过时,方案却会过时。"

2. 政策问题的关联性(interdependence)

政策问题并非是单独存在的孤立实体,事实上某一领域的政策问题,往往会影响到其他领域的政策问题,不同领域的政策问题是相互关联着的。如能源问题会影响到卫生与就业等政策问题。在西欧面临着能源危机的形势之下,法国和德国为了寻求可扩大的能源,决定在莱茵河上修建原子能发电站,并明确规定能源问题独立于其他一切政策问题之外。于是一位观察家写道:不久的将来,疟疾会成为欧洲的主要流行病,这是由于原子能发电站利用莱茵河水作为冷却系统,从而使河水的温度达到了引发疟疾的蚊虫可大力繁殖的范围之内。

政策问题的关联性特征增加了解决政策问题的难度。它要求我们在制定政策、解决问题时,必须树立整体协调的观念,将某一问题视为整体问题不可分割的重要组成部分,防范"只见树木不见森林"的错误。

3. 政策问题的主观性(subjectivity)

政策问题是思想作用于环境的产物。政策问题既与客观的社会现象有关,也与人们对这种现象的认识和选择有关。有些社会问题已经存在,但由于种种原因,未能被制定政策的机构和人员所认识,即公众的政策诉求没有引起相应重视;有些社会问题在特定时空条件下并不是最带有普遍性与急迫性的问题,但却有可能被某些政策制定者确定为政策问题。此外,在对政策问题认识的正确程度和深刻程度上也存在主观性,在很大程度上取决于政策制定者的认知能力和价值取向。有学者针对政策问题的主观性指出:"我们可能会分享相同的数据,至少我们相信我们分享相同的数据,但这一事实并不意味着我们看到同一件事。价值观、信仰、意识形态、利益以及偏见等都塑造我们对事实的感知。"[①]虽然政策问题有其客观情势,但最主要的是

---

① Wayne Parsons, *Public Policy: An Introduction to the Theory and Practice of Policy Analysis*, Cheltenham: Edward Elgar Publishing Limited, 1997, p.88.

人类以概念诠释问题情境的感觉产物,是人类心智的产物(Mental Artifacts)。

(三)公共政策问题的来源

公共政策问题的来源有两方面:

1. 社会问题经过各种媒介的传播,逐渐进入各级政策研究部门或政策决策部门,政策研究部门或政策决策部门根据政策问题判断和筛选的准则,最终从众多的社会问题中确定出政策问题。这种社会问题是已经成为现实的问题,是社会期望与社会业已存在的问题之间的差距。

2. 政策研究部门或政策决策部门,在研究社会问题或制定相应政策过程中,认为可能产生新的社会问题,为了避免新的问题负面效应的产生,而制定的相应政策。这种问题是预期的社会问题,是在可预见的将来,不采取相应政策措施极有可能出现的问题。

(四)公共政策问题的构成条件

根据上述定义,公共政策问题的基本内涵应主要包括如下五个方面:

1. 社会客观现象或问题情境

政策问题意味着理想与现实之间的差距,这种差距是一种客观存在,它不以人的意志为转移,而且可以为人们观察到和感觉到。例如,空气污染、山体滑坡、地震、台风、暴雨、交通拥堵等现象,人们一眼就能够看出来,而且这种现象不会以人们的意志为转移。有些政策问题不能够直接被观察到,而往往需要通过专业人员的调查统计分析才得以说明,这些问题也是一种客观存在。例如,交通事故增长率、失业率、通货膨胀率、失学儿童比率、患某种疾病人数的比率等,尽管这些现象所体现的问题往往要通过统计分析才能被人们察觉到,但数据背后隐藏的无疑是一种客观存在。政策问题必须是客观存在的事实,任何捏造的、歪曲的或者主观想象的问题都不属于政策问题。

2. 对上述问题的察觉与认同

即使存在上述客观现象或问题情境,倘若它并没有被社会大多数人所察觉,它也只能是一种潜在的社会问题;只有上述现象或问题已为大多数公众所察觉,潜在的社会问题才能变成现实的政策问题。当然,个别社会问题可能并没有被社会大多数人所察觉,但它现实的影响或未来的趋势已为少数有识之士或决策当局所洞察,它也可能进入政策议程,成为政策问题。"对一个潜在的公共政策问题的察觉和定义都取决于受其影响的人数、他们传播这一问题的范围和能力以及使其要求被认为是合法的政策问题的机会。"①

3. 价值、利益与规范的冲突

在特定社会条件下,各种不同的行为主体都受到上述社会问题的影响与制约,必然要从自身利益出发,依据一定的价值观念与行为规范,表明自己的态度,从而造成了彼此间的冲突。这种冲突除了表现于个体之间,更多地表现于个体与团体、团体与团体,以至于个体、团体与整个社会之间的矛盾与冲突。上述冲突会使人们产生某种需求或相对被剥夺感,人们普遍认为有必要采取行动改变这种状况。这种冲突激烈到一定程度,就会引起决策当局的重视与行动,此时社会问题就转变为政策问题。

4. 团体的活动与力量

让某些个人问题转变为社会问题,直至上升为政策问题,往往不是少数个人行动既能奏效的。在现代社会,人们只有加入一定的团体或组织,以团体或组织的力量和行动才有可能影响政府决策部门。即便是少数权威人物,也必须通过一定的组织行为(如说服执政党或政府职能部门)才能将自己察觉到的社会问题转变成政策问题。

5. 政府的必要行动

作为公共利益的代表者和决策权力的行使者,政府认同社会问题并使其成为政策问题有两个基本条件:一是属于政府职能权限范围内的事务,政府不是万能的,不能包揽一切社会问题的治理,有些社会问题需要靠市场交换机制或社会自治机制来解决;二是属于政府能力范围内的事务,有些社会问题虽然属于政府职能范围内的事务,但政府受财力、精力等治理能力的限制,也可能会消极对待某些社会问题。政府作为社会公共权威,考虑问题的出发点理应是社会公共利益。人们常常误认为政府利益就等于社会民众的利益。其实,政府在处理社会问题的过程中必然要考虑自身利益。不仅如此,政府对社会问题的治理,还与外部压力有关,这种外部压力帮助、甚至是迫使政府提出问题、解决问题。总之,社会问题要列入政策议程,必须是那些被认为是很重大的问题,值得政府给予更多的注意,并依法采取政策行动加以解决。

① ［美］E.R.克鲁斯克等:《公共政策词典》,上海远东出版社,1992年,第53页。

第四章

二、公共政策问题的确认

帕顿与沙维奇认为,政策问题认定是非常重要的,因为政策分析人员所接触到的对政策问题的陈述只是冰山一角,是一个更大问题的一个部分而已,如果不经质疑就接受最初对问题的陈述,那么极有可能犯政策问题界定的错误。邓恩将政策问题构建过程划分为四个环节,而帕顿与沙维奇则将政策问题认定过程划分为七个步骤:①思考问题;②勾画出问题边界的轮廓;③建立事实依据;④列举目的和目标;⑤明确政策封界;⑥显示潜在的成本和收益;⑦重审问题的表述。

(一)思考问题

通过委托者的描述,政策分析人员会初步接触到某个政策问题,但是政策分析人员不能不加分析就接受委托者对问题的描述。出于对某种原因的考虑,委托者对问题的描述可能会隐藏某些方面,或者委托者自己根本就无法描述清楚其所面临的问题。所以,政策问题认定的第一步就是要认真地思考和观察该问题,其目的是对政策问题的基本情况做出准确和完整的描述,为进一步分析奠定基础。由于一个问题本身就意味着某些东西并非像它应该的那样,那么构成界定问题基础的价值观就必须明确而详细,因此除了对政策问题的基本情况进行描述外,还需要弄清楚委托者、政策分析人员、相关利益者的价值观如何影响对这一问题的表述。

(二)勾画出问题边界的轮廓

勾画问题边界的轮廓就是要详尽地说明政策问题发生的地点、发生的范围、什么时候发生的和已经存在了多长时间。除此之外,还需要描述对该问题的形成产生影响的历史事件,因为一个政策问题的出现总会与其他问题产生关联,某些历史事件发生恶化,那么会对问题产生影响;或者过去政策制定和执行存在着问题,其发展也将导致政策问题的出现。

(三)建立事实依据

当对政策问题的基本情况做出描述和确定政策问题的边界后，就需要从现实社会中寻找事实或数据来证实前面所做出的推断。例如，对于不同主体的价值观对政策问题陈述的影响，就需要从现实中找出一些例子来说明它；再如，对于政策问题发生的地点、范围、什么时候发生的、已经存在了多长时间和该政策问题与其他问题的关系，都需要从现实中找到相关的事实来证实。通过寻找事实或数据，不仅可以证实前面的推断正确与否，而且还可以获得对政策问题的基本情况和政策问题边界的新看法。

(四)列举目的和目标

在弄清楚政策问题的基本情况和政策问题边界后，就需要寻找解决政策问题的方法，但是解决方法是否能够被接受将取决于委托者、政策利益相关者各自的目的和目标，因此，在寻求解决方案之前，需要先列出他们的目的和目标。对目的和目标的列举有两个要求：一是列举的目的和目标必须要全面，即既要考虑委托者的目的和目标，又要考虑到所有政策利益相关者的目的和目标，如果目的和目标列举不够全面，有些政策利益相关者的目标没有被考虑到，那么就会影响到政策问题界定的准确性；二是所列举的目的和目标尽可能量化，只有这样才能够使目的和目标具有可操作性。

(五)明确政策封界

这里所说的政策封界与前面所说的问题边界既有相同之处，也有不同之处。相同之处就是两者都涉及政策边界或界限问题，而不同之处在于，问题边界说的是政策问题发生地点和时间方面的边界，而政策封界说的是哪些个人和团体受到政策问题的影响，而哪些个人或团体并没有受到政策问题的影响，其界限在哪里。例如，在医疗保险问题中，包括在政策封界之中的个人和团体就有病人、医生、定点保险医院、保险公司、政府医疗保险管理部门等，而没有涉及的医疗保险企业、非保险定点医院、政府其他管理部门等就不包括在政策封界之内。弄清楚政策封界是很有必要的，因为如果没有将受政策问题影响的个人和团体包括在范围之内，那么就会出现政策封界的界定错误，其后果不但是所制定的政策问题缺乏合理性，而且还导致政策难以实施。

（六）显示潜在的成本和收益

所谓显示潜在的成本和收益，是指要弄清楚当政策问题解决后，包括在政策封界范围内的个人和团体各自会得到什么或失去什么。例如，在医疗保险问题解决后，接受医疗保险的病人将因此受益；医生和医院也可以因获得较快的医疗保险支付而受益，不过他们要同时承受病人数量增加这个负担。所获得成本和收益往往决定着相关个人和团体对政策的态度，所获得收益大于成本，就会支持政策；反之就会抵制政策。因此，显示潜在的成本和收益有利于弄清楚哪些个人和团体支持政策，哪些个人和团体反对政策，据此寻找能够更大限度地满足相关个人和团体利益的政策方案，这不仅将提高政策合理性，并且有利于政策的实施。

（七）重审问题的表述

在做完前面六个步骤的分析后，政策问题分析还没有结束，政策分析人员需要回过头来重新审视对政策问题的陈述和所提出的各种假设，包括政策问题边界和政策封界的确定是否正确？所列举的目的和目标是否全面和合理？所显示的潜在的成本和收益是否准确？问题的陈述适合行动的需要吗？是否还有其他可供选择的方案？通过对这些问题的重新思考，政策分析人员可以再一次全面地审视对政策问题所做的各种分析，发现已有分析存在的不足，从而对政策问题做出新的和更符合客观事实的陈述。

需要注意的是，尽管帕顿和沙维奇认为政策问题认定可以有七个步骤，但是这七个步骤并非严格按照前后顺序一步一步进行的，在任何一个步骤中，都可以返回来进行前一步骤的分析，也可以跳过某个步骤，进行下一个步骤的分析。总之，对政策问题分析步骤的选择是比较灵活的，它既与政策分析人员的喜好有关，又与政策问题分析实际情况有关。例如，在进行某个步骤的分析时，如果发现前面某个步骤中的有关问题没有分析好，就可以返回该步骤重新进行分析。

三、公共政策问题的确认方法

公共政策问题确认的目的主要是产生问题性质、原因、类别、范围、程度、发展趋势等方面的信息,这些政策问题信息由不同的分析阶段产生,而不同的分析阶段又要求使用不同的分析方法。政策学家在对政策问题认定过程的论述中都比较重视对政策问题认定方法的分析。邓恩认为政策问题构建方法主要有八种,各种分析方法的目标、程序、知识来源、评价标准(如表4.1所示)。帕顿与沙维奇则认为,政策问题认定方法主要有简单快速的计算、弄清问题重要属性的快速决定分析、能够测量有效想法的可行性定义的设计、防止忽视非量化因素的政治分析和鉴别所需要分析内容的问题分析或初步分析。根据所需要政策问题信息的不同,政策问题认定的方法是多种多样的,下面将对比较重要的八种政策问题认定方法进行分析。

表4.1 政策问题构建的方法

方法	目标	程序	知识来源	评价标准
边界分析	估计"元问题"的边界	饱和抽样、启发问题、累积	知识系统	限定范围内的正确性
类别分析	澄清概念	概念的逻辑划分与分类	个别分析人员	逻辑一致性
层级分析	明确可能的、可行的和合理的理由	原因的逻辑划分与分类	个别分析人员	逻辑一致性
综摄法	确认问题间的相似点	建立个人的、直接的、象征性的、幻想的类比	个别分析人员或集体	比较的合理性
头脑风暴	产生想法、目标和战略	产生想法和评价	集体	一致性
多角度分析	产生洞察力	综合运用技术、组织和个人的观点	集体	洞察力的改进
假设分析	冲突性假设的创造合成	明确利益相关人,提出假设,质疑,集中并合成	集体	冲突
论证图形化	假设评估	合理性和重要性的评估排序并制图	集体	最佳的合理性和重要性

(一)边界分析方法

政策问题的边界也称为政策问题的界限,主要包括政策问题的发生时间、地点、影响范围、涉及个人或团体等方面的界限。在政策问题分析中,政策分析人员很少面对简单的和界限清楚的问题,相反,他们面对着界限很不清楚的问题, 各种不同利益相关者经常以完全不同的方式来对问题进行定义。在这种情况下,政策分析人员好像陷入无边无际的政策问题之海中。如果政策问题得不到有效的定义,那么政策问题的解决也就无从谈起。因此,确定政策问题的边界是政策问题分析的重要内容之一。确定政策问题的边界采用的是边界分析方法。

边界分析方法包含着三个步骤:第一步是饱和抽样,即对与政策问题有关的利益相关者进行抽样, 所抽取的样本中应当包含所有与政策问题有利益关系的个人和团体。第二步是问题表述的引出,即询问样本中所有的个人和团体关于政策问题的看法和观点,这些看法可能是多种多样的。第三步是估计"元问题"的边界。政策分析人员绘制一个累积的频率分布图,在这个分布图上,利益相关者排列在横轴上,而关于问题边界的要素——时间、地点、范围、概念、假设、目标等——被绘制在纵轴上(如图4.1所示)。随着每位利益相关者提出的新的、不重复的要素被画在图上,曲线的坡度变化反映出不同的变化比率。先是快速变动,然后是变缓,最后停滞,这时曲线变平。在曲线变平的这点之后, 关于问题边界的信息已经不能够改变关于总体问题的陈述,这时"元问题"的边界就已经确定了。

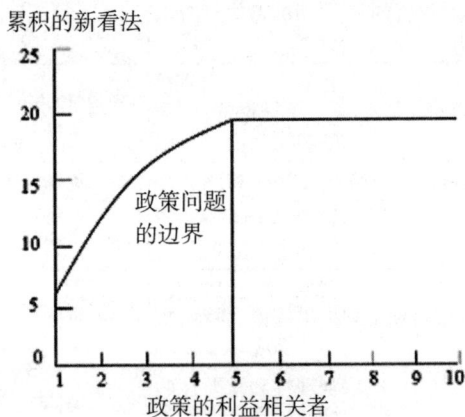

图4.1 政策问题的边界分析

帕顿和沙维奇认为,在政策问题边界的确定过程中,可以采用简单快速的计算方法。简单快速的计算方法主要是对与政策问题有关的数据进行简单快速的计算,从而确定政策问题的边界。这种方法主要有四个步骤:第一步是通过某种引文出处查找与政策问题有关的数据；第二步是通过查阅报纸或某些调查报告获得相关数据；第三步是政策分析人员对所查找到的相关数据的推测或进行加、减、乘、除的计算，通过这些简单的计算可以大体确定政策问题的边界；第四步是邀请专家帮助推测或计算这些相关的数据，以进一步确认政策问题的边界。帕顿和沙维奇举了一个通过简单快速计算方法来确定政策问题边界的例子。安东尼·唐斯（Anthony Downs）对城市家庭所承担的高速公路和更新设施的费用问题进行分析，其目的是推测出这两项由联邦政府强加在城市居民身上的无偿支出的数量，然后提出补偿政策。为做到这点，他首先列出了22种不同类型的损失，包括诸如征收不动产税、寻找其他住所的搬迁费用、增加了的上班交通费用、已完成项目的负面效应所导致的财产价值的降低，等等。然后，他做了7项检查，决定是否某一具体的损失应该受到补偿，并且对受影响的人口规模和损失大小进行了推测。最后的结论是：

目前在市区，由于高速公路和城市基础设施更新而导致的居民搬迁的做法，至少每年将1.565亿~2.302亿美元（按1968年美元计算）的损失无偿地强加在大约237200户搬迁的居民和至少237200户未搬迁的居民身上。在唐斯看来，这在很大程度上代表着不公正，也就是对192800户每一个被牵连的家庭来说，它相当于平均每户家庭要平均支付812~1194美元的无偿的损失。这些家庭的平均收入每年可能达到4000美元左右，因此，平均每户被迫承担的无偿损失相当于政府没收每户年收入的20%~30%。

在这例子中，通过简单快速计算方法得到的政策问题的边界包括：因高速公路改造和更新设施导致的居民搬迁每年造成1.565亿~2.302亿美元的损失；至少有474400户居民受到影响，其中对192800户家庭而言，这种损失是不公正的；受到影响的家庭所蒙受的损失占其年收入的20%~30%。得到这些数据之后，我们就明确了因高速公路改造和更新设施导致居民损失这个政策问题的影响范围和规模。

（二）类别分析方法

在政策问题分析中，政策分析人员往往面对的是杂乱无章的问题集，这些问题交集在一起难以区分，如果不对这些问题进行恰当的分类，那么政策问题分析就会陷于困境之中。类别分析是指将面对的问题进行逻辑区分或逻辑归纳,它有助于澄清政策问题的类别和概念。所谓逻辑区分,一方面是指面对一个或多个问题按照逻辑确定其是属于哪一类的问题;另一方面是指在一个类别下按照逻辑应该区分哪些小类别。例如,计算机病毒问题是现代条件下我们面临的普遍问题。那么究竟这一问题是属于科学技术问题还是公共管理问题,或是同属于两种问题类别,这就需要进行逻辑区分。再如,贫富差距问题,这个问题是经济、政治或者是自然环境造成的问题,就需要进行逻辑分类。政策问题的逻辑区分,有助于政策分析人员认识和解决现实中的单项具体政策问题,因为不同类型的政策问题会有不同的解决方法。

政策分析人员在面对多项问题时,除了要考虑各项问题应该如何归于各自的不同类别,还要考虑这些问题是否可以归入一个类别。按照内在逻辑将不同的具体问题归入一个类别,则属于政策问题的逻辑归纳。例如,交通堵塞严重、车祸伤亡人数增加、车辆行驶速度过快、交通设施不完整等具体现象,从逻辑上都可以归入交通管理问题这项大的类别。这样,有利于决策者从本质的方面统一解决多项问题。通过逻辑归纳,政策分析人员可以建立问题种类的基本概念,例如面对水源减少、土地荒漠化、沙尘暴、臭氧层破坏等现象,我们可以建立"生态恶化"这一问题的基本概念。而建立了一个限定问题的基本概念之后,通过逻辑区分,又可以进一步说明这一概念下究竟可以区分出多少具体问题。例如,除了水源减少、土地荒漠化、沙尘暴、臭氧层破坏等,是否还可以包括其他具体现象。逻辑区分的穷尽性,可以使某项具体问题一旦出现,便可以清楚地区分出其类别。

政策问题类别分析需要遵循以下原则:第一,本质相关性。问题分类所用的概念要与问题的本质保持一致,不能出现概念限定的逻辑错误。第二,穷尽性。当一个大类别区分为小类别时,小类别应该穷尽大类别的内涵。这样凡是属于一个大类别的问题,必然能够归入其所属的某一个小类别。第三,排斥性。每一类别划分,内涵上要相互排斥,不能相互重叠。由于现实问题的复杂性,一项问题有可能同时落入多种类别,但是每一类别的内涵不能重叠,否则可能造成问题认定的混乱。第四,层次性。类别的划分应该按照等级分出层次。一般说来,政策问题的分类的层次可以包括大类别、次类别、种类别。每一大类别包含多项次类别,每一项次类别又包含多项种类别。政策问题的分类的层次性可以使一项问题产生后,很快就能在层次上找到其归属,便于迅速、准确地认定和解决问题。

（三）层级分析方法

层级分析也称为原因分析，是用于寻找和确定政策问题产生的可能原因、合理原因和可行原因的方法。任何政策问题的产生都不是偶然的，而必然有特定的原因。找到了政策问题产生的原因，就等于找到了解决问题的方法，因此，原因分析对于政策方案的确定而言是非常重要的。

在政策问题的原因分析中，可以从可能、合理、可行三个不同层次上探索政策问题产生的原因，并从可行原因确定问题能否解决的分析方法。可能的原因是指一切有可能促使问题产生的行为或事件，其中包含了问题产生的直接原因和间接原因。合理原因是指可能原因中导致问题产生的直接原因，其中包括了现实条件下可以解决的原因和现实条件下不可以解决的原因。可行的原因是指合理原因中现实条件下可以解决的原因。层级分析法要求首先从不同角度确定问题产生的可能原因，在可能的原因中确定合理的原因，最后检验合理原因中可行原因究竟占有多大比例。如果合理原因都是可行的，或者可行原因占有较高比例，那问题就容易解决；如果可行原因占有较低比例，那问题就不容易解决；如果合理原因都是不可行的，那么问题将无法解决。政策问题原因的层级分析法（如图4.2所示）。

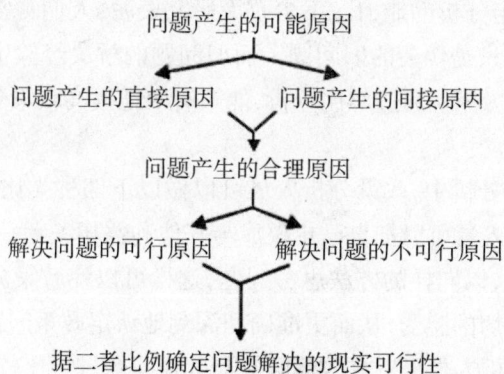

问题产生的可能原因

问题产生的直接原因　　问题产生的间接原因

问题产生的合理原因

解决问题的可行原因　　解决问题的不可行原因

据二者比例确定问题解决的现实可行性

图4.2　政策问题原因的层级分析法

采用层级分析法，从可行原因出发确定政策问题解决的现实可行性，具有一定的操作性。例如，某一国有企业效率低下问题可能具有多方面的原因,如体制问题、公共职能负担过重问题、经营者素质低下问题、技术落后问题、人力成本过高问题、资金缺少问题、市场萧条问题、职工待遇偏低问题等,都有可能是产生低效率的原因。假如说,体制问题是效率低下产生的直接原因,那么体制转轨在这个企业是否可行,将决定这一问题能否解决。如果这个企业由于其他的原因不能尽快建立现代企业制度,因此这一问题就无法解决。假如说,经营者素质低下、人力成本过高、资金缺少、职工待遇偏低等问题是效率低下产生的直接原因,而通过各种手段提高经营者素质、通过各种渠道补充资金在现实中是可行的,大幅度降低人力成本、大幅度提高工人工资在现实中是不可行的,那么解决这项问题也将具有很大的难度。

采用层级分析法进行政策问题的原因分析,关键在于从可能原因中确定合理原因。合理原因的确定,经常会因为不同价值观念和思维方式的影响,出现不同的观点,应该从现实出发,使各种不同的认识达到统一。

（四）综摄法

综摄法又称为对比分析法或类比分析法,是指通过相似问题的对比分析,来确定政策问题性质、种类、原因和解决手段的一种方法。在现实中,很多问题之间都是存在着相似性或者相关性,因此,综摄法基于这样一个假设条件,即如果能够认清问题间存在的相同或相似关系,便可以建立参照对象,提高问题认定分析的能力。不少政策研究表明,人们常常不能够认识到有些新问题其实只是伪装的旧问题,而旧问题的解决经验中可能包含着新问题潜在的解决方案。通过对比分析,能够有效地提高政策分析人员认定和解决问题的能力。

在政策问题分析中,政策分析人员可以做以下四种类比:第一种是个人类比。政策分析人员可以把自己想象成与其他利益相关者一样,以同样的感受面对政策问题,以同样的方法思考问题,这样可以使政策分析人员获得对政策问题更为真切的感受,从而更准确和深刻地认定政策问题。第二种是直接类比。政策分析人员可以拿政策问题与其他问题进行比较,从而寻找它们之间的相似之处,由此认定和解决政策问题。例如,在分析吸毒问题时,政策分析人员可以将吸毒与其他相似的疾病,如艾滋病、梅毒、淋病等进行比较,从这些疾病的控制经验中认定吸毒问题,并寻找解决吸毒问题的方法。第三种是历史类比。即政策分析人员将政策问题与历史上曾经出现的问题进行类比,从历史类比中认定政策问题的性质、种类和原因和解决方法,例如,针对发展中国家经济发展中存在的问题,发达国家的经济发展历史就是很好的类比对象。第四种是想象类比。在政策问题分析中,如果在现实和历史中找不到类比对象,那么可采用幻想的方法,建构一个想象中问题发展的情形来对比。例如,核战争、外星人来访地球、克隆人等,这些问题都是没有明确的参照对象,只能凭想象或实验情况来认定的问题。

应当注意的是,类比分析只是通过对比在相似的问题中寻找参照借鉴的信息资料,切记不可完全照搬。因为尽管大部分现实问题中都可以找到与其具有相似性的问题,但相似性绝不是等同性。相似的问题各自都有不同的特点,解决问题的途径最终还要从自身问题出发寻求最佳解决方式。

(五)假设分析

假设分析主要是指针对结构质量不良的问题,在价值认识冲突假设意见众多的情况下,将各种假设汇集并创造性地综合以最终认定问题的方法。假设分析是一种综合分析,所以它包含了前面讨论的各种方法。

埃恩·米特洛夫(Ian Mitroff)等人认为,假设分析往往是在问题产生后,一方面由问题创始者提出基本假设,另一方面也同时由其他人员提出多种可能假设。这样,就要把各种假设汇集起来综合分析,用可能的假设对比检验基本假设,从而得出全面认可且现实可行的假设。综合分析之后的假设,消除了争议冲突,达到认识的相对统一和问题的认定解决。根据这种观点,可以将问题认定的假设分析概括为以下过程(如图4.3所示)。

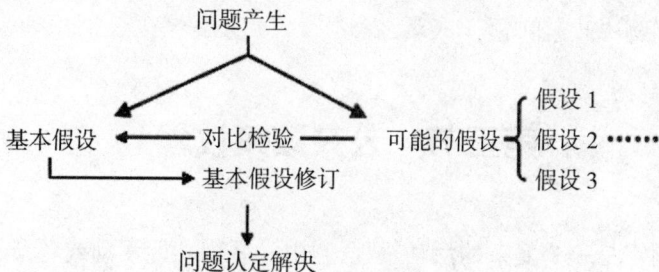

图4.3　问题认定的假设分析

这种分析过程具有以下特点:第一,以基本假设之外的各种冲突性可能假设为分析起点,如果除基本假设之外没有其他假设,那也就没有对比检验综合分析的必要。一般来说,以问题创始人的假设为基本假设。第二,在分析过程中,不论是基本假设还是各种可能假设,始终运用同样的原始资料。因为假设间的冲突不是对资料描述事实的冲突,而是对同一事实不同认识的冲突。第三,在提出假设和综合分析的过程中,可以包含前面讨论的类别分析、原因分析和对比分析的过程和方法。第四,假设分析以结构质量不良或处于宏观层次的复杂问题为主要分析对象。对于结构质量优良,处于微观层次或没有现实争议的问题,则针对基本假设没有可能假设的提出,也就没有必要进行复杂的假设分析。

除了以上五种主要政策问题分析方法外,在政策问题分析实践中采用的方法还有头脑风暴法。头脑风暴法是指通过征求有关专家学者以及有关人员的意见来认定政策问题和寻找解决方案的方法。头脑风暴法大体有三个步骤:首先是确定人选,特别要选择对政策问题比较熟悉的人和专家学者;其次是每位参与者都分别和独立地提出对政策问题各方面的看法;最后是组织者对每位参与者的观点进行汇总和评估,形成关于政策问题的共识,这个共识既包含着对政策问题概念、成因、性质、范围、规模等方面认定,又包含着潜在的解决方案。需要注意的是,头脑风暴法主要是发挥参与者的智慧,发掘参与者对政策问题的不同观点,因此,需要为参与者提供一个相对宽松和自由的环境。

政策问题分析方法是多种多样的,然而由于时间、财力、条件的限制,在政策问题分析中,政策分析人员不可能采用所有的政策问题分析方法。政策分析人员只能根据委托者所需要的政策问题信息和政策问题的类型,适当地选择政策问题分析方法。这样既能够提高政策问题的分析效率,又能够有效地认定和解决政策问题。

第二节　公共政策议程

政策制定是一个复杂的活动过程,它由一系列功能活动或环节所构成。安德森认为政策形成涉及三个方面的问题:公共问题是怎样引起决策者注意的;解决特定问题的政策意见是怎样形成的;某一建议是怎样从相互匹敌的可供选择的政策方案中被选中的。查尔斯·琼斯和迪特·马瑟斯在《政策形成》一文中认为政策形成包括了这样一些问题：政策问题来自何方？如何分清轻重缓急？问题怎样随时间变化？什么人与提案的形成有关？他们怎么做？如何支持提案？体制对方案的形成有何影响？出现了什么跨体制因素促成方案发展？等等。由此可见政策制定过程包含了议程设立、方案规划和方案的合法化等功能活动环节或阶段，而设立议程是政策制定过程中起始阶段的功能活动。

一、公共政策议程的含义

对于政策议程的含义，政策学者的定义在表达上有些差别，但所表达的含义基本上是一致的。国外有政策学家认为，在人们向政府提出的成千上万个要求中，只有其中的一小部分得到了公共决策者的深切关注。那些被决策者选中或决策者感到必须对之采取行动的要求构成了政策日程（这里所说的政策日程即政策议程——编者注）。国内有政策学者认为，所谓政策议程就是将政策问题纳入政治或政策结构的行动计划的过程，它提供了一条政策问题进入政策过程的渠道和一些需要给予考虑的事项。政策议程包括要求各级政府和政府各部门采取措施、作出反应的各种事务。另外有政策学者认为，政策议程是指制定政策解决问题的议论、商讨、规划、研究的议事程序。政策问题从认定到解决，都要经过各种不同的议程。政策问题的认定是首先进入议程的政策过程环节。

从政策学家对政策议程稍有差异的界定中可以看出，政策议程是指在公共问题转变为政策问题的过程中，政府有关部门或公众对政策问题的性质、成因、程度或影响范围等内容进行议论、商讨，以便把握政策问题的过程或程序。政策议程在公共问题的解决中发挥着至为关键的作用。无论其表现形式如何，一个公共问题只有以一定的形式，通过一定的渠道进入政策议程，成为政府决策者关注和分析的对象，才能够成为政策问题，从而通过政策过程得以解决。

二、政策议程的类型

在现实中，人们从不同角度出发观察同一个事物或问题，对该事物或问题往往能够得出不同的分类。对于政策议程同样如此，政策学家从不同角度对政策讨论的过程进行研究,区分出不同类型的政策议程。琼斯在《公共政策研究导论》一书中,从政策活动的功能方面将政策议程分为如下四类:①为使问题得到积极的和严肃的研究和认可而提出的问题确认议程;②能从确定问题进展到发现解决办法的提案议程;③协议或讨价还价的议程,使提案得到支持并能积极和严肃地发展;④持续议程,使问题得到持续的检验。科布和爱尔德区分了两种基本的议程,即系统议程和政府议程;张金马主编的《政策科学导论》一书将政策议程分为系统议程和政府议程两种类型。本书将介绍关于政策议程主要有两种分类。一种将政策议程分为系统议程和政府议程;另一种将政策议程分为实质性议程和象征性议程。

(一)系统议程与政府议程

将政策议程区分为系统议程与政府议程的学者是罗格·科布(Roger W. Cobb)和查尔斯·埃尔德(Charles D. Elder)。他们认为,从政策议程的参与主体和政策议程性质看,可以将政策议程分为系统议程和政府议程。系统议程和政府议程各有不同的参与者、性质和任务。

1. 系统议程

系统议程(System Agenda)又称为公众议程(Public Agenda)。科布和埃尔德最早将政策议程区分为系统议程和政府议程,后来科布将其改为公众议程与正式议程。从文字表述与其要反映的实质内容看,公众议程和政府议程的叫法更为贴切,因为公众议程反映的是以社会公众为主体对政策问题展开的讨论,而政府议程则反映以政府为主体对政策问题进行的讨论。

系统议程是指某个公共问题已经引起了社会公众和组织的普遍关注,社会公众和组织对该公共问题展开广泛的讨论,要求政府有关部门采取措施加以解决的过程。社会上存在的公共问题是较多的,并非所有的公共问题都能够进入系统议程。那么,什么公共问题能够进入系统议程呢?林水波和张世贤认为,一个公共问题要进入系统议程,需要具有三个条件:一是该公共问题必须在社会上广泛流行并受到广泛注意,或者至少为公众所感知;二是大多数人都认为有采取行动的必要;三是公众普遍认为,这个问题是某个政府职能部门权限范围内的事务,而且应当给予适当的关注。

在系统议程中,对政策问题的讨论往往从与政策问题具有紧密联系的特殊群体开始,然后逐步扩散到一般的社会公众和组织。系统议程是社会上多数公众和组织对政策问题进行讨论和分析的过程，讨论的途径和方式是多种多样的，报纸、杂志、广播、电视都是对政策问题展开讨论的主要途径，目前在互联网日益普及的背景下，互联网由于其传播速度极快和传播不受时空的限制，而成为公众对政策问题进行讨论的非常重要的途径。我们经常可以看到，公众对政策问题的讨论很多都是从互联网发起的。系统议程对政策问题的讨论不仅在于界定政策问题的性质，分析成因，更重要的是向政府提出政策诉求，引起政府对该问题的注意。一般而言，尽管并不是所有系统议程讨论的问题都能够引起政府注意，但是系统议程的讨论对政府形成一种外在压力，从而使得该问题或多或少具有进入政府议程的可能性。

2. 政府议程

政府议程（Governmental Agenda）又称为正式议程（Formal Agenda），是指某些公共问题已经引起政府的关注，政府有关部门感觉到要对其采取行动，将其列入政府工作程序，并对其进行讨论、分析和界定的过程。政府议程是实质解决政策问题的议程，因为政府议程是政府部门按正式或固定的程序行动的过程，所采用方法是比较严谨的和科学的，所分析的内容也比较具体和集中。在政府议程中，政府决策人员和专业分析人员是政策问题分析的主体。

由于政府所面临的公共问题往往既有旧的或常规的政策问题，又有新出现的政策问题，这两种类型的政策问题都可能会进入政府议程中，因此，对于政府议程，科布和埃尔德又将其分为旧项目和新项目两种类型。旧项目是指以某种常规形式出现于政策议程中的问题或事项。政府每年、每季度或每月都需要进行处理和解决问题的过程就属于旧项目。例如，每年的汽车年检，每年政府预算制定等都是旧项目。新项目是指政府要讨论和处理的以前没有出现过的新的政策问题或事项。例如，对某种新出现的疫情的控制和处理，对军事政变的处理等都属于新项目。由于政府对于旧项目比较熟悉，且有比较成熟的解决方法，而对于新项目往往知之较少，因此，旧项目通常能够得到政府的优先处理，而新项目则经常向后排。但是，作为新上报的政策问题，随着时间的推移，也会变成旧项目，因而也逐步得到政府的解决。

3. 两种政策议程的区别和联系

系统议程和政府议程作为政策议程的两种不同类型，它们从不同角度反映了政策问题从提出到讨论、认定的现实过程。这两种政策议程既有区别，又有联系。从参与主体看，系统议程的参与主体主要是社会公众和社会组织，即非公共权力部门；而政府议程的参与主体则是以政府为主的公共权力部门。从讨论的内容看,系统议程主要对一些比较抽象的和不太明确的政策问题进行讨论,而政府议程所讨论的政策问题则是比较明确和具体的。从功能看,在系统议程中,社会公众和组织可以从各个角度对政策问题进行讨论和分析,充分发表自己的见解,然而讨论的目的主要是为引起政府有关部门的注意,发挥外部影响作用,而不是要提出具体的解决问题的方法。但是在政府议程中,政府决策者和政策分析人员将采用各种方法具体分析和认定政策问题,并提出解决问题的具体方案。

虽然系统议程和政府议程具有较大的差别,但它们之间是具有一定联系的。如图4.4所示,虽然系统议程不是认定和解决政策问题的实质过程,但是系统议程所进行的讨论将会影响到政府议程,某种经过系统议程讨论的政策问题可能会直接进入政府议程。而在政府议程讨论的政策问题,政府觉得其讨论不够成熟或者还有疑问,那么可以将政策问题交由系统议程进行讨论,通过系统议程讨论后,又回到政府议程中。可以说,政策问题的最终认定往往是系统议程和政府议程共同讨论和分析的结果。

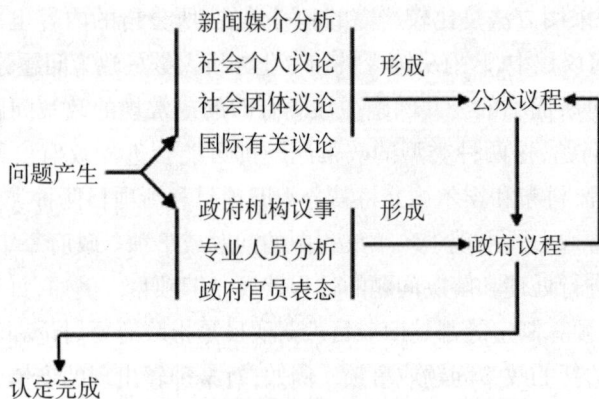

图4.4 问题认定中的政策议程

(二)实质性议程和象征性议程

拉里·格斯顿(Larry N. Gerston)根据政策问题的重要性,将政策议程区分为实质性议程(Substantive Agenda)和象征性议程(Symbolic Agenda)两种类型。实质性议程是指认定那些影响深远和潜在意义重大的政策问题的议程。实质性政策议程有三个必要因素:相当数量公共资源的分配已岌岌可危;问题迟早引发普通公民和政府决策者的高度重视和激烈争论;问题必定蕴藏着巨大的变化。实质性政策问题往往是对公众和组织的利益或生存具有实际影响的问题,例如,经济领域的税收、资源分配、价格等问题都是实质性问题,它对人们的经济利益产生实际的影响,再如环境污染、犯罪、吸毒贩毒、突发性事件等也是实质性问题。由于实质性政策问题对人们的利益或生存具有影响,因此,实质性政策议程将对这些政策问题进行具体分析和界定,并提出具体解决的方案。

象征性政策议程是指对某些象征性政策问题进行讨论和分析的程序或过程。所谓象征性政策问题,主要是指一些只具有抽象意义的或符号意义的,而不具有实质性意义的政策问题。例如,新兴婚姻观念与传统婚姻观念的差异、不尊重妇女的权利、不尊重老人、侮辱国旗、篡改国歌等都属于象征性政策问题。由于象征性政策问题涉及公共伦理和公共价值等领域,因此,它们也会受到政府的关注。然而,由于象征性政策问题并不对人们的利益或生存产生实际的影响,因而象征性政策议程只是简单地对这些政策问题进行讨论,号召人们改变某些观念或行为,而不会提出实质性的解决方案。针对政策问题的类型,政府将选择适当的政策议程类型,针对实质性政策问题,那么就应该选择实质性政策议程,只有这样才能够实质地界定和解决政策问题;针对象征性政策问题,那么就应该选择象征性政策议程。然而,因为条件的限制和有关方面的压力,也有些实质性问题不能立即得以实质性的解决,只好象征性地进行处理。

三、建立公共政策议程的途径

政府所面临的社会问题非常多,有些社会问题能够顺利进入政策议程,而另一些则难以进入,甚至完全被排除在政策议程之外。那么,社会问题究竟如何才能进入政策议程呢? 是通过什么途径和渠道进入政策议程的呢?

安德森认为问题是通过如下途径或方式进入政府议事日程的:①政治领导人;②危机或者引人注目事件;③抗议活动;④大众传播媒介。科布和爱尔德则认为,建立政策议程的途径可以分为内部和外部途径,其中内部途径为:①自然大灾难;②不可预测的人为事件;③技术变革;④民权抗议;⑤工会罢工;⑥生态变化。外部途径为:①战争行为;②武器技术革新;③国际冲突;④世界联盟变化。在琼斯看来,社会问题进入政策议程的途径有:①政治运动;②对大量人员造成威胁的事件;③大规模的宣传;④个人的努力;⑤先前政策的应用。琼斯和马瑟斯在"政策形成"一文中将这些观点概括成下表：

安德森《公共决策》	科布和爱尔德《美国政治中的参与：确定议程的动因》		琼斯《公共政策研究导论》
1. 政治领导人 2. 危机/引人注目事件 3. 抗议活动 4. 大众传媒媒介	内部： 1. 自然大灾难 2. 不可预测的人为事件 3. 技术变革 4. 民权抗议 5. 工会罢工 6. 生态变化	外部： 1. 战争行为 2. 武器技术革新 3. 国际冲突 4. 世界联盟变化	1. 政治运动 2. 对大量人员造成威胁的事件 3. 大规模的宣传 4. 个人的努力 5. 先前政策的应用

社会问题要进入政策议程，既要有能够发现问题的观察机制，又要有在公众与政府、上级与下级之间存在良好的沟通机制。因此，我们认为，社会问题进入政策议程的主要途径有如下十种：

1. 政治领袖

政治领袖是决定政策议程的一个重要因素，"无论是出于政治优先权的考虑，还是因为对公众利益的关切，或者两者兼而有之，政治领导人可能会密切关注某些特定的问题，将它们告之公众，并提出解决这些问题的方案。"例如，1956年1月中共中央召开的知识分子问题会议，由于受到国家领导人的重视，而将解决知识分子的问题纳入了政府议程。1974年尼克松政府关于放松《清洁空气法案》中某些污染控制标准的建议，便直接提上了国会的议程。杰克·沃克在研究了美国参议院政策议程确立之后指出：参议院有一些"活跃的立法者，他们受推动社会变革的愿望和渴望获取改革者声望的迫切心情所驱动，探究那些可能成为参议院决策议程上的新事项的问题"。

2. 政治组织

政治组织是形成政策议程的基本条件。政策问题是涉及国家和社会全局的大事情，关系到人们的切身利益，因而政策议程的形成往往是一个复杂的过程。通常情况下单靠个人的力量是难以实现的，必须借助一定的组织形式（如政党、政治团体和社会组织等）。在我国，这些政治组织主要是政府、政党、工会、妇联和青年组织。通过组织来集中、归纳和反映其所代表的集团的利益、要求和呼声，使之列入政策议程，以政策的形式予以满足，是这些组织的主要职能。一个社会问题一旦被某个政治组织提出来，就比较容易引起政府和全社会的关注，从而被列入政策议程。例如，近年来，我国的各民主党派积极开展专题和区域发展规划的调查研究活动，就大政方针和建设、改革的重大问题出谋划策,提出意见和建议,这些意见和建议被列入政策议程的可能性程度高。

3. 代议制

这是形成政策议程的一个基本途径。代议制是人民群众通过选举产生代表,组成代表大会和议会(国会)等,反映各自所代表的利益、愿望和要求,就有关社会问题形成各种议案、提案、建议等,以引起政府关注或要求政府列入议程。当然,政府采纳是有条件的,通常是根据问题的重要性、迫切性以及解决问题的可能性和价值判断决定取舍的。在多数国家中,代议制是建立政策议程的最主要、最正式的途径。人民代表大会制是我国的根本政治制度,也是广大人民群众参政议政的基本形式。不少有关国计民生、经济和社会发展的重大问题就是首先由人大或其常委会提出来,而后纳入政府议程的。

4. 选举制

这是和代表制度相配套的一种民主制度。社会主义选举制度是社会主义民主政治中公民表达自己意愿的重要途径。选举制度一般用于选举立法机关的代表和政务类公务员,用于对重大决策的投票表决,用于对选举的代表和公务员进行监督和制约。选举的过程实际上是选举人对自己的利益和意愿的一种选择,是对决策者的一种选择,是对政策的一种选择。

5. 行政人员

国家行政机关的工作人员在执行政策和处理公务的过程中,因其接触范围较广,掌握信息较多,对群众在生产和生活中遇到的实际问题也就比较了解。他们常常能在无意间发现与原有政策相关的新问题,认识到如果不解决这些新问题,就将妨碍原有政策的执行,或者对整个国家和社会公共利益产生不良影响,因而将之列入政策议程。例如,在对国有企业实行股份制改革过程中,某些企业国有资产流失严重,引起了主管部门行政人员的重视,从而将这一问题列入政策议程。

6. 利益集团

戴维·杜鲁门在《政府过程》一书中认为,各种利益团体寻求着某种合理的平衡状态,如果某一事务威胁这种合理的平衡的存在,那么,它们便会做出反应。当某一团体的平衡被严重破坏时,各种各样的行为就会出现。如果这种破坏不是太大,那么,团体的领导人将努力使先前的平衡得到恢复……这种努力将使团体求助于政府立即成为必要。如果破坏达到足以使平衡瓦解的程度,则有可能导致其他的行为。利益集团是在政治共同体中具有特殊利益的团体,它们在政治生活中的一个主要目的就是影响决策过程,以便实现自己的目的和主张。各种利益集团就与自己利益相关的问题,单独地或联合其他团体向政府提出要求,并通过游说、宣传、助选、抗议和施加压力等手段迫使政府将其列入政策议程。

7. 专家学者

在各自的研究领域中,专家学者通过对课题的分析,能够发现某些重要问题,并能凭其专业优势和特长,运用科学理论和分析技术,对社会发展的趋势和进程进行科学预测。一旦取得对经济建设和社会发展产生巨大和深远影响的成果,也能通过各种渠道,将之列入政策议程。如《2000年的中国》的总结报告,为我国制定"七五"计划提供了不少重要建议。

8. 公众

公众在生产和日常生活中,对于某些影响或损害其权益的问题不满,一般通过各种渠道,向政府反映,以求得到解决。在某些情况下,如果问题得不到解决,群众还会采取一些威胁性的方式(如游行、示威、抗议、罢工、暴乱等),向政府施加压力,迫使政府采取行动解决问题。

9. 大众传播媒介

大众传播媒介被誉为"第四种力量",具有信息量大、涉及面广、影响力强和传播迅速等特点,能形成强大的舆论压力,从而促使政策议程的建立。有的社会问题可能会引起新闻媒介的注意,通过新闻媒介的报道,它们可能成为政策日程上的事务。例如,贫困地区儿童失学的问题,通过新闻媒介的披露,引起强烈的社会反响和政府的高度重视,从而促进了"希望工程"的出台和实施。

10. 危机和突发事件

1958年,当苏联第一颗人造地球卫星发射时,美国政府匆忙将航天技术发展问题迅速提上政策议程(2003年,我国"神舟四号"载人飞船实验成功,也引起了美国政府的恐慌)。小煤矿爆炸事故在我国经常出现,这促使政府将关闭小煤矿提上政策日程,并对之采取行动。突发事件会让相关问题的解决变得迫切,促使这一问题被提上政策议程。

四、建立政策议程的策略

政府是如何在大量的社会问题中选出一部分,将之提上议事日程的? 或

者说,是什么原因使它们被政府注意,并试图去解决? 通常有如下四种形式:

(一)社会中部分团体或者个体主动介入,政府只是有限介入

1. 政府基本上不知道这些问题的存在, 尽管现代政府承担的职能在不断膨胀,政府管辖的范围在扩大,政府也力图通过各种现代科学技术手段,及时获取社会的各种信息,但毕竟这一努力的结果是十分有限的。

2. 政府知道问题的存在, 但没有权力去处理。现代政府是个有限的政府,不是具有处理一切问题权力的万能政府。特别对一级地方政府来说,因上下、左右各种关系的制约,更难于及时去处理被认为是应该解决的问题。

3. 政府知道问题的存在,也有权力去处理,但无能力办理。政府的一切介入行为,都需要消耗资源。更重要的是一旦要解决这些问题,其公共资源的消耗更大。能不能有足够资源做保证,政府必须考虑到。

4. 政府知道问题的存在,也有权力与能力处理,但不能马上列入政府的议事日程,政府处理问题有自身的轻重缓急。

(二)政府主动介入发现和解决问题,社会中的团体或个人只是有限介入

政府主动发现并解决问题有下列四种情况:①对于保护环境这一类带有全局性的问题,政府会从更高的层次上关心并加以解决。对部分社会团体或个人来说,更多关心的是眼前与局部利益。②对于弱势群体,他们特别需要政府的主动关心。政府的政策制定者可能会主动发现他们,也有可能十分偶然地涉及对问题的主动关心。③对于在各种利益冲突中始终处于主导地位的那一类人,为了防止他们歪曲事实,或是蓄意制造混乱。政府需要主动干预,保护冲突中的受害者。④出于保护自身利益的需要,政府需要主动发现问题。

此外,在确定议程中,还应注意时间与问题焦点的变化。一旦问题的焦点成为政府决策关注的问题,在经过一段时间后,可能会发生变化。当新事件发生并改变了优先顺序时, 某些问题焦点在政策制定者的眼中的地位就会改变;在公众中也一样,这说明了问题焦点随时间变化的方式。例如,在美国20世纪60年代末70年代初, 外交政策问题焦点在政府议程中的地位很高

（主要与越南战争有关）；而在此以后，国内问题如通货膨胀、环境污染、失业、能源短缺等问题则成为焦点。在我国，20世纪50年代过渡时期前后的问题焦点、20世纪80年代改革开放前后的问题焦点同样发生了重大变化。例如改革开放以前是以阶级斗争、政治斗争、意识形态领域为焦点，而改革开放之后，则以经济建设为中心。

（三）政府及社会团体与个人都主动介入

这主要有两种情况：一是政府希望解决的问题与公众要求解决的问题完全一致或基本一致，这时能相当迅速地进行政策问题的构建并顺利地列入议程。二是政府希望解决的问题与公众要求解决的问题完全相反或基本相反。双方的主动行为成了尖锐的冲突行为。由于对事件与环境的理解上，双方产生了差异，而这种差异又会派生出其他各种相关问题，进一步加深了矛盾与冲突。

（四）政府与个人、团体都不主动介入

这种类型从理论上似乎是存在的，但在实践中几乎不多见。"可能是由于受某一事件影响的人没有可利用的方法，也可能由于缺乏能向政府提出请求的组织，或者干脆是由于和其他公共问题相比较，缺乏引起政府注意的竞争力。也可能私人团体或政策制订者都尽力避免确认这种问题。"[1]

五、建立政策议程的模型

美国学者罗杰·W. 科布在"比较政治过程的议程制定"一文中，根据政策问题的提出者在议程中的不同作用以及扩散其影响力的范围、方向和程序，把政策议程的模型划分为三种类型，即外在提出模型、动员模型、内在提出模型。

---

① [美]斯图亚特·S.那格尔：《政策研究百科全书》，林明等译，科学技术文献出版社，1990年，第96页。

(一)外在提出模型

外在提出模型适用以下情况：①政策问题的察觉和提出者是执政党和政府系统以外的个人或社会团体；②它表达或提出了某个要求；③企图把问题扩散到社会上其他的团体之中，使该问题获得系统议程的地位；④给决策以足够的影响力，使问题能够进入正式议程，以引起决策者的慎重考虑。

根据这种模型建立的政策议程一般需要经历较长的时间，但是政策问题列入正式议程的议事地位，并不意味着就是政府的最后决定，更不能说明实际执行的政策就是提出者最初所要求的。相反，提出者的要求可能被完全否定，或者至少经过大幅度修正。

(二)动员模型

政策议程的动员模型所描述的主要是政治领袖自己提出的政策问题，并把它列入政策议程的过程。当政府宣布一个新政策时，就等于将这个问题列入了正式议程，而且它也可能就是政府的最后决定。在此，政策已被决定，之所以还要建立政策议程，是为了寻求社会大众的理解和支持，以便更好地贯彻实施政策。动员模型旨在说明决策者为了执行行政命令，如何将问题从正式议程扩散到公众议程的意图。

(三)内在提出模型

内在提出模型的主要内容是：①政策建议或政策方案起源于执政党和政府内部的某个单位，或者起源于接近执政党和政府的某个团体；②问题扩散的对象是与这个团体或单位有关的团体或单位，而不是一般公众；③问题扩散的目的，是形成足够的压力或影响，促使政策制定者将问题列入正式议程。在整个议程建立和政策形成的过程中，社会大众的直接参与不多，这是因为提出者不希望把问题列入公众议程中，而希望凭借自身的力量直接将问题纳入正式议程。

以上模型是政策议程三种最典型的模型。在实际政策议程建立过程中，它们往往会形成各种各样的组合。例如，一个问题可能由三个模型中任何一个模型提出,然后进入决策核心;在第二个阶段可能通过动员模型或内在提出模型,由高层次的议程再扩散到低层次的议程。研究任何一个政策议程建立的过程,都需要具体问题具体分析,寻求政策议程的不同特点。

第三节　方案规划

方案规划(formulation)是政策制定过程中的一个最重要的环节。政策问题一旦被提上议事日程,接着就进入分析研究并提出解决办法即方案规划阶段。

一、方案规划的含义

所谓方案规划,指的是对政策问题的分析研究并提出相应的解决办法或方案的活动过程,它包括问题界定、目标确立、方案设计、后果预测、方案抉择五个环节。

方案计划有如下三个特征:

第一,方案规划的目的是为了解决既定的政策问题。方案规划的基本任务就是运用分析或研究手段找到解决问题的可操作的方案。政策问题的客观存在是方案规划的前提和基础。问题的确认是方案规划活动的出发点。方案规划是针对特定问题而展开的,问题的性质、范围和程度等决定了方案规划的主要内容。

第二,方案规划的基本内容是方案设计和方案择优。政策方案的设计是针对要解决的政策问题,运用各种定性与定量的分析手段与方法,设计出一系列可供选择的方案。方案择优就是通过系统的分析、比较和可行性论证,在多个备选方案中确定一个能最大限度地实现既定目标的方案（或方案组合)的过程。方案设计时要关注政策目标,目标明确与否直接影响方案的质量,甚至影响到有效的执行与合理的评估。方案的评估与择优要关注方案的可行性(政治、经济、技术、行政、法律等可行性)论证,充分估计主客观需要与可能,兼顾未来因素对政策的影响,使之建立在充分可行的基础上。

第三,方案规划既是一种研究的活动,又是一种政治行为。方案规划是一系列复杂的活动过程。一方面,方案规划要借助专家学者的力量,遵循科学的原则、手段与方法,来展开问题界定、目标确立、方案设计、后果预测、方案抉择等一系列活动。另一方面,由于政策涉及人们之间利益的调节和分配,规划过程中众多参与者因其利益、价值观和信仰不同而相互影响、相互制约,呈现出一种错综复杂的活动过程。方案规划实际上也就是政府和非政府行为者之间的一种互动过程,而政策就是这种互动的结果。

二、方案规划的原则

(一)信息完备原则

信息是方案规划的基础和依据。方案规划实际上就是一个与政策有关的信息的输入—处理(规划方案)—输出的过程。信息的搜集、加工和处理,贯穿于方案规划的整个过程。无论是问题界定、目标确立,还是方案设计、方案择优或者是方案实施过程中的补充、修正或调整,都必须建立在全面、准确的信息资料基础上。政策的科学性是与信息的全面性、真实性成正比的。信息越全面、准确,方案规划就越具有科学性。现代社会是信息社会,信息在政策制定中的地位越来越重要。充分、及时而准确地占有信息,这是方案规划活动成功的根本保证。20世纪70年代中期,我国的"川气出川"工程计划就是因为掌握的信息不真实、不完整,最后不了了之,给国家建设资金造成了巨大的损失。

(二)系统协调原则

任何事物都处于普遍联系之中,不仅政策本身可以看成是一个系统,而且它也不是孤立存在的,总是与其他政策相联系,处于一个政策体系之中。在方案规划时,要从系统论的观点出发,进行综合的分析。将整体利益与局部利益相结合,内部条件与外部条件相结合,眼前利益与长远利益相结合,主要目标与次要目标相结合。要注意各项政策之间的相互联系、相互影响、相互制约关系,既要考虑到不同层次政策之间的纵向协调,又要考虑到相同层次政策之间的横向协调,从而使各项政策成为一个有机整体,相互支持,协调配套,以产生尽可能好的整体效应。现实生活中,新政策与老政策"打

第四章

架"，此政策与彼政策"撞车"，小政策与大政策抵触等现象屡见不鲜，就是方案规划缺乏系统性的明显例证。

(三)科学预测原则

预测是方案规划的前提，也是方案规划过程中一个必不可少的环节。方案规划是面向未来的，是作为未来行动的指导方针，是在事情发生之前的一种预先分析和选择，故具有明显的预测性。简而言之，预测就是由过去和现在推知未来，由已知推知未知。对事物未来的发展趋势及其结果的正确与否做出判断，在很大程度上决定着政策的成败。没有预测或预测不科学，必将导致盲目或错误的决策。所谓科学预测，就是在正确的理论指导下，按照科学的原则、程序和方法对未来情况进行估计的活动。随着现代科技进步和经济的高速发展，社会生活日益纷繁复杂、变化莫测，方案规划中只有运用科学预测，对于未来条件变化、方案执行结果及其影响等方面进行预测分析，才有可能制定出正确的政策，避免政策失误。我国"八五"计划的实施之所以取得重大成就，就是因为它是建立在对未来经济和社会发展趋势的科学预测的基础上。

(四)现实可行原则

政策总是要付诸实施的，要实施就得具备实施的现实条件，即具有可行性。而政策问题的决策，包含了诸多复杂的因素，只有通过综合的全面的可行性分析，才能得出方案是否可行的结论。为此，要充分占有各方面的实际材料，根据现有人力、物力、财力、时间等主客观条件和发展过程中的种种变化，对方案进行政治、经济、技术、文化、伦理等方面的可行性分析，从而使方案建立在牢固的现实条件的基础上，使方案的实施具有可操作性并有最大成功的可能。否则，无视现实条件与可能，即使再好的政策也会因无法实施而缺乏实际价值。过去我们在决策重大工程项目时，有的项目不了解市场需求就盲目上马，造成产品积压、社会劳动和资金的浪费；有的项目原料、燃料、水电供应、交通设施等条件没落实，建成后无法正常投产；有的项目布局不合理，造成长期亏损等，这都是我们应引以为鉴的。

（五）民主参与原则

民主的内涵与实质是权力的分享。我国是社会主义国家，人民是国家的主人，让他们充分参与管理国家事务和社会公共生活是社会主义民主的本质要求。方案规划中的民主原则首先就体现在政策是否能真正反映人民的要求和愿望，是否能最终使群众获得利益和实惠。坚持民主原则，还要求政策能保障人民在国家政治、经济、文化生活等各个领域中，享有同等的权利和利益分配；保障广大群众直接参政议政，在参与政策制定的各个活动环节中，充分发挥国家主人翁的作用。特别是要重视发挥专家智囊团的作用。现代政策制定的一个重要特点就是"谋"与"断"的相对分离，科学的知识与方法，已成为方案规划时不可或缺的要素。学有专长者，往往能在方案规划中担任主动积极的角色，以其客观的立场、学术的眼光、科学的手段与方法，对政策问题详细探讨，并提出合理建议。他们不仅为领导决策提供了充分的理论基础，也使得政策的精确度大大提高，对于促进决策的科学化、民主化，具有十分重要的意义。

（六）稳定可调原则

政策作为一种社会生活的指导原则，要有一定的连续性和稳定性，要考虑与原有政策的衔接或过渡，避免朝令夕改、大起大落，影响社会稳定。但是，任何方案规划系统又都是一个开放系统，总是与外界环境处于不断的物质、能量和信息的交换之中。环境变化了，政策也必然随之做出相应的调整与变动。现代社会经济文化交流愈益频繁，各种社会现象之间的联系也愈益紧密。一个问题的决策，往往涉及众多的相关问题。一个细节的疏忽，往往造成重大的影响。因此，在方案规划时要从长远出发，给政策留有余地，具有适当的可以调节的弹性，并根据对未来情况做出的预测，准备好应变措施。特别要注意执行过程中的信息反馈，一旦发现政策与客观情况不相适应，就应及时调整。

三、方案规划的程序

从程序上讲,方案规划包含问题界定、目标确立、方案设计、后果预测和方案抉择五个相互关联又相互区别的阶段或环节。

(一)问题界定

政策问题的分析、界定是政策制定的起点。政策问题则是指那些已进入政府议事日程的社会问题。由于实际状态与社会期望、理想之间存在差距,导致产生了各种各样的社会问题。社会问题是客观存在的,但能否被提升为政策问题却与决策者的价值观念相关。当决策者觉察到某一社会问题已引起社会广泛的注意和议论,这个社会问题本身也确实有解决的必要,并且也属于职权范围之内的事务时,决策者就会把它列入议事日程,作为政策问题进行研究处理。一般说来,政策问题各种各样,有些是社会普遍存在的、为社会各界共同关注的普遍性问题,如我国当前存在的环境污染问题、收入分配不公问题、失业问题。这些问题普遍存在,已成为社会公众关注的焦点,都属于政策问题的范畴;有的是急需解决的新问题,新问题是相对而言的,既有随社会发展而产生的新问题;也有原来的问题随社会发展其潜在严重性日趋增大而成为新问题。如随着我国加入世界贸易组织,国内产业布局、产品结构调整、经营方式转变、市场建设等方面的问题变得紧迫而严峻,这些问题都要求在新形势下制定新政策予以解决。

对政策问题的界定即问题的"诊断",政策问题的诊断包括如下两个方面:

一是政策问题的症结分析。问题产生于社会现状与社会期望之间的差距,而这个差距,也正是政策问题的症结之所在。能否准确地找出这个差距,是制定出良好政策的基本前提。为此,对问题的诊断不能仅仅停留于一般化的模糊界定,对问题产生的时间、地点和条件,问题的性质、范围、程度及其价值或影响等,都要有一个明确的界定。如把建立和推行国家公务员制度作为我国政治体制改革中的一个重要内容,就是在对旧的人事管理体制中存在的主要问题进行诊断的基础上得出的结论。如在管理对象上,我国"干部"的概念不明,缺乏科学分类;管理权限过分集中,管人与管事相脱节;管理方式陈旧单一,阻碍人才成长和才能的施展;管理制度不健全,缺乏法治等。只有准确地找出差距,才能针对问题,寻求相应的解决措施。在这一阶段,准确地区分政策问题的性质和类型,也是有效地制定政策的至为关键的一环。问题究竟是属于政治、经济还是社会的问题;是全局性还是局部性的问题;是分配性、调节性还是再分配性的问题;是结构优良、结构适度还是结构不良的问题等,决定了解决问题的不同方式、手段和途径。如再分配性问题(如对高收入者实行收入累进税制),通常很容易引起冲突,为此就须权衡利弊,谨慎从事。

二是政策问题的原因分析。问题的原因有主观原因和客观原因、主要原因和次要原因、直接原因和间接原因、近期原因和远期原因等。只有弄清原因,才能对症下药找出解决问题的方案。为此,要对问题产生的原因做纵向分析和横向分析。纵向分析是指从问题的表层原因入手,由表及里、由浅入深、一层一层地做深入地解剖,直到弄清不同层次原因之间的关系,找出根本原因。如国有大中型企业改革问题,表面上看来是个经济问题,实际上其根源在于旧体制下政企不分,政府对企业管得过多、管得过死,导致企业缺乏活力。它是与政治体制改革、转变政府职能密不可分的。横向分析是指对同一层次的各种原因及其相互关系进行分析,从中找到最主要的原因。例如,青少年犯罪问题,既有家庭、学校的因素,也有政治的、经济的、社会的、心理的、文化的因素等。究竟何者为主要因素,这就要具体问题具体分析了。

对问题及其原因的正确的分析,一要必须充分掌握信息。只有深入调查研究,广泛搜集资料,从而准确完整地掌握问题的各种相关信息,才有可能对问题做出全面深入的分析。二要遵循正确的指导原则。实事求是,一切从实际出发,如实地反映问题和分析问题,而不能为迎合个别领导人的意志,或从自身利益出发而弄虚作假、歪曲事实,报喜不报忧。三要运用科学的手段和方法。定性分析和定量分析相结合,全面分析和重点分析相结合,才能对问题有个正确全面的认识。

(二)目标确立

政策目标,也就是政策制定者希望通过政策实施所达到的效果。政策目标来自政策问题,政策的目的就是要消除产生政策问题的根本原因。因此,对问题的正确分析是制定政策目标的基础。在对问题进行了科学的界定之后,方案规划就进入了第二阶段,即目标确立。目标确立是方案规划过程中的一个重要阶段。政策目标规定了政策方案的方向,为判断政策方案优劣提供了评判标准,又是未来检验政策执行结果的基本尺度。正确的政策目标具有导向和激励作用,能大大调动群众的主观能动性和为实现目标而奋斗的积极性,而如果目标选择错误,就会出现"制定了正确的政策,却解决了错误的问题"的情况,结果得不偿失。这方面的例子可以说举不胜举。为保证政策目标的正确性,确立目标时应注意以下问题:

1. 目标的针对性

方案规划是有目的的活动,政策目标是为解决某个问题而确立的。因而,确立目标时必须针对实际问题,有的放矢,切中问题的要害,准确地选中解决问题的突破点,或是把握开拓发展的最好时机。

2. 目标的可行性

一般说来,目标应具有先进性和合理性。既要高于现实水平,又必须是在现有条件下通过一定的努力可以实现的,即具有可行性。不具备实现条件的目标只能是空想。实现政策目标的条件一般分为两类:一类是实现政策目标所需要的各种资源,如经济、人力、技术、信息、权力资源等,这些常被称为政策资源;另一类是间接制约政策目标实现的环境条件,如国际国内政治环境、社会心理状况、公众的政治社会化程度、自然环境的变迁等。这些制约条件又可分为可控因素与不可控因素。只有可控因素或可利用的条件占主要地位时,政策目标才具有相应的可行性。如考虑到人们对物价改革的心理承受能力较弱及与其他西方国家不同的情况,中国的物价改革没有像德国、日本那样采取"一步到位"的政策,而是实行了十分谨慎的"稳步前进"的方案,一步一步地放开价格,每一步调整的幅度都比较小。

3. 目标的系统性

政策所要解决的问题常常是比较复杂的大问题,因而政策目标往往不是单一的,而是多目标的有机结合,存在着总目标和子目标构成的多层次的目标体系。在这种目标体系中,子目标往往是总目标的分解,或者是实现总目标的手段,而总目标则是子目标的归并、综合。并且这多个目标中各项目标的重要性和相互关系也不同。因而在确立一项政策目标时不能只考虑该目标本身,而应着眼于整体,全面考虑,照顾对上下左右各项目标的影响,根据实际情况合理地确定目标结构,尽量减少各项目标相互之间的冲突与摩擦,使之相互配合、协调一致,共同为实现总目标而奋斗。如企业改革的本身是一个复杂的系统工程,在强调转换企业经营机制,建立现代企业制度的同时,必须抓好劳动人事、工资、保障三项配套制度的改革,才能使改革得以顺利进行,收到较好的系统效应。

4. 目标的规范性

政策目标必须符合一定的规范。即:第一,政策目标要体现政策制定者所代表的社会利益。我国的各级政府官员都是人民的公仆,政策目标必须反映广大人民群众的根本利益和愿望。第二,各地方、各部门的目标要符合党和国家的总路线和总目标,下级部门的目标要服从上级部门的目标。第三,政策目标应当符合宪法、法律的规定以及国家权力机关的决议和决定。第四,政策目标要符合社会的道德规范和行为准则。一项政策目标如果有悖于人们的价值观和信仰,必然会招致群众的抵触和反对,因而也就难以实现。

5. 目标的具体性

政策目标是定性与定量的结合形态,它必须是具体明确的。概念、时间、条件与数量等方面都要清晰界定。具体地讲,政策目标必须表达准确,含义清楚、单一,对其只能作一种理解,否则就会使人无所适从而各行其是;时限要求、适用范围、约束条件要具体;凡可能量化的目标应尽可能量化,以建立具体的衡量标准。如某市年度工作计划中,确立了下个年度"保持经济持续、稳定增长"的目标,这一目标就比较含糊。如改用"保持年经济增长率在6%~9%"之间,这一目标就比较清晰明确了。即使是对于某些性能综合、结构复杂的政策目标,也应将定性和定量相结合,尽量避免伸缩性较大的含混目标。

(三)方案设计

方案设计就是针对政策问题,依据政策目标,设计实现目标的各种可能性方案的过程。这一过程被形象地称为"大胆假设,小心求证"的过程,也就是首先大胆设想,提出各种方案设计轮廓,然后对方案轮廓进行严格细致的具体化加工。

第一步,轮廓勾画。轮廓勾画,就是要从不同角度、不同途径提出多种多样的方案设想。轮廓勾画主要包括两个方面的内容:一是为实现既定的政策目标,大致可提出多少个政策方案;二是将各方案的轮廓勾画出来。如行动原则、指导方针、政策的发展阶段等。

轮廓勾画必须遵守以下两个基本准则:一是政策方案应尽可能多,方案应多样化,即一定要搞多方案选择。政策方案不仅应包括各种可能实现政策目标的方案,还应包括预防方案、应变方案等。政策制定在于选择,有比较才有鉴别。如果没有多种方案以供选择,这样的决策是没有意义的。二是要满足整体上的完备性和个体间的互斥性。所谓整体上的完备性,是指应把所有可能的备选方案全部构想出来,不能有任何遗漏。这是保证最后能选定最优方案的一个重要条件。所谓个体间的互斥性,是指不同的备选方案之间必须彼此独立、相互排斥,而不能相互重复和包含。

第二步,细节设计。政策方案的细节设计,就是将政策方案具体化,确定实现政策目标的各种措施,如政策界限的规定和相关机构的设置、人员配备和物资经费的保证等。轮廓设想需要的是勇于创新的精神和丰富的想象力,而细节设计需要的则是冷静的头脑和求实的精神,就方案的各个细节进行严格的论证、反复的计算和细致的推敲。

(四)后果预测

为了正确地评估方案,必须对方案的后果进行科学预测,这是方案规划过程的一个重要环节。方案后果的预测应当包括两个方面:一是对客观条件变化的预测;二是对方案在各种可能的客观条件下预期效果的预测。客观条件分为有利条件与不利条件,条件的有利与不利,直接影响着政策实施所付出的代价和所产生的效果的不同。方案规划者在设计方案时主观上当然愿意从有利条件出发,然而条件是不断变化的,有时从有利变为不利,有时从不利变为有利。制定政策时,必须对这种变化的可能性事先作出充分的估计,这就有必要进行预测。

(五)方案抉择

在对各备选方案进行后果预测之后,要对各方案进行评选,以抉择出或综合出一个最佳方案或满意方案。政策方案的评估是方案择优的前提。评估要科学客观,才能做出优化选择。所谓评估,就是采用一定的标准,将备选方案按优先顺序加以排列。政策标准是一种把政策目标、备选方案和政策效果联系起来的政策范畴,它直接影响到我们对备选方案的选择和对效果的计量,在执行中还影响到对政策的评估。实践证明:在许多政策制定场合中,方案选择错误的原因主要不在于方案失当,而在于标准失当或模糊。因此,确立适当而明确的标准是十分重要的。

政策方案抉择的基本依据在于元政策的要求和价值标准。具体说来,有如下一些标准:①有利于元政策的实现。政策方案本身体现基本国策的精神,符合国家总体发展战略目标。②能最大限度地实现政策目标。这是方案抉择时最主要最基本的标准。③消耗的政策资源尽可能少。④实现政策目标的风险程度尽可能小。⑤政策方案实施中产生的副作用尽可能小。当然上述标准并不是绝对的,由于政策问题的复杂性,常常会出现这样的情况,有的方案能较好地实现政策目标,但费用高、风险大、副作用大;有的方案只能基本上实现政策目标,但费用低、风险小、副作用也较小。它们往往互有利弊、优劣难辨,这就要根据实际需要来进行抉择。

第四节　政策合法化

在对政策方案做出抉择之后, 必须将该方案合法化成为真正具有权威性的政策,使之能得到有效地执行,这就是政策合法化问题。政策合法化是政策制定的一个必要环节,它的内容广泛,是目前国内政策科学文献探讨得相当不够的一个方面。

一、政策合法化的概念与作用

为了更好地理解政策合法化的主体、程序等问题,有必要先从合法化和政策合法化的概念及作用谈起。

(一)政策合法化的概念

我们认为, 所谓的政策合法化是指法定主体为使政策方案获得合法地位而依照法定权限和程序所实施的一系列审查、通过、批准、签署和颁布政策的行为过程。这个概念的外延和内涵可以从如下四个方面来把握:

第一,所有的政策,包括中央政策和地方政策、法律和其他形式的政策,都有其合法化过程。这是当前我国政策合法化研究中值得注意的一个问题。政策合法化并不仅限于中央政策或全国性政策的合法化, 也不等同于政策法律化。地方政策也要合法化,政策法律化只不过是政策合法化的一种重要而又特殊的形式。研究政策合法化,既要研究法律,更要研究其他形式的公共政策的合法化。

第二,政策合法化是有目的的活动。其目的就是使政策方案获得合法地位,转化为合法有效的政策,具有合法性、权威性和约束性,获得人们的认可、接受和遵照执行的效力,从而使政策有效地发挥规范和指导人们行为的作用,最终实现政策目标,解决政策问题。

第三,政策合法化是法定主体依照法定权限所实施的活动。宪法和组织法对国家机关的权限做了划分,国家机关必须依照法律规定,在各自的权限范围内使相应的政策方案合法化。公共政策体现的是统治阶级的意志,它与个人、企业等所做出的决策不同,具有法定的权威性,对社会具有普遍约束力,只能由法定的国家机关依照法定的权限制定。不具有法定的公共政策制定权力或超越法定权限,都不能使政策合法化。

第四,政策合法化是主体依照法定程序所实施的一系列行为过程。政策的内容、形式和效力范围等不同,政策合法化的主体和程序也就不完全相同,如限制公民人身自由的政策,必须由全国人大依照立法程序使之合法化,而立法机关强调公平、民主,其政策合法化的程序就表现得烦琐、复杂。相对而言,行政机关更强调效率,其政策合法化程序就比较简单。同一国家机关,不同的政策也可能有不同的合法化程序,如国务院制定重大政策,应由国务院常务会议或全体会议讨论决定后由国务院总理签署发布。而一般性政策,国务院总理有权直接签署发布,政策合法化的程序,虽然不尽一致,但都有共同的标准,即要符合法律规定;都有基本的步骤,即包括审查、通过、批准、签署和颁布政策等一系列行为过程。

(二)政策合法化的地位与作用

政策合法化在政策过程中占有举足轻重的地位,在实践中也具有重要意义。这主要表现在如下三个方面:

1. 政策合法化是政策制定过程的重要阶段,又是政策执行的前提

在民主、法治的社会,政策合法化是政策过程必经的一个重要阶段。政策方案只有经过合法化过程,才能成为合法有效的政策,制定政策的目的是通过政策执行的环节来解决政策问题。政策执行要以政策具有合法性为前

提,具有合法性的政策,才能取得政策对象的认可、接受和遵照执行的效力。没有经过合法化过程的政策,不具有合法性,就不能付诸执行。因此,政策合法化又是政策得以顺利执行的前提。

2. 政策合法化是决策民主化、科学化和法制化的具体体现

政策合法化是一个吸收民众参与决策、加强政治沟通与协调的过程;也是一个决策选优,对决策方案不断修改、完善,对不良方案过滤、淘汰的过程;更是一个坚持由法定的决策主体,依照法定的权限和程序进行决策,对决策行为实施法制监督的过程。离开政策合法化,所谓决策民主化、科学化和法制化都只能是一句空话。当前,建立健全有关的决策制度尤其是重大问题决策前经专家充分论证、重大政策通过前向社会广泛征求意见、行政机关政策文件非经法制工作部门的法律审核把关领导不予签发等实践中行之有效的制度,既是加强决策科学化、民主化和法制化的需要,也是完善政策合法化程序的重要任务。

3. 政策合法化是依法治国的需要

依法治国是现代国家的基本标志。多年来,我国社会主义建设的经验教训表明,国家建设、经济发展、社会管理和公民权利的保障,都有赖于健全的法制。而我们工作中的失误很多是由于法制不健全、人治代替法治所造成的。强调政策合法化,正是强调健全法制,依法治国。当前,政策合法化也是转变政府职能,促进市场经济发育的保障。市场经济就是法制经济,要求政府在法律范围内活动,不得随意以行政命令代替经济规律。政府职能要转向宏观调控,培育和发展统一、开放的市场体系,要努力避免由于政策不合法而造成宏观管理与控制的无序与失调,尤其要注意有些部门和地方借制定政策之机推行"部门利益至上"和"地方保护主义",损害全局利益,阻碍市场流通,表面上使政策"合法"化,实际上破坏社会主义市场经济建设,根本上与依法治国的原则精神相背离。

二、政策合法化的主体与权限

政策合法化的主体是依法有权使政策方案获得合法地位的国家机关。主体与权限,是一个问题的两个方面。谁有权使政策方案合法化,谁就成为政策合法化的主体。换言之,成为政策合法化的主体,必须具有相应的权限。这就导致了政策合法化主体的两个基本特征,即宏观上的广泛性和微观上

的特定性。同时还必须注意,主体是由权限决定的,权限又是法律规定的。法律针对不同的国家机关规定了相应的、不同的职权,主体只能在其法定权限内实施政策合法化行为。

(一)政策合法化主体的基本特征

政策合法化的主体具有两个显著的特征,即宏观上的广泛性和微观上的特定性。所谓宏观上的广泛性是指从总体上看,政策合法化的主体是相当广泛的。有权使政策方案获得合法地位的国家机关,都可以成为政策合法化的主体。它既包括国家立法机关(权力机关),也包括其他国家机关;既可以是中央国家机关,也可以是地方各级国家机关。因此,不能把政策合法化过程局限于立法过程甚至议会的立法过程。这一点,政策合法化与政策法律化有所区别。政策法律化是政策向法律的转化,也叫政策立法,实际上是一种立法活动,其主体只能是享有立法权的国家机关。政策法律化可以说是政策合法化的一种重要而又特殊的形式。政策合法化具有更大的外延,它仅要求政策方案获得合法地位,具有执行效力,并不要求把所有政策都转化为法律。

所谓微观上的特定性是指每一项政策方案的合法化主体是特定的。尽管总体上政策合法化的主体是广泛的,但这并不意味着任何一项政策方案的合法化活动都可以随便由哪个国家机关来进行。如邓小平针对解决港、澳、台问题而提出的"一个国家、两种制度"的政策构想,其政策合法化的主体只能是有权制定和修改宪法的最高国家权力机关即全国人民代表大会,因为国家制度问题必须由宪法加以规定。应该注意的是,不能把政策合法化主体的特定性理解为每一项政策的合法化主体都是单一的。有些政策,批准机关和发布机关不同,其合法化主体也就分属两个机关,如国务院组成部门或者省级人民政府制定的某些规章,报国务院批准后,又由制定机关发布施行。其批准机关是国务院,发布机关是国务院组成部门或省级人民政府,显然,二者都是政策合法化的主体。这种情况并不少见,如全国人大及其常委会审议通过的法律,公布权在国家主席,法律由国家主席公布后才能发生法律效力。政策的公布也是政策合法化过程的一个重要步骤。政策合法化的主体不仅指批准或通过政策方案的国家机关,也包括公布政策的国家机关。就是批准机关,有时也不止一家。如我们常常见到的联合发文,由于政策内容涉及几个部门的职权,政策就得由这些部门共同批准才能行文。跨行政区域的政策,也会出现这种情况。政策合法化主体如何确定,关键是看法律对国家机关的权限如何规定。

(二)政策合法化主体的权限

法律针对不同的国家机关规定了不同的职权,政策合法化的主体必须在各自的法定权限内使相应的政策方案合法化。超越法定权限,就不能制定和颁布政策,否则,所颁布的政策应视为违法无效,主体也应承担违法后果。这也正是政策合法化的意义之所在。那么,主体在政策合法化过程中应注意哪些权限问题呢?

1. 主体要有合法依据

如依照宪法规定,国务院只有"各部、各委员会"有权发布规章,而国务院直属机构则不具有这项权力。实践中,国务院直属机构一直不断地发布规章,其中就存在于法无据问题。这种情况"随着社会主义市场经济体制的建立不仅不会减少,而且会增多……与其让它于法无据地长期立法,不如宪法或国务院组织法作出补充规定,予以确认。"从立法途径加以解决是根本的措施,但立法受众多因素的影响,可能需要很长的时间,在立法未解决之前,国务院直属机构制定的规章,由国务院批准、发布,也不失为一种可行的过渡措施。我们这里强调由国务院批准,也由国务院发布,这与有的学者把"直属机构起草,经国务院批准,由起草的直属机构发布的"情况也列为"是有依据的立法"是不同的。我们认为既然依照法律规定,国务院直属机构不享有规章发布权,那么规章即使经国务院批准,也不能由直属机构发布,否则主体仍然于法无据。

2. 注意政策所及事项、地域、措施和手段等的职权限制

如公安部门制定颁布道路交通管理方面的政策,就要注意不能越权规定属于交通部门管辖的事项;国家政策不能干涉别国主权问题;地方政策既要注意行政地域管辖权,更要注意地方与中央的职权划分;行政机关制定政策不能设定限制公民人身自由的强制措施和处罚手段。在改革开放和建立社会主义市场经济体制条件下,尤其要注意避免借制定政策之机推行"部门利益至上"和"地方保护主义"。

3. 注意滞后法律的效力问题

法律的稳定性往往导致不适应客观形势发展的滞后性。滞后的法律,未

经废止仍然有效。政策合法化主体如果认为法律滞后,应该提请或建议有相应立法权的机关修改或废止法律,而不能随意以政策取代法律。否则,势必造成政策与法律相冲突。

总之,作为政策合法化的主体,始终应当明确自身的权限,恪守法定的职权范围。作为监督部门,更应依法履行监督职责,维护法律的权威。

三、政策合法化的程序

政策合法化的程序是指政策方案获得合法地位的步骤、次序和方式。从理论上说,政策规划阶段结束后才进入合法化过程。实际上,合法化过程往往又包含有政策规划的行为性质。不同的政策方案,不同的合法化主体,往往导致不同的合法化程序。在描述行政机关和立法机关的政策合法化过程之前,我们先讨论政策合法化程序的相对性问题。

(一)政策合法化程序的相对性

程序表现为次序和步骤,也就有它的起点。政策合法化的程序,应该说是从政策规划的终点——方案选优或者说是政策方案的最终决定后开始的。彼特琴(Hanna Pitkin)曾说:"事实上,无人有最后决定之权,因为根本就没有'最后决定之权'这回事。"明确这一点,对于我们理解政策合法化的过程是必要的。政策合法化过程并不简单地表现为通过与颁布政策。通过政策,就意味着先要讨论、审查政策方案,而这又往往导致对政策方案的某些内容进行修改以取得较多的赞同意见或决策者的满意。这么一来,政策规划阶段所说的对政策方案的"最终决定"也就大打折扣了。似乎一切又从政策规划阶段开始。

我们以实例来进一步说明这个问题。国家发展和改革委员会作为国务院统一领导下的综合管理国民经济计划工作,对国民经济进行宏观调控的经济职能部门,具体负责编制国民经济和社会发展计划。当国家发改委经过一系列复杂程序"最终确定"国民经济和社会发展的计划方案后,对它来说,政策规划阶段也就结束,这一方案开始进入合法化过程——报请国务院常务会议审定。国务院审定通过后,根据法律规定,还要报请全国人大审查和批准。因此,相对于国务院来讲,此前的工作都属于政策规划阶段,合法化过程要从报请全国人大审查开始。然而,进入人大后,似乎一切又是从政策规划阶段开始。首先要国务院提出议案,然后人大经一系列法定程序将其列入议程,才能交付代表审议。经审议修改取得比较一致的意见后,政策方案才"最后确定",才能交付表决。因此,审议阶段似乎又属于政策规划阶段,似乎只有表决、通过、批准、发布才真正属于政策合法化过程。可见,政策合法化与政策规划有时的确难以截然分开,政策合法化的程序是相对的。正如林德布洛姆(Charles E. Lindblom)所说的,政策过程的各个阶段(Stages)常是重叠的(overlapping)。

(二)行政机关的政策合法化过程

政策合法化过程是与政策决策的领导体制紧密相连的。领导体制的不同往往导致政策合法化过程的不同。领导体制从不同的角度可以作不同的划分,如首长制与委员会制、职能制与层级制、集权制与分权制、一体制与分离制等,首长制与委员会制是一种常见的划分。首长制也叫首长负责制或一长制,其法定最高决策权由行政首长一人执掌,其他成员只有建议权,没有决定权。美国总统制就是一种最典型的首长制。有一次林肯召集七位部长讨论问题,七位部长均反对林肯的意见,而林肯最后宣布说:"七人反对,一人赞成,赞成者胜利。"委员会制的最高决策权由委员会各成员共同执掌,各成员权力平等,采取少数服从多数的原则决定政策。我国行政机关领导体制,新中国成立后一大段时间基本上是实行委员会制。1982年宪法则明确规定,从中央到地方的各级行政机关实行首长负责制。我国的行政首长负责制是建立在民主集中制基础上的。在政策决策的过程中,这一点体现得尤为明显。如果单纯从首长负责制的角度看,行政机关的政策合法化过程,凡政策的制定和发布属于本机关的权限即依照规定不必上报审批的,就可以简单地表现为行政首长对政策方案的决定、签署和政策的公布。然而,在行政首长对政策方案的决定、签署之前,有些做法或制度,如政府法制工作机构对政策方案的审查,特别是重大问题必须经常务会议或全体会议讨论决定的法定制度,是与行政机关的政策合法化过程密切相关的。根据政策合法化程序的相对性原理,我们可以把这些做法或制度也看作是我国行政机关的政策合法化过程。

1. 法制工作机构的审查

目前,我国县以上各级人民政府和相当一部分政府部门都设置了专门的法制工作机构,审查政策方案是它们的一项主要职责。有关部门拟定政策方案后,一般先由法制工作机构审查,审查通过后再报领导审批或领导会议讨论决定。有些单位还建立了"规范性文件非经法制工作机构的法律审核把关,领导不予签发"的制度。法制工作机构对政策方案进行审查,对于保证政府政策的合法性有着重要作用,应予制度化。应该说明的是,这种审查是协助领导审查,具有参谋、咨询性质,审查的意见仅供领导决策参考。

2. 领导决策会议的讨论决定

根据法律规定,县级以上各级人民政府工作中的"重大问题",须经政府常务会议或全体会议讨论决定,行政首长召集和主持这两种会议,对会议所讨论的结果和应做出的决定,行政首长拥有最后的决定权。即这两种会议都不采取委员会制的一人一票的少数服从多数的办法,而是大家畅所欲言,集思广益,充分发挥集体智慧的作用,对于应该做出决定的问题,则由行政首长拍板定案。法律规定"重大问题"须经常务会议或全体会议讨论决定,但对"重大问题"的内涵或标准并未界定。如根据《中华人民共和国国务院组织法》第四条的规定,国务院的重大问题要经国务院常务会议或者国务院全体会议讨论决定。而国务院批准、国务院办公厅发布的《行政法规制定程序暂行条例》第十四条却规定:"行政法规草案由国务院常务会议审批,或者由国务院总理审批。"这就把国务院制定行政法规看作可以是"重大问题"也可以不是"重大问题"。为此,法学界有些学者尖锐地指出:"在国务院,行政立法显系重大问题,应由国务院上述两个会议之一讨论决定,而不能个人说了算",《行政法规制定程序暂行条例》第十四条的规定"与《国务院组织法》第四条的规定明显不符"。我们理解,政府制定重大政策尤其是国务院制定行政法规显然属于"重大问题",经由政府常务会议或者全体会议讨论决定,应成为政府重大政策方案特别是国务院行政法规草案的合法化过程的必经环节。领导决策会议除政府常务会议和全体会议外,还有行政首长办公会议。首长办公会议是一种处理日常决策事务的会议形式,可以由行政首长根据工作需要随时召集,有些政策特别是政府职能部门制定的许多政策就是由首长办公会议讨论决定的。

3. 行政首长签署发布政策

行政首长负责制的最主要内容是行政首长在各级政府机关中处于核心

地位,拥有最高决策权和领导权。本级政府制定的政策,由行政首长签署发布。根据规定需要上报审批的政策,则应上报审批后发布。如果是报上一级行政机关审批,其程序如上所述,即由上级行政机关的法制工作机构审查、领导决策会议讨论决定后由行政首长签署或直接由行政首长决定、签署,发布权有的在上级机关,有的则退由原政策制定机关发布。如果是报国家权力机关审查通过的,则进入权力机关的政策合法化程序。需要说明的是,我国的行政首长负责制还包涵着"分管领导制度"。在各级政府领导机构中,除了设置一名行政首长,还同时设置若干名副职。这些副职领导人除了作为各级政府的组成人员,参加本级政府的全体会议和常务会议,协助行政首长进行决策外,还直接分管某一领域的日常管理和决策事务,有些政策实际上就是由副职领导人签署。实行副职领导分口把关的"分管领导制度",能大大补充和加强行政首长的领导能力,是中国行政管理实践中的成功经验。但在实际管理过程中,如何既保证分管领导制度的有效运作,又确保行政首长对全局性行政事务的统一领导,防止形成多头领导,甚至形成副职超越和代替正首长的决策权威;如何加强沟通与协调,防止各自孤立地决定和签署政策,以至形成政策之间相互矛盾,都是值得注意的问题。

　　政策的发布形式是当前我国行政机关政策合法化过程中一个亟待解决的问题。除行政法规和规章的公布形式比较规范, 能较为及时地予以发布外,其他政策的发布往往采取行政机关内部层层转发文件的形式,并未公之于众。这种形式既不利于提高行政效率,也不利于政策的贯彻执行。中央的一些政策转发到基层有时需要几个月时间, 政策所要解决的问题有的早已时过境迁。有的政策,印发份数非常有限,基层单位往往只有一份,以致具体经办人员也"不知道有这个文件",这又如何能要求公众遵守? 我们认为,除确系内部政策外,凡要求公众遵守的公共政策,必须改善发布形式,及时公之于众。

(三)立法机关或权力机关的政策合法化过程

　　立法机关,从字面看似乎单指专门从事立法的机关,其实不然,专门从事立法的机关很少。现今大多数国家的立法机关既行使立法职能又行使其他职能,如批准或通过政府提出的计划、预算、决算、质询、罢免和弹劾有关人员,对政府提出不信任案等。议会、国会、人民代表大会等,因其主要职权是立法,所以人们往往把它们看作立法机关的同义语。在我国,人民代表大会是国家权力机关,人大常委会是它的常设机构。国家权力机关包括最高国家权力机关即全国人大和地方各级国家权力机关即地方各级人大。地方人大只有一部分享有地方立法权,如省级、省会市、国务院批准的较大市的人大等,但地方各级人大都享有本行政区域内的重大事项决定权,如批准本级政府的重要报告或计划等。1996年北京市人大常委会还通过了《关于市人民政府向市人民代表大会常务委员会报告重大事项的若干规定》,要求北京市政府做出重大决策要向其报告。报告重大事项的范围包括:北京市城市总体规划的局部调整及总体布局的重大变更;国民经济和社会发展年度计划的部分变更、预算的调整;有关经济建设和社会发展的重大改革方案;国民经济和社会发展年度计划外的重大建设项目,社会主义精神文明建设的规划和重大部署;同外国缔结友好城市;人民群众普遍关心的其他重大问题等一系列涉及本市改革开放,社会主义物质文明和精神文明建设若干方面的内容。因此,研究立法机关或权力机关的政策合法化过程,不能局限于立法过程甚至中央立法机关或最高国家权力机关的立法过程。立法机关或权力机关的政策合法化程序,当然不可能完全一致,但基本上包括:提出议案、审议议案、表决和通过议案、公布政策。由于这些程序已有专门的立法学进行研究,我们这里就不作详细描述,仅简单说明一些需要注意的问题。

1. 提出议案

议案是各种议事提案的总称,包括立法议案、预算案、质询案、罢免案等等。不能把议案都叫立法议案。从立法机关或权力机关的议事规则讲,提出议案的同时不一定要提出法律或政策等的具体草案。但政策合法化是将已经过政策规划而获得的政策方案提交审议批准,因此,提出议案的同时也就提出了相应的政策方案。

2. 审议议案

即由有权机关对议案运用审议权,决定其是否列入议事日程,是否需要修改以及对其加以修改的专门活动。对列入议事日程的政策方案的审议,主要围绕下列内容:是否符合政治、经济、文化和社会发展等的需要;是否具有必要性和可行性;是否符合法律和公共利益;征询和协调有关方面的意见和利益;名称、体系、逻辑结构、语言表述等具体问题。

3. 表决和通过议案

经过表决,政策方案如果获得法定数目以上人员的赞成、肯定、同意,即为通过。议案一般采取过半数通过原则,有关宪法的议案一般要三分之二以上的多数通过。有些国家在某些情况下,对议案还要进行全民公决,我国没有这种制度。

4. 公布政策

政策方案经表决获通过后,有的又经过其他机关或其他形式的批准、认可后,即成为正式的政策。但此时的政策还不能执行,还得经过公布程序。公布权不一定都属于立法机关或权力机关,如在多数国家,法律由国家元首公布。在我国,国家主席根据全国人大及其常委会的决定签署主席令公布法律。有些地方国家权力机关如省会市、国务院批准的较大市的国家权力机关制定的地方性法规,还要经上级国家权力机关批准后公布。

四、政策的法律化

政策法律化,顾名思义,就是政策向法律的转化。具体说,是指享有立法权的国家机关依照立法权限和程序,将成熟、稳定而有立法必要的政策转化为法律。它实际上是一种立法活动,所以又称政策立法。

政策法律化的过程就是立法的过程,其程序也就是立法的程序。这里的"法律"或"法"应作广义的理解,包括宪法、(最高国家权力机关制定的)法律、行政法规、地方性法规和规章等。政策法律化的主体也就是有权制定这些法律的国家机关。政策法律化并不是把所有的政策都转化为法律,一般只是将成熟、稳定而有立法必要的政策转化为法律。政策法律化是政策合法化的一种重要而又特殊的形式。

(一)政策法律化的主体

政策法律化的主体就是依法有权把政策转化为法律的国家机关,即享有立法权的国家机关。

三权分立国家,传统上国家立法权只能由议会行使,政府没有立法的权力。20世纪以来,特别是第二次世界大战之中及其后,形势发生了巨大的变化,随着政府职能的扩张,政府也获得一定的立法权。这是对三权分立政体的一个重大突破。现代国家,政府还有扩增立法权的趋势。

我国过去实行的基本上是一种高度中央集权的立法体制。1982年宪法颁布后,立法体制也取得突破性发展,行政机关被赋予明确的立法权,地方立法权也不断得到发展。从现行立法体制看,享有立法权的国家机关包括:全国人大及其常务委员会,国务院及其各部、各委员会,特定的地方人大及其常委会和政府。其中"特定"主要包括:省、直辖市、自治区,省会市和自治区首府所在地的市,国务院批准的较大市,自治州和自治县等。此外,特别行政区的立法体制还有特别规定。

(二)政策法律化的条件

政策法律化并不是所有政策都转化为法律。只有具备一定条件的政策才转化为法律。

1. 有立法必要的政策

政策与法律的调整范围不完全相同。一般而言,政策对社会生活的调整,其范围要大于法律。有些政策,如执政党调整党内各种关系的政策,对社会不具有普遍适用性,没有必要转化为法律。有些领域,如民族、宗教领域中的许多问题,宜用政策加以引导,不应由法律硬性约束。因此,只有调整属于法律调整范围的社会关系的政策,才有必要转化为法律。

2. 成熟、稳定的政策

政策与法律都要有稳定性,朝令夕改会使人们无所适从,影响政策和法律的权威性,甚至导致政治或经济上的损失。但就政策与法律相比较而言,法律比政策稳定,政策具有更大的灵活性。政策较能适应客观情况的发展变化,易于在实践中不断修改、完善,走向成熟。法律比较定型化、规范化,其制定、修改、补充或废止,都要经过法定的、严格的程序,并受到法定的时间限制。人们对法律稳定性的期望值也比较高。法律的稳定性和政策的灵活性,决定了只有经实践检验是成熟的、具有长期稳定性的政策才能转化为法律。当然这也是就一般情况而言。特别是在改革开放和建立社会主义市场经济体制中,很多社会关系要靠法律及时调整,不能机械地等待政策在实践中反复检验、完全成熟才上升为法律。

(三)政策法律化是政策合法化的一种重要而又特殊的形式

政策转化为法律,当然就获得合法地位,具有执行权力,且有国家强制力保证实施,从这一点上讲,政策法律化是政策合法化的一种重要形式。但是,从政策过程来讲,政策合法化属于政策制定的范畴,是经政策规划而得到的政策方案获得合法地位的过程,政策方案未经合法化过程就不具有执行效力。而政策法律化则不同,它一般是将已经过实践检验证明是成熟、稳定的政策转化为法律,即该政策已经处于执行阶段,而不是制定阶段。从这点讲,政策法律化与政策合法化又是不同的,只能说是政策合法化的一种特殊形式。当然,政策法律化也不是把政策原原本本地转化为法律,而是一个重新制定政策或者说是立法的过程。从政策包涵法律的角度讲,即法律也是一种政策,立法阶段也就是政策制定阶段,法律草案也是政策方案的一种,这种政策方案的合法化过程,同时也就是法律化的过程,在这里,政策合法化过程与政策法律化过程则是同一的。

思考题

一、概念解释

    1. 问题

    2. 私人问题

    3. 公共问题

    4. 政策问题

    5. 政策议程

    6. 公众议程

    7. 政府议程

二、简答题

    1. 如何理解政策问题的公共性?

    2. 如何理解政策问题的事实性与价值性?

    3. 试述政策问题的分类。

    4. 实质性议程和象征性议程的区别与联系。

    5. 政策议程建立的影响因素有哪些?

    6. 试述政策问题构建的基本过程。

三、2008年4月7日北京奥运圣火在巴黎传递时遭到干扰,同时法国政要发表言论,批评中国政府处理西藏问题不当,并有传言说家乐福大股东以巨资援助达赖。法国政府言行引发中国民众强烈不满,从4月9日开始出现了抵制家乐福的行动。请通过各种途径了解抵制家乐福行动的整个过程,并对其中的系统议程与政府议程进行分析。

四、2008年5月12日四川汶川发生强烈地震,请用边界分析方法对这个公共问题进行分析。

五、交通拥堵是当前中国大城市存在的一个主要的公共问题,请用层级分析方法对交通拥堵的可能原因、合理原因和可行原因进行分析。

第四章

本章重点：

1. 公共政策执行的概念
2. 公共政策执行的作用
3. 公共政策执行的过程与手段
4. 公共政策执行的影响因素
5. "上有政策,下有对策"现象的表现、原因及治理

第五章　公共政策执行

　　政策经合法化程序后,即进入政策实施阶段,或者叫执行阶段。政策执行是政策生命周期中最重要的环节，它把观念形态的政策内容转化为现实效果,从而促成政策问题的解决。在现实中,一项新政策的出台,通过政策实施组织及其成员的努力,能否实现政策目标,这就要求公共政策研究者、分析者从政策实施的条件和影响政策实施的因素等方面进行深入研究，从而为政策制定和政策实施提供良好的理论依据。本章主要介绍和探讨政策执行的具体含义和意义、政策执行的过程与手段、政策执行的影响因素等基本问题和我国公共政策实施中的"上有政策,下有对策"现象。

第一节　公共政策执行概述

　　公共政策过程包括分析、制定、执行、评估、终结五个阶段 其中公共政策的执行是五个阶段中最重要的环节。美国著名行政学者G. 艾利森指出:"在实现政策目标的过程中,方案确定的功能只占10%,而其余的90%取决于有效的执行。"由此可以看出执行的重要性,它从根本上决定了政策问题能否解决、政策方案能否实现以及解决和实现的程度和范围。公共政策执行是指

"国家行政机关及其组成人员通过运用各种手段,将公共政策的内容转化为现实,从而实现公共政策决策目标的一种行为。政策执行也就是从政策生效起到实现决策目标的整个过程。这些行为包括两方面的内容:一是将决策转化为可以操纵的过程,二是按照决策所确定的目标而进行的努力。"

一、政策执行的研究途径

20世纪七八十年代, 西方尤其是美国公共政策研究领域出现了一场研究政策实施的热潮, 形成了声势颇大的 "执行运动"(implementation movement)。执行研究的学者们写下了大量的论著,提出了各种关于执行研究的途径、理论和模式,拓展了政策科学的研究范围,丰富了政策科学的理论内容。西方学者们所提出的政策实施研究的途径主要有如下四种:

一是"自上而下"(top-bottom或top-down)途径,或称为 "以政策为中心的途径"或 "政策制定者透视"途径。这种途径假定,政策是由上层规划或制定的,然后它们被翻译或具体化为各种指示,以便由下层的行政官员或职员执行。

二是"自下而上"(bottom-top或bottom-up)途径。与"自上而下"途径相反,"自下而上"途径以组织中的个人 (即参与政策过程的所有行动者)作为出发点,政策链条中的较低及最低层次被当作政策实施的基础;它强调政策或项目的成功与否依赖于参与执行项目的行动者的承诺与技巧。

三是"政策/行动连续统"(Policy/action continuum)途径,该途径或多或少有作为"自上而下"和"自下而上"两种途径综合的意味。按巴雷特和富奇(S. Barrett and C.Fudge)的说法,应该将执行 "当作一种政策/行动的连续统",其中, 在那些寻求将政策实施付之于实践者与那些采取行动者之间随时发生相互作用和谈判的过程。在这个意义上,这一过程既可以看作"自上而下",也可以看作"自下而上",政策制定者将做出限制其他行动者权力的决策,而行动者将做出规避决策者权力的决策。因而这一途径也可以说是以权力作为焦点的。

四是工具选择途径(instrument-choice)。这种途径从这样一个观察开始,政策实施在很大程度上包含了将一个或更多的政府的基本工具应用到政策问题,这些基本工具被称为政策工具(policy instruments或Policy tools)。不管我们是以"自上而下"设计的方式,还是以"自下而上"的更传统的行政管理方式来研究政策过程，政策决策的实质或形式的过程总是包含着在可利用的政府工具箱中选择一种或几种工具，探明在政策实施过程中工具选择的模式或风格等问题。

"执行运动"的倡导者和追随者们提出了各种执行理论。较有影响的有如下七种：

1. 行动理论

政策实施被视为对某项公共政策所要采取的广泛行动；在诸多活动中，以解释、组织和实施三者最为重要。解释活动是把政策内容转化为民众能理解且接受的东西；组织活动是要建立执行政策的组织机构；实施活动是由执行机构提供一定资源和服务。

2. 组织理论

强调组织在政策实施中的地位，认为政策实施都需要组织，没有组织就没有执行。没有一定的组织化努力，任何政策目标都只能停留在政策构想阶段，因此，尽管造成政策实施的因素可能是多方面的，但政策组织问题恒定是其中关键性的因素之一。只有了解组织是怎样工作的，才能理解所要执行的政策以及它在执行中是如何被调整和塑造的。

3. 因果理论

大致包括三类内容：①把政策决定看作是一种假设，将政策实施看作是引导人们到达目的地的地图，政策实施是按地图所指引的方向到达目的地；②把政策中的潜在因果假设分为两个因素：贯彻影响力，主要涉及政策过程中按既定目标实现政策输出的能力；技术能力，是政策输出导致所希望的结果产生的能力；③重点关心两类因果问题：政策制定者在多大程度上理解影响目标实现的主要因素和因果关系（认识要素）；决策者在多大程度上授予执行机构控制这些关系的权力，使执行机构至少有潜力实现目标（权力要素）。

4. 管理理论

强调政策实施是一个管理过程，认为主要负责政策实施的行政机构，不仅受其合法委任权的影响，而且还要受到与之相关的利益集团的影响，政治系统中立法机关干预的影响，以及特定的政治环境中其他各种因素的影响。该理论对"对稳定环境中的私人官僚政治的等级控制"提出了质疑，提出了"控制服从行为是困难的"等观点。"管理"与"执行"在很大程度上成为同义词。

5. 交易理论

认为政策实施是一个政治上讨价还价的过程，这中间，政策实施者与政策对象之间通过不同方式的交易，在各种力量的互动过程中，达成某种妥协、退让或默契。依据某种价值标准制定的政策目标与方案是较为理想的结果，而在实际中是行不通的。

6. 系统理论

将政策实施理解为政策行动者与环境的相互作用，认为政策实施过程的分析，可以理解为外界环境对政策系统进行物质、能量、信息的输入，系统产生了政策输出，由政策结果和反馈提供了政策的评价与再输入过程。

7. 演化理论

认为在提出政策问题、制定政策目标、拟定政策方案中，都存在着许多不确定性和模糊性，多重目标实际上会产生矛盾与冲突。政策方案是粗线条的设计、内部因素、环境变量的不断变化，会带来更大的不可知性。因而，在实际的执行中会对原来的目标不断的重新设计。政策的制定是反复的形成、执行、再形成的演化过程。

西方的"执行运动"大大地拓展了早期政策科学的研究范围，将长期被人们所忽视的政策实施这一环节或阶段纳入政策科学的视野；研究政策实施的学者们从不同的途径、不同的方面来探讨政策实施过程，并提出了种种的理论，尤其是力图系统地了解影响政策有效执行的各项因素及其相互关系，构造相关的政策实施过程模式，这大大地丰富了政策科学的理论内容。执行研究在某种意义上可以看作是一种力求取代传统公共行政学的新行政管理研究途径，它从传统公共行政学的以机构（官僚体制）为焦点转向以项目及其结果为焦点，即把项目而不是机构作为基本分析单位。然而，由于作为研究对象的执行过程涉及的因素多而复杂，执行实践千差万别而使执行研究显得十分困难，执行运动并没有形成成熟和得到公认的理论及范式；并且，执行研究的倡导者们往往得出消极、悲观的结论，给人们描绘出政策或项目很少能起作用或取得预期目标的令人失望的图景。

二、公共政策执行的含义

有关政策实施的理论界定，长期以来学术界形成了行动和组织理论两大流派，它们分别从不同角度和侧向对政策实施进行了描述。行动学派十分关注政策作为行动指南的指导作用。组织理论学派则强调执行组织机构的作用。

　　行动学派的代表人物美国政策科学家查尔斯·奥·琼斯（Charles Jones）明确指出："政策实施是将一种政策付诸实施的各项活动。在这些活动中,以组织、解释和应用这三种活动最为重要。所谓解释就是将政策的内容转化为一般人所能了解和接受的指令;组织是指设立执行机构、拟定执行方法以期实现政策目标;而应用则指的是内执行机构提供例行性服务和设备、支付各项经费开支进而实现既定的政策目标。"另两位美国学者C.E.范霍恩（C.E.Van Horn）和D.S.范米特（D.S.Van Meter）也说："政策实施是指公共人员和私人或公共团体和私人团体为了致力于实现既定政策决策所设立的目标而采取的各项行动。这些行动主要可以分成两种类型:一种行动是为了将政策转换为具有可操作性的实施措施而做的努力, 第二种是为了实现政策所规定的变迁目的而做的持续努力。"

　　相比之下,G.C.爱德华兹三世（G.C.Edwards Ⅲ）和I.沙坎斯基（I.Sharkansky）则更具体地将政策实施解释为执行某一项政策所采取的广泛行动, 他们认为所谓政策实施就是:"发布指令、执行指令、拨付款项、办理贷款、提供补助、签订合同、收集资料、传递信息、安排人事、雇佣人员以及建立组织机构等活动。"由此可见,行动学派关注政策作为行动指南的指导性作用,强调政策实施的关键问题在于政策实施机关如何采取政策行动。强调政策行动只要坚强有力,行动方法切实可行,就可以较为顺利地实现政策目标,合理的政策实施活动甚至在一定程度上可以弥补政策决定的局限和无能。

　　组织理论学派则强调政策实施组织机构的作用, 认为任何政策都是通过一定的组织得以实现的,没有一定的组织原则作保证,任何政策目标都只能停留在纸上谈兵的政策构想阶段。因此,组织理论学派认为,尽管政策实施不力的原因是多方面的,但组织问题是恒定的关键原因之一。组织理论学派的代表人物J. 佛瑞斯特提出:"传统的政策实施规范理论强调政策实施机构及其人员对政策目标和政策规定的顺应行为, 强调依法行政而基本上不考虑政策实施机关及其人员的审视鉴定、自省以及前瞻分析的能力和需求。但政策规划者、政策实施机构和人员的预期分析能力,即在危机时间或事态发生之前预感并相应采取适当步骤和程序加以有效对付的能力、实际上是对政策实施成功与否起关键作用的因素。"斯诺（C.P.Snow）和特里林（L.Trilling）认为:"任何一项化观念为行动的行为都涉及某种简化工作, 而组织机构正是这种简化工作的主体;是它们把问题解剖成具体可以管理的工作项目,再将这些项目分配给专业化的机构去执行。" 于是,只有了解组织是怎样工作的,才能理解所要执行的政策,也才能知道它在执行中是如何被调整和塑造的。组织理论学派认为,政策能否有效执行,关键在于执行机构的主客观条件。主观上要看能否理解和领会政策,是否具有执行的积极性;客观上要看是否拥有足够的资源,是否拥有足够的执行能力。

事实上,上述两种关于政策实施的理论观点都各有其独到之处。它们只不过是从不同角度、不同侧面阐述了政策实施的重要意义,不管是行动学派还是组织理论学派的观点,对我们把握政策实施的基本概念都具有启发作用。政策实施是遵循政策指令所进行的变革,是为了实现政策目标而重新调整行为模式的过程,是将一种政策付诸实施的各项活动。本书将"政策执行"这一概念具体界定如下:

公共政策执行是一个动态的过程,政策方案被采纳后,政策执行者通过建立组织结构,运用各种政策资源,采取解释、宣传、实验、实施,协调和监控等各种行动,将政策观念形态的内容转化为实际效果,从而实现既定政策目标的活动过程。

三、公共政策执行的作用

任何政策都是针对一定的社会问题而提出和制定的,而政策的制定并不等于问题的解决,从政策的规划和合法化到政策目标的实现之间还有一段相当长的距离,还存在着一个十分复杂的过程,只有通过有效的执行,才能保证政策目标的实现,否则,再好的政策也只是一纸空文。作为政策运行机制的关键性环节之一,政策执行在政策过程中的地位和作用主要体现在以下五个方面:

(一)公共政策执行是制定政策的目的和归宿

它是制定政策的目的和归宿,在公共政策过程中,政策的制定是研究问题的过程,但政策的目的不是研究问题而是解决问题,而政策执行恰恰是运用政策解决社会问题的直接的和关键的一环。所以正确的政策方案要变成现实,则有赖于有效的政策执行,只有通过政策执行这一直接的、实际的、具体的操作过程,才能使政策得到有效的执行、贯彻和落实。

(二)公共政策执行决定着政策方案能否实现,以及实现的程度和范围

政策执行的效果既是胜利完成工作任务的标志,又是公共政策过程中诸因素或环节效能的综合反映。在公共政策过程中设立合理的机构、配备高素质的人员,健全工作制度等,是实现公共政策方案所必备的,但这些因素或环节的作用只有通过政策执行才能体现,并且其效能的好坏只能通过执行效果来检验。例如,政策执行机构的设置是否妥当、人员编制是否合理等,都有待执行效果的检验。

(三)公共政策执行是检验政策正确与否的唯一标准

一项政策的正确与否,最终需要实践来检验,实践是检验真理的唯一标准。毛泽东说过:"判断认识或理论之是否真理,不是依主观上觉得如何而定,而是依客观上社会实践的结果如何而定。真理的标准只能是社会实践。"政策属于主观认识范畴,它是否符合客观实际,是否真正有效,必须通过实践来检验。只有经过贯彻执行,使政策目标在执行过程得到完满实现,并最终促进了生产力的发展和社会进步,以及得到群众拥护的政策,才是正确的政策,否则就是错误的。

(四)公共政策执行是政策过程的中介环节

一方面,任何政策不可能一经过制定就完美无缺,它需要在执行的过程中得到不断修正、充实和完善。政策决策者要根据政策执行过程中实际情况的变化来修正和完善政策,以提高政策的可行性和有效性。另一方面,任何政策都有时效性,它只能在一定的时空范围内起作用,超过这一范围,这个政策就失去效用或完成了它的使命,就要被新的政策所代替。制定新政策要以事实为依据,尤其要以前一项政策执行后的反馈信息为基本依据,在此基础上制定新的政策。因此,政策执行是政策过程的中介环节。

第五章

（五）公共政策执行过程及其后果是后继政策制定的重要依据

政策执行是使原政策得到不断调整、修正,使之更明确、更具体的过程,从某种意义上说,我们面临的社会现状都是过去无数项政策和现行政策实际作用的结果。公共政策制定者往往要依据先前政策执行中和实施后由各种渠道反馈上来的信息,在分析先前政策效果的基础上,制定新的政策。因此,对于政策制定者来说,前一项政策的执行情况及其后果是使原政策得到修正、补充、完善的根本途径,同时也是后继政策制定的重要依据。

总之,政策执行的作用和影响贯穿于整个政策过程的始终,因此,高度重视政策执行活动,把政策执行作为政策研究不可缺少的重要内容,对提高政策的效率和效益都有着十分重大的意义。

第二节　公共政策执行过程与手段

政策执行是一个复杂的过程,它包含了一些基本环节和一系列的功能活动,而这些活动的完成必须依靠一些必要的执行手段。对政策执行过程和手段的研究是政策执行理论的一个重要组成部分。

一、公共政策执行的过程

政策执行过程主要包括政策宣传、政策分解、物质准备、组织准备、政策实验、全面实施、协调与监控等环节。

（一）政策宣传

政策宣传是政策执行过程的起始环节和一项重要的功能活动。政策执行活动是由许多人员一起协作完成的。要使政策得到有效执行,必须首先统一人们的思想认识。政策宣传就是统一人们思想认识的一个有效手段。执行者只有在对政策的意图和政策实验的具体措施有一个明确认识和充分了解的情况下,才有可能积极主动地执行政策。政策对象只有知晓了政策,才能了解政策;只有了解政策,才能自觉地接受和服从政策。因此,各级政策执行机构要努力运用各种手段,利用各种宣传工具,大张旗鼓地宣传政策的意义、目标、宣传实施政策的具体方法和步骤。

(二)政策分解

政策分解就是通常所说的制定计划,它是政策实施初期的另一项功能活动,是实现政策目标的必经之途。没有一个长期的旨在取得重大成就的计划,是不能进行工作的。一般说来,一项政策的推出,往往只是指出实现政策目标的基本方向,比较抽象。要使政策执行顺利,就必须在这些基本原则指导之下,对总体目标进行分解,编制出政策执行活动的"线路图",明确工作任务指向,使执行活动有条不紊地进行。

制定计划应该遵循下列原则:一是客观性原则。编制计划要切实可行,积极可靠,排除主观臆断;计划的各项指标,不保守也不冒进;既不是唾手可得的,也不是经过努力仍然高不可攀的;有关人力、财力、物力等条件,必须精确具体,切不可含糊笼统。二是适应性原则。编制的计划要有适应环境变化的弹性机制,特别是要有适应意外情况发生的防范机制。三是全面性原则。编制计划要统筹方方面面、理顺各种关系,切忌顾此失彼。计划应前后衔接,轻重缓急有层次,不同管理层次的计划各有侧重。四是一致性原则。要求政策执行机构内部各职能部门的工作目标和政策目标保持一致,上下级的政策目标保持一致,以增强组织上的统一性和方向上的一致性。

(三)物质准备

物质准备是保证政策执行顺利进行的经济基础,是必不可少的环节。物质准备主要是指必需的财力(经费)和必要的物力(设备)两方面的准备。首先,执行者应根据政策之初动用的各项开支,本着既能保证执行活动正常开展,又坚持勤俭节约的原则编制预算。预算必须报经有关部门批准后,才能执行,才算落实了活动经费。其次,是必要的设备筹备,包括交通工具、通讯联络、技术机械设备、办公用品等方面的准备。只有做好充分的物质准备,才能为有效的执行政策创造有利条件和环境。

(四)组织准备

组织准备工作是政策具体贯彻落实的保障机制，组织功能的发挥情况直接决定着政策目标的实现程度。组织准备不只是解决组织形式问题，而且包括建立精干高效的组织机构、配备胜任称职的领导者和一般的政策执行人员，制定必要的规章制度，使人力、物力、财力得到最合理的利用。

首先，确定政策执行机构。这是组织准备中首要的任务。常规性、例行性政策的执行，如同原机构的任务，则应由原执行机构继续承担，不必另建机构，但有时也可用提高原机构地位的方式或者改组机构的方式来保证政策顺利进行。如果遇到非常规性或者是牵涉面较广的政策，则可组建临时办公机构，以确保政策的有效执行，一旦政策目标实现后，即行撤销。

其次，选人用人。这是组织准备工作中的一项重要内容，因为人是组织中最能动、最活跃的因素，是组织行为的主体，德才兼备、四化标准是选人用人的基本原则，政策执行领导者的工作主要是抓具体落实。因此，政策执行者的素质要求侧重于专业管理方面的知识技能和实践经验，要求具有较强的政策理解能力，具有沟通、协调能力；善于用人，做到人尽其用；具有宽广的胸怀，善于处理人际关系；讲求工作效率，善于从实际出发，采取机动灵活、随机应变的方式方法，有步骤、有次序地推行政策实施。对于一般执行者来说，应具有本职工作的业务知识和管理经验，善于领会领导意图，忠实有效地执行领导指示，保质保量完成政策任务。

最后，制定必要的管理法规制度。这可以明确政策具体推行的准则和依据，保证政策执行有一个正常的秩序。这些法规制度主要有：①目标责任制。它主要围绕政策目标的实现，确保每个执行者都能够明确自己在贯彻执行政策过程中应该做什么、怎样做、做到何等地步和遇到问题怎么办等。落实目标责任制，有利于政策目标的实现。②检查监督制度。目标责任制制定后，有赖于认真忠实地执行，执行的效果如何，必须要有及时的了解和恰当的评判。检查监督制度是目标责任制发生效用的联系环节，严格的检查监督制度是目标责任制得以落实的保障机制。③奖励惩罚制度。有功必赏、有过必罚，赏罚分明，这一制度的建立使得整个管理制度形成良性循环，保证整个管理制度稳步进行。目标责任制、检查监督制和奖惩制度是一个有机整体，责任制是核心，检查监督制是手段，奖惩制是杠杆，三者相辅相成，缺一不可，共同形成推动政策全面、有效实施的一套完整制度。

(五)政策实验

政策实验是政策实施过程中的重要步骤。政策实验既可以验证政策,如发现偏差、及时反馈信息、修改和完善政策,又可以从中取得带有普遍指导意义的东西,如实施的方法、步骤、注意事项等,为政策的全面实施取得经验。那些涉及全局关系的重大政策,非常规性政策特别是带有风险性的政策,受各种因素制约、难以进行精确定量分析的政策,缺乏政策实验、结果难以预料、后果影响深远的政策,都必须经过政策实验。政策实验一定要按照科学方法来进行,政策实验步骤大致包括:

1. 选择实验对象

选择实验对象或者"试点",要根据政策方案的要求进行。试点必须在全局情况中具有典型条件,这些典型条件应具有普遍性,所以试点也称为典型实验。

2. 设计实验方案

用于实验的政策方案可以是一个,也可以是两个或多个。对于范围广、变化较大的复杂问题,应该有在相同条件下的对照组,以便从比较中得出科学结论。在某些情况下,试点还可以采取不公开的方式进行,称为"盲试",这主要是为了避免各种人为因素的干扰,防止失去试点的科学性。

3. 总结实验结果

分析和总结实验的结果是政策实验过程最关键的一个阶段。

一是总结经验要实事求是,要对实施的整个过程和产生结果的所有原因,进行全面系统的考察和分析。分清哪些是最根本的最重要的原因,哪些是非根本的次要的原因,哪些是必然性原因,哪些是偶然性原因。同样是成功的结果,通常可以证明政策方案是正确的,但也可能是偶然因素促成的。同样是失败的结果,可能是由于政策方案本身的错误所致,也可能是实验过程中的人为差错而引起的。

二是对成功经验要进行理性思考,要分析研究这些经验适用的范围和条件,要分清哪些经验仅仅适用于试点本身,哪些经验具有普遍意义,在运用这些经验时需要具备哪些条件,需要附加哪些条件。

三是要重视失败的经验。要善于从失败的教训中得到启迪,为下一步政策实验扫清障碍。成功的经验能从正面回答我们应该怎么做,失败的经验却能直接告诉我们不应当怎样做。只有将两者结合起来,才能知道必须怎样做。

(六)全面实施

政策的全面实施是政策执行过程中操作性和程序性最强、涉及面最具体、最广泛的一个环节。全面实施政策要求严格遵循政策执行的基本原则,充分发挥政策执行的功能要素,以保证政策目标的圆满实现。在政策实施的全面推广阶段,必须遵循原则性与灵活性相统一的原则。所谓政策实施的原则性,是指政策执行必须遵循政策的精神实质,保证政策的统一性、严肃性和权威性,严格按照政策规定的要求去做,全面地、不折不扣地实现政策目标。所谓灵活性,是指在不违背政策原则精神和保持政策方向的前提下,坚持从实际出发,采取灵活多样的方式方法,因时制宜、因地制宜、因人制宜、因事制宜,使政策目标得到真正实现。在政策实施中坚持原则性与灵活性相统一的原则,就是要把政策精神和实际情况相结合,既要创造性地实施政策.又要正确地把握政策界限。灵活是在原则所允许的范围内的灵活,而不是违反政策的随心所欲;灵活性的临界点是原则性。我们在执行政策的过程中,如果抛弃了政策的原则性,滥用灵活性,就会产生"上有政策,下有对策"的现象,使政策难以得到顺利、有效地执行。

(七)协调与监控

政策的协调与监控贯穿于政策实施全过程。协调做好了,才能使执行人员及其他有关人员做到思想观念上的认识统一和行动上的一致,才能保证执行活动的同步与和谐,才能提高工作效率,减少或杜绝人力、物力、财力、时间等方面的浪费。监控是政策实施过程的保障环节。在实际的政策实施过程中,常常由于政策执行者认识上的差异等原因,造成对政策理解的失当,或者由于政策制定者与执行者之间存在的利益差别的影响,往往会使政策执行活动偏离政策目标,因而必须对整个实施过程加强监督和控制,以保证政策的全面贯彻和落实。上述诸多环节构成政策执行的功能活动过程,只有每个功能活动环节都做好了,政策执行活动才能顺利进行,政策方案才能取得预期的政策效果。

二、传统的公共政策执行的手段

政策执行手段是指政策执行机关及其执行者为完成一定政策任务,达到一定政策目标,而采取的各种措施和方法。政策执行活动的复杂性,决定了政策执行手段的多样性。

(一)行政手段

行政手段是依靠行政组织的权威,采取命令、指示、规定和规章制度等行政方式,按照行政系统、行政层次和行政区划来实施政策的方法。行政手段有着显著的特点:第一,权威性。行政手段依靠强制性的权威将国家的各项方针、政策,准确无误、坚决有力地推行和落实。第二,强制性。行政主体所发出的命令、规定、条例等都必须执行,有时属于根本不考虑价值补偿问题的无偿性服从,更有甚者是要求无条件地绝对服从。当然,这同法律所具有的普遍约束力的那种强制不尽相同,它允许特殊情况下的灵活机动。第三,对象的有限性和时效性。在实际工作中,行政指示、命令等往往是就解决某一具体问题、完成某一项具体任务而做出的,因此,它的内容和发布的对象是具体有限的。同时,行政指令还有时效性,即它只对特定时间和特定对象有效, 而不像行政法规那样适用范围具有广泛性。行政命令是法律的具体化、细目化,它弥补了法律的不足。

(二)法律手段

法律手段是指通过各种法律、法令、法规、司法、仲裁工作,特别是通过行政立法和司法方式来调整政策执行活动中各种关系的方法。法律手段的运用,一是通过有关部门对违法行为进行制裁;二是政府机关依法制定和执行行政法规、部门规章,以调整相关社会关系,并对政策执行活动进行控制和监督。法律手段除了和行政手段一样具有权威性和强制性外,还具有稳定性、规范性和程序性的特点。

1. 稳定性

是指行政法规一经国家立法和行政机关颁布,就将在一定时期内生效,不会经常变动,更不允许任何机关、团体和个人随意更改。行政法律和法规的修订必须根据客观形势发展的要求,由国家立法和行政机关遵循立法程序进行。

2. 规范性

是指它对一般人普遍适用,对其效力范围内的所有组织和个人具有同等的约束力。法律和法规都要用极其严格的语言,不能发生歧义,因为它是评价不同人类行为的共同标准。不同层次的法律法规不得相互冲突,法规要服从法律,一般法律又要服从宪法。

3. 程序性

是指法律的制定要遵循特定的程序,法律的实施要通过法定时间与法定空间上的步骤和方式进行。在政策执行的过程中,法律手段的运用既要讲究实质正义,又要讲究程序正义。

(三)经济手段

经济手段是指根据客观经济规律和物质利益原则,利用各种经济杠杆,调节政策执行过程中的各种不同经济利益之间的关系,以促进政策顺利实施的方法。经济手段运用价格、工资、利润、信息、税收、资金、罚款以及经济责任、经济合同等,来组织、调节和影响政策执行者和政策对象的活动。经济手段不同于行政手段和法律手段,它有如下三个特性:

1. 间接性

经济手段不像行政手段那样直接干预,而是利用经济杠杆作用对各个方面的经济利益进行调节,以此来实现间接调控。

2. 有偿性

与行政手段下的无偿服从不同,经济手段的核心在于贯彻物质利益原则,注重等价交换原则,有关各方在获取自己经济利益的权益上是平等的。

3. 关联性

一种经济手段的变化不仅会引起社会多方面经济关系的连锁反应,而且会导致其他各种经济手段的相应调整,它不仅影响当前,而且会波及今后。

（四）思想诱导手段

　　思想诱导手段是一种以人为中心的人本主义管理方法，它通过运用非强制性手段,诱使政策执行者和政策对象自觉自愿地去贯彻执行政策,而不从事与政策相违背的活动。常用的思想诱导手段有:制造舆论——在政策形成之时就大力宣传,使政策的内容深入人心;说服教育——对少数不按政策执行或抵触的对象采取个别谈心,做深入细致的思想教育工作,做到以理服人,而不是以强服人,以大话压人;协商对话——在政策执行出现困难的情况下,决策者和执行者应就政策深层次问题进行商谈,并借此征询群众意见,尽可能在补充政策中做出适当调整;奖功罚过——通过奖励或惩罚手段来诱发人们的动机,激励人们的积极性。

三、政策执行工具的创新

　　"新公共管理"理念体现了公共管理方式的方向性调整。目前,虽然对新公共管理运动仍存在各种争论,但其必然对传统的政策执行体制产生着深刻的影响,即政策制定与政策执行在新的调控机制下相分离;政策执行主体呈多元化平板式结构;政策执行追求质量而不是过程。政策执行趋向的这些变化,相应地带来政策职能相关环节的变化,即政府政策职能更为突出;政策类型发生转变;政策评估与政策监控面临新的机遇与挑战。政策执行工具是其发展的主要途径,市场化更是当前政策执行改革的趋向所在。

　　目前,政策执行问题和困境产生背后的深层原因在于:政策执行主体自身对利益的无限渴望。利益追逐这一既成事实告诉我们,在执行过程中与其将利益因素掩盖还不如果断地将其公开,通过公开、公正、公平、竞争、投入—产出的市场化方式对政策执行进行革新。新公共管理理论所倡导的,主张将市场竞争机制引入公共服务领域,强调放松规制,下放权力,提倡市场化、社区化和分权化。首先,引进私营部门的管理人员与管理理论、原则、方法及技术来"重塑政府",改革内部的行政管理体制。其次,通过外部私有化,打破政府垄断,将原来由政府控制或拥有的职能承包或出售给私营企业,准许私营部门进入公共服务领域,充分利用市场和社会的力量,从而通过促进公共部门之间,公共部门与私营部门之间展开竞争,提高公共服务的质量和公共管理水平。最后,引入市场竞争机制,采用出租、承包、委托、签订合同等方式由政府公共组织或其他组织执行。改单一的行政执行为承诺执行、合同执行、参与执行等新的公共决策的执行方式。

关于市场化工具、工商管理技术和社会化手段这三类基本的政策工具,我们在第三章政策工具中已有详细介绍。

第三节 公共政策执行的影响因素

公共政策执行是在复杂社会系统中进行的复杂活动,其有效性经常会受到某些因素的影响,使得公共政策付诸实施后,并不尽然取得预期的政策效果,反而造成政策实施走样,甚至导致政策实施失败。因而,只有找出并分析影响公共政策有效执行的障碍因素,才能克服其不利影响,促进政策有效执行。

一、认识公共政策执行影响因素的意义

现实的政策实践表明,某些政策付诸实施之后,并不能取得政策效果,这是因为在执行过程中会遇到各种各样因素的干扰和影响。因此,必须研究影响政策有效执行的因素,分析这些因素对于政策执行的影响方式和作用结果。这有助于在实际的政策执行过程中排除干扰,消除不利因素,保证政策得到有效执行。

二、公共政策执行的主要影响因素

在公共管理领域,许多政策不能达到预期效果,执行中存在重重困难,在很大程度上与政策自身的缺陷有关。政策的科学性影响到政策执行的有效性,以至于最早对政策执行问题进行系统研究的美国政策科学家史密斯明确地将理想化的政策视为影响政策执行的首要因素。一项政策的有效执行依赖于以下因素:

(一)政策问题的特性

政策问题的性质、政策对象行为的多样性、政策对象人数及其行为需要调试量的大小,都影响到政策的有效执行。

政策执行的有效与否,首先是和所要解决的政策问题的类型和性质密切相关的。越复杂的问题,执行的难度越大。政策执行中所触动的权力关系越多,涉及的机构和人员越多,政策目标越宏大,要调整的利益关系幅度越大,规范的技术操作等级越高,政策执行的难度也越大。

政策所要规范的目标团体的行为的种类越多,就越难以制定清楚明确的规则,用以约束政策对象的行为。

政策问题所涉及的目标团体人数的多少,也影响着政策执行的效果。一般说来,政策越明确,涉及的人数就越少,政策执行就越容易、越有效;反之,政策执行就越困难、越无效。

政策问题需要目标团体行为调试量的大小,也影响着政策执行的效果。为了实现政策目标,目标团体行为所需调试量愈小愈好,这样不至于造成人员的抵制,有利于政策的有效执行。

(二)政策本身的因素

1. 政策的正确性

政策问题的正确性是政策有效执行的根本前提。正确的政策符合社会发展的客观规律,代表人民的根本利益,能够促进社会发展,给人民带来利益,能被执行者所认同,被政策对象所拥护,因而能得到有效的执行。反之,政策执行必然会在政策执行者、政策对象的消极应付和抵制中被搁置。政策的正确性,首先要求的是内容的正确、方向的正确,其次要求政策制定具有科学的理论基础、严密的逻辑关系、科学的规划程序。

2. 政策的具体明确性

政策的具体明确性是政策执行有效的关键所在,是政策执行者行动的依据,也是对政策执行进行评估和控制的基础。一项政策要能够顺利执行,它必须具体明确,即政策方案和目标具体明确,政策措施和行动步骤明确。同时,政策的具体明确性还要求政策目标是切合实际并可以达到的,是可以进行比较和衡量的,政策目标的完成必须是政策执行者职权范围的事;政策方案应该指出所期待的结果,并要明确规定完成的期限。在实际的政策执行中,模棱两可、含糊不清的政策自然令人无法执行,也容易引起政策界限不清和导致政策随意变通。

3. 政策资源的充足性

无论政策本身制定得多么理想,如果缺乏必要的政策实施资源,政策实施的结果也不能达到政策目标的要求。一般来说,政策资源主要有物力财力资源、人力资源、信息资源和权威资源。

(1)物力资源与财力资源。物力和财力是两种最基本的政策资源,充足的经费和物质设备供给是公共政策实施的重要保证。我国许多政策实施起来比较困难就在于经费的缺乏。但在公共政策的执行过程中,并非物力和财力方面的投入越多越好,过多的财政经费开支不仅会导致过剩的、闲置的设备,还会导致过多人员投入及执行机构的臃肿和因人浮于事而产生的内耗,从而增加公共政策实施的难度。

(2)人力资源。公共政策实施主体的政策水平、知识结构、组织能力以及目标群体的受教育程度、政治参与水平和社会能力等素质条件是公共政策实施的重要政治资源。如果公共政策实施主体的政策水平不高或知识水平有限、知识结构不完善,可能造成政策认知的不当。不能正确地理解具有战略性和抽象性的宏观政策;不能认清公共政策的精神实质,即最高目标和最低目标、长远目标和近期目标的区别与联系;不能认清公共政策的内在机理,即公共政策的目标、原则、计划、程序、手段的内在统一性;不能认清公共政策的相互关系,即元政策与基本政策、旧政策与新政策、中央政策与地方政策的关系。由于不能正确理解政策,又可能造成政策宣传不当和执行不力。

(3)信息资源。政策信息作为公共政策实施的最为重要的政治资源,是公共政策有效执行的首要条件,畅通的信息渠道和充足的信息来源是政策方案得以顺利实施的重要保证。信息不对称是政治资源大量流失的重要原因。信息不对称造成了公共政策实施的政策宣传不当、政策理解失误、政策沟通堵塞,尤其可能产生部分政策实施的"暗箱操作"和以权谋私,难以对公共政策实施的全过程进行有效监督与控制。信息不对称及其传播渠道受阻又会使公共政策实施产生"伴生噪音",即小道消息的蔓延。"小道消息"以其传播的效率高、间隔短、迎合受众的心理需求而迅速占据"传播市场",误导信息的接受者,致使受众对正确的政策信息内容产生质疑、排斥、抗拒,给政策的有效执行带来很大的阻力。

（4）权威资源。在政策实施活动中，权威是一种特殊的资源。负责执行政策的人员要使其执行活动得以顺利地进行，则必须被赋予相对的权威，用以执行其工作上的任务。权威乃是采取行动、进行指挥、获取资源而执行其工作任务的权力来源。权威资源的不足会导致现有的政策执行不力或政策走样。

(三)政策以外的因素

影响政策执行的因素，除了政策问题的特性、政策本身的因素之外，还有目标团体、政策执行人员的素质和工作态度、执行机构间的沟通与协调等因素。

1. 目标团体对政策执行的影响

目标团体是指政策的作用、影响的对象。目标团体顺从、接受政策，政策执行就会成功；目标团体不顺从，拒不接受政策，政策执行就会失败；目标团体只部分接受，也会加大政策执行的难度。可见，目标团体对政策的顺从和接受的程度是影响政策能否有效执行的关键性因素之一。

2. 执行人员的素质和工作态度

执行者对政策的认同、对政策执行行为的投入、创新精神、对工作的负责、较高的政策水平和管理水平是政策得以有效执行的重要条件。现实中的政策变形走样在一定程度上是由于政策执行者的素质不高和思想观念上的错误所导致的。

3. 执行机构组织间的沟通与协调

沟通是政策执行过程中各级组织人员进行信息交流、传递的过程，是对于政策目标及其相关问题获得统一认识的方法和程序。

从纵向沟通来看，上级机构的政策标准必须通过有效的沟通渠道传播给执行者，而执行者对政策的支持程度也取决于上级机构对政策的解释和执行者对政策的了解，而且上级机构对执行情况的了解也只有通过沟通渠道方可获得。

从横向沟通来看，一项政策的执行往往需要众多机构和执行人员的分工合作，需要他们相互沟通、消除误会、化解矛盾和冲突，以提高政策执行的效率。

从执行者与目标团体之间的关系来看，执行者不仅要通过沟通渠道将政策指令传递给目标团体，而且应通过沟通渠道向目标团体说明政策所具有的意义、制定政策的背景、政策执行所要达到的目标，让政策目标团体能够积极主动的接受和执行政策。

(四)政策环境

政策环境构成了公共政策实施的基础，时刻影响着执行的整个过程；良好的政策环境是特定的政策实现最终目标、取得最大绩效的前提。政策环境可分为宏观环境和微观环境。就宏观环境而言，主要是政治、经济、文化等环境。从微观环境说，政策实施中人力、物力和财力的投入情况和信息渠道的畅通与否也直接影响政策的落实。

第四节 "上有政策，下有对策"现象剖析

"上有政策，下有对策"是我国政策执行中长期存在的一种普遍现象。近年来，随着我国改革开放的深入和地方分权的发展，"上有政策，下有对策"现象非但未能克服，反而有加剧之势，成为影响政策有效执行的一种障碍因素，我国学术界对此密切关注并展开研究。

一、"上有政策，下有对策"现象的主要表现

(一)"你有政策，我有对策"——替换性执行

当执行机关和部门所执行的政策对自己不利时，执行者就制定与上级政策表面上一致，实际却相违背的实施方案，使上级的政策难以得到贯彻落实。例如，中央要政企分开，一些政府主管部门摇身一变成为行政性公司，即翻牌公司，照旧行使政策直接管理企业的权力，或者以组建集团公司名义把已经下放给企业的自主权重新收回来。根据1992年《全民所有制工业企业转换经营机制条件》，中央政府给企业下放了14项基本权利，这一政策对搞活国有企业，促进经济发展是有益的。但是这些下放的权力真正落到企业的并

不多,其中的大部分权力被各级地方政府截留收走。"上有政策,下有对策"的现象,极大地损害了党的政策目标的顺利实现。

(二)"曲解政策,为我所用"——选择性执行

政策执行者在执行政策中对政策的精神实质或部分内容有意曲解,导致政策无法真正得到贯彻落实,甚至出现与初衷相悖的结果。以我国住房制度改革为例。改革的目的本来是为了减少国家财政负担,搞活房产建筑企业,实现住房商品化,解决住房分配不公的问题。但在实际贯彻执行过程中,一些地方和部门自行"变通",规定了一些原政策所没有的内容,结果使得这项政策明显向占有较大面积和较高质量住房的既得利益者倾斜。还有相当多的地方甚至公然曲解政策原意,把住房商品化解释为低价出售公房。正因为各地各部门出于自身的利益而有意曲解政策,使得国家的几次房改政策难以得到有效地执行。

(三)"软拖硬抗,拒不执行"——象征性执行

政策执行的最高准则在于维护政策的权威性和严肃性。在执行过程中,有些执行机关或人员有意不执行或变相不执行,有的只是采取象征性的执行措施,甚至抗拒执行。例如,国务院一再强调要严厉打击假冒伪劣产品,先后通过了《消费者权益保护法》《产品质量法》《反不正当竞争法》和《关于惩治生产、销售伪劣商品犯罪的决定》,还专门成立了"打假办",开展诸如"质量万里行""3·15消费者权益保护日"等活动。可是假冒伪劣产品仍然禁而不止,打而不死。究其原因,与地方保护主义从局部利益出发抗拒中央政策,包庇、维护本地制售假冒伪劣者有关。有的地方政府为了本地经济利益,对假冒伪劣犯罪行为不闻不问,熟视无睹,任其发展;有的地方政府认为打假"怕影响本地经济发展,影响当地财政收入"。执法部门刚要查处,一些领导就出面说情开脱,甚至要求要"一致对外"等。河南周口地区假药、河北省无极县假药案都是此种表现。结果一些地方假冒伪劣产品泛滥成灾,严重影响国民经济的健康发展。

第五章

（四）搞"土政策"——附加性执行

附加性执行指的是在政策执行过程中，执行者附加一些原政策目标没有的内容，把本不可行的事情变为可行之事，影响了目标的实现。所谓"土政策"，就是打着贯彻上级政策要结合实际的旗号，自立一套，自行其是，牟取私利。例如，我们搞市场经济，要建立社会主义大一统市场。但一些地方往往立足本地，搞小而全的生产体系。在生产快速发展时期，为保护本地利益封锁信息、技术和资源，禁止劳动力和人才流动，搞"土政策"，到处封关设卡，争夺资源的"大战"此起彼伏，扰乱了市场秩序，严重危害中央宏观政策的贯彻实施。

（五）"机械照搬、无视政策精神实质"——机械性执行

任何公共政策都是公共管理主体基于特定的条件为处理相应的公共问题而制定的。它不仅具有时效针对性、部门行业性、区域性，而且还应该具有程度不同的灵活性。政策的有效执行依赖于各种因素或条件，政府部门最主要的职责和职能是执行。只有客观、全面、准确地把握各项公共政策的内涵与实质，把政策实施的原则性与灵活性有效地结合起来，科学合理地选择公共政策的执行方式，才能使政策的执行取得理想的效果。然而，我国在公共政策实施过程中却普遍存在机械执行的现象：一是无视公共政策的精神实质，不考虑客观环境条件，对相关问题不能因时、因事、因地做出具体分析，机械地照搬其他地区、部门或行业的公共政策；二是无视公共管理中各种新情况、新问题、新特点，机械照搬陈旧的、过时的公共政策；三是无视公共事务的时效性，在公共政策不到位的情况下，面对急需解决的公共事务问题无所作为，因坐等上级政策而丧失解决问题的最佳时机。机械执行使公共政策失去了针对性，不仅阻碍了政策实施功能的正常发挥，而且浪费了公共资源，降低了执行效力，给公共管理造成一定程度的损失。

二、"上有政策，下有对策"现象的成因

"上有政策，下有对策"现象产生的原因无非是"利益"的驱动。博弈论认

为:在冲突和竞争的情况下,每一个参与者都遵循力求得到最大利益,并把损失减少到最低限度的原则。作为政策执行者的中央与地方政府和执行人员,从某种程度上说都遵循博弈论的基本原则。因此,要分析"上有政策,下有对策"现象的成因,就要分析政策执行中的中央与地方,上级与下级的利益关系机制。

(一)中央利益与地方利益的矛盾

国家利益是一国之内的最高利益,所有部门、地方和个人的利益都要服从它的要求。中央与地方的领导所处的位置不同,考虑问题的角度和方式不同,对利益的要求也不同,他们为了在这个利益总量中争取更大的份额而产生利益矛盾。其主要表现是:国家一方面对地方的权限、利益做了界定,但没有同时对与之密切相关的其他方面做配套性界定;或者同一个内容的各个方面,有的被严格界定,有的则界定模糊;或者是中央不同部门对同一规定有不同的界定。这样一方面使地方无所适从,另一方面又使地方有机会灵活变通,应对中央政策。目前,各地向中央争优惠政策、争投资、争项目等五花八门的竞争,有愈演愈烈之势,正在形成中央与地方之间就政治利益和经济利益讨价还价的极不正常状态。

(二)政策本身的缺陷

这主要表现在:一是有些政策缺乏科学性,不完整、不配套。在政策制定过程中,新老政策之间,宏观和微观政策之间,政治、经济和社会等各个领域和各部门之间,以及一个大政策和它的具体实施细则之间,往往没有很好的衔接和配套,没有形成科学合理的政策体系。这一方面给政策执行带来困难,另一方面也给执行者寻找对策、钻空子造成可乘之机。

二是政策多变。今天制定一个政策,时过不久,情况发生了变化,又匆忙出台一个新政策,头痛医头,脚痛医脚。还有的因领导换届,政策也跟着发生大的变化,人存政举,人走政息。政策多变,朝令夕改,法无常规,缺乏稳定性和连续性,就无法建立政策的权威性和可信度,也就很难使人遵从它们,产生"上有政策,下有对策"的现象也在所难免。

三是政出多门,莫衷一是。现在我国机构繁多,部门林立,职责不明,多

第五章

头决策,缺乏有效的沟通协调,常常是政出多门,甚至相互矛盾。面对众多甚至相互矛盾的政策,政策执行者不得不采取"优先法"——顶头上司的优先,其他领导的靠后;经济监督、杠杆部门的优先,其他部门靠后;领导个人交办的优先,集体名义布置的靠后。这种"上有政策,下有对策"往往本末倒置,宏观失控,国家受损,群众吃亏,正确的政策难以执行。

(三)政策执行主体的本位主义和地方利益的驱使

一是干部阶层利益诱发。干部身兼政策执行者和政策制定者双重身份,他们是政策能否有效执行的决定性因素。如果他们仅仅从本阶层的利益出发,会驱使其在执行政策时搞与上级政策精神不一致的所谓"对策"。

二是地方部门利益驱使。一些干部从本部门和本地区利益出发,在对外贸易和引进外资中不惜损害国家利益,搞优惠竞争,把国家的资源、人民创造的财富廉价转让。在流通领域为了地方利益大搞封锁,制定了与中央政策相悖的"土政策",曾多次出现的"蚕茧大战""羊毛大战""松脂大战"就是典型的例子。

三是干部中存在的错误思想观念的导向。一些干部存在着严重脱离实际、弄虚作假等风气;个人至上、金钱至上、人情关系至上等观念;以致出现了诸如偏重于短期行为,人情、金钱大于政策,个人关系高于组织原则等不正常现象。无视中央政策的规定,滥用灵活性,随意"变通"政策。

(四)政策执行的监控不力

我国虽然建立了比较健全的行政监察体系,对国家行政机关及其工作人员的活动进行有效的监督控制,但在政策执行过程中,从上到下依然缺乏有力的监控机构,专门负责监督各种政策的贯彻落实情况。由于法律、法规或政策文件的落实缺乏监督保证体系,执行与不执行都是一个样,时间一长,令不行、禁不止,"上有政策,下有对策"之风自然盛行。

三、"上有政策,下有对策"现象的危害

"上有政策,下有对策"是政策变通的一种表现形式,如果地方政府能够

抓住中央政策的精神实质、遵循政策的要求,结合当地实际,制定切实可行的实施对策,这样的对策是合理的、合法的,有助于用足、用活中央政策,有助于完善政策,使中央政策发挥更大的效益;如果地方政府夸大政策的灵活性,否定政策的原则性,以地方利益为标准,符合本地利益的政策就"用足用活",反之就随之"变通"政策、肢解、曲解、抵制中央政策,制定"土政策",实行地方保护主义,为了本地区、本部门的局部利益和小集团利益,置国家、集体的整体和长远利益于不顾,使得中央政策的权威性、严肃性正在受到挑战,长此以往,就有可能形成"诸侯割据"的局面,危及国家和民族的稳定和统一。

四、对"上有政策,下有对策"现象的治理

如前所述,"上有政策,下有对策"现象的产生和盛行,究其本质原因是利益的驱使。解决这一问题,应当从以下四方面入手:

(一)从制度上解决合理划分中央和地方事权的问题

首先应该做到从制度上合理划分中央与地方的事权,协调中央与地方的利益矛盾。具体来说,有两点措施:①按照各级政府的职能要求合理划分事权,避免在权力分配中既有权力空白又有互相侵权的现象。②按照各级政府承担的事权,合理划分各自的财权,兼顾中央利益和地方利益,尽量使政策执行者的价值取向与中央政策的价值取向相吻合。

(二)加强政策研究,建立科学合理的政策体系

在宏观、中观、微观政策规章之间,新旧政策之间都要进行协调,逐步建立科学合理配套的政策体系。政策变迁要迂回前进,具有稳定性和连贯性。既不能一成不变,也不能朝令夕改,防止出现政策过程中的无序状态和"空白状态"。

(三)摆正局部和全局的关系,树立"全国一盘棋"的思想

"上有政策,下有对策"实质上颠倒了局部与全局的关系,缺乏"一盘棋"

的思想。至于处理好局部与全局关系,"上有政策,下有对策"就会失去立足之地。处理好局部与全局的关系,必须维护中央的权威,反对分散主义和地方主义,令行禁止,步调一致。

(四)加强监督,从严治政

必须建立和健全相对独立的监督体系以保证各项政策的贯彻实施,政策制定者要把监督机构至于自己的直接指导之下,不受其他部门所左右,而不能把监督权力下放给执行机构去管理,受其管辖,否则难以保证监督的客观性和公正性,并真正发挥监督机构的作用。

同时,对于违法渎职、贪污腐化、执行失误等各种行政案件要坚决查处,毫不留情地惩处各种违法失职官员,只有这样才能使人们不存侥幸心理,不敢随意变通、怠慢各项政策,搞所谓的"上有政策,下有对策",从而树立政策的严肃性和权威性,使各项政策得到切实的贯彻实施,取得良好的政策效益。

思考题

一、概念解释

1. 公共政策执行

2. 政策宣传

3. 政策分解

4. 目标团体的行为调试量

二、简答题

1. 如何理解政策执行的四种研究途径?

2. 公共政策执行所依赖的政策资源有哪些?

3. 阐述公共政策执行的过程与手段有哪些?

4. 阐述"自上而下"和"自下而上"两种政策执行途径的区别。

5. 分析论述"上有政策、下有对策"的表现、原因及危害。

6. 请联系现实的公共政策实践阐述公共政策执行的主要影响因素。

本章重点：

1. 公共政策评估的概念
2. 公共政策评估的类型
3. 公共政策评估的功能和意义
4. 公共政策评估的方法
5. 公共政策评估的模式
6. 公共政策调整的原因及内容

第六章　公共政策评估

　　公共政策评估是贯穿于全部政策过程的一项十分重要的政策活动。正确地进行公共政策评估，不仅是正确有效地开展政策活动的重要保证，而且对提高政策活动的质量和水平有重要价值。也只有通过政策评估，有关政策主体才能够判断一项政策是否收到了预期效果，进而决定这项政策是应该继续、调整还是终结；通过政策评估，也可以总结政策执行的经验教训。本章将讨论公共政策评估的几个基本理论问题。

第一节　公共政策评估概述

　　政策评估是政策分析的重要方面，是一种具有特定标准、方法和程序的专门研究活动。在相当长的时间里，政策评估并未引起人们的重视。作为公共政策分析过程中不可或缺的一环，政策评估在政策分析过程中有着重要意义。

一、公共政策评估概念

公共政策评估是依据一定的标准和程序,对政策的效益、效率和价值进行判断的一种政治行为,目的在于取得有关这方面的信息,作为决定政策变化、政策改进和制定新政策的依据。

二、公共政策评估类型

随着政府活动的日益复杂化和影响的深入化,政策评估也日益呈现出多样化的特点。国内外学者依据不同的标准,从不同的角度对政策评估进行了分类。从评估组织活动形式上看,可分为正式评估和非正式评估;从评估机构的地位上看,可分为内部评估和外部评估;从政策评估在政策过程所处的阶段来看,政策评估又可分为事前评估、执行评估和事后评估。

(一)正式评估和非正式评估

从评估组织形式上看,可分为正式评估和非正式评估。非正式评估指对评估者、评估形式、评估内容没有严格规定,对评估的最后结论也不作严格要求,人们根据自己掌握的情况对政策做出评鉴的评估。

正式评估指事先制定完整的评估方案,并严格按规定的程序和内容执行,并由确定的评估者进行的评估。它在政策评估中占有主导地位,其结论是政府部门评价政策的主要依据。

(二)内部评估和外部评估

从评估机构的地位看,政策评估分为内部评估和外部评估。内部评估是由行政机构内部的评估者所完成的评估。它可分为由操作人员自己实施的评估和由专职人员实施的评估。

外部评估是由行政机构以外的评估者所完成的评估。它可以是由行政机构委托营利性和非营利性的研究机构、学术团体、专业性的咨询机构、大专院校进行的,也可以是由投资或立法机构组织的或由报纸、电视、民间团体等其他各种外部评估者自己组织的。内部评估和外部评估各有其利弊,因此,在实践中,应把内、外部评估结合起来,取长补短。

(三)事前评估、执行评估和事后评估

从政策评估在政策过程所处的阶段来看,政策评估又可分为事前评估、执行评估和事后评估。

事前评估是在政策执行之前进行的一种带有预测性质的评估。包含三个方面:对政策实施对象发展趋势的预测,政策可行性的评估,对政策效果的评估。

执行评估就是对在执行过程中的政策事实情况的评估,就是具体分析政策在实际执行过程中的情况,以确定政策是否得到严格地贯彻执行。

事后评估是政策执行完成后对政策效果的评估,旨在鉴定人们执行的政策对所确认问题达到的解决程度和影响程度,辨识政策效果的成因,以求通过优化政策运行机制的方式,强化和扩大政策的效果。它在政策执行完成以后发生,是最主要的一种评估方式。

三、公共政策评估的功能

公共政策评估是政策运行过程中具有的特定功能和重要作用的政策行为。公共政策评估的功能主要体现为以下五个方面:

1. 诊断功能

公共政策评估的基础和首要工作是对政策及其运行状况进行分析,作事实评判,为决策和执行人员把握诊断政策方案或政策运行的实际状况做参谋助手,因此,公共政策评估具有诊断功能。

2. 预测功能

公共政策评估者在事实评判的基础上,依据评估手段、技术还可以对政策方案及其运行状况作价值评判,确定其科学性、可行性,并据此预测政策运行对决策者、执行人员以及利益关系人的影响和需要的满足状况,所以公共政策评估具有预测功能。

3. 反馈功能

健全的公共政策评估系统,能够及时有效地将政策方案及其运行状况、

评估者的判断、预测、建议等信息,反馈到决策者或执行人员,因此公共政策评估具有反馈功能。

4. 矫正功能

公共政策评估是政策监控机制的重要组成部分,通过事实、价值评判,能够对政策运行进行监督控制,并参与或服务于决策者调整政策运行、矫正政策方案的活动,所以公共政策评估也具有矫正功能。

5. 总结功能

公共政策评估系统能够对政策运行作阶段性或最终的评审,对政策运行的目标性、效率、影响力等作综合的分析、比较、总结,并为新的政策制定和运行奠定基础。

四、公共政策评估意义

政策评估作为一种对政策的效益、效率、效果和价值进行判断的一种政治行为,是政策运行过程中的重要一环。长期以来,我们重视政策制定,但往往忽视政策的实施效果。事实上,政策评估对于改进政策制定系统、克服政策运行中的弊端和障碍,增强政策的活力和效益有重要作用。

(一)公共政策评估是检验政策的效果、效益和效率的基本途径

任何政策,如果投入运行后,就再没有人去做相关的评估反馈工作,那它的效果如何就不得而知。尤其是一项构思精良,经多方论证认定是无懈可击的政策投入运行以后,究竟有没有达到预期目标,是否已产生预期效果,或产生了哪些非预期的连带的效果,都需要我们进行科学的评估。也就是说,评估人员要密切关注政策执行的动向,搜集相关的资料和信息,再加以科学的分析、论证,得出可靠的结论,以确定该项政策是否有好的效果,执行过程是否达到预期的效率以及它的效益所在。

(二)公共政策评估是决定政策去向的重要依据

一项政策在执行过程中总会呈现出一定的走向。伴随着政策目标实现程度的不断推进,该项政策是应该继续、调整还是终结?这都必须依据一定

的客观资料。能够提供这种客观资料的有效活动只有公共政策评估。政策的走向一般分为三种情况：①政策继续。即通过科学的评估，发现该政策所指向的问题还未得到解决，其政策环境也没有发生大的变化。基于这种情况，还适宜用原来的政策继续指导这个问题的解决。例如，通过第五次人口普查，确定我国的计划生育政策的执行已经取得了显著效果，但我国人口多，基数大，所以要继续执行该项政策。②政策调整。如果一项政策在执行过程中，遇到了新情况、新变化，原来的政策已明显不适应新的政策情况，就必须对原有政策进行调整，以适应新变化，更好地实现政策目标。③政策终结。也就是完全终止原来的政策。政策终结分两种情况：一是政策目标已经实现，原有的政策存在已经没有意义，完成了一个政策周期，自然终结；二是政策环境或问题本身发生了非常大的变化，原有政策已明显不能解决问题，甚至会使问题变得更为严重，而且通过调整已无济于事，这时就需要终结旧政策，代之以新的、更为有效的政策。为了避免终结旧政策带来的混乱，旧政策的终结与新政策的出台最好能够同步。比如2003年6月20日，国务院发布了《城市生活无着的流浪乞讨人员救助管理办法》，取代了1982年发布的《城市流浪乞讨人员收容遣送办法》。无论是政策的继续、调整还是终结，都必须建立在科学、系统、全面的公共政策评估基础上。

（三）公共政策评估是合理配置资源的有效手段

作为社会资源配置的重要工具之一，公共政策是对社会价值的权威性分配。一个国家的财政税收有一定的数目，政府预算也有其限额；换言之，国家的资源是有限的。在国家资源有限的情形下，公共政策已成为政府分配资源（预算）的权威性决定，而通常并非每一个人都满意政府的政策制定，因此，如何通过公共政策评估来评价社会资源分配是否合理，或者最有效率，是公共政策评估存在于当代社会的首要意义。只有通过公共政策评估，才能确认每项政策的价值，并决定投入各项政策的资源的优先顺序和比例，以寻求最佳的整体效果，有效推动政府各个方面的活动。同时，通过公共政策评估，也可以对照以往的政策资源分配情况，比较其合理性，总结经验，吸取教训，使政策活动优质高效的进行。

第六章

（四）公共政策评估是公共决策科学化、民主化的必由之路

在现代社会，国家管理活动中重要的一环就是利用公共政策来调整、组织社会生产和社会生活。随着社会的发展，各种新情况和新变化层出不穷，单靠传统的经验来决策已经不能应付日益复杂的决策问题。实践证明，经验决策必须向科学决策转变；而公共政策评估正是使决策迈向科学化的必由之路。通过公共政策评估，不仅可以检验政策的效果、效益和效率，更合理地配置政策资源，形成一种优先顺序和比例，而且可以与时俱进，随时抓住情况的变化，对政策做出继续、调整或终结的决定。从另一个角度来看，通过评估得出的结论体现了科学性，为下一步的民主决策奠定坚实的基础。因此，公共政策评估对于公共决策的科学化、民主化是不可或缺的。

（五）民众利益的要求

对于民众而言，"政府的每一项政策，都影响着他们的生活、利益，他们也急于了解一项政策的最终实施状况以及对自己利益的影响，这一切也只有通过政策评估来进行。"

第二节　公共政策评估的标准与过程

一、公共政策评估的标准

公共政策评估在本质上是寻求、证明和确定政策价值的过程。这个过程实际上是从确定评估的价值标准开始的。评估价值标准的选择、排序和组合，将直接影响评估的结论及其合理性和可靠性。因此，公共政策评估标准历来为评估理论所重视。

(一)政策评估标准的概念

政策评估实质上是一种价值判断,而要进行价值判断,就必须建立相应的价值尺度,即评估标准。它是政策评估者在政策评估过程中据以对政策方案和政策效果进行优劣判断的准则。

(二)政策效果的类型

概括而言,政策效果有如下五种类型:

1. 直接效果

即政策实施对主体所要解决的政策问题及相关人员所产生的作用。

2. 附带效果

政策实施过程中可能对并非作用的环境、团体、个人产生效能,这种效能超乎政策制定者原来的目标和期望,成为一项政策的副产品。

3. 意外效果

有时一项政策的推行有两种情况:一种是有心栽花花不开,投入很多,期望很高,却收效甚微;一种是无心插柳柳成荫,种豆得瓜,没有太多的期盼和投入,却有出人意料的收获。

4. 潜在效果

有的政策明显有助于改善眼前的状况,产生短期效应,有些则不能。但是二者都有潜在的影响,可能会在相当一段时间里才表现出来。这种潜在效果虽然不易测定,但却很值得评估者的注意和考量。

5. 象征性效果

有些公共政策的内容是象征性的, 它可能具有的有形效果是微不足道的,其初始的用意也不过是让有的人群得到印象,以为他们要求的问题已经解决或正在解决之中,从而减轻对政策的压力,或者为激发起某种精神。

(三)政策评估标准的内容

任何评估,都是根据特定标准对评估对象进行衡量、检查、评价和估计,以此判断其优劣。政策评估也需要制定特定的标准,政策评估标准是进行公

第六章

共政策评估的依据和尺度，同时也能防止政策的制定和选择出现个人偏好从而保证公共政策的有效执行。因此需要制定特定的评估标准。然而，在现实的政策活动过程中，由于政策涉及面广、参与人数众多，政策过程中存在多个变量因素，因此难以设定一个统一的、能被绝大多数学者共同认可的标准。国内外学者在这个问题上也是各持己见。如表6.1所示：

表6.1 公共政策评估的依据和标准

作者	公共政策评估的依据和标准
巴尔达奇	1.技术可行性；2.政治可行性；3.经济和财政可能性；4.行政可操作性。
威廉·邓恩	1.效果；2.效率；3.充足性；4.公平性；5.回应性；6.适宜性。
林水波 张世贤	1. 投入工作量：在政策执行过程中所投入的各项资源的质与量和分配状况。 2.功效：依据具体明确的目标，分析政策对客观事物与政策环境所造成的实际影响。绩效既包括政策推动的结果，又合乎民众心目中认定的满意程度。 3. 效率：投入工作量与绩效之间的比例关系。 4. 充足性：满足人们需求、价值或机会的有效程度，反映了绩效的高低。 5. 公平性：政策所投入的工作量和产生的绩效，在社会不同群体间公平分配的程度。政策的类型不一样，所反映的公平性的角度与观点也不一样。 6. 适当性：政策目标和所表现的价值偏好，以及所依据的该假设是否合适。 7.执行力：探求影响政策成败的原因，进而导致因果模型性的构建。 8.社会发展总目标：对社会状态与发展的数量描述与分析。既反映过去的动向，又可作为社会现状的说明，其特征是以描述性指标为主。
张国庆	张国庆在《现代公共政策导论》一书中，从一个较独特的视角提出了评估的首要标准和次要标准的概念。他认为，对于一项政策的整体评估是建立在若干单元评估基础上的。所以，他把用于整体评估的标准称为首要标准，把用于单元评估的标准称为次要标准。在这个意义上，他得出的结论是：总量评估和首要标准是自变量，而单元评估和次要标准就成了因变量。但他对首要标准和次要标准的具体内容没有进行阐释。这样，他就从立体的角度构建了一个评估标准的架构。
朱志宏	台湾学者朱志宏也提出了"次级标准"的概念。在公共决策过程中，由于客观条件所限，找到最优决策方案是相当困难的，所以人们往往退而求其次，在现有条件下，选定一种较为满意的方案，做出一种"满意决策"。同理，在进行政策评估的实践过程中，要寻求一种近乎完美的、放之四海而皆准的评估标准也是相当困难的。因为"选择什么样的评估标准，不仅取决于评估目的、评价者，而且还决定于评价的技术与方法"。因此，在大多数的情况下，人们在评估实践中所依据的也仅仅是一种在此时此地较为满意的评估标准。
周树志	1.公共政策评估的一般标准：公共政策评估活动中共用的和通用的标准，是社会评价的标准，包括政治标准、社会功利标准、生产力标准、社会实践标准和历史进步标准； 2.公共政策评估的特殊标准，即不同类型的公共政策行为的评价，各有自己专门的特殊的评估标准，主要是以它们各自的内在目标规定作为标准；

续表

	3.公共政策评估者的主观标准,公共政策评估最终是由具体的评价者进行的,评价者不仅要掌握和运用政策评估的一般标准和特殊标准,而且他个人的主观评价标准在政策评价中也起着至关重要的作用,包括主体的价值观标准、兴趣爱好标准、利益标准等。
陈振明	1.生产力标准:生产力标准是政策评估的首要标准; 2.效益标准:以实现政策目标的程度作为衡量政策效果的尺度; 3.效率标准:即政策效益与政策投入之间的比率; 4.公正标准:指在政策执行后,导致与该政策有关的社会资源、利益和成本在社会不同群体间公平分配的程度; 5.政策回应度:指政策实施后对特定团体需求的满足程度。

在这里,我们不想也没有必要提出新的评价标准。只想告诉读者,完全可以从上述几位学者所提出的标准中,并结合自己所面对的具体的政策实践,有针对性地、有选择性地选择出一组标准,构成标准体系,力争全面地、合理地实施政策评估。

二、公共政策评估的过程与步骤

政策评估是一种有计划、按步骤进行的活动,是一个有规律可循的系统过程。虽然评估活动步骤会因为评估类型的不同而不尽相同,一般来说,公共政策评估活动存在三个相互关联的程序,即评估准备、评估实施和评估总结。

(一)准备阶段

正如一项工程在施工之前要进行严密、精心的设计一样,每项公共政策评估在实施以前也都要进行周密的准备工作。评估准备阶段对于公共政策评估具有重要的意义。如果准备工作比较充分,就能抓住关键的政策问题,明确评估的中心和重点,避免盲目性,使公共政策评估工作顺利进行。评估准备阶段的主要任务包括:

1. 确定评估对象

根据理论研究与实际工作需要,遵循有效性与可行性相结合的原则,精选评估对象(特别是那些比较成熟的、政策效果与环境变化的因果关系比较明显,且评估结论比较有推广价值的政策)才能使评估收到最佳效果。

第六章

2. 明确评估目的

所谓明确评估目的,就是确定为什么要进行评估的问题。评估目的可能不止一个,但往往要确定其主要的目的。评估目的决定了公共政策效果评估的基本方向。只有解决了为什么要进行评估,才能使各类参与评估者及其直接评估者步调一致,朝着既定的方向迈进。

3. 选择评估标准

评估标准有一般标准,也有具体标准,有国外的标准,也有国内的标准;这就要根据情况作出适当的选择。实践中,评估标准一般都要进一步地量化,即采用"指标体系及其指标体系的集合"来实施评估活动。

4. 培训评估人员

评估人员是公共政策效果评估系统构成要素中最主要的要素。其素质的高低、专业化程度、评估态度、敬业精神、评估立场等都直接影响评估的质量。因此,必须选择适当的评估人员,提高他们的理论分析水平和实际操作能力,构建具有较高水准的评估队伍。

5. 撰写评估方案

一个完整的评估方案应包括:①阐述评估对象;②针对所要评估的公共政策,明确评估的目的、意义与要求;③提出评估的基本设想,根据评估目标,确定评估的内容与范围;④确定评估标准,决定评估类型,并选择评估的具体方法;⑤写明评估的场所、时间,规定工作进度的有关计划;⑥写明评估经费的来源及筹措与使用等;⑦其他内容。

总之,评估方案应将评估的五个基本要素,即评估者(主体)、评估对象(客体)、评估目的(出发点)、评估标准(准则)和评估方法(手段)都包括在内,使它们共同构成一个完整的政策评估系统。

(二)实施阶段

实施评估是整个政策评估活动中最为重要的阶段,其主要任务是采集评估信息、统计分析评估信息。这一阶段工作的好坏,直接决定着公共政策效果评估的成功与否。大致包括以下三个方面的内容:

1. 采集评估信息

利用各种调查手段,全面收集政策制定、政策执行、政策影响和政策效益等方面的信息。

公共政策效果评估的过程,实际上是一个信息过程:收集——整理——反馈——再收集——再整理——再反馈的过程。所以,采集评估信息十分重要,可以说是评估中的一项基础性的工作。其主要任务是利用各种社会调查手段,全面收集有关公共政策制定、法律、执行等方面的第一手资料。收集资料的技术与方法有很多种,常用的有:观察法;查阅资料法,如查阅政策运行记录等;调查法,如开会调查、个别访问、问卷调查等;个案法,如典型分析;实验法等。这些方法各有其特点和应用范围,最好是交叉使用、相互配合,务求所获信息具有广泛性、系统性和准确性。

2. 综合分析评估信息

就是要在收集信息的基础上对那些有关政策的原始数据和信息资料进行系统的整理、归类、统计和分析。

这个阶段是对采集到的评估信息进行统计分析处理的阶段。由于采集所获得的信息都是原始数据,比较分散、杂乱,所以需要对其进行系统的整理、分类、统计、综合和分析。统计分析的方法有很多,根据统计学原理,公共政策效果评估通常采用多变量统计分析等方法,对各类数据进行系统研究。单项指标评估是多变量统计分析方法在评估指标法中的具体化,它是查明各项评估指标的实现程度的基础。如果问题复杂,还可分单项指标和单类指标,如经济类指标中包含成本、利润、税金等多个指标。单项指标都具有较强的业务性,需要较多的具体数据。每个单项指标,在整个评估系统中所处的位置与作用是不相同的,需要确定它们的权重。在各类与各个单项指标的基础上,还要进行整体综合评估。

3. 形成初步结论

综合运用适合的评估方法,对政策进行评估,得出评估结论。

在综合统计分析评估信息之后,紧接着就是要运用直接比较法、综合比较法、成本效益分析法、前后对比分析法或统计抽样分析法等具体的方法,给出一个初步的评估结论。在进行评估时,要坚持评估资料的真实性、全面性、多样性和具体分析的客观性、可比性、科学性等原则,客观、公正、真实、准确地反映出公共政策的实际效果,给出评估结论。

(三)结束阶段

结束阶段是处理评估结果、撰写评估报告的阶段。公共政策评估离不开价值判断,个人的价值判断受客观条件和一些非理性因素的影响,难免有疏漏。因此,当我们收集评估信息,得出评估后,还必须妥善处理。首先,要自我检验、统计分析评估信息所得出结果的可信度和有效度。其次,让评估结论与政策设计者、决策者、执行者、参与者见面,以便发挥评估的诊断、监督、反馈、完善和开发作用,提高政策的科学性。评估总结包括以下两个方面的内容:

1. 撰写评估报告

撰写评估报告是出成果的阶段,所以说特别重要,为此要注意三点:①对初步结论要再作一次简明扼要、提纲挈领地分析总结,然后给出一个正式的评估结论;②在评估报告中,除了要写好价值判断部分外,还必须要写好政策建议部分及整个评估工作的说明。实践中,有不少的评估人员只重视价值判断部分,对后几部分则不以为然,这是不可取的。③要正确看待决策者对评估报告的价值的不同观点。无论评估报告的价值高低抑或好坏,决策者与评估者的认识常常存在着这样或那样的分歧:那些一开始就勉强赞成或不赞成对某项公共政策进行评估的决策者,自然对评估报告毫无兴趣;而那些支持评估的决策者,对评估报告所提出的公共政策建议可能有三种态度:全部采纳、部分采纳和不采纳。盲目地全部采纳是不可取的,无须再讨论。问题在于部分采纳和不采纳上。对评估者来说,他们总希望自己提出的建议能被决策者所接受。因此,决策者和评估者之间的分歧必然存在,妥善地处理这些问题,对二者都显得很重要。

2. 总结评估工作

在撰写好评估报告之后,接下来就是对评估工作进行系统的总结。总结是对本次评估活动进行一番全面的回顾,评估工作中的优缺点,总结经验,吸取教训,为以后的公共政策评估活动打下基础。这一阶段通常的做法是写一个"关于××公共政策效果评估的工作报告"。至此,公共政策效果评估工作全部结束。

三、公共政策评估的方法

公共政策评估方法是公共政策评估者在进行公共政策评价过程中所采取的方法的总称。在西方政策科学领域中,政策评估有许多方法,而从不同的政策评估角度,按照不同的评估的标准形式可以划分不同的方法。近几十年来随着公共政策科学的发展,各种新的评估方法不断涌现,极大地丰富了政策评估的实践活动。我们在这里主要介绍五种常用的评估方法。

(一)成本—效益分析法

成本—效益分析是对在整个政策运行过程中所投入的成本和所取得的收益进行对比分析的一种方法。利用成本—效益分析法对政策效果进行评价时,可借助于成本效用曲线。如图6.1所示:

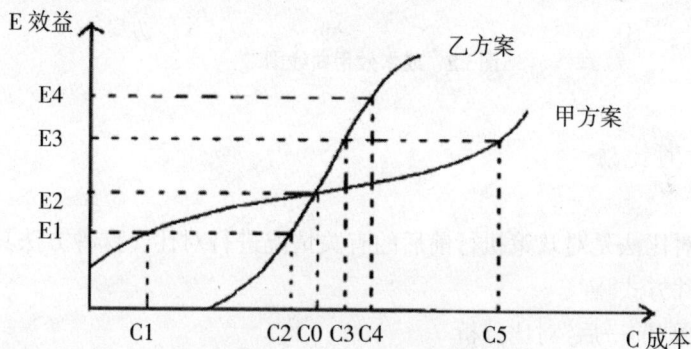

图6.1　成本效用曲线一

通常使用的评价准则有三条:

1. 效益相等时,成本越小的方案越优

如图6.1所示,当效益达到E2时,方案甲与方案乙的效益一致,此时成本为C0,当成本小于C0时,方案甲优于方案乙;当成本大于C0时,方案乙优于方案甲。

2. 成本相等时,效益越大的方案越优

这时以效益为变量,当成本为C1时,乙方案无效,甲方案最优;当成本等于C0时,甲、乙取得相同效益,从长远看,采用乙方案较优。

3. 效益与成本的比率越大越好

如图6.2所示,当效益与成本均不限定时,可采取效益与成本差最大值。横轴x表示不同的选择系统,纵轴y表示效益和成本。两条成本效益曲线相交于P、Q两点,在P点以下或Q点以上成本均大于效益,不予考虑。仅在P、Q两点间寻求效益对成本超过的最大值。图中Xo处,效益对成本的超额最大,或者说效益与成本的比率最大。

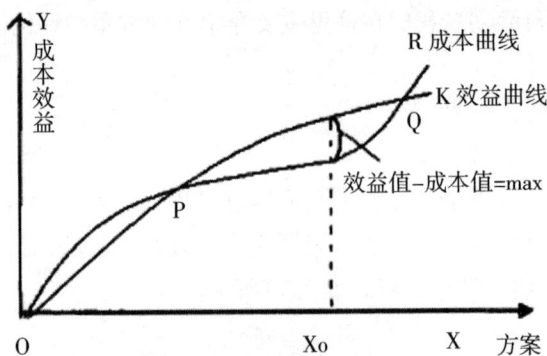

图6.2 成本效用曲线图二

(二)前后对比法

前后对比法是对政策执行前后的有关情况进行对比，这种方法具体可以分为四种方式[①]:

1. 简单"前—后"对比分析

简单"前—后"对比分析是先确定公共政策对象在接受公共政策作用后可以衡量出的值，再减去作用前衡量出的值。如图6.3所示，A_1表示政策执行前的值，A_2表示政策执行后的值，则A_2-A_1就是公共政策效果。

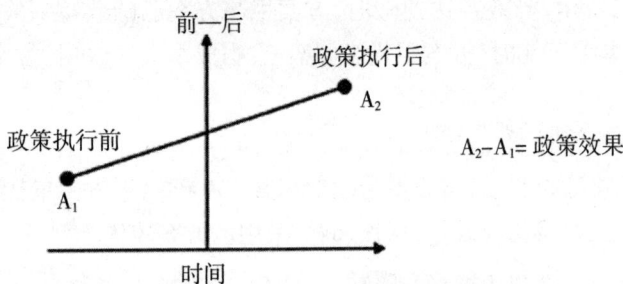

图6.3 "前—后"对比分析

这种方法的优点是简单、方便、明了，缺陷是不够精确，无法将公共政策执行所产生的效果和其他因素如公共政策对象自身因素、外在因素、偶发事件、社会变动等所造成的效果加以明确区分。

---

① 参见张金马主编:《政策科学导论》,中国人民大学出版社,1992年,第264~266页。

2. "投射—实施后"对比分析

"投射—实施后"对比分析如图6.4所示。图中B_1、B_2是根据政策执行前的各种情况建立起来的趋向线；A_1为趋向线外推到政策执行后的某一时点的投影，代表若无该政策会发生的情况；A_2为政策执行后的实际情况。这种方式是将A_1点与A_2点对比，以确定该项公共政策的效果。

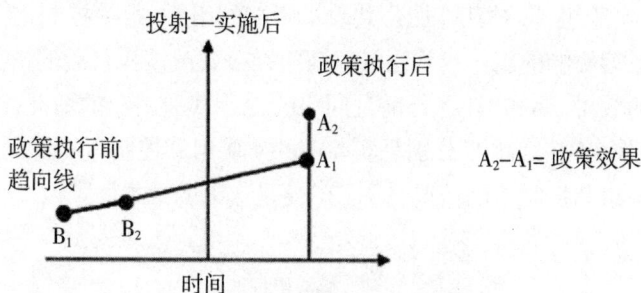

图6.4　"投射—实施后"对比分析

这种方式由于考虑了非公共政策因素的影响，结果更加精确，因此较前一种方式更进一步。这种评估方式的困难在于如何详尽地收集政策执行前的相关资料、数据，以建立起政策执行前的趋向线。

3. "有—无"对比分析

"有—无"对比分析方法是在公共政策执行前和公共政策执行后的两个时间点上，分别就有公共政策和无公共政策两种情况进行前后对比，然后再比较两次对比结果，以确定政策的效果。如图6.5中，A_1和B_1分别代表公共政策执行前有无公共政策两种情况，A_2和B_2分别是公共政策执行后有公共政策和无公共政策两种情况。(A_2-A_1)为有公共政策条件下的变化结果，(B_2-B_1)为无公共政策条件下的变化结果。$[(A_2-A_1)-(B_2-B_1)]$就是政策的实际效果。

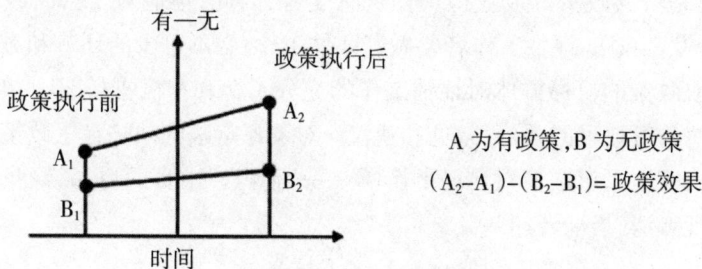

图6.5　"有—无"对比分析

这种比较的长处是排除了非公共政策因素的作用，能够较精确地测度出一项公共政策的效果，是测量公共政策净影响的主要方法。

4."控制对象—实验对象"对比分析

"控制对象—实验对象"对比分析是社会实验法在公共政策评估中的具体运用。在运用这种评估设计时，评估者将政策执行前同一评估对象分为两组，一组为实验组，即对其施加公共政策影响的组；一组为控制组，即不对其施加公共政策影响的组。然后比较这两组在公共政策执行后的情况，以确定公共政策的效果。A和B在执行前是同一的，A为实验对象的情况，B为控制对象的情况。图6.6中，A_1和B_1分别是实验前的实验组和控制组的情况，A_2和B_2为实验后实验组和控制组的情况，(A_2-B_2)便是政策的效果。

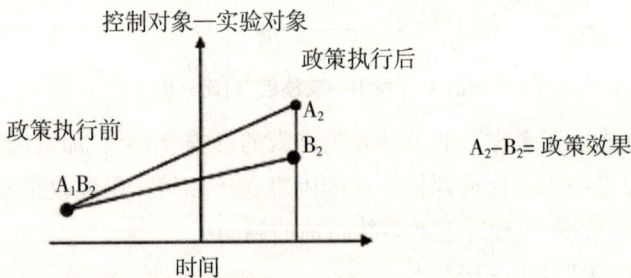

图6.6 "控制对象—实验对象"对比分析

(三)对象评定法

对象评定法指的是由公共政策的目标群体通过亲身感受和了解对政策及其效果予以评定的方法。由于公共政策的目标群体往往既是政策活动的主体，又是公共政策的成败得失切身感受者，因此，他们对于公共政策的评价"最有发言权"。评估工作者要做好评估工作，必不可少的环节和方法之一就是争取政策的目标群体对评估工作的充分了解和积极支持，认真倾听、研究他们对政策效果的评价、意见和建议。对象评定法的缺陷在于政策目标群体可能不完全了解政策对自己的影响——"不识庐山真面目，只缘身在此山中""旁观者清，当局者迷"。

（四）专家判断法

专家判断法指的是组织某一政策领域的专家来审定各项关于政策的记录，观察政策的进行，对政策目标群体和以前的政策参与者进行调查，与执行人员及其工作人员交换意见，最后撰写评估报告，鉴定政策的成效。这个方法的优点是，由于专家知识专业化较强，能比较科学地分析政策。同时，由于专家相对于政策制定者、执行者和政策对象来说属于局外人，"旁观者清"，因此能站在比较客观、公正的立场进行评估。当然，专家判断法的成本相对要高些。

（五）自评法

自评法指的是政策执行人员自己对政策的影响及达到预定政策目标的进展情况进行评估。由于政策执行人员参与政策实施的整个过程，能够掌握比较充分的政策信息和第一手资料，有可能及时、充分地评估每一项政策的效果。同时，可以根据自己的评估结论，迅速调整自己的政策目标和措施，使评估活动得到立竿见影的效果。

四、政策评估的模式

按照不同的评估的标准形式可以划分不同的方法，得到不同的政策评估模式，政策评估者可以依据所评估的具体对象、目的或要求采取不同的评估模式。在西方政策评估实践中，有各种各样的评估模式。古巴（Guba）和林肯（Lincoln）（1989）曾指出，20世纪70年代以前，政策评估的范式经历了三个阶段的变迁。这三个阶段的政策评估典型模式为测量取向模式、目标取向模式、决策导向模式、实验模式和执行评估模式。这三个阶段的政策评估模式属于方法论上的实证论，定量化研究较多。20世纪70年代中期以后，政策评估模式转向强调数理方法和模型的实证本位转换到重视价值分析的规范本位。这阶段的政策评估模式多采用定性研究方法来测评政策的产出与影响，同时强调评估者的中立角色，并肯定社会中存在的多元价值观，这阶段常见的模式有目标中立评估模式、回应性评估模式、授权评估模式和焦点效用评估模式。

其中比较有代表性的研究成果是瑞典的学者韦唐(E.Vedung)按照政策评估的不同标准将政策评估模式分为三大类型十种不同的模式,三大类型为效果模式、经济模式、职业评估模式。效果模式除了传统的目标实现评估外,还包括了意外效果模式、无目标评估、综合评估、顾客导向评估和利益相关者模式。经济模式则关心成本,包括生产模式和效率模式。职业评估模式则关心同行的评议。本书将对这些模式进行简要的介绍:

(一)目标达成模式

这一模式是探讨评估问题的传统方法,它主要由两部分组成:①目标达成评价。关注的是公共政策的结果与政策目标是否一致。②公共政策影响评价。关注的是公共政策结果是不是由政策所造成的。

应用目标达成模式依照如下步骤:①明确政策目标及其真正含义,并将其按重要程度加以排序,再把它们转变成可以测量的客体;②测定这些预定目标实际上可在多大程度上实现; ③弄清政策促使或阻碍目标实现的程度。可见,该模式是以预定的政策作为评估的标准和组织者,评估的主要任务是判断预定的政策目标是否已经实现, 以及项目在多大程度上有利于目标的实现。

目标达成模式的优点在于:①体现了民主。这一模式是以预定的政策目标作为评估的组织者, 政府预定的政策目标是公开而法定地被人民代表在代表大会上采纳,体现了政治过程中的民主。同时,政治目标是在责任感之下制定的,政治官员在制定目标时会更多地考虑民众利益和可利用的资源。②提供客观的评估标准。目标达成模式以既定的政策作为组织者,以项目目标来判断项目结果, 所以可以避免评估者在评估项目的价值问题上持个人的主观标准。③具有简单性。这个模式只包含两个主要的问题,即结果是否与目标一致?结果是否由政策所引起?

目标达成模式的缺陷在于:①忽视了成本。政策过程中需要投入大量的人力、物力、财力和时间等各种资源,这些资源在目标达成模式中完全被忽略了。②在目标不清的情况下难以运用。因为,公共政策常常存在着不确定性的目标。③不考虑意料之外的结果。这一评估模式只考虑预定的项目目标的结果,而忽视那些偶然发现的结果或意料之外的结果。④忽视了公共政策制定中"潜规则"的作用。比如,官方宣布的目标可能仅有象征性意义,并不打算真正去实现。在这种情况下,目标达成评估往往是无效的。⑤忽视实施过程。目标达成模式只关心项目结果,而实施过程则被看作是一个黑箱。

(二)附带效果模式

这一评估模式要解决的正是目标达成模式的"困境",即关注非预期的、预料之外的政策效果。附带效果是指项目目标范围之外的影响,与主要效果——政策制定者有意识地想要得到的主要实质性影响——相区别。附带效果模式的特征是预定目标仍然是基本的"组织者",但是要充分考虑到附带效果的存在。要认识附带效果,应该把政策活动中可能出现的反常效果和零效果相区别。反常效果是指产生与预期目标完全相反的结果;零效果是指政策在目标范围内没有产生任何影响;反常效果和零效果都是产生在目标范围之内,而附带效果则是产生在目标范围之外。

附带效果可以是预期的,也可能是非预期的。一些政策分析家甚至认为大部分政策效果在决策做出时是非预期的。附带效果不管是否有利,都是综合评价政策活动的关键因素,因此必须受到重视。政策可能产生副产品,副产品反过来组成或产生新问题,从而又产生新的政策。因此,有关附带效果的信息对于任何一个政府政策的综合性评价来说都是不容忽视的,不及时发现与及时解决将可能导致更复杂的问题出现。

(三)无目标模式

无目标模式最初是由米歇尔·斯克里文设计的,他抨击评估者沉迷于预定的干预目标,被牵着鼻子走。无目标模式的"组织者"是结果——不管是计划内还是计划外的结果。评估者的主要任务是全面观察政策实施,然后找出所有相关的效果。无目标模式对政策效果持广阔的视角,它帮助评估者全面关注结果,尤其是一些可能被忽视的结果。无目标模式与政策效果模式的主要区别是:附带效果模式仍然是"基于目标"之上的,同时辅之以对各种附带效果的考察评估;而无目标模式则完全抛开政策的预定目标和其他事前标准,只分析研究结果,单纯判断结果的价值。

可见,无目标模式是针对目标达成模式忽视附带效果,在目标模糊时束手无策的弊端而提出的。因此,其应用领域也十分广泛。但是,它完全忽视评估标准和预定目标,只依赖于决策者和权力使用者的公正判断,这显然容易导致主观因素的介入,影响评估的客观公正性。此外,这种模式在实践中还存在着操作上的困难。

(四)综合模式

这一评估模式的评估范围比目标达成模式要广泛得多。综合模式认为,评估不应只局限在已得到的结果上,而至少应包括执行,甚至还包括计划。综合模式与目标达成模式的主要区别在于目标达成模式只关注预定的和实际的结果是否相符,而综合模式除了关心结果,也包括判断政府干预的计划、决策和执行阶段。

公共政策可分为"投入""转换"和"产出"三个阶段。综合模式又在每个阶段中区分了描述和判断两个范畴。描述范畴又细分为意图和观察;判断则分成标准和判断。整个干预过程被分成了12个单元。如此一来,综合模式将整个评估活动划分得细致而全面。每一阶段全面而细致的描述为评估工作提供了丰富的信息。从信息到判断,步步推进,使主观判断建立在客观描述基础之上。而且,在每个阶段,政策价值的实现都被衡量到了。因此,这种评估模式是相当完整的。但是,这一评估模式也存在一定的缺陷,如只关注官方的具体目标,不重视成本等。

(五)顾客导向模式

这一模式将政策干预对象的目标、期望、关心甚至需要作为评估的组织原则和价值准则。顾客导向评估的核心是项目是否使顾客的关心、需要和期望得到满足。

顾客导向模式基于这样一种观点:公共行政在市场领域为顾客提供物品与服务,顾客表明对服务供应的态度会导致服务交付的改进和顾客满意度的提高。应用这一评估模式的关键是定位政策的顾客,即政策的目标对象,得出顾客对项目的看法。顾客导向模式没有明确规定项目的哪些部分应该被评估,它允许进行广泛的、多样的评估。价值的多元化是顾客导向模式的一个显著特征。评估者会要求顾客对服务的某些方面做出判断和发表看法,而不同的顾客的需要和对公共服务的满意度是不同的,顾客可以在评估中表达不同的意见,甚至是相互冲突的观点。

顾客导向模式的最大优点在于体现了民主和参与。由顾客根据自己的价值观评估公共政策,使顾客处在主动的位置上,而不是被动地接受服务;通过参与评估,顾客可以对服务的供应者表达他们的需求和不满,这必然在一定程度上影响服务供应者,并使之提供更加符合顾客需要的服务。

顾客导向评估主要应用于公共物品和服务的提供领域。但是,顾客的价值标准是以个人利益倾向为准,顾客个人价值的多元化难以形成对政策总的看法。而且,顾客导向模式要获得顾客的看法和需要,则要花费很多的时间。因此,这一评估模式不能成为评估的唯一模式,只能起到补充的作用。

(六)利益相关者模式

利益相关者是指所有对政策的目标和执行感兴趣,并对其具有影响的团体和个人。它和顾客导向模式相似,它们的主要区别是顾客导向模式关心的对象是受影响的一组利益群体,而利益相关者模式关心的是所有对象。应用利益相关者模式首先要找出卷入其中或对政策的出台、执行和结果感兴趣的主要团体和个人。重要的利益相关者包括:①目标群体;②直接受益者;③直接管理者;④资源提供者;⑤外部咨询顾问、供应商和其他对政策提供支持的人或机构;⑥在本政策环境中可能受到政策结果影响或对其感兴趣的其他机构。

利益相关者模式有许多优点:①知识性。利益相关者养成对附带效果和执行障碍的看法为评估者提供进一步研究的知识。②应用性。传统的目标达成模式的评估结果往往产生不了什么影响,因为评估者处于孤立地位。而利益相关者模式提高了被关心团体的真正利益被评价的机会,使信息更符合不同利益相关者的真正需要,提高了评估结果应用于实践的可能性。③目标管理性。利益相关者模式为没有目标或目标不清楚的公共政策评估提供了解决问题的策略。

(七)经济模式

经济模式最典型的特征是关注成本。这一模式可分为生产率模式和效率模式。生产率模式考虑的是政策的投入产出比。效率模式可从两个方面来衡量，即成本—利益分析和成本—效能分析。在成本—利益分析中，项目的投入与产出都用货币单位测量；而在成本—效能分析中，投入用货币单位，而产出则根据真实效果计算。

经济模式是在经济学方法被引进政策科学领域后迅速形成并广泛应用的一种模式。它克服了所有效果模式的共同缺陷：忽视成本，从而把成本即政策投入作为一个重要指标纳入评估范畴。经济模式在现代公共政策评估中因为数字的精确性而广受推崇。但是，必须注意的是，经济模式不是万能的，它在对政策的社会影响、象征性的效果和软目标等无法用数字精确表达的项目的评估上是无能为力的。此外，它忽视了民主社会政府干预的其他价值准则，比如公正、公平、民主等。

(八)职业化模式

职业化模式指职业人员根据他自己的价值准则和执行的质量标准来评估其他人员的执行情况，主要是同行评议，如律师评估律师、教授评估教授等。同行评议特别着力于对评估对象作一个全面的质量判断，在一些技术性领域，政治官员们把规划和讨论专业性的技术问题留给受过良好教育的专业人员去完成。首先，实施同行评议要选定同行，这个同行应该是具有比被评估的同事具有更专业的知识的专家，并且他们是独立的，并没有实施这一领域的工作；其次，评估者与被评估者应相互作用，职业化模式应认真考虑被评估者的观点，而被评估者要提供相关的资料。职业化模式主要应用于公共生活中的一些目标较复杂、技术难度较大的领域。

第三节　我国公共政策评估的现状

作为政策过程的重要环节之一，政策评估已成为政策科学理论与实践的一个基本主题。政策评估是我国政策过程中的薄弱环节之一，研究我国政策评估事业的现状、认识我国政策评估事业的不足，对推进我国政策评估事业的发展，加快实现决策科学化、民主化具有不可替代的作用。

一、政策评估面临的困难

要对公共政策做出全面和系统的评估,面临着重重困难与障碍,这突出的表现在以下六个方面:

(一)政策评估的不确定性

由于政策问题的复杂性和政策制定者的一些主观因素,使政策目标难免出现分散和不确定的情况,导致政策评估主要价值标准的选择和价值标准序列的排列出现混乱,从而给政策评估造成很大的困难。

1. 许多政策目标不可能量化,比如一些政治类和文化类的政策;

2. 多数政策都具有多重目标,有些目标之间还存在着矛盾;

3. 在政策执行过程中,政策目标还有可能发生变化而被修正;

4. 有时,决策者还有意用含糊的、不太确定的形式来表达政策目标,以此增加某种应变的能力。

(二)政策效果的不确定性

由于政策活动涉及面广、参与者多,政策执行后产生的影响往往涉及社会生活的方方面面,既有预期的影响,也有非预期的影响;既有显性的、一目了然的影响,也包括潜在的、不易感知的影响;既有短期的影响,也有长期的影响。可见,政策效果的多样性和影响的广泛性,再加上许多影响政策的因素难以测定,这就给评估带来了很大的困难。此外,政策效果的不确定性成为某些反对评估的人的借口,也为某些不科学的评估的出现创造了条件。例如,有些受局部利益影响的政策评估只从政策广泛影响中选取对本部门有利的因素进行评估,从而影响了评估的全面性和客观性。

(三)政策资源的混合和政策行为的重叠

政策资源的混合指的是投入不同政策的资源彼此纠结在一起,分不清某项资源的支出究竟属于哪一个政策,或某项政策的总投入到底是多少。政策资源的混合使政策的成本难以核定,而其"纯效果"更是无从测定。

政策行为的重叠指的是针对相同的或相似的政策问题和政策目标群体,不同的机构和部门都制定并执行各自的政策。各种不同的政策效果混杂在一起,很难将某项政策的实际效果从总体效果中区分出来。有时,由于缺乏沟通和协调,会造成政策之间的相互干扰,使得要区分每项政策各自的效果更为困难。

(四)政策行动与环境改变之间的因果关系不易确定

除了政策行动的影响外, 实际社会情况的改变还会受到政策行动以外其他因素的影响,这就使得政策行动与环境改变之间的因果关系不易确定。一项政策效果的产生,可能不是政策行动本身带来的后果,而是受到政策环境或者其他因素的影响。

(五)评估信息和评估经费缺乏

获取真实而全面的第一手资料和各种数据, 是进行政策评估的基础和前提。如果没有足够的统计资料和其他方面的信息,政策评估就成了无本之木、无源之水。在我国,政策信息工作还比较落后,许多政策机关不重视信息管理,信息收集系统尚未形成,政策评估所获得的数据往往是残缺不全、杂乱无章的。再加上一些抵制评估的工作人员拒绝提供关键性资料,这大大增加了政策评估的难度。

政策评估是一项复杂、系统的工作,需要投入相当的经费、设备和人力。但在现实中,评估工作及其价值尚未引起人们的足够重视和认同,很难指望人们从现实政策资源中拿出成本作为评估之用, 政策评估常常处于经费短缺状态。即使有的政策机构愿意提供评估经费,他们也总是千方百计地试图影响评估的结论。因此,评估资料欠缺和评估经费不足始终是困扰政策评估的两大难题。

(六)有关机构和人员的抵制

所有政策评估最终都不可避免地涉及政策功绩的评判, 而政策是由人来制定并执行的，所以，政策评估实质上是对有关人员行为的一种价值判断，政策评估本身就具有批判性，是借助批判手段实现建设性目的的活动。有关机构和人员既可以是政策评估最坚强有力的支持者，也可以是最坚强有力的反对者，而他们的态度取决于其对政策评估价值判断倾向的认同程度。

有关人员的抵触心理来自三个方面的原因：一是担心评估会得出不利于他们的结论；二是对政策过程的独占心理驱使他们反对他人进入，以免影响他们的行动计划；三是人的本能的支配心理，有关人员的抵触主要表现为拒绝提供评估经费和资料，藐视、贬低和否定评估结论等。在政策评估面临的所有困难中，人为的抵制是最直接的、也是最严重的困难。

二、我国政策评估的现状

随着政策科学理论与政策实践的发展，党和政府日益重视政策评估对决策科学化、民主化的重要作用，并在实践过程中鼓励政策评估、开展政策评估。对于一些重大决策，都是经过专家和权威人士的调查研究、评估论证才制定出台的；在各高校和科研单位也有专门进行政策研究的机构和人员；但是，我国的政策评估还相当不规范、不完善，而且受到较多人为因素的影响，存在种种问题与困难。具体来说，当前我国政策评估工作存在的主要问题有：

(一)评估者缺乏对政策评估的科学认识和认真态度

我国还没有形成科学的政策评估机制，决策主体往往认为政策评估为可有可无的工作，缺乏科学的态度和方法，甚至夹杂着种种不良的动机，有意地夸大或缩小、掩盖或曲解评估中的某些事实，以求实现某种特殊目的。

(二)评估标准以价值判断为主，评估方法以定性分析为主

科学的评估源于正确、合理的标准，确定评估标准本身就是政策评估的一大难题。政策评估方法和政策评估标准是政策评估不可缺少的工具和手段。当前在我国政策评估实践中仍然是使用定性分析方法多，定量分析方法少；政策评估实践中用价值判断取代事实分析，用定性评估取代定量评估，

第六章

这导致我国政策评估的科学公正性不足。

(三)缺乏独立的政策评估组织

政策评估组织一般包括官方政策评估组织和非官方政策评估组织。我国从中央到地方各级政府内部均设有相关的政策评估组织，但在实际运行中，这些组织往往摆脱不了对政府的依赖性，处于依附的地位。这些机构在政策评估过程中常常受到来自上级领导的压力，无法独立、自主、客观和公正地开展工作。非官方政策评估组织，主要是民间政策研究组织和社会中介评估组织，当前在我国仍然相当缺乏。

(四)评估对象以政策输出为主，忽视对政策影响的评估

当前我国政策评估在很大程度上停留在对政府行为的预测，或者对政策实现预定目标的程度的预测，而对于更深层次的政策影响的评估却很少涉及或根本不涉及。这种对政策效果的片面认识导致了我国政策评估很不全面，而其对政策方案制定的影响力也大大缩小。

(五)资料和评估经费的欠缺

评估资料和评估经费的欠缺是困扰我国政策评估的两大难题。充足的、准确的资料和信息是进行政策评估的基础，这有赖于完备的信息管理系统的建立。然而，我国相当部分政府机关不重视信息管理，资料记录残缺不全，统计数据不准确，信息处理零乱，再加上很多不对外公开的内部资料，使得评估人员获取有效信息困难重重。此外，有些相关人员抵制政策评估，他们或者拒绝提供关键性资料，或者只提供对他们有利的资料，这进一步增大了获取准确信息的难度。

至于评估经费，在我国唯一的来源就是上级部门拨款，但在政策实践过程中常常存在拨款不到位、拨款不充足、下级部门没有做到专款专用，人为减少甚至挪用政策评估专款等问题。因此，评估经费短缺是我国政策评估的又一大难题。

（六）公众未能广泛参与政策评估

当前，尽管我国公众可以通过"领导接待日""市长电话""来信来访"等信访渠道，通过网络媒体等渠道和途径对公共政策进行评议，但是传统行政管理的自上而下的金字塔形的等级模式限制了公民广泛参与政策评估，使得公民参与政策评估的实质程度不高、公民参与政策评估的热情不够，这是我国公共政策评估需要解决的问题。

三、关于我国政策评估事业的若干思考

针对中国政策评估工作的缺陷，应从以下六个方面着手推进我国政策评估事业：

（一）提高对政策评估工作重要性的认识

要推进政策评估工作的发展，首先必须在思想上予以高度重视。要让全社会所有公民尤其是政策部门的负责人充分认识到政策评估的意义，充分认识到政策评估对于政策过程而言不是无关痛痒、可有可无的环节，而是必不可少的、极其重要的一个环节。它不仅有助于政策相关人员认识政策的特点、优劣和成效，监督政策的执行过程，补充、修正和完善政策，而且有助于开发政策资源，提高政策绩效。其次，在实践过程中，政策部门的负责人必须重视抓好三项工作：第一，实现政策评估的程序化、规范化、制度化；第二，建立充足的政策评估基金；第三，重视评估信息的反馈和评估结论的消化、吸收，以保证政策评估真正起到促进政府决策科学化和合理化的作用。

（二）建立独立的政策评估组织

缺乏专职、独立的政策评估组织和政策评估人员是我国公共政策评估实践停滞不前、有名无实的一个重要原因。纵观政策评估开展得比较好的西方国家，无不拥有相对完善的评估组织，政府和民间有许多评估机构，这些机构拥有大批执业的政策评估人员，他们独立地开展政策评估组织。针对我

国政策评估组织的现状,我们可以考虑从以下三个方面进行:

一是规范、健全官方的政策评估组织。目前我国党政部门已存在不少的政策研究组织,必须强化这些机构的政策评估职能,改变现存的政策制定、评估两者合一的状况,把政策制定和政策执行分别交由两个相互分开的机构独立履行,使其各司其职、各负其责;

二是大力发展民间的政策评估组织,并使之逐渐成为政策评估的重点。民间的政策评估组织具有专门知识和社会关系广泛的两大优势,更容易进行社会沟通、了解民意,因而可以获得官方评估组织无法获得的信息。民间评估人员观点中立,更能够保持公正、客观的态度。我国建立民间的政策评估组织需要政府的大力支持,重视民间评估结论,赋予民间评估机构独立的地位。

三是加强专业评估人员队伍建设。必须加强对政府决策人员和评估人员的教育、培训,使其掌握政策评估的科学理论和相关技术方法,鼓励和吸引政策分析专业人士到政策评估组织任职工作,加强官方政策评估人员与非官方政策评估人员的交流与合作。

(三)使政策评估制度化

政策评估的制度化主要包含三个方面内容:首先,实现政策评估的程序化。把评估列入政策过程之中,通过制度规定除象征性或符号性的公共政策外,每项政策最终都要进行程度不一的评估。其次,建立政策评估基金,解决评估经费来源问题。最后,重视评估信息的反馈和评估结论的消化、吸收。这些评估信息应该用于重新评价、调整政策目标和后续政策的制定服务,使评估真正起到促进决策科学化和合理化的作用。

(四)明确政策目标、精选评估对象

进行政策评估时必须回顾、审视当时的政策目标,了解某项政策的初衷,尽可能明确政策目标。同时要精心选择评估对象。在从事评估工作时,就必须慎选评估对象。选择评估对象一般要遵循两个原则:第一是可行性,即选择那些条件比较成熟、比较容易进行评估的政策进行评估,包括政策目标比较明确、评估资源比较充足的政策;优点和局限性已经显露的政策;效果

显而易见、比较容易测定的政策。第二是有效性,选择那些较具效益和价值的政策进行评估。

(五)建立健全政策评估的信息系统

由于政策资源的多元性、政策现象的重叠性、政策影响的广泛性,要全面收集政策信息是一件复杂而困难的事。因此,要在政策过程的开始阶段就建立政策信息系统,对政策信息的收集、加工、交流和使用进行理论研究和总体设计,以便于改进评估系统,使评估活动更科学有效。

(六)引入科学的评估理论、方法和技术

长期以来,我国的政策评估工作主要是判断政策实施后的效果是否与制定政策时的目标相一致,缺乏先进的评估理论、方法与技术。因此,应借鉴国外先进的评估理论和实践经验,引入科学的评估方法和技术,使公共政策理论本土化,普及这些先进的理论。

第四节　公共政策调整

经过了合法化的政策在被采纳之后付诸实施,政策评估和监控就随之而进入对政策执行过程进行监督和控制,对政策实施所产生的实际结果与目标进行比较,发现二者之间的偏差,并分析产生偏差的具体原因,这样就为有关部门进行政策调整做好了准备。同时,由于人们在制定政策时,对影响政策的因素和可能产生的结果不会认识得非常全面,因此,随着人们对政策问题的深化认识,对政策做出相应的调整是必然的。另外,决定公共政策的各种因素的变动,如利益关系的变化、政治组织力量对比的变化、制度环境的变化等,也会要求政策做出相应的调整。本节介绍政策调整的内容和原因、政策调整的程序等内容。

一、公共政策调整的含义

所谓公共政策调整，也就是在政策监督和控制所获得的有关政策系统运行(尤其是政策执行的效果)的反馈信息的基础上，对政策方案、方案与目标之间的关系等进行不断的修正、补充和发展，以便达成预期政策效果的一种政策行为。

二、公共政策调整的原因

公共政策调整既有客观原因，也有主观原因。客观原因是指社会的政治、经济和文化的发展变化，即政策环境和政策问题本身的发展变化。主观原因是指人们对政策问题、政策环境和政策方案等认识的深化。当政策主体对政策问题、目标、功能、环境等方面的认识提高和深化以后，就需要对原来的政策加以纠正、补充、更新，以使政策真正达到解决社会问题的目的。公共政策调整的主客观原因具体体现为以下六方面：

(一)公共政策问题的变化

公共政策意在解决公共问题，现代社会中公共问题涉及范围越来越广泛，问题之间相互交叉，某领域内出现了新问题或者发生某个事件，会引起相关政策的变动。因此，在政策制定或执行过程中公共问题可能发生改变，问题的改变通常要求对政策做出相应调整。

(二)政策目标发生改变

政策目标是公共政策的重要构成因素，政策内容的确定、政策方案的选择、政策手段的运用，都是以更好地实现政策目标作为依据的。一旦政策制定和执行主体的政策目标发生了变化，政策就必须加以调整。这种政策目标的改变，既可能发生在具体政策的层次上，也可能发生在国家的总政策、基本政策的层次上。

（三）政策环境发生改变

公共政策作为一个子系统，存在于社会母系统之中，并与众多子系统发生作用，其中比较重要的是环境系统。政策问题归根到底是从环境中产生出来的，政策运行的条件和资源也都是由环境提供的。政策系统所处的环境，既是一个多因素的复杂环境，也是一个不断变化的环境。政策环境在受政策影响的同时，又反作用于政策。互动式的作用结果，决定了彼此之间的适应性。一旦环境急剧变化，如自然灾害的发生，或国际上发生了重大事件影响到国内等，政策就必须做出调整以适应环境。

（四）政策资源发生改变

政策的制定、执行、监控、评估，都需要一定类别和数量的资源作为支持。政策资源并不是一个现成的恒量，它与政策制定、实施主体实际掌握的公共管理权力、本身的权威、从环境中提取资源的能力有关。因此，政策资源也是一个变量，政策资源出现变化，相关政策就需要进行调整。

（五）政策局限性的暴露

任何一项公共政策，都不可避免地存在某种局限性。有些局限性是政策制定和实施过程中，由于人们主观的失误或客观条件的影响导致的；有些局限性是由政策的时空特点决定的。在政策实施前，或在政策执行初期阶段，局限性不一定会立即暴露出来，但随着政策实施的深入，某些局限性就会起作用并影响政策的贯彻执行，这时政策调整的任务就会提上议事日程。

（六）政策的负面作用加大

与政策局限性有联系的是政策的负面作用。人们制定和执行政策，都是希望利用它来推动社会向前发展，就是希望让它发挥积极的正面效用。但从辩证的观点看，任何政策都是矛盾的统一体，既有正面的作用，也有负面的作用。对某些政策来说，负面作用往往要到政策执行的一定阶段才会表现出

第六章

来。一旦政策的负面影响扩大,政策就必须进行调整,以抑制其负面的效应。

三、政策调整的影响

政策调整对政策系统及其环境会产生积极影响,也有其消极影响。

(一)积极影响

政策调整对政策系统及其环境会产生一定的积极影响,主要体现为:

1. 政策调整有利于保证公共政策的科学合理

如前所述,由于决策者的有限理性、决策者所掌握信息的有限性特点和政策环境的动态发展性, 决策者制定出的任何一项政策都有可能是不完善的。在政策实施过程中,由于政策本身发生作用或者客观的政策环境自身的变化,使原来的政策问题发生改变。为了保证政策的科学性,就需要依据新的政策环境和变化了的政策问题, 对原有政策作出部分、甚至是全部的改变。因此,适时地调整公共政策,才能更好地解决政策问题,才能保障政策的科学完善。

2. 政策调整有利于保证公共政策的权威性和严肃性

一项政策要达到既定目标、发挥出最初规划设计的功能,就必须遵照既定的程序正常运行。但在实施过程中可能会出现下列情况,使政策运行出现无序状态:一是政策执行的主体之间出现矛盾与意见分歧;二是政策执行主体与客体之间发生矛盾、出现冲突;三是几种政策交叉在一起相互摩擦。比如有些地区和部门从本位主义出发,制定一些无视全局、缺乏长远的政策规划,结果造成某些政策之间相互矛盾、相互掣肘。而在条块体制下,这些相互矛盾的政策又会使执行者要么各行其是、要么无所适从,造成混乱无序的局面。这时,政策调整就可以充当"交通警察"的作用,通过对政策主体内部关系、政策主体与客体之间的关系、几种政策之间的相互关系进行调整,使政策有序地运行。因此,政策调整是政策有序运行、协调一致地发挥整体功能的重要保证。

3. 政策调整有利于保证公共政策的稳定性和连贯性

公共政策作为人们日常生活的指南必须具有空间和时间内的相对稳定性。当政策实施一段时间以后,如果遇到客观环境的变动、政策资源的变化、政策方向的变更或人们在实践中认识的深化，就需要在保留政策合理内容的基础上做出积极、主动的调整。公共政策的这种渐进调适，既可保证政策的动态发展性，又可保证政策的连贯性和稳定性，而政策的稳定与否又事关国家的政治稳定、经济稳定和社会稳定。

（二）消极影响

公共政策调整既能对政策的执行产生积极的影响，同样也能产生负面的影响。不当的调整可能引发适得其反的效果，甚至导致政策提前终结；即使是适当的调整，也可能因为利益分配等原因带来一系列消极的影响：第一，政策的调整会使一部分已经投入的政策资源产生不同程度的浪费；第二，政策的调整会损害一部分既得利益人群的权益，挫伤他们的积极性；第三，过于频繁的政策调整会让公众感到无所适从，公众对行为的结果无法预期，就会对政策产生怀疑，对公共机构产生不信任，从而损害公共机构和公共政策的形象。

政策调整中产生某些消极影响是不可避免的，问题是如何采取积极的措施，将政策调整中出现的消极影响控制在最低限度，并让调整后的政策迅速发挥作用，以便将消极影响化解掉。这方面的措施主要有以下三种：一是进行政策调整宣传。政策调整前的宣传工作是十分重要的，通过宣传让公众对政策调整的必要性有充分的认识，对政策调整可能产生的影响有足够的心理准备；二是注意调整力度。如果对某项政策需作大力度的调整、可分几次进行，尽量做到不产生巨大震荡；三是把握调整时机。政策调整直接涉及部分公众的利益，当公众意见较大或者具体的环境还不太有利时，可以暂缓调整，待公众情绪冷静下来，具体环境又较为宽松时，再实施调整。

四、政策调整的内容

公共政策调整是对政策系统各个环节、各个方面的调整。因此，政策调整的内容多种多样，主要包括问题的重新界定、目标的重新确定和方案的重新拟定等方面：

（一）政策问题的重新界定

随着政策过程的推进,人们可能发现原来对问题的认识并不全面,问题的某些重要方面或边界条件可能被忽视,环境的变化可能改变了问题的性质,等等。因此,在这一阶段有必要根据已掌握的新信息,对政策问题加以再认识和重新界定。例如,到20世纪90年代初,我国的经济特区政策已运行十五六年,经济特区初创阶段所要处理的问题与现在所面临的问题已大不相同,因而必须重新研究和界定经济特区问题,为经济特区二次创业、再上一个新台阶提出更合理的政策方案。

（二）政策目标调整

有些政策在实施过程中,会发生原设计目标与客观实际不完全一致、甚至相脱离的情况:或者目标值定得过高而无法达到;或者目标定得过低,公众不满意;或者规定的分目标过多,分散资源;或者实现目标的时限定得过死,缺乏余地,等等。当政策目标被实践证明过于超出或低于实际条件的要求,甚至严重脱离政策实际时,就必须采取措施对政策目标进行必要的调整。或降低目标要求,或减少目标个数,或改变目标时限,从而使经过调整的新目标符合客观实际。这种调整往往是政策环境发生了变化而引发的,仍以经济特区政策为例,初创阶段设立经济特区的一个基本目标,是让它们充当"窗口"和改革开放"试验基地"的作用。尽管在现阶段,经济特区仍追求这种目标,但是它的内涵已经大大拓展了,它要在更高层次上来发挥这种窗口和基地的作用,经济特区要变成区域经济中心,成为推动周边地区社会经济发展的火车头。

（三）政策方案调整

政策方案在实施过程中,也会发生原定方案的运行成本过高、运行条件过于苛刻、负面影响过大等情况,这时应该对政策方案做出某些补充、修正或更新,使其适合于社会实际并指导政策的运行。方案的调整,应根据不同情况而定:原先方案基本可行的,则对其加以修正,使之更加合理和适应变化了的现实;原先方案实施的理想条件与实际所能提供的条件差距过大时,则要对旧方案作较大变动;对证明基本行不通的方案,应更新制定。例如,国有股减持方案出台之后,经过一段时间的实施,股市未涨反跌,大部分股民对该政策方案表示反对,有关部门不得不停止执行该方案,进行调整。又如,经济特区二次创业的政策方案调整为新内容中一项,从过去主要依靠税收等方面的优惠政策转到靠"练内功"和增创体制新优势的政策内涵上。

(四)政策措施调整

政策措施是指实施政策方案的具体步骤、手段、方法。政策在实施中出现故障,不一定是目标、方案出了问题,有时可能是其中的步骤、手段、方法、对策不正确,如步骤欠妥、方法欠佳、对策欠稳等,这时要调整的就是政策措施。

(五)政策效能调整

每一项具体的公共政策都是针对一定范围、一定时间、一定层次的社会公共问题而制定和实施的。因此,政策对社会生活和公众利益调节的效能会受到时间、空间和层次的制约。当政策实施中发现政策的效力达不到要求时,就应当对政策的效能加以调整,扩大或缩小政策起作用的范围,缩短或延长政策实施的时间,加深或减少政策调节的层次,从而保持政策具有较高的效能。如原本作为实验的政策方案由于试验成功具有可行性,而将其推广。

(六)政策关系调整

政策系统内部和不同政策之间存在着各种横向和纵向的关系。政策问题是复杂多样的,也是相互关联的,因此在同一时间、同一范围实施的公共政策决不会只有单项的政策。常常出现管理公共事务的不同层次的政府部门、同一层次政府的不同部门,在制定和实施政策时,往往只从本部门的职责、利益出发,自觉或不自觉地忽略其他的政策,而一项政策实施后如果与其他相关政策缺乏协调,就会产生矛盾、摩擦、冲突,功能互相抵消等问题。遇到这种情况,就需调整政策间的关系,理顺各项政策的职能、范围、应尽的责任,形成协调的政策结构,发挥出相关政策的互补功能,扩大政策的积极效应。

(七)政策主客体调整

有时政策实施不到位的原因主要出现在政策执行的主体与客体身上。就主体而言,由于制定或执行政策的权力机关存在能力不足、机构不全、职责不清等原因,从而造成政策效果不佳或政策失误,这就应当对机构本身进行调整。在我国,有时决策权在党和政府之间的转移也是一种主体的调整。政策客体的调整指的是政策问题和目标群体的调整。公共政策所指向的问题和与之相关的人群也处于不断变动之中,环境的变化可能改变问题或人群的性质和范围。因此,为了保证政策的针对性,必须及时调整政策的客体。还有政策执行主体与政策客体关系紧张,就会发生政策回应低的现象,这时就要调整政策实施主体与政策客体之间的关系。

五、公共政策调整的形式与程序

(一)公共政策调整的形式

由于公共政策所要解决的社会问题及所处环境的变化不同,需要调整的幅度也有所不同。有些公共政策因为影响要素发生了部分变化,只需要作局部调整;而有的公共政策则由于影响要素发生了性质上的转变,需要作全面系统的调整。当公共政策与现实之间的偏差只是由部分原因引起的,就只需要对政策系统和实施过程作出少量的、缓慢的修改或补充,这就是局部调整。局部调整是公共政策调整中使用最多的方法。如果公共政策面临的问题较大,需要对政策的各个环节作出调整,就要对公共政策作系统的调整。政策的系统调整主要有两种方式:一是在不同层次上进行纵向调整,可以是自上而下的调整,也可以是自下而上的调整。二是对于需要调整的公共政策内容,可以先挑选具有代表性的、对解决政策问题起关键作用的政策内容加以调整,然后再对其余政策逐步调整。不论是局部调整还是系统调整,都会表现为以下形式:

1. 政策的增删

这是指在保持现行政策基本框架不变的前提下,对其具体内容和目标、适用范围和时间等进行增补和删减。政策的增补是由于原来估计不足,或有了新的思路、新的方法;或出现新的问题、新的对象,而对原有政策进行扩充;或者对其内容加以扩充;或者对其适用范围加以扩大;或者对其适用时间加以延长,其目的是为了拓展现行政策的功能。政策的删减是由于原定目标过高、作用范围过于宽泛,或者存在与新形势、新情况不相适应的部分,而对政策减少其部分内容、缩小其作用范围、缩短其作用时间,调整的目的是要缩减现行政策的功能。

2. 政策的修正

这是对正式实施中和正在试行中的政策的具体内容、作用范围所做的修改与订正,主要有两种方式:一是政策修改,即在保持原政策基本框架不变的情况下,对其部分内容、适用范围及有关实施的手段、技术做出改动;二是政策修订,即在保持原政策基本框架不变的前提下,对其主要内容、功能范围所进行的修改订正。这两种调整方式的目的都是为了使具体政策更为精确、完整。

3. 政策的更新

这是对实施中的现行政策所做的变革。虽然原先的政策还保留下来,但主要的政策内容、政策目标、适用范围、执行主体、目标团体都程度不等的发生了变化,与先前的政策相比较,旧框架已被新的框架所取代。通常政策更新是在一个国家的政治、经济、生活出现重大变革的时期发生的政策调整形式。

4. 政策的撤换

这是对实施过程中的已经失去合理性和科学性的政策所采取的调整形式。当社会政治、经济、生活出现重大改革,原有的体制和社会评价标准在被新的体制和新的评价标准所取代的情况下,将原先实施的政策从整体上加以撤销,并以全新内容、目标、效能的政策取而代之。

(二)公共政策调整的程序

公共政策调整通常被看作是公共政策方案的重新制定和执行的过程,公共政策调整的一般程序包括:

1. 重新界定问题

公共政策制定者根据评估和监控反馈的信息和客观环境的变化,对政策问题进行重新界定。

2. 提出调整方案

政策制定者根据新的认识制定出若干可供选择的方案，尤其是要明确应该调整的部分和要采取的方式，然后对其可行性加以论证。公共政策调整方案是政策调整的依据，是公共政策重新执行的依据，政策调整方案的好坏，直接关系到公共政策调整的成败。及时而有效的政策调整，可以弥补原公共政策方案的不足，从而在执行中取得更好的政策效果。反之，则会扩大原政策方案的缺陷。

3. 选择调整方案

对若干备选方案进行比较分析后选出一个最佳的方案来加以执行。选择方案的过程实际上是重新做出决策的过程，但这个决策不是完全重新开始，而是在原公共政策方案的基础上做出的。因此，它不仅要遵循公共政策制定中方案抉择的基本原则，而且这种择优要符合双重优化的原则，即所选的方案不仅要优于其他备选方案，而且要优于原来的方案。

4. 执行调整决定

调整方案选定之后，经过合法化的程序就成为原有政策的一部分，重新进入实施阶段。政策调整的效果如何，必须经过执行以后才能作出判断。

思考题

一、概念解释

1. 公共政策评估

2. 政策调整

3. 政策的增删

二、简答题

1. 如何理解公共政策评估是一种政治行为？

2. 如何理解公共政策的象征效果？

3. 为什么说公共政策调整有利于保证公共政策的权威性和严肃性、稳定性和连贯性？

4. 阐述公共政策调整的原因有哪些？

5. 阐述公共政策调整的内容。

6. 阐述我国公共政策评估的困境。

第六章

本章重点:

1. 公共政策终结的概念
2. 公共政策终结的类型与方式
3. 公共政策终结的功能和意义
4. 公共政策终结的障碍与策略
5. 政策变化的模式
6. 政策变化的原因

第七章　公共政策终结与政策周期

政策终结(policy termination)是政策周期过程的最后一环,但也被认为是承上启下的一环。近十年来,政策终结成为政策科学研究的一个热点。政策周期理论,则把政策制定、政策执行、政策评估、政策监控和政策终结的过程视为一个政策周期(policy cycle),而政治(政策)—经济周期理论则力求说明政策周期与经济周期之间存在着密切的关系。最后, 从政策的长期发展看, 不同的国家或地区、不同的公共部门都会形成自己独特的政策变化模式,这是政策变化(policy change)理论所要探讨的。

第一节　公共政策终结的含义和作用

决策者在政策评估获得政策结果的信息后, 必须对政策的去向作出判断和选择,是继续调整这项政策? 还是终止这项政策? 如果决定终止,这就意味着该项政策生命的结束。及时的终止一项多余的、无效的或已完成使命的政策,有助于提高政策的绩效。

一、公共政策终结的含义

政策终结是政策决策者通过对政策或项目进行慎重的评估后，采取的必要措施，以终止那些过时的、多余的、不必要的、无效的政策或项目的一种政治(或政策)行为。政策终结有三个特征：

1. 强制性

一项政策的终结总是会损害部分相关的个人、团体和机构的利益，遭到强烈的反抗。因此，终止一项政策往往要靠强制力来进行。

2. 更替性

政策终结意味着新旧政策的更替，是政策连续性的特殊表现。

3. 灵活性

政策终结是一项复杂而又困难的工作，必须采取审慎而又灵活的态度，处理好各种动因和关系。

二、公共政策终结的作用

及时的终结一项错误的或是已完成历史使命的政策意义重大。从政策终结的结果上看，政策终结的基本作用表现在以下四个方面：

1. 节省资源

因为政策终结意味着政策活动的结束，某种机构、规划、惯例的终止和有关人员的裁减。因此，政策终结可以减少人力、物力、财力的消耗，从而节省有限的政策资源。

2. 提高绩效

当一项政策在实施中失败，无法解决所面临的政策问题时，旧政策的终结就意味着新政策的启动、新规划的诞生，这有利于更好地解决问题，提高政策绩效。

3. 避免僵化

所谓政策僵化，指的是一项长期存在、没有及时予以终结的政策，在发展变化了的环境下，继续执行该政策，不仅不能解决问题，反而成为解决问题的阻力与障碍，带来严重的不良后果。政策终结可以避免政策僵化。

4. 优化政策

政策终结有助于促进政策优化，表现在两个方面：一是政策人员的优化，二是政策组织的优化。政策组织的优化是公共政策优化的核心内容，优化的政策人员只能在优化的组织机构中才能制定和执行优化的政策。

第二节　公共政策终结的原因、类型和方式

一、公共政策终结的原因

1. 财政困难

因财政赤字、税收减少等而导致政策或项目的终结。

2. 政府的低效率

即政府机构的效率太低、成本太高而导致政策或项目的终结。

3. 政治意识形态的变化

意识形态和价值观念的改变或冲突导致政策或项目的终结。

4. 行为理论的变化

即关于人性、行政管理和社会服务应如何提供等理论的变化导致政策或项目的终结。

5. 学习

采用"试错法"方式，在政策实践中学习，随时终结那些错误的政策或项目。

二、公共政策终结的类型

政策终结有如下四种基本类型，它们所遇到的阻力依次递减：

1. 功能的终结

即终止由政策执行所带来的某种或某些服务。在政策终结所有内容中，功能的终结最为困难。因为，一方面，功能的履行或承担是政府满足人民需要的结果，若取消势必会引起各方面的反对；另一方面，某项功能往往不是由某项政策单独承担的，而是由许多不同的政策和机构共同承担的，予以终止往往需要做大量的组织和协调工作。

2. 机构的终结

伴随着政策终结进行的机构缩减或撤销就是机构终结。有些机构是专门为某项政策而设立的,随着政策的终止,机构也随之撤销;有些机构往往同时承担着多项政策和功能,某项政策的终止不足以导致机构的撤销。因此,通常的做法是通过缩小规模、减少经费等办法对机构进行缩减。

3. 政策本身的终结

与前两种终结相比,政策本身的终结所遇到的阻力较小。这是因为,就某项具体的政策而言,其目标比较单纯,如某个教育政策、社会福利政策等,容易进行评估并决定取舍。另一方面,政策更改的成本远比功能转变、组织调整要少得多,因而容易得到实际部门的认可。

4. 项目的终结

即政策的具体项目和执行措施的终结。在所有终结类型中,项目的终结是最容易达成的,因为具体项目和执行措施与实际问题连接,结果好坏或者影响怎样有目共睹,容易达成共识。

三、公共政策终结的方式

丹尼尔斯在《公共项目的终结》一书中认为,政策终结的方式有两种:一是政策效力减弱的自然老化;二是与强烈抵制政策终结的力量博弈,使其终结,这一过程需要运用终结的策略,也需要强有力的终结执行者,总之这一过程困难重重。[①] 一般而言,政策终结的主要形式有如下六种:

1. 政策废止

政策废止即直截了当宣布一项政策的废止。政府根据政治、经济和社会经济形势的发展变化,不定期地清理、废止了大量不合时宜、过时了的政策。例如,我国加入世贸组织后,全国人大常委会和国务院当即宣布废止了八百三十余项与世界贸易组织规则不相符的国家法律、法规和政策。

2. 政策替代

指的是新政策代替旧政策,但所面对的问题不变,所要满足的要求不变。在这里,新政策是对旧政策的补充、修正,目的是更好地解决旧政策所没

---

① Mark R. Daniels, *Terminating Public Programs: An American Political Paradox.* Armonk, New York: M. E. Sharp, Inc., 1997, p.16.

有解决好的问题,以充分实现政策的目标。

3. 政策合并

指的是旧政策虽然被终止了,但政策要实现的功能并没有取消,而是将其合并到其他的政策中去。合并政策有两种情况:一是将原有的政策内容合并到现有政策中,作为现有政策的一部分;二是将多个旧政策经过调整,合并成一个新的政策。比如,国务院将原来由各部委分别颁布的一些有关联的单行规章或条例合并成一部完整的行政法规,由国务院来颁布实施,这样就具有了更高的政策权威,也便于各地更好地执行。

4. 政策分解

指的是将旧政策的内容按照一定的原则分解成几个部分,每个部分各自形成一项新政策。当原有的政策过于庞杂,目标众多以至于影响到该政策的有效执行时,常常采用分解的办法,将原政策按主要的目标分解成几个较小的政策。这样有利于执行者明确政策目标,提高执行效率。

5. 政策缩减

指的是采用渐进的方式对政策进行终结,以缓冲终结所带来的巨大冲击,逐步协调好各方关系,减少损失。主要表现形式有:缩小对政策的资源投入,减小实施范围,放松对政策执行的控制等。政策缩减的另外一种方式是,把政策中过时的不合时宜的部分废除,而保留了原来政策中合理的部分。

6. 政策的法律化

一项经过长期实行、确实有效的政策,为了提高其权威性和强制力,经过立法机关或授权立法的行政机关的审议通过,上升为法律或行政法规。这是另一种意义上的政策终结。

第三节　公共政策终结的障碍和策略

政策终结并不是向人们想象的那样是自然而然的结束过程,而是一种需要采取行动的过程。由于政策终结涉及一系列的人员、机构和制度等复杂因素,因此,政策终结碰到许多困难或障碍。了解这些问题和障碍的所在,有助于采取合适的终结策略。

一、公共政策终结的障碍

(一)相关者的心理抵触

"那些与政策相关的人员都愿意看到政策继续存在下去,却很少有人喜欢听到计划失败或计划改变",这种心理上的抵触往往在政策面临终结时会表现尤为明显。对政策终结存在抵触心理的主要有三种人:①政策受益者;②政策制定者;③政策执行者。政策制定者不愿意承认他们制定的政策不再有存在的必要,更不愿意承认在制定政策的过程中所犯的错误;政策执行者不愿意看到政策的被终止;政策受益者不愿意既得利益受到损失。这三类人的心态,往往成为政策终结的首要障碍。这种心理障碍的存在,又使人们在解释政策失败时,常常倾向于从环境因素中去寻找原因,而不愿检讨政策本身的失误。

(二)现存机构的持续性

政策执行机构如其他社会政治组织一样,都具有寻求生存和自我扩张的本性,哪怕它已经无事可做,没有再存在的必要,情况也一样。这就给政策终结带来很大的困难。机构的持续性表现在三个方面:①机构的惯性。当不同的机构相互配合并开始执行某项政策时,一种惯性就油然而生了。机构的惯性使政策执行一旦开始就很难停止。如果要想修改其方向或让其停下来,必须从外部施加很大的力量才能做到。这是因为机构所固有的惯性,使它本能地反对任何变化的要求。②机构的生命力。机构如同人一样,生存的能力很强,"某一机构存在的时间越长,它被终止的可能性就越小,经过一定的时间,会形成对它的继续存在的条件和支持"[1]。当政策终结危及组织机构的生存时,它会千方百计地减轻所面临的压力,或改变策略,或调整结构,想方设法地延续政策终结的进程,给政策的及时终结带来消极影响。③机构的动态适应性。在评估者眼中,机构是相对静态的。但是,机构本身却有一种动态的

第
七
章

---

① [美]詹姆斯·E.安德森:《公共政策》,华夏出版社,1990年,第211页。

适应性,可以随环境和需要的变化而产生变动,甚至能针对政策终结的各种措施来调整自己的方向,使终结计划夭折或破产。正如查尔斯·琼斯在《公共政策研究导论》中所指出的:"组织机构是动态而不是静态的,它会调整自己的方向以适应变化了的要求。"[①]这就导致增加终结的困难。

(三)行政机关的联盟

执行某项政策而获既得利益的行政机关,往往会在政策面临终结时结成联盟,共同反对政策终结。这些反对终结的行政机关,一方面会要求其内部成员齐心协力共同抵制终结;另一方面则互相团结、拉拢和接近政府内外有影响的人士抵制终结。这种执行政策既得利益的行政机关"一旦它们结成一个共同体,就能有效地威胁政策终结行为"[②],使政策终结无法进行。这是因为行政机关比其他任何社会组织有更便利的条件进行政治活动,它们可以利用自身有利的地位影响公共政策。

(四)利益集团的阻碍

由于公共政策大多涉及利益与价值的分配,因而各利益集团必然千方百计地努力影响公共政策。当政策终结迫在眉睫时,反对政策终结的利益集团为维护既得利益,必然会采取各种合法或非法的途径如游说或行贿等,以阻止政策终结。西方公共选择理论证明,利益集团的力量很大,他们总能左右公共政策,他们和政治家、政府官员互相利用,形成一个"铁三角"。利益集团的存在,使得公共政策终结更为困难。

(五)法律程序上的复杂性

任何政策的确定和组织机构的建立,都是通过一定的法律程序进行的,同样政策的终止和组织机构的撤销,也必须按照法定的程序来办理。政策制定要通过法定程序,政策终结也要通过法定程序。程序上的复杂性往往影响

①② Charles O. Jones, *An Introduction to The Study of Public Policy* (3rd., ed.). Montery, California: Brooks/Cole Publishing Company, 1984, p.236.

政策终结的及时进行。立法机关在考虑终止某项政策或法律时,往往顾虑重重、举棋不定。因此,许多政策终结行为受阻于法律的滞后性。

(六)社会舆论的压力

"公共舆论确定了公共政策的基本范围和方向"[1],通过报纸、刊物、广播、电视等新闻媒介所形成的社会公共舆论,不能不对政策终结产生影响。在当代,随着新闻传播技术的日新月异,公共舆论借助于新闻传播媒介可以渗入到社会的方方面面和每一个角落,形成广泛的社会影响和巨大的社会冲击力。因此,西方国家称公共舆论为与立法、行政、司法并立的"第四种权力"。如果某一项需要终结的公共政策受到舆论的广泛支持,无疑会受到极强的阻力,"当选的公共官员如果公然无视公共舆论,并且不把其作为他的决定准则中的一种,那么他简直是愚蠢透顶;而且可能会发现自己是民意测验中的不幸人物"[2]。

(七)高昂的成本

政策终结高昂的成本也是影响政策终结实施的一个关键因素。政策终结的成本有两种:

一是终结行为本身要付出的成本。本恩的12条建议中的第9条是接受短期内费用的增加(accept short-term cost increases)。有时,在短期内终结一项政策的花费要比继续这项政策的花费要多,比如终结执行者要为裁减下来的人员安排新的就业机会,或者对政策的受益者进行利益的补偿。但是就像一句方言:"舍不得孩子套不住狼",为了以后的发展接受暂时的代价是值得的。

二是现有政策的沉淀成本。沉淀成本是指投入决策、某个计划或某个项目的时间、资金或其他资源的无法弥补的花费。它限制了目前投入的选择范围。也就是说已经在政策上投入的资金、人力制约了决策者下一步的行动计划。这是错误政策终结的障碍。政策终结者总是进退维谷,进即追加投资,只会造成更大的损失;退即不追加投资,要面对的是已投入的资金由于政策终结无法收回的结果。现行的政策或组织机构已经投入了巨额成本但没有得

第七章

到回报,政策决策者面对投入的沉淀成本,往往处于进退两难的境地;而政策投入的成本越高,终结者下决心终结的难度就越大。此外,终结有风险,对终结一项政策后的结果不确定。事实上,政策终结后采取的新政策并不能保证一定会带来更好的结果,却也使终结者难以下终结的决心。

综上所述,政策终结的障碍可以归结为两类:一类是不可避免的障碍(逻辑上的障碍),包括人们害怕变革的心理,沉淀成本的存在,政策受益者的心理抵抗,机构的持久性,政策终结自身的成本和法律程序上的障碍。这或者基于人性,或者基于组织的特性,或者基于现代法治社会的要求。另一类则是政治上的障碍(非逻辑上的障碍),包括政府决策者责任的缺失,利益集团的寻租,舆论的被操纵。这种障碍在事实上存在,但是可以通过提高行政者素质和责任感,加强立法和监督的努力来降低其作用力。

二、公共政策终结的策略

作为一项困难的政策行为,政策终结要求政策决策者运用高度的智慧和技巧,采取灵活的策略,加以妥善处理。所谓政策终结的策略是指在政策终止过程中智慧和艺术的运用,[①]实质上它也是一种政治过程。美国学者本恩在其一篇《马萨诸塞公共培训学校的终结》文章中提出的12条关于政策终结的建议大部分是关于终结策略,结合我国的政策实践,政策终结可以采取如下策略:

(一)重视说理工作,积极争取支持力量

为确保政策终结的顺利进行,政策决策者首先应该重视做好说理工作,消除人们的抵触情绪,提高人们的思想认识。应该通过有效的说理工作,让人们明白:政策终结并不是某些机构或个人前途的丧失,而是改变劣势、寻求发展、迈向成功的新机会。

政策终结支持者的态度和人数的多寡,是决定政策终结成败的关键。政策终结的倡导者必须努力争取各种支持力量, 求得政府机构内外的人们的

第七章

理解,以推动政策终结的实现。特别是一些涉及面较广的政策;扩大宣传,通过说理,消除人们的抵触情绪的策略。一项旧政策的终止,总会影响到一部分人的既得利益。为了减少阻碍,可以通过媒介广为宣传,说明理由,消除人们的疑虑,提高其思想认识,使他们明白该项政策的终结并不是某些团体或个人前途的丧失,而是改变劣境,寻求发展的新机会。

吸引社会公众参加对政策的评估,适时地公开政策评估结果,是积极争取潜在支持者的最好方法。这样可以使人们充分认识到旧政策的弊端,从而转向支持政策的终结。但由于政策评估本身存在的困难和影响评估公正结论的诸多因素的存在,使得人们往往会对评估结论产生怀疑。因此,政策终结者在采用这种方法促进政策终结时,必须使评估结论经得起实际的检验。

可以采取争取第三方力量推动的策略。例如,争取上级政府、兄弟单位或中间力量的支持,以尽量减少反对力量。还可以利用个人威信,在一定的团体、机构中会有若干有较高威信的人,这些人具有较强的影响力。如果争取到这些人的支持,可以获取民众较高的信任,较为顺利的推行政策的终结。

可以利用群体的规则、规范、压力、归属感和目标等来争取支持力量(这里的群体包括正式的工作团体和非正式的人群组织)。群体对其成员具有强烈的制约作用,运用好群体的一致性,可以有效制约部分成员的抵制。

注意利益补偿。对因政策终结利益上受到损失的群体给以一定的补偿和扶助,以减小组织、人员对政策终结的抵制。

做出必要的妥协。在遇到强大阻力时,例如反对力量结成了坚固的联盟,适当作些妥协、折中,以更好实行政策终结,换取目标的实现。这也是现代社会多元化、民主化的一种体现。但在妥协中要把握的是:做到有原则、有条件的退让,要把握底线。

(二)旧政策终结与新政策出台并举

人们一般都不愿意看到政策终结,然而人们一般很少会立刻反对一个新的、较佳政策的出台。因此,为了缓和政策终结的压力,可以采用新政策出台与旧政策终结并举的方法,及时地采用新政策替代旧政策,使人们在丧失对旧政策期望的同时得到一个新的希望。这种做法往往可以大大减少关于政策终结的争议和阻力,削弱反对者的力量。

国外学者在研究了大量政策和组织终结案例之后发现,终结更像是一

第七章

个旅程而不是说就是目的所在，①许多被终结的政策只是被继承或者替换了。也就是说，在旧政策终结后，及时出台新政策来替代，以免出现脱节，引起形势失控。一些具有重大影响或者关系到广大人民切身利益的政策常常就是运用这种方式。例如，1997年我国废止了原来实行几十年的单位福利分房政策，为了尽量减少震荡，国务院又相继出台了商品房贷款政策和住房公积金贷款政策。

(三)选择有利的终结时机和焦点

考夫曼在《时间、机遇和组织》一书中认为，机遇对成功的政策终结至关重要。的确，选择恰当的时机是政策终结成功的一个重要因素。有时，政策终结成功与否完全依赖于时间和机遇。这种时机有：国家的重大政治事件的发生，战争的爆发，外交上的重要决议或因旧政策的执行所引发出的重大事故等。在这样的时机，民众往往会高度一致，支持政府的决策。这种策略的另一种形式是"转移公众焦点"的策略，即政府将公众注意力的焦点引到另外的事件，以降低公众对政策终结的关注，进而减少终结阻力。这也是一些外国政治家们常用的伎俩。

将注意力集中在政策的错误和危害上，为人们展示一个应该终结的政策后的美好前景。终结的执行者有必要为需要终结的政策列出一份罪状，例如在美国的田纳西州的医疗政策被终结时，负责这一工作的部门(DFA)列出了它的四大问题：膨胀和不受控制，僵化，没有惠及贫穷者，滋长了人们对福利的依赖性，成本的增加大量需要税收的支持以至于不得不削减其他种类的公共服务。②然后，指出了三条出路：增加税收，削减服务计划，从根本上加以改变。既然有这么多危害，结果这项医疗政策的终结很快得到了人们的支持。

(四)"力场分析"、传播试探性信息与"闪电"策略

"力场分析"策略也叫作知己知彼策略。在政策终结前，必须斟酌政策终

① See, Mark R. Daniels, *Terminating Public Programs：An American Political Paradox. Armonk*, New York：M. E. Sharp, Inc., 1997, p.75.

② Ibid, p.61.

结的"政治情境",即了解赞成或反对终结的团体的力量虚实,所持的立论基础,所获得的支持程度和可使用的资源等。这样就需要加强社会调研,及时获取反馈的信息以了解民众心态,估测所涉及的地方和利益团体的影响、损失程度,从而做到心中有数,沉着应对,削弱反对势力,扩大支持基础,顺利实现政策终结。

所谓传播试探性信息,就是政府在正式宣布终止某项政策之前,在一些非正式场合,流露出进行终结的信息,以测定公共舆论对这一行动所持的态度。这种试探性的政策终结方法,有助于引起公众的广泛讨论,从而认清政策终结的必要性,减轻舆论给终结带来的困难。

保密或"闪电"策略。一些事关重大的政策,从国家、民族整体利益的长远角度出发,贻误了就会造成严重后果或错失良机;而预期该政策的终结因各种因素影响,如放出试探信息采取渐进措施反而可能遭到强大阻力时,政府就事先对有关信息保密,忽然宣布某项政策终结,运用政府强制力予以推行。过后,政府往往向群众强调要服从大局并极力予以安抚。

(五)正确处理政策终结与政策稳定、政策发展的相互关系

正确处理好政策终结与政策稳定、政策发展的关系,对于促进政策终结有重要意义。因为无论是政策决策者还是政策执行者,大都非常重视政策的稳定性,担心旧政策的终结与新政策的出台,会使人们产生政策多变的错觉,往往难以作出决断;即使是作出了决断,在实施政策终结的过程中也顾虑重重。处理好政策终结与政策稳定、政策发展的关系,具体的要求是:

一是要处理好政策稳定和政策发展的关系。政策具有稳定性的特点,朝令夕改会令公众反感。它与政治、经济、社会的稳定是息息相关的。同时,政策是一个动态过程,"它不仅仅是一项决议,而且包括目的、计划、规划以及实现它们的程序"[①]。因为政策问题和政策环境是时时在改变的,政策应当适应形势的需要,所以政府的政策要因地、因时制宜。

二是应同时处理好被终结的旧政策与其他相关的政策调整。一项政策一般不是孤立的,而是与多项政策相关。而新政策的出台,也应做好各种辅助政策的制定。例如,中国政府实行国有企业改革,打破原来的职工铁饭碗

----

① [美]E.R.克鲁斯克、R.M.杰克逊:《公共政策辞典》,上海远东出版社,1992年,第32页。

制度;同时,为了保持社会稳定,各级政府出台了许多配套政策,对下岗工人实行各种优惠措施,鼓励再就业,最大限度地消除国企职工的抵触,保持了社会稳定。

三是注意保留原来政策中富有成效的、合理的部分,以尽可能地保持稳定实现发展。事实上,大多数政策是在原有政策及其后果的基础上产生。正是在这个意义上,查尔斯·林德布洛姆认为决策是渐进的,公共政策不过是政府活动的延伸。决策者通常是以现有的合法政策为主,在旧有的基础上把政策稍加修改。因为一种和以往政策越不同的方案,就越难预测其后果,就越难获得一般人对这项政策的支持,其政治可行性就越低。①

总之,政策终结很少出于经济评估的考虑,终结行为是高度政治化而又难以实施的;成功的终结需要争取终结的反对者的合作;终结经常大多来源于理念的革新;终结和政策的再生如影相随;终结是否成功难以预料;终结处于一个"有多少人支持,就有多少人反对"的尴尬境地。②

第四节 公共政策周期

政策本身是一个运动、发展的过程,旧的政策渐趋终结,新的政策不断产生,从而形成政策循环往复的周期现象。政策周期的研究有助于防止政策僵化,促进新的、充满活力的政策的产生。在这一节中,我们将讨论政策周期理论和我国特有的政策周期现象等问题。

一、政策周期的内涵

无论是在政策内部还是在政策外部,政策周期现象都是广泛存在的。那么,什么是政策周期呢?

政策周期是指政策经过制定——执行——评估——监控——终结这五个阶段后形成了一个周期。政策制定是核心;政策执行是关键;政策评估是对政策方案合理性的最具权威的检验;政策监控是政策运行中不可缺少的

① [美]查尔斯·E.林德布洛姆(又译林布隆):《政策制定过程》,华夏出版社,1988年,第5页。

② See,Mark R. Daniels, *Terminating Public Programs:An American Political Paradox. Armonk*,New York:M. E. Sharp,Inc.,1997,Chapter 7.

一个环节,贯穿于政策过程的始终,通过政策监控,能够及时发现并纠正政策偏差,从而提高政策绩效,实现政策目标;政策终结则意味着一个旧周期的结束。同时它还表明,新的政策往往不是凭空产生的,它常常是原有政策的延续,是为适应新情况对原政策加以修改调整,从而形成政策的一个新周期,实现新老政策的交替循环。

政策周期理论最早是由美国政策学家C.O.琼斯提出来的。他在分析政策过程时,提出一种旨在合理系统地考察公共政策的制定与实施的分析框架,这个政策过程分析框架便构成了政策周期理论的雏形。琼斯认为,政策过程架构的基本要素有:感知/定义、界定、汇集或累加、组织、确立议程、方案形成、合法化、预算、执行、评估和终结。①他根据系统分析的概念,将政策分析过程分成五个阶段:①问题认定,即从问题到政府的阶段。②政策发展,包括方案规划以及合法化等功能活动,即政府为解决公共问题而采取行动的阶段。③政策执行即政府解决问题的阶段。④政策评估,即由政府回到政府的阶段。⑤政策终结,即问题解决或变更阶段。

二、研究政策周期的意义

政策周期的研究具有重要的理论与实践意义。就理论意义来说,政策周期研究可以丰富公共政策分析的理论内容,完善政策科学的理论体系。目前,政策科学不仅已成为西方政治学中富有活力的新学科,而且也成为西方经济学的核心,当代西方经济学的各个流派,无一不以提出一定的政策主张作为理论研究的根本任务。经过十几年的探索,我国的政策科学研究已经起步,建立完整的具有中国特色的政策科学学科体系已是大势所趋。但是,在已有的研究中,对政策周期的探讨要么语焉不详,要么没有提及,而对一个完整的政策科学学科体系来说,政策周期理论又是不可或缺的。因此,研究政策周期,将填补我国政策科学研究中的一个理论空白,并为促进政策科学的发展及其应用起到不可估量的作用。

政策周期研究的实践意义表现为以下三个方面:第一,提高政策制定的科学性。这是因为,通过政策周期阶段化的研究,可以优化政策制定系统,促

---

① See, Charles O. Jones, *An Introduction to the Study of Public Policy*(3rd. Ed.). Monterey, California: Brooks/Cole Publishing Company, 1984, pp.27–29.

进政策决策的科学化,减少政策制定的失误,确保政策发挥应有的作用。它有助于我们通过对以往政策周期的研究,吸取经验教训,克服政策制定上的缺陷,确立政策制定的科学化和程序化,促进有中国特色政策制定体系的建立。

第二,巩固和发展现行政策,保持政策的连续性和稳定性。这是因为:①通过对政策周期的研究,政策制定者可以了解政策是否实现了预期的目标,政策执行是否出现了偏差,以及随着条件的变化,是否需要进行追踪决策。②政策制定者可以依据对政策周期进行研究所得出的结论,做出是否坚持原政策,是否修改原政策,或是终止原政策制定新政策。③通过对政策周期的研究,政策制定者可以根据原政策成功或失败的经验教训,使建立在原政策基础上的新政策在新一轮的周期中扬长避短,提高政策的功效。政策的连续性和稳定性是由政策本身的严肃性决定的,是经济发展、社会进步的必然要求。我国政策领域中出现的诸如政策之间缺乏连贯和衔接,"撞车"现象时有发生,政策朝令夕改等问题,通过对政策周期的研究和分析,都是可以避免的。

第三,推动改革开放、市场经济和社会经济发展。当前,我国正处于市场体制、政治体制的全面改革之中,改革给我们带来了生机,改革给我们带来了希望,改革也给我们带来了许多新问题和新挑战。通过对各项政策周期及其互动关系的研究,制定出一整套相互配套的改革政策,以在新体制内部形成相互制衡的机制,可以推动改革开放事业。同时,市场发育和完善,离不开科学、合理的政策的推进。随着市场经济的逐步发展,改革的深入,哪些政策要淘汰,哪些政策要完善,哪些政策要制定,这些都离不开政策周期的研究,如果理论研究跟不上,不能及时地回答政策领域中提出的新问题,经济发展就不能顺利进行。改革开放三十多年来,我国对各项政策周期的研究是不够的。在政治、经济、文化、教育和科技等领域,不论是政策决策者还是政策研究人员对这方面的关注都不够。忽视政策周期的研究造成了相当不利的后果:缺乏从整体上思考问题,不能很好地按照各种体制之间、政策之间和每一个政策过程的各个阶段之间的互动关系和逻辑顺序,协调配套地进行改革及制定政策,以至于往往单项推进,孤军深入,导致系统结构不合理、政策不配套,出现某些混乱。由此加强对政策周期的研究,可以更好地处理好这些关系,促进政策的协调配套。

三、政策周期和经济发展周期

政策过程与经济过程不可分离,它们相互作用,综合影响。尤其是在市场经济条件下,公共政策作为一国政府干预社会经济生活的主要手段,用以纠正市场缺陷时,政策与经济发展之间的相互关系就更为密切。当政策干预符合经济发展的要求时,经济就蓬勃发展;当政策干预与经济发展相悖时,经济就呈现出波动、萎缩乃至停滞状态。由于政策本身是一个运动的周期过程,周期性的政策变化必然会对经济发展产生影响,使经济发展随着周期性的政策变化呈现出不同的发展周期。

在政策周期与经济发展周期的关系问题上,西方学者提出了著名的"政治—商业周期"或"政治—经济周期"理论。他们认为,在西方市场经济和民主政治体制条件下,国家日益干预经济和社会生活,政治(政策)与经济发展之间的关系往往以"政治—商业周期"的形式出现。在西方,民选政府在循环反复的大选周期中运作,它们采取的政策类型随选举周期的时间而变化;在选举前采取受选民欢迎的政策,而在选举后采取不受选民欢迎的政策。

我国政策周期变化与经济发展也呈现出周期之间的相互关系。新中国成立以来的经济发展历程表明,中国经济波动的根源主要就是来自于政策周期变动形成的外部冲击,其表现为:一是中央政府的政治动员冲击所引起的经济扩张期;二是中央政府的政治命令冲击所引起的经济收缩期。周期性的政策变化使经济发展处于经济扩张期和经济紧缩期的交替变换之中,并呈现出如下的特点:经济扩张期与历次党代会或重要人代会具有一一对应关系;每次经济收缩与历次政府经济紧缩政策相关。经济扩张政策与经济紧缩政策相互交替变动,构成了中国特有的政策周期。

四、我国的政策周期及特点

艾克斯坦(Alexander Eckstein)很早就发现中国存在"政策周期"现象,他认为中国的政策周期根源于中国的决策结构和价值系统。[①]克拉克(Christopher

---

① See, Alexander Eckstein, "Economic fluctuations in Communist China's Domestic Development". Ping-ti Ho and Tsou, eds., China in Crisis, Vol.1, bk.2, University of Chicago Press, Chicago, 1968.

M. Clarke)认为,中国领导人的政策框架时间是不断变小的。在20世纪80年代初,一个计划还有2~3年的时间,然后作适当的调整和改进;在80年代中期,则缩减到一年时间;到了80年代末,就变成一个季度了。①郑竹圆分析了1953—1981年我国的经济策略,发现在这30年的时间里,几乎没有一个经济增长战略能够延续6年以上。②老百姓也晓得中国存在政策周期,"党的政策像月亮,初一十五不一样"这种形象的说法反映了老百姓对政府政策易变性和周期性的普遍看法。从新中国成立以来的经济发展历程来看,我国确实存在政策周期现象,且表现出自身的特点。

从一项具体政策来看,一方面由于我国目前尚处于社会主义初级阶段,各方面体制、制度不完善;另一方面中国地域辽阔,各地区差异大,发展不平衡。因此,在我国,一项政策并非完全按照制定——执行——评估——监控——终结的程序进行,而是表现为传达期、贯彻期和变通期。这是中国政策周期表现出来的一个显著特点。③

所谓传达期,即"传达动员"阶段。传达动员形式有两种:一种是自上而下的有组织的内部传达,这包括传达中央文件,中央领导人讲话,中央领导人指示,中央全会精神;另一种是在全国范围内公开动员,这包括公开发表中央全会公报,中央领导人正式报告,或者《人民日报》社论。前者借助共产党的组织系统,后者借助现代通信工具。在很多场合下,先是内部传达,然后公开动员。通过广泛使用新闻媒介,大张旗鼓地制造声势,做到"家喻户晓,人人皆知",这种政治动员作用十分有效,能够广泛动员全社会各种力量,形成全民族的凝聚力,在极短的时间内集中各种资源。

所谓贯彻期,即"贯彻实施"阶段。在传达中央精神之后,各地方开始制定具体政策和措施。地方政府作为当地国家权力机关的执行机关,受到当地人民迫切改变经济面貌的强大压力,"为政一方"就要"造福一方"。任何一个地方领导人都晓得,中央的发展目标是众所周知的,如果他们提出一个较低

① See, Christopher M. Clarke, "China's Transition to the Post-Deng Era". Joint Economic Committee Congress of the United States, China's Economic Dilemmas in the 1990s:The Problems of Reform, Modernization, and Interpendence. Joint Committee Print. April, 1990, pp.1–13.

② See, Cheng Chu-yuan, *China's Economic Development:Growth and Structural Change*. Westview Press, 1982.

③ 胡鞍钢:《中国政策周期与经济周期》,《中国社会科学季刊》,1994年第8期,第90页。

经济增长率的目标,即便是符合当地发展条件,也会被当地人民和下属官员视为无能,只能提出一个较高的经济增长率目标。中央提出的发展目标等于规定了地方发展目标的下限,只要中央变动和提高发展目标,就意味着地方必须变动和提高发展目标的下限, 党中央把经济增长率指标由6%提高到8%~9%,这就迫使省的经济增长率指标至少要提高到10%以上,相应地,地、市、县的经济增长率指标则会抬得更高,层层加码,逐级放大,结果就出现相互攀比一哄而上的局面。

所谓变通期,即通常所说的"上有政策,下有对策"阶段。政策执行之后,决策者常常会碰到这样的问题: 政策实施效果与决策者的预期目标不是相互矛盾,就是差距甚远,出现"政策走样""南辕北辙"。这是因为从根本上说,政策是对利益的分配和调整,地方政府从本地区利益出发,以地方利益为标准,想出各种变通方法,不是我行我素,肢解、曲解、抵制中央政策,就是另订对策对付中央,阻碍了政策的顺利推行。在这种情况下,决策者被迫实施调整,采取新的政策,又重新进入下一轮的政策传达期、政策贯彻期和政策变通期。

第五节　政策变化

政策周期的概念使我们能更好地了解政策过程的各种构成因素, 完整地展现了政策从开始制定到最后终结的整个过程,并且很好地表明了政策过程的动态性和连续性。然而,政策周期的概念并不能说明政策如何发展变化问题,不能说明政策发展变化的状态和模式。那么,是否存在着一般的政策变化模式呢? 换句话说,是否不同的国家或地区、不同的公共部门都会有自己独特的政策变化模式? 这一节将回答政策变化的这些问题。

一、政策变化的两种基本模式

政策变化及其模式是新近政策科学文献讨论的一个主题。受著名科学哲学家托马斯·库恩的科学历史主义理论尤其是科学进步模式的启发,有些西方政策分析学者对政策变化模式问题进行了较深入的讨论。

依据库恩在《科学革命的结构》一书中的观点,科学进步表现为"前科学——常规科学——反常——危机——科学革命——新的常规科学"的发展过程,而其中的"常规科学——反常——危机——科学革命"则是科学革命的结构性模式。常规科学是科学家团体在现有范式指导下的知识积累时期,是范式的拓展以及为新的突破奠定基础的时期;反常表示出现了与范式预期不相符合的现象;科学革命从危机开始,它是知识积累、渐进过程的中断,是范式的转换。简而言之,科学进步表现为范式孕育成长成熟的常规科学时期,也包含着范式转换的革命时期,科学进步就是在渐进与突变、积累与革命的交替中实现的。

在科技哲学领域里,科学革命也就是"范式转换"(Paradigm shift),"是少部分人在广泛接受的科学范式里,发现现有理论解决不了的'例外',尝试用竞争性的理论取而代之,进而排挤掉'不可通约'的原有范式"。科学革命具有如下三个基本特征:第一,范式转换是一个重新概念化的过程,即抛弃掉旧的概念体系,建立新的概念体系,即对经验材料进行新的系统化解释的过程。第二,科学革命带来探索问题的改变和解决问题的合理性标准的改变。第三,科学革命也是一个世界观与方法论的转变,每一次革命都彻底改变了科学的形象,进行科学研究的世界发生根本变化。"革命之前科学家是世界的鸭子,在革命之后就成了兔子。"[1]而"常规变化"是相对于"革命变化"或"范式"变化而言的,指理论或定律可以只修改或加强其中的某一概括,而其余的概括则保持不变,[2]这为西方政策分析学者探讨政策变化及其模式的问题提供了概念框架。

政策的发展变化总是离不开一定的政治环境、政治生态及政治文化的影响与制约,在相当程度上特定的政治生态及政治文化甚至对政策变化模式起着决定性的作用。在特定的历史条件和民族习惯思维或领袖人物工作作风、思考方式的作用或影响下,有的国家政府与政党在制定和改变政策的过程中,形成了保守的经验型的政策变化模式;有的政府与政党则形成了激进的创新型的政策变化模式。

参考库恩的科学进步模式,政策分析学者提出了政策变化的两种基本模式:

(1)常规变化模式,即政策在保持基本方向或目标的前提下发展演化,或新旧政策之间保持较大程度上的连续性。

（2）范式转换（Paradigm shift）或中断—平衡模式，即政策连续过程出现中断或飞跃，新政策取代旧政策。既然这些都是模式或式样，那就必须得要有一个可靠稳定的基础，这个基础就是学习，两种不同的政策变化模式分别以两种不同的学习类型为基础——常规变化模式以"吸取经验教训"的学习类型为基础；范式转换模式以"社会学习"（即对社会、政治、经济和文化发展特别是价值观、意识形态变化的感知）作为基础。

二、政策风格

"政策风格"这个概念的倡导者们认为，每个国家、政府、地区或公共部门往往因政策的连续性而形成不同的政策风格。例如，20世纪的英国的政策，和过去一脉相传是十分明显的。"英国政治文化的一个特征是经验主义，当事件发生时对之做出反应"，反应很可能去做一些熟悉的和令人愉快的事情，而不一定做最有效验的事情。这种老一套的做法之所以能被英国政府看重，那是因为它使英国政府在过去时代获得光辉成就。这使得即使是在那些力图改革社会的人当中，看到的是他们"企图将现代化与过去时代的各种价值——平衡、稳定、团结——结合起来"。大多数锐意革新的改革家明确表示他们最喜欢英国的"中庸、宽容、以及妥协和贯彻始终的能力"。这样可以带给英国人民相对安宁的社会、值得信赖的政府、提供舒服生活的政治经济，但是这种生活水平比不上它的欧洲邻国，也比它的政治家们所愿许诺的标准差，使政府也不得不对政策进行改革，求得生活水平上的突破和社会的前进。这种既保守又要进取的状况，使英国政府具有了自我管制和灵活性的政策风格。[1]而法国则"由于历史上统治的软弱和不稳定性"，使官僚政治在实际上填充了法国政治的真空，这样就使法国的官僚制更符合韦伯的经典官僚制模式，而这种官僚制政治具有"常规化和非个人化""职位角色专业化""可预期性""专家治国"的特性，[2]这就使得法国形成了稳定性、缺乏创造力、程式化的政策风格。

理查森等人认为，政策风格是政府解决问题的途径和政府在政策过程

---

①　参见[美]阿尔蒙德、小鲍威尔主编：《当代比较政治学》，商务印书馆，1993年，第291~293页。

②　参见[美]劳伦斯·迈耶、约翰·伯内特、苏姗·奥柯登《比较政治学——变化世界中的国家和理论》，华夏出版社，2001年，第194~197页。

与其他行动者之间相互作用的产物，也就是说政策风格由政府解决问题途径和政府与社会团体关系的模式这两种因素所决定。他们还就此进一步将政府解决问题的一般途径分为"预期的/积极的和消极的(反应的)"两种。按照他们所作的分析，德国的政策风格是预期的并以共识为基础；英国的政策风格以反应和共识为特征；法国的政策风格的特征是预期和强制；荷兰的政策风格的特征是反应和强制。然而，这种概括因为过于简单而受到了学术界的批评。

政策分析学者还对政策周期的各个环节中构成政策风格的因素进行了详细的分析。综合看来，影响政策风格的变项主要有两个：①政策主体的构成，其中包括行动者及其观念、价值观、思维方式。②国家所具有的自主性，包括行政管理能力等。

本书认为，政策风格指同一批政策参与或团体长期主宰相关领域政策的制定执行，相关的政策问题总是被放在相似或相同的脉络和途径中加以处理最终形成特有的风格。

三、政策发展中的"范式"变化

"范式"(paradigm)一词源自语言学，"来自希腊文，原来包含'共同显示'的意思，由此引出模式、模型、范例等义"①。它表示的是语词变化的规则，库恩将它引入到科学哲学，表示"在科学实际活动中被公认的范例——包括定律、理论、应用以及仪器设备统统在内的范例——为某一科学研究传统的出现提供了模型"②，表示自然科学(或硬科学)中被科学家团体(共同体)所共有的认识论观点或科学理论体系，"一个科学的范式就是一套关于现实的假设，这套假设比其它的假设能更好地说明当今的世界"③。受库恩的启发，产业界的人士会认为，从蒸汽机到计算机的技术创新，可以引起产业结构(范式)的变化；经济学家则运用税收政策来促进公司结构(范式)的合理化；在管理学中还出现了一系列诸如组织范式、开放范式、同步范式、协同范式、参照范式和随机范式等杂烩新术语；社会学家更是把它奉为至宝，用来描述所

---

① ［美］T.S.库恩：《科学革命的结构》，上海科学技术出版社，1980年，第iv页(序)。此书的译者认为把"paradigm"译为"规范"更接近作者的原义，因而没有把它译为"范式"。

② 同上，第8页。

③ 宁骚：《行政改革与行政范式》，《新视野》，1998年3月号。

谓"社会范式"的变化;布什政府1989年也曾推行过一个不太成功的"新范式运动",如确保教育、强化市场、赈济穷人和行政分权等;在行政学领域,西方的政府管理也经历了从强调政治与行政两分的"政治范式"到强调以管理为主的"管理范式"再到强调以公共政策研究为主的"政策范式"转换的演变过程。在哲学社会科学领域中,该词与"意识形态"以及更新近的"话语"有密切的联系。如今,"范式"及范式转变已成为政策科学的一个新的极其有用的概念工具。事实上,范式转变概念作为描述显著的政策变化的一种比喻,准确地抓住了政策活动者(特别是政策制定者)对于政策问题性质及其解决办法的信念、价值和态度的基本的、长期的变化。

政策变化的第二种模式是范式转变或政策风格的改变。在此种政策变化模式中,公共政策这个共同体所持有的"政策范式",诸如关于社会问题的性质及其解决办法,政策所具有的方向、目标及其所赖以生成的价值观、信念、意识形态等发生转变,而引起这种变化往往是社会学习过程。范式变化表现为政策连续性的中断,或政策渐进过程的中断(因此也被称为中断—平衡模式)。根据政策分析学者的观点,一个政策范式是与政策活动者紧密相关的智力构造,它本质上是相关的政策公共政策活动者所持有的一系列知识、经验、观念。例如,那些经济政策制定者中的凯恩斯主义学说、制度主义学说、货币主义学说等,这些既有的或正在形成中的知识与观念塑造了政策制定者所要追求的广泛的目标,他们所能感知问题的方式,他们所有针对问题进行思维的类型,他们所会考虑采用的解决问题办法的种类等。

"政策范式"概念的倡导者霍尔(Peter A. Hall)分析了政策范式变化过程,他将这一过程划分为如下六个阶段:

(1)范式稳定性。在这一阶段,居于主导地位的正统被制度化,并进行政策调整。

(2)反常的积累。在这一阶段,与现存正统不相适应或相矛盾的现象出现,或现实世界的发展超越了正统所能解释的范围。

(3)实验。在这一阶段,人们努力扩展现有的范式,以说明反常。

(4)权威的破灭。在这一阶段,人们对官员和专家失去信任,新的参与者向现有的范式挑战。

(5)争议。在这一阶段,争论遍及公共领域,并包含了更大的政治过程(包括选举和党派争论)。

(6)新范式的制度化。在这一阶段,新范式的倡导者经过或长或短的时

第七章

期而使范式获得支配地位，他们改变现有的组织和决策安排以便使新范式制度化。

四、政策变化的原因

政策变化有其原因。第一，政策总是基于特定的社会问题，以特定的时间和条件为转移。任何政策都是针对一定时空条件下的特定问题制定的。随着时空条件的变化，政策问题会发生变化，政策也会失去效力，成为过时的政策；而新政策代替旧政策是不可避免的。第二，任何政策都是相关利益主体相互博弈、相互妥协的结果。在多元利益格局下，任何政策都是在相互博弈、相互妥协的过程中才得以产生。多元利益格局下，力量之间的对比产生变化，将对政策产生直接的影响，从而使原本代表旧利益格局的政策转变为代表新利益格局的政策，最终导致政策的变化。第三，任何政策都需要一个不断完善的过程。政策在不断完善的过程中，必须有局部的修正和补充，任何政策的执行总会遇到新情况、新问题，这就需要执行者根据实际，灵活地补充修正，逐步完善政策，做到有的放矢。

五、政策变化基本类型

（一）根据变化的范围，分为政策局部变化和政策整体变化（政策创新）

根据变化的范围，可分为政策局部变化和政策创新。局部变化指政策在一定范围内发生变化，并没有触动政策的根本即政策的基本原则、基本目标。政策创新指政策并没有延续已有的风格，相对旧的政策，新的政策无论在目标、原则、方式方法上都发生了根本变化。

（二）根据引起变化的因素，分为内生变化和外生变化

根据引起变化的因素，政策变化可以分为内生变化和外生变化。内生变化指政策内部相关因素的变化，也就是指政策制定的方法、原则的变化，政策主体的变迁，政策相关利益的变更等所引起的变化。而外生变化指政策外

第七章

部因素所导致,也就是指政策实施的环境变动,政策所涉及的外部势力的力量对比的变化等所引起而发生的变化。

(三)根据政策变化的主导力量,可分为"强制性"政策变化和"诱致性"政策变化

根据政策变化的主导力量,可分为"强制性"政策变化和"诱致性"政策变化。"强制性"政策变化指政策变化的主导力量是自上而下的,是由政府制定命令或法律强制推行和实施而产生的。"诱致性"政策变化指政策变化的主导力量是自下而上产生,是一种地方各层级在平时的政策实践中所积累下来并为实践所证明是正确的,从而受到中央的采纳而产生的。

思考题

一、概念解释

　　1. 公共政策终结

　　2. 政策替代

　　3. 政策合并

　　4. 政策分解

　　5. 政策风格

　　6. 政策变化

二、简答题

　　1. 如何理解公共政终结是一种政治行为?

　　2. 政策终结的功能有哪些?

　　3. 为什么说政策终结有助于提高政策绩效?

　　4. 阐述公共政策终结的原因有哪些?

　　5. 请结合我国现实公共政策实践,阐述公共政策终结的障碍与策略。

　　6. 阐述政策变化的原因与类型。

本章重点：

1. 公共政策分析的含义与特征
2. 公共政策分析的意义
3. 公共政策分析的局限性
4. 公共政策分析的原则

第八章　公共政策分析概述

　　进入21世纪以来，人类社会面临着越来越多的并且更为复杂的公共问题，如环境污染、能源短缺、健康问题、人口膨胀、贫富差距、犯罪率增加等，为了应对这些挑战，政策科学在20世纪50年代应运而生，并且得到了快速发展。在政策科学发展中，政策分析的成长最引人注目。那么，什么是公共政策？为什么要研究公共政策？什么是公共政策分析？公共政策分析具有哪些特征和意义？公共政策分析的原则是什么？公共政策分析是否具有局限性？这些是认识和理解公共政策和公共政策分析要解决的基本问题，本章将对这些内容展开分析。

第一节　公共政策分析的含义与特征

　　在20世纪50年代公共政策研究兴起时，公共政策分析的地位并不突出，它只是政策科学的一个组成部分而已。但是由于公共政策研究的主要推动力来自于工程师、一线研究人员、系统分析家、应用数学家和运筹学家，他们将大量的定量分析方法和技术运用到公共政策研究中，由此使得公共政策分析得到快速发展。自20世纪60年代以来，在政策科学发展中，公共政策分析发展的成就显著，公共政策分析逐渐成为政策科学中一个相对独立的发展方向。

一、公共政策分析的含义

随着公共政策分析在政策科学中作为一个相对独立方向的发展，政策学家也开始重视对公共政策分析的概念进行界定。公共政策分析（Public Policy Analysis）一词是由美国政策学家查尔斯·林德布洛姆在1958年发表的《政策分析》（Policy Analysis）一文中首次提出来的。[①]自公共政策分析概念提出来，很多政策学家都从不同角度和不同层面出发对公共政策分析的含义作出界定。概括来说，政策学家对公共政策分析作出界定大体可以划分为五种类型。

第一种类型是从非常宽泛的角度理解公共政策分析，认为公共政策分析是研究社会问题和解决社会问题的学问。斯图亚特·奈格尔（Stuart S. Nagel）和托马斯·戴伊是这种界定的代表。奈格尔认为，政策分析是政府对社会问题决策的性质、原因和效果的研究。戴伊认为，"政策分析的目的是研究政府行为的内容，为什么政府会采取这些行动，以及它们会产生怎样的影响（如果有的话）"[②]。很明显，戴伊认为公共政策分析是关于政府做什么、公共政策产生原因以及后果的分析。我国政策学家陈庆云也从较为宽泛的角度理解公共政策分析，他指出，"公共政策分析是对政府为解决各类公共政策问题所选择的政策的本质、产生原因及实施效果的研究"[③]。这种对公共政策分析的宽泛理解实际上将公共政策分析等同于政策科学，反映了拉斯韦尔和叶海卡·德洛尔（Yehezkel Dror）所倡导的政策科学传统。

第二种类型是从采用分析方法解决政策问题的角度来界定公共政策分析，强调公共政策分析是一门应用性的学科，认为公共政策分析是采用相应的分析方法，产生政策相关知识和信息，分析政策问题和解决政策问题的过程。爱德华·奎德（Edward S. Quade）、查尔斯·沃尔夫（Charles Wolf）和威廉·邓恩（William N. Dunn）是这种界定的代表。兰德公司数学部领导人奎德指出，政策分析是"任何一种以这种方式提供信息的分析，其目的都是为政策

---

① Charles E. Lindblom, Policy Analysis, *The American Economic Review*, Vol.48, No.3（Jun., 1958）, pp.298–312.

② ［美］托马斯·R.戴伊：《理解公共政策》（第十版），彭勃等译，华夏出版社，2004年，第4页。

③ 陈庆云：《公共政策分析》，北京大学出版社，2006年，第18页。

制定者运用他们的判断力打下更好的基础……在政策分析中,'分析'一词是从它最普遍的意义上被使用的;它包括直觉和判断力的运用,包括通过把政策分析分成若干组成部分而对政策进行的检查,还包括新的可替代方案的设计和综合。涉及的活动从为更好地理解预料的问题而进行的研究到已完成方案的评价。有些政策分析是非正式的,仅指详细的思考,然而正式的政策分析要求广泛收集资料和用复杂的数学过程进行精心的计算"[1]。同为兰德公司的沃尔夫也认为,公共政策分析是把科学理论方法应用于解决政策的选择和实施问题,这些政策包括国内、国际及国家安全事务等方面。[2]

邓恩在奎德和沃尔夫的基础上也提出对公共政策分析的理解,他认为,政策分析是"通过设法综合和改变一些学科的基本内容和方法,提供解决具体政治背景下的问题时可用的政策相关信息,而不再像传统学科那样对经验性规律进行解释。并且,政策分析的目的也不仅仅限于提供'事实';政策分析者还设法提供关于价值及可取得行动方法的信息。因此,政策分析不仅包括政策建议,还包括政策评价"[3]。我国政策学家宋锦洲对公共政策分析的理解与奎德、邓恩等人颇为相似,他认为,"政策分析是一个跨学科的、应用性的研究领域,它采用各种研究或论证方法,产生和转变与公共政策相关的信息,以便帮助决策者或当事人发现和解决公共政策问题。政策分析所涉及的整个政策过程,包括问题界定、目标确定、方案选择和效果评估等环节。在政策分析中,方法论占有主导地位"[4]。这种对公共政策分析的理解比前一种范围要小,前一种界定只是说公共政策分析是解决社会问题的学问,而这种界定则指出公共政策分析是采用分析方法来解决公共问题的过程。

第三种类型是从备选方案评估和选择的角度界定公共政策分析,认为公共政策分析是对公共政策备选方案的评估和分析,以帮助决策者作选择的过程。小迈克雷(Ducan Macrae,Jr.)、巴顿(Carl V. Patton)和R.M.克朗(R.M. Krone)等人是这种界定的代表。小迈克雷认为,政策分析可以定义为"凭借推力和证据的运用,在一组备选方案中选择出最好的政策"。巴顿认为,"政策

---

①　Edward S. Quade, *Analysis for Public Decisions*, New York: American Elsevier Publishing Co., 1975, p.4.

②　参见[美]查尔斯·沃尔夫:《市场与政府——权衡两种不完善的选择:兰德公司的一项研究》,中国发展出版社,1994年。

③　[美]威廉·N.邓恩:《公共政策分析导论》(第二版),中国人民大学出版社,2002年,第72页。

④　宋锦洲:《公共政策:概念、模型与应用》,东华大学出版社,2005年,第5页。

分析是关于备选方案(计划或项目)的技术和经济的可行性,政治的可接受性、执行战略和政策选择结果的系统的评估"。克朗认为,从方法论角度看,政策科学包括五个基本范畴:政策战略、政策分析、政策制定系统的改进、政策评估、政策科学的进展。这里所讲的政策分析是指依照政策方案与政策目标之间的关系,及其可能产生的多种结果与相关规则,在各种已知备选方案中确定一个最好的政策方案的过程。①斯图亚特·S.尼古认为,公共政策分析就是根据政策与目标之间的关系,在各种备选的公共政策中确定何种政策将最有效地实现一套既定目标的过程。②我国政策学家张金马也认为,"政策分析是政策科学的研究方法论。这个规定指出了政策分析的目的、内容,并指出了政策分析与其它相关学科的区别。政策分析的目的是帮助决策者制定和改进政策,它在广泛搜集信息和资料的基础上,帮助决策者阐释目标,寻找备选方案,预测方案的效果,建立模型并对方案作出评估,从而为决策选出最佳行动方案"③。

很明显,从备选方案评估和选择的角度理解公共政策分析,其范围又比前一种对公共政策分析界定的范围要小。前一种对公共政策分析的理解将政策问题、政策目标、政策方案、政策效果都纳入政策分析的范围,而这种对公共政策分析的理解仅仅将政策分析限于对政策方案选择的分析,而不包括对其他环节的分析。

第四种类型是从新型社会关系构建的角度理解公共政策分析。美国学者米切尔·怀特(Michael White)认为,人们很少能选定一劳永逸、自成一体、所有人都能领会的政策。④因此,政策分析的目的并不是要产生某种一锤定音的政策建议,而是要帮助人们对现实可能性和期望之间有逐渐一致的认识,从而产生一种新型的社会相互关系与"社会心理"模式。这种模式不仅能够使人们对政府的某项职能有新的认识,而且还使人们的行为或活动趋于一致,由此减少冲突的可能性。怀特还指出,政策学的传统观点将政策分析视为求解政策问题的技术,这种把"技术手段看得比目的更重要"的观点是对公共政策分析的曲解。从新型社会关系构建的角度看待公共政策分析比将公共政策分析视为解决问题的技术更为重要,因为它把"社会"放在比较

---

① 参见[美]R.M.克朗:《系统分析和政策科学》,商务印书馆,1985年,第31页。

② 参见[美]斯图亚特·S.尼古:《政策学:综合与评估》,中国人事出版社,1991年,第1页。

③ 张金马:《政策科学导论》,中国人民大学出版社,1992年,第277页。

④ 参见[美]斯图亚特·S.那格尔:《政策研究百科全书》,科学技术文献出版社,1990年,第13页。

突出的位置,为政策分析的技术前景和理想社会之间建立起更好的桥梁。

　　第五种类型是从强调政策分析作为一种职业来界定公共政策分析。美国政策学家戴维·L.韦默(David L. Weimer)和加拿大政策学家艾丹·R.维宁(Aidan R. Vining)认为,公共政策是"一种客户导向性建议,这些建议与公共决策有关,并反映了社会价值"①。这个定义强调两点内容:一是强调政策分析是一种职业行为, 即公共政策分析是政策分析家向其客户提供建议的过程;二是政策分析家所提的建议必须与公共决策有关,体现出社会价值。这并不意味着政策分析者一定要在公共机构工作, 在私营机构工作也是可以的,只要他们所作的政策分析考虑到全面的社会影响。②韦默和维宁这样定义公共政策分析,有两个原因,首先是强调政策分析方法应用的重要性,因为如果将政策分析视为一种职业,坚持以提供有用建议给客户为中心,那么自然而然就会意识到学习各种政策分析方法和技巧的重要性。其次是尽管政策分析主要是为客户服务,但是公共政策还将产生一系列社会价值,因此必须强调政策分析中社会价值的重要性,而这点经常被忽视。

　　如前一节所述,公共政策涵盖社会各个领域,具有复杂性和多样性,不容易对它进行准确的定义。作为公共政策研究方法论的公共政策分析,其含义同样不好界定, 因此政策学家从不同角度解释公共政策分析也就不足为怪了。这些对公共政策分析含义的不同解释尽管有可能会引起我们对公共政策分析理解的混乱,然而这些解释本身并没有对错之分,而且还从不同角度反映了公共政策分析的本质,有助于我们从不同视角透视公共政策分析,因此它们都是值得借鉴的。通过对这些公共政策分析含义的分析,我们认为可以这样定义公共政策分析:公共政策分析是指政策分析者为了解决公共问题,采用各种分析方法对公共问题、政策目标、政策方案、政策执行和政策效果进行分析,以向决策机构和决策者提供有关政策信息和建议的过程。对于公共政策分析的含义,我们可以从如下三个方面具体来理解。

　　首先,政策分析者是政策分析的主体,即具体从事政策分析的人员。他们并不仅仅来自于公共机构,包括大学机构的专家学者、专业机构的分析人员甚至是私营机构的人员,只要他们对公共问题进行分析,所提政策建议涉及社会公众利益,这些人员都可以纳入政策分析者的范畴。因此,政策分析

---

　　①② [美]戴维·L.韦默、[加拿大]艾丹·R.维宁:《政策分析——理论与实践》,上海译文出版社,2003年,第25页。

者的范围是较为宽泛的,这点需要与政策制定者或决策者相区别,政策制定者或决策者是公共机构中享有某些公共权力的人员,而政策分析者并不一定享有公共权力,专家学者、专业机构的分析人员和私营机构人员都没有享有公共权力,他们只是接受公共机构的委托向其提供有关政策分析的信息和建议。

其次,公共政策分析的内容并不仅仅是确定政策目标,选择最优的政策方案,而且还包括对公共问题、政策执行和政策效果的分析。由于公共政策动态运行过程包括政策问题认定、政策目标和方案的确定、政策执行、政策评估等环节,因此公共政策分析也理应包括这些内容。在这里需要对公共问题和政策问题作出区分,公共问题是社会上多数成员产生影响的问题,而政策问题是纳入政府议程的公共问题,显然,公共问题的范围大于政策问题。公共政策分析既可能是对政策问题进行分析,也可能是对公共问题进行分析,因为政策分析者并不仅仅是公共机构的人员,专家学者、专业机构的分析人员和私营机构人员也可以就某个公共问题进行分析,向政府提出建议,从而引起政府对该公共问题的注意。

最后,公共政策分析是运用各种分析方法进行的分析。公共政策分析方法包括定量分析方法和定性分析方法两种。定量分析是指"对社会现象的数量特征、数量关系与数量变化的分析,其功能在于提示和描述社会现象的相互作用和发展趋势"[1]。据此定义,公共政策分析中定量分析方法是指将公共政策的有关特征和内容用数量的形式来表示,并对这些数值进行运算和分析的方法。公共政策分析中的定量分析方法是多种多样的,主要包括成本—收益分析、成本—效用分析、政策问题构建方法、政策规划的方法(排队论、线性规划等)、预测分析(时间序列分析、回归分析、贴现率分析、马尔可夫模型等)、决策分析、政策效果分析等。定性分析是指"根据社会现象或事物所具有的属性和在运动中的矛盾变化,从事物的内在规定性来研究事物的一种方法或角度"[2]。据此定义,公共政策分析中定性分析方法是指对公共政策有关问题的本质和内在属性进行分析的方法。定性分析方法主要包括德尔斐分析法、价值分析方法、利益分析、可行性分析、超理性分析(运用直觉、灵感、判断力等进行分析)、主观概率预测方法等。在西方国家公共政策分析发

展进程中,政策学家非常重视发展和应用定量分析方法,而从近十几年中国公共政策分析发展情况看, 政策学家对于定量分析方法的重视程度仍然不够,使得政策分析缺乏合理性和科学性,导致所提政策建议难以为政府部门所接受。因此,不管是为了推动公共政策分析理论的发展,还是加强公共政策分析的实际应用性,都必须重视公共政策定量分析方法,加强定量分析方法的研究和应用。

二、公共政策分析的特征

公共政策分析是政策分析者接受政府部门的委托或者根据自己的兴趣对有关公共问题、政策方案、政策执行和政策效果等进行分析过程,在公共政策分析过程中主要体现出如下六方面的特征。

(一)事实性

公共政策分析的第一个重要特征就是事实性。所谓事实,是指客观存在的、可以观察到的事物及其运动方式,①公共政策分析中的事实性是指政策分析者必须以客观存在的事物或事情为依据进行政策分析, 提供有关建议或结论,而不能够带有主观色彩。公共政策分析的事实性也即是客观性,即公共政策分析要符合客观事物实际情况或客观规律。戴伊在阐述公共政策分析特征时就比较重视公共政策分析的事实性,他认为,公共政策分析要对公共政策的前因后果进行严格研究, 要大胆提出和小心验证关于公共政策前因后果的一般性命题。"积累那些具有普遍意义的可靠研究成果,目标是发展出关于公共政策的一般性理论。这些理论具有可靠性,而且能够运用于分析不同政府机构和不同政策领域。政策分析明显倾向于发展那些能够适合不止一个政策抉择或案例研究的解释方式。这些解释能够经得起时间的考验,适合不同的背景"②。公共政策分析的事实性特征充分地体现出公共政策分析是一门科学,而正是这点,也体现出公共政策作为一门科学的特征。我们经常强调公共政策是一门科学,与此有着很大的关系。

---

① [美]西蒙:《管理行为》,北京经济学院出版社,1988年,第44页。
② [美]托马斯·R.戴伊:《理解公共政策》(第十版),华夏出版社,2004年,第7页。

(二)价值性

公共政策分析的价值性一方面指政策分析者在对政策问题、政策目标和方案、政策效果等有关内容进行分析时,往往对它们进行好坏、对错、公正与否的判断。另一方面不仅指政策分析者的价值观会影响政策分析,而且政策分析者还要对决策者、政策利益相关者的价值观念进行分析。公共政策分析的价值性与事实性是相对的,事实性强调的是客观性,而价值性则强调主观性,因为价值观是人的思维层面或心理层面上的行为。邓恩比较强调政策分析的价值性,"政策分析同时还具有规范性特征。政策分析的另一个目标是对过去、现在和未来的公共政策价值观进行分析,并创造和批判由此而产生的知识主张。一旦我们看到政策的相关知识在相互依赖的变量(目标)和相互独立的变量(方法)之间表现出动态特征并具有价值倾向时,那么,政策分析这种规范的或价值批判的方面表现得非常明显。变量的选择往往相当于在竞争性的价值(健康、财富、安全、和平、公正、平等、自由)中进行选择。从多种价值中进行选择或排序不仅是一个技术上的判断问题, 同时也包含有对道德因素进行评判的过程"①。

(三)目的性

任何公共政策分析都是具有目的性的,不存在没有目的的政策分析。由于政策分析者通常不是决策者,而是接受决策者的委托进行政策分析的,因此,公共政策分析的目的之一就是向决策者提供有关政策问题、政策目标与方案、政策执行、政策效果方面的信息和建议,作为决策者的决策参考。政策分析者向决策者提供的信息可以分为三种类型:一是关于事实方面的信息,即对客观现状进行描述的信息。二是关于价值方面的信息,即政策问题、政策目标与方案、政策执行、政策效果等涉及哪些价值,公共政策对这些价值有什么影响。三是关于行动方面的信息, 即政策方案实施后会产生何种结果,这些结果导致何种价值的实现。政策分析的目的是向决策者提供有效的政策信息,这与政策鼓动有很大区别,政策鼓动是一种夸大、修辞和劝说行

---

① [美]威廉·N.邓恩:《公共政策分析导论》(第二版),中国人民大学出版社,2002年,第3页。

为,而政策分析则是一种在对公共政策前因后果进行严密论证基础上,向决策者提供有效合理的信息。因此,戴伊认为,"将政策分析同政策鼓动区分开来是很重要的"①。

(四)政治性

与公共政策具有政治性一样,公共政策分析同样具有政治性。公共政策分析的政治性体现在两个方面:一是在西方民主国家中,为了提供决策质量和争取选民支持,政治家往往雇佣政策分析家进行政策分析,政策分析家必须熟悉政治家的立场和目标,对围绕决策的政治状况有所了解,才能提高政策分析的效果,符合政治家的目的。二是在面临巨大社会和政治危机时,政策分析者不应该保持沉默,他们有义务去解决这些政治问题。政策分析不仅要服从科学和专业的目的,而且还要为政治讨论提供信息,增进人们对政治的了解程度,从而提供公共政策的质量。

(五)宽泛性

由于公共政策涉及社会各个领域的诸多问题,因此公共政策分析具有跨学科的特点,是各研究领域学者共同关注的焦点。公共政策分析不仅涉及哲学、政治学、经济学、社会学、心理学、历史、法学、人类学等社会科学和人文学科,还采用数学、运筹学等学科的理论和方法。随着计算机技术的发展,计算机辅助决策和量化分析技术也在政策分析中得到越来越广泛的应用。公共政策分析的宽泛性对政策分析者的素质提出了很高的要求,如果要想成为一名出色的政策分析者,就不仅要涉猎社会科学和人文学科各个学科的知识,还要掌握计算机技术,掌握统计学、运筹学等量化的分析方法。

(六)假设性

公共政策分析的假设性主要体现在政策分析者对政策目标和方案的分析上,而在对政策执行和政策效果的分析上并不存在着假设性,因为关于政

---

① ［美］托马斯·R.戴伊:《理解公共政策》(第十版),华夏出版社,2004年,第5页。

第八章

策目标和方案的建议是根据已有经验和数据推断出来的，它还没有在实践中实施，因而还不能够通过实践证据对它进行检验。而政策执行和政策效果已经在实践中发生和存在，因此关于政策执行和政策效果的有关信息不是假设。公共政策分析的假设性意味着政策建议存在着错误的可能性，因此需要不断地加强公共政策分析，修正公共政策方案。

第二节　公共政策分析的意义与局限性

一、公共政策分析的意义

公共政策分析既需要花费政策分析者大量的精力，又需要委托者（主要是政府部门）支付给政策分析者一笔不菲的费用。这些成本支出都是需要有回报的，而这些回报就体现出公共政策分析的价值。从不同的角度看，公共政策分析具有不同的价值。

首先，从委托者的角度看，委托者之所以需要政策分析，是因为他们面临着自己无法解决的问题。因此，在政策分析者接受委托后，为委托者提供政策问题、政策目标和方案、政策执行、政策效果等方面有效合理的信息和建议，以帮助委托者解决问题、摆脱困境，这就体现出公共政策分析的价值。

其次，从政府角度看，公共政策分析有助于减少决策失误。减少政府决策失误的途径，除了提高决策者的素质和严格决策程序外，最重要的就是加强政策分析。政府部门通过聘请专家学者、专业政策分析人员或者本部门的政策分析人员进行政策分析，不仅能够阐述清楚政策问题，帮助决策者明确政策目标，寻找备选方案，并且通过对备选方案的分析，辅助决策者选择最佳决策方案，而且还能够对政策的实施计划和资源配置提出正确的建议，从而减少执行的失误。在政策执行过程中或者政策执行结束后，又可以对政策效果进行分析，提出政策评估意见，为决策者的下一步行动提供有效建议。

再次，从社会发展的角度看，公共政策分析有助于解决公共问题，消除社会运行中的障碍。任何一个社会在运行过程中，都不可避免地出现诸如人口、生态、资源、教育、贫富差距等方面的问题，这些公共问题是社会良性发展的阻碍因素。政策分析者通过对这些问题进行分析，寻找出问题产生的原因,并提出解决对策,这无疑有助于解决这些公共问题,消除社会运行中的不协调因素,推进社会的良性发展。

最后,从社会科学发展的角度看,公共政策分析的价值并不仅仅局限于解决公共问题,推动社会良性发展,而且对于整个社会科学发展而言,也具有很大的推动作用。拉斯韦尔认为,政策分析可以理解为提供政策过程和政策过程中的知识的过程。[1]邓恩也认为,政策分析是一个批判性地创造知识的过程。如果从这个意义理解政策分析,那么它与人类文明一样古老。在远古时代,人们对一些社会现象及其相互关系的观察和分析可以视为政策分析活动,随着生产技术发展和人们具有稳定的居住方式,政策分析作为一种专门的活动也随之产生。人们通过对各种问题和现象的分析,逐渐积累专门的知识。自19世纪中期以来,人们开始运用经验和定量方法理解和分析社会问题,由这种方法积累下来的专门知识被视为"科学",这与通过巫术、宗教等方式产生的知识有很大的区别。通过依靠占卜、巫术、宗教产生的知识被划入非科学的范围。随着积累下来科学与客观的知识越来越多,社会科学逐步得到发展。"通过对社会进步建议的批判,或者更准确地说,通过为获知某些经济或政治的行为是否能产生预期结果而进行的尝试,社会科学已经有了很大的发展"[2]。

二、公共政策分析的局限性

公共政策分析在缓解公共问题、减少决策失误、推动社会协调健康发展的作用值得肯定,但是公共政策分析是灵丹妙药吗? 公共政策分析能够解决社会上存在的各种公共问题吗? 答案是否定的。自20世纪60年代公共政策分析产生以来,政策分析者已经对教育水平低下、贫富差距、住房、健康、污染、能源、交通拥堵等公共问题进行分析,并提出了很多解决对策,如果公共政策分析是灵丹妙药,那么这些公共问题应该都已经被解决,然而事实是,这些公共问题非但没有解决,反而有继续恶化的趋势。由此可见,公共政策分析不是万能的,它存在着诸多方面的局限性。

首先,公共政策分析难以避免一家之言的事实,也即是说,公共政策分

---

① Harold D. Lasswell, *A Pre-view of Policy Sciences*, New York: American Elsevier Publishing Co., 1971, p.1.

② 转引自威廉·N.邓恩:《公共政策分析导论》(第二版),中国人民大学出版社,2002年,第39页。

析所提出的建议或所得出的结论往往只是代表政策分析者的观点。如果其他政策分析者对同一个政策问题进行分析，那么有可能会得出与其完全不同的结论。尽管政策分析者在做政策分析时，试图使自己的视野更开阔些，力图使自己的分析结论具有普遍性，然而事实往往由于受到主观条件和客观环境的制约，他们很难超越自身的思维局限，通常只是从某一个角度进行政策分析，从而得到片面的结论。用盲人摸象这个寓言故事来比喻政策分析者也许是比较恰当的。从前有一群盲人想知道大象的模样，他们一起去摸大象。第一个盲人摸到了大象的牙齿，他说大象就像一只矛；第二个盲人摸到大象身体的一侧，他说大象像一堵墙；第三个盲人摸到大象的一条腿，他说大象像一棵树；第四个盲人摸到了大象的鼻子，他说大象像一条蟒蛇；第五个盲人摸到大象的耳朵，他说大象像一把扇子；第六个盲人摸到大象的尾巴，他说大象像一根绳子。盲人摸象告诉我们这样一个事实：由于受自身条件的局限和客观环境的制约，人们对同一个事物的认识会有很大的差别。在政策分析中，政策分析者所面对的公共问题不是一个既定的问题，而是必须确认它是一个什么样或者什么性质的问题。对于同一个公共问题，不同政策分析者对它的性质和实质可能会有完全不同的认识。例如，对于中国目前的贫富差距问题，不同的政策分析者对它的看法可能有很大差别：

> 东部地区的人们普遍比较富裕，而西部地区的人们则比较贫困，因此贫富差距是一个自然条件和自然环境的问题；
> 贫富差距问题是一个城乡二元结构造成的问题，因为城市的人们普遍比农村的人们富裕；
> 贫富差距是市场经济发展中不可避免的现象，因为市场经济强调的是效率，而不是公平；
> 社会保障体系不完善导致很多人因病致贫、因失业致贫，所以贫富差距是一个社会保障体系不健全的问题。

其次，公共政策分析无法解决价值观冲突问题。公共政策分析的重要特征之一是价值性，公共政策分析的价值性表明在政策目标确定时需要考虑价值问题（例如政策目标确定要考虑哪个群体的价值），在政策评估时同样要考虑价值问题（政策执行体现了哪个群体的价值观）。然而，在价值多元化的社会中，政策分析者很难找到指导政策分析的恰当的价值观，即用哪种价值观作为政策分析的基本准则是很难确定的。这主要源自于这样一个事实，人们的价值观总是相互冲突的。比如对于环境污染问题就存在着两种截然不同的看法：一部分会认为环境污染是经济发展中不可避免要出现的，而经济发展能够提高人们的生活水平，体现出对人的尊重，因此环境污染问题是可以容忍的；但是另一部分人会认为环境污染是对人权利的剥夺，因此要严格治理环境污染问题。在其他社会现象中，也存在着很多相互冲突的理解。政策分析者在面对这些相互冲突的价值观时，是舍弃其中一个，而坚持另一个吗？显然不行，因为每一种价值观都有其合理性。政策分析难以解决价值观冲突问题，因为你要的我反对，而我要的你反对，"各方既不会有一致的价值观，也不会在怎样进入各自的政策分析领域时意见一致"①。

再次，公共政策分析不可避免具有主观性，很难真实地反映客观情况。政策分析者在政策分析时，通常是使用的量化分析方法和计算机技术来得到的分析结论，这种方法的使用有助于使公共政策分析得出客观的结论。然而，想使公共政策分析的结论完全符合客观事实，这是不可能做到的。因为即便是存在着客观资料，采用客观的分析方法，但在选择和解释以及分析其资料上所需理论方面，却取决于主观判断。在政策分析中做到价值中立几乎不可能，政策分析者的主观想法往往对公共政策分析产生着不可忽视的影响。因此，对于公共政策分析所提供的信息和建议的使用必须谨慎。如果完全接受政策分析的建议，那么所谓科学和客观的政策分析往往会带来意想不到的不良后果。"从历史上，对所谓知识精英们制定出来的决策不提任何异议而原封不动接受的社会，最终导致了鼓励这些知识精英们陷于腐败的后果。知识精英也是人，他们也具有顶不住财富、名誉、权力等诱惑的人性弱点"②。

最后，人类行为的复杂性使政策分析难以对其作出合理的解释。人类的行为非常复杂，在现代社会更是如此，因此政策分析者无法准确地预测一项政策会产生什么影响。并且由于人类行为的复杂性，在分析过程中将要付出大量时间、精力和金钱的代价，而即使是付出巨大的代价，也未必能够充分理解个人和团体的行为，因而没有办法为决策者提供可靠的建议。决策者偶尔向政策分析者寻找解决方案，但是政策分析者却没有任何办法。人类行为的复杂性使公共问题产生多方面的影响，对其进行一个简单的解释和补救，

---

① ［美］查尔斯·林德布洛姆：《决策过程》，上海译文出版社，1988年，第28页。

② ［韩］吴锡泓、金荣枰：《政策学的主要理论》，金东日译，复旦大学出版社，2005年，第291页。

都是不可行的。政策分析者往往会开出很多解决公共问题的"药方",并且这些"药方"看起来经常自相矛盾,就充分说明政策分析者无法对复杂的人类行为作出客观合理的解释。

此外,在政策分析结果的运用方面,良好的政策分析的建议并不是总能够得到充分的利用。政策分析不过是政治冲突的一种时髦的虚饰而已,决策者为解决冲突所进行的实际上是一种实力的较量。他们往往通过竞争性投票、讨价还价,甚至是阴谋和暴力来解决冲突,虽然政策分析没有害处,但也只是一种无效的消遣,政策分析者所做的大量专业分析实际上是枉费心机,因为各种重要问题的解决最终决定还要依据"政治"实力的对比。[①]更为严重的是,出于某些政治上的目的,政策分析的结论有可能被曲解,甚至被当成政治斗争的工具。

尽管政策分析存在着诸多局限性,但据此来否定政策分析的作用也是不客观的。政策分析不是解决公共问题的灵丹妙药,但正像一些政策学家所讲的那样,"对政府决策而言,政策分析不是万能的,但没有政策分析却是万万不行的"。虽然政策分析的结论不甚准确或者有些自相矛盾,但是他们毕竟为决策者提供了一点点知识,这总比完全不知道要好一些。即使政策分析者无法预知未来政策的后果,但是他们至少可以试图测量现行和以往政策的影响作用,为决策者提供知识,而这可以明显地减少决策的失误。

第三节　公共政策分析的原则

公共政策分析的目的是为决策者提供关于公共问题、政策目标和方案、政策执行和政策效果等方面合理有效的信息和建议,而如何才能够为决策者提供合理有效的信息和建议呢? 由于公共政策分析是一个非常复杂和艰难的过程,为决策者提供合理有效且能够被决策者接受的信息和建议并非易事。为了尽可能达到公共政策分析的目的,政策分析人员在政策分析中有必要遵循一些原则。

---

① [美]威廉·N.邓恩:《公共政策分析导论》(第二版),中国人民大学出版社,2002年,译者前言。

一、系统性原则

简单而言，公共政策分析的系统性原则是指政策分析人员要从各种角度，采用各种方式对与公共政策相关的内容进行分析。公共政策分析中要遵循系统性原则主要是因为，公共政策具有相关性，即它与社会多种现象有关，与社会多种问题有关，与社会多种利益群体有关。公共政策分析的系统性原则体现为多个方面。

公共政策分析的系统性原则首先体现在政策分析的方法上，即在政策分析中要采用系统分析方法。克朗是最早主张采用系统分析方法进行公共政策分析的重要政策科学家之一。他认为，系统分析是指"由定性、定量或者两者相结合的方法组成的一个集合，其方法论源于科学方法论、系统论以及为数众多的涉及选择对象的科学分支。应用系统分析的目的在于改进公共的和私营的组织系统。系统分析既是一种解释性的，又是一种规定性的方法论"[1]。贝塔朗菲(L.V.Bertalanffy)认为，"系统分析提出一定的目标，为寻找实现目标的方法和手段，就要求系统专家或专家组在极其复杂的相互关系网中，按最大效益和最小费用的标准去考虑不同的解决方案并选出可能的最优方案"[2]。概括这些学者的观点，系统分析方法是指运用定量和定性的方法和技术对公共政策系统的各个要素及其相互关系进行分析，比较、评价和优化政策方案，从而为决策者提供可靠的信息和建议。

其次，从学科角度看，由于某个公共问题并不仅仅限于某个领域，而几乎与所有领域有关；公共政策同样不仅仅局限于某个领域，而与所有领域都有关系。从现代学科发展看，每一个领域几乎都对应着一门学科。因此，公共政策分析几乎涉及每个学科，要用到每个学科的知识。政治学可以为政策分析提供政治行为的知识，特别是对有关公共政策的政治可行性分析提供帮助；心理学则提供了群体控制、预测与检验的案例，为处理公共政策所包含的奖惩功能给出激励理论，为公共政策评估提供了实验和行为心理学的方法；应用社会学在公共问题的实际调查、社会统计分析方面提供有益的方法；法学为公共政策分析提供法律基础和知识；经济学的成本收益分析广泛

---

① ［美］R.M.克朗：《系统分析和政策科学》，商务印书馆，1985年，第20页。

② L.V. Bertalanffy, *General Systems Theory*, New York：Braziller，1989，p.2.

应用于公共政策分析的各个领域;统计学则为公共政策预测、方案比较、效果评估等提供定量分析方法;哲学则为公共政策的价值分析提供逻辑方法。物理学、生物学、环境生态学、医学等都为政策分析提供不同领域的知识。[①]从实际中看,由于公共政策涉及纷繁复杂的问题,因而单一的学科很难对公共政策作出全面的解释。在公共政策分析中,只有通过各个学科透视公共政策,融合各学科知识,才能够系统地解释公共政策,为决策者提供全面有效而合理的信息和建议。

最后,公共政策分析的系统原则体现在公共政策分析的内容,它要求公共政策分析要考虑到与公共政策有关的各方面内容,包括公共问题的形成原因、性质、各种后果;政策方案的各种后果;政策执行影响因素;政策主体、政策利益相关者等。

公共政策分析的系统性原则在邓恩那里被理解为批判性复合主义(Critical Multiplism)。批判性复合主义包括多元操作主义、多重方法研究、多重分析综合、多变量分析、利益相关者的多重分析、多角度分析和多媒体交流等方法。[②]邓恩认为,批判性复合主义并不能够保证政策分析的成功,然而与其他一些方法相比,"批判性复合主义有一个重要的优势:如果分析人员能够遵循其准则,他们就可以避免犯这样的错误——由于分析者自身对于问题有限的观察力而产生的错误"[③]。

二、价值中立原则

对于政策分析中要遵循价值中立原则,肯定有很多人要反对。20世纪70年代以来,行政学家对价值中立原则基本持反对意见,在政策科学中,邓恩等政策学家对价值中立原则也表示反对。然而,这里所说的价值中立原则并不是要忽视公共政策中的价值问题,不对这些价值问题进行分析,这样做既没有必要,又不符合事实。这里所说的价值中立是从公共政策分析人员的角度说的, 主要是指政策分析人员在政策分析时不要受到自身价值观念的影响, 以免使政策分析结论失去客观性。价值中立对于公共政策分析很有必

---

① 吴立明、傅慧芳:《公共政策分析》,厦门大学出版社,2006年,第24页。

② 参见[美]威廉·N.邓恩:《公共政策分析导论》(第二版),中国人民大学出版社,2002年,第7~8页。

③ 同上,第9页。

要,如果摆脱自身价值干扰,以客观态度对公共政策进行分析,那么就有利于找到公共政策的因果关系和规律,从而为决策者提供客观的信息和建议。反之,如果政策分析人员将自身价值观融入政策分析中,那么公共政策分析结论可能只是体现分析者个人的想法和利益而失去客观性,这样的公共政策分析结论对公共问题的解决和公共政策的改善将无济于事。

三、参与原则

伊斯顿认为,公共政策是对全社会的价值做权威性的分配,这里所谓的价值实际是利益,因此公共政策是对全社会的利益作权威性分配。那么公众、社会团体等的利益如何能够在公共政策中切实体现出来呢? 参与公共政策制定无疑是实现其利益的重要途径之一,因而在公共政策制定过程中非常强调参与原则。自20世纪60年代以来,美国的公共政策制定领域的公民参与开始迅速发展。据统计,到1974年底,公民参与项目管理的数量超过60年代末的三倍,达到了一百项。在其后的数年中,参与数量再度增长了50%。①在公共政策制定需要公众和团体的参与,那么在以政策分析人员为主的政策分析中需不需要强调参与原则呢? 答案同样是肯定的。公共政策分析的参与原则是指在公共政策分析中政策分析人员要通过各种途径和方式听取公众、团体、专家学者,特别是政策利益相关者的意见,与他们进行充分的交流。强调公共政策分析中的参与原则主要有两个原因,首先是政策分析人员知识的局限性,他们对某个领域可能比较专业,但是对其他领域的知识可能知之甚少,通过各方面的参与可以使政策分析人员了解其他领域的知识。其次是政策分析人员视野的狭隘性,无论他们如何强调和希望从客观的角度分析问题,他们总是很难超越自身价值观和视野的,而社会各方面的参与可以使他们听到更多不同的声音,使他们的视野更为开阔。公共政策分析中的参与并不一定能够使政策分析人员找出最优政策方案,但是至少可以增加政策分析人员的知识,有助于减少政策分析的错误。

---

① Advisory Commission on Intergovernmental Relations, *Citizen Participation in the American federal system*, Washington, DC: U.S. Government Printing Office, 1979.

四、经济性原则

经济即效率,效率是指以最少付出获得最大收益。在私人领域中,人们通常比较重视效率,如厂商经常要精打细算。然而在公共领域,特别是政府部门中,由于经费被认为是公共的,因此很少有人注意它的效率。政府部门往往是社会中效率最低的部门,这是否表明政策分析中不需要强调效率呢?答案显然是否定的。因为政策实施过程往往需要支付一笔数目可观的执行费用,而这笔钱是纳税人交的税,如果政策执行花费成本很大而收益很小,那么会引起纳税人的反对。此外,如果一项政策执行后付出成本很小而收益很大,那么这将给决策者的政绩添上浓重的一笔,决策者因此可能会获得晋升的机会。反之,一项政策执行后付出成本很大而收益很小,决策者就要背上决策失误的"罪名",而这有可能会影响决策者的仕途。公共政策分析中遵循经济性原则,对一个社会而言是好事,对决策者而言同样是好事,这种公共政策方案更容易为决策者所接受。

思考题

一、概念解释

1. 公共政策

2. 公共政策分析

3. 公共性

二、简答题

1. 如何理解公共政策的公共性?它体现在哪些方面?

2. 如何理解公共政策的政治性?

3. 为什么说进行公共政策研究是非常有必要的?

4. 如何理解政策分析的价值性与事实性?

5. 阐述公共政策分析的意义。

6. 公共政策分析是万能的吗?

7. 政策分析人员为什么要恪守职业道德?

8. 试分析政策分析的价值中立原则。

第八章

本章重点：

1. 公共政策分析的性质
2. 作为理性的政策分析
3. 作为意识形态的政策分析
4. 作为假设的政策分析
5. 作为讨论的政策分析

第九章　公共政策分析的性质

　　公共政策分析的性质是指一种事物区别于其他事物的根本属性，公共政策分析的性质是指政策分析作为一门学科与其他学科相区别的特征和属性。在现代公共政策分析的诞生初期，多数政策学家认为政策分析是一门关于理性的学科，即政策分析通过科学的方法为决策者提供客观而中立的信息和建议。然而，这种观点并没有得到所有政策学家的认同，一些政策学家从不同的角度对政策分析的性质进行了探讨，从而提出了关于公共政策分析性质的不同理解。除了作为理性的政策分析外，政策学家对政策分析的性质还有如下的理解：作为意识形态的政策分析；作为假设的政策分析；作为讨论的政策分析。政策学家在政策分析的性质上具有不同观点，其主要原因在于，政策分析涉及不同的学科和领域，它几乎要用到所有社会科学和自然科学的知识和方法，学科和领域的交叉性使得政策学家不可避免地从多种不同角度分析公共政策分析的性质；更为重要的是，由于政策分析的主要对象——公共问题与社会上多数人有关，因而社会成员都有对公共问题发表见解和参与政策分析的权利。如果只是从某个角度界定政策分析的性质，那么将意味着给予该视角或方法在政策分析中的特殊优越的地位，而其他的分析角度将被忽视掉，这将使政策分析具有很大的潜在危险。例如，强调公共政策分析的理性性质，在政策分析中就会赋予专家特殊的权力，而忽视民众参与,这种所谓的科学的政策分析是很有危害的,这不仅因为民众的意见因专家的知识而被排除,而且专家可能会被某个集团所利用。因此,从不同角度理解公共政策分析的性质是非常有必要的。政策学家从不同角度研究公共政策的性质,提出关于公共政策分析的不同观点,尽管这些观点有较大的差异,但对于我们理解政策分析的性质具有很大的作用。

第一节　作为理性的政策分析

自18世纪60年代工业革命兴起以来,理性主义逐渐成为西方国家的一股重要思潮。理性主义思潮的出现与工业革命的兴起有着密切关系,工业革命最显著的特征是技术性,即要求生产的标准化和技术的精确性,按照严格的逻辑程序和确定性的模式进行决策和管理,以实现成本的最低化和利润的最大化。理性主义出现后日益渗入各个学科领域,成为自然科学、社会科学、哲学等学科的一种重要理念和方法。20世纪50年代现代政策分析诞生后,理性主义的思想同样对政策分析产生影响,不少政策学家运用理性主义的理念,采用理性主义的方法从事政策分析,形成理性政策分析理论。作为理性的政策分析成为理解政策分析性质的一种重要视角。自现代政策分析产生直到20世纪80年代,用理性主义的观点和方法构建政策分析模型,并以此为基础指导政策选择成为政策分析中的一种基本价值观念。现在,多数政策分析人员仍然采用统计分析、建立数学模型等理性主义的方法进行政策分析,新加入政策分析行列的人员和政策分析专业的学生也被要求学习定量分析方法。

一、理性政策分析的发展

可以说,现代政策分析与理性政策分析相伴而生,自现代政策分析诞生之时起,理性政策分析也随之出现。那么,政策学家为什么主要从理性主义的角度研究政策分析呢?

首先,政策分析的发展与经济学的发展有着深厚的渊源关系,政策分析理论的不少内容来源于经济学。早在16、17世纪,重商主义学派就对有关经济政策进行了研究,向政府提出了积极发展对外贸易的政策建议。在18、19

世纪,以亚当·斯密为代表的古典政治经济学对经济政策的性质、制定原则、政策建议与选择问题进行了探索;20世纪30年代经济大危机时期,凯恩斯对宏观经济政策进行了研究,提出了政府干预经济理论。经济领域中政策研究的发展不仅为20世纪50年代现代政策分析的产生奠定基础,而且经济领域中政策研究的不少成果直接为现代政策分析所采用。

在经济学的发展历史中,古典政治经济学重视对经济制度的研究,而自19世纪70年代以来,以数量分析特别是边际增量分析、统计分析和均衡概念为特征的边际革命兴起后,经济学的主要研究范围从经济制度转向在既定经济制度条件下的具体经济行为的研究,经济学的含义也相应发生了变化。经济学是研究既定经济制度下有限资源合理配置的学问,"现代经济学区别于古典政治经济学的重要标志,是从纯粹理论定向实际应用。而在经济学实用化的过程中,资源合理配置就成了经济科学的永恒的主题"①。资源配置问题实际上是关于资源的选择问题,即在资源有限的前提下,要考虑生产什么产品、怎样进行生产、为谁进行生产和何时进行生产四方面的问题。既然是选择问题,那么就会涉及理性的问题,即通过何种选择才能够实现利润或效用的最大化。经济学的主题是选择问题,而选择的核心是理性,因此自边际革命兴起至现在,理性一直是经济学中一个重要概念。

不仅经济学是关于选择的学问,而且政策学也是关于选择的学问,因为政策学也是研究在资源有限的条件下选择一种决策方案以最好实现政策目标的过程。因此,从学科发展的逻辑上看,理性也应该是政策学的一个重要概念,由此可见,理性政策分析的出现有其学科上的依据。而且,在现代政策分析发展的早期阶段,很多经济学家纷纷加入政策分析行列,如西蒙、林德布洛姆等都是比较著名的经济学家。由于这些经济学家普遍使用量化分析和统计分析方法,他们加入政策分析行列中自然也将这些方法带到政策分析中来,从而促使理性政策分析的形成和发展。

其次,在现代政策分析的发展早期乃至现在,政策分析学家中有相当部分的应用数学家,他们将数理统计方法运用到政策分析中。例如,兰德公司设有数学部,专门为政策分析提供量化方法的支持。应用数学家的加入及数量统计分析方法在政策分析中的应用在很大程度上推动了理性政策分析的发展。

---

① Leccess, Michael and Kathleen McCormick, eds. Charter of The New Urbanism, McGraw-Hill, 2000.

最后,现代政策分析兴起的时期也是政治行为主义盛行时期。政治行为主义的主要特征是采用实证主义方法和量化方法对政治行为进行研究,试图将政治决策建立在理性的基础之上。由于当时不少学者将决策行为视为一种重要的政治行为,因此在政策科学或者政策分析研究中,也大量采用了政治行为主义的方法。现代政策科学的创始人拉斯韦尔同时也是著名的行为主义政治学家,他认为,政策科学是以实证主义为哲学基础,是一门使用量化分析方法和实证数据以追求科学与理性的学科。作为政策科学分支的政策分析也不可避免受到政治行为主义的影响,量化分析方法和实证主义方法的广泛应用促使了理性政策分析的发展。

正是由于这些因素的推动作用,从现代政策分析产生之时起,政策分析学家都普遍重视采用量化分析、统计分析、实证分析等理性主义的方法进行政策分析,形成政策分析中极为重要的研究视角,即理性政策分析视角。尽管理性政策分析在后来的发展中受到不少的批评,但由于理性政策分析对于实际的决策具有一定的指导作用,而且理性政策分析经常被视为科学政策分析,因此直到现在,理性政策分析仍然是政策分析中一个非常重要的视角和内容。

二、理性的含义

在前面的阐述中,我们主要从所使用方法的角度说明理性政策分析,使用量化分析、统计分析与实证分析等方法是理性政策分析的重要特征,但是对理性政策分析的认识并不能够仅仅限于方法论的层面,而应该深入了解理性的内涵,这才能对理性政策分析有深刻的理解。

理性一词的英文为rationality,又可以称为合理性。关于理性的讨论最早可以追溯到亚里士多德时期,然而对人类理性的承认却是14世纪欧洲文艺复兴时期的事,理性作为宗教神学的对立面出现,当时所说的理性是指人们认识自然现象与社会现象的智慧与能力。后来,理性作为一种理念或方法逐渐被自然科学和社会科学所采用,形成了西方的理性主义思潮。各个学科都从本学科出发对理性做出了解释。哲学层面上的理性类似于逻辑推理过程,即从某个前提出发推导出结论的逻辑过程。心理学上的理性含义与哲学层面的理性含义大体相同,心理学所说的理性是指特定的理智的推理过程,而非理性则指依靠情绪、激励、天性或冲动等情感机制而非理智机制作出选择的过程。韦伯从组织管理的角度出发认为,理性指的是组织对目标的自觉适应性,以及组织的运转不受组织成员或个人目标的有害影响,而是靠规章制度这种非人格化措施来运转。韦伯所说的这种具有理性的组织实际上就是官僚制。

经济学家也对理性作出解释。经济学家对理性的解释与理性"经济人"有着密切的联系。理性"经济人"中的理性是指"经济人"有意识有目的地追求利润或利益最大化的过程。林德布洛姆认为,"一项行动是理性的,就是说,对于指定目标及其真实处境来说,该行动被'正确地'设计成为一种能够谋求最大成功的行动"。西蒙也认为,"理性指一种行为方式,它适合实现指定目标,而且在给定条件和约束的限度之内"。①经济学对理性的解释是我们接触到的对理性最为普遍的理解。

理性政策分析中理性的含义与经济学对理性的解释大体相同,具体来说,理性政策分析中的理性有两重含义:一是追求政策目标最大化,所谓政策目标最大化是指政策分析要以社会收益最大化为目标,即政府应该选择给社会带来的收益最大限度地超过所付成本的政策,放弃那些成本超过收益的政策。②要实现政策目标的最大化,必须找出与政策目标具有客观因果关系的政策手段。二是在政策分析方法上要使用量化分析、统计分析和实证主义的方法。政策分析是否具有理性与所使用的方法有着密切关系,如果使用占卜、巫术或宗教仪式等方法进行政策分析,那么政策分析肯定是非理性的。人类理性的发展与使用量化分析、统计分析与实证主义分析方法有紧密联系,因为这些方法辅助推理,使推理逻辑更加严密。因此,理性政策分析必然要求使用量化分析、统计分析与实证主义分析等方法,这些方法既是理性政策分析的重要特征,又是实现政策理性的重要途径。对于理性政策分析的含义,我国台湾政策学家伍启元做了较为全面的解释,理性政策分析是指"特定的政策主体为着一定的目的,利用一切可能收集的资讯,经过客观和准确的计算或度量,以寻得最佳的政策手段和最大值的政策结果"③。

第九章

---

① ［美］赫伯特·西蒙:《现代决策理论的基石》,北京经济学院出版社,1991年,第3页。

② Thomas R. Dye, *Understanding Public Policy*, Englewood Cliffs, N. J, Prentice-Hall, Inc., 1975, p.31.

③ 伍启元:《公共政策》,香港商务印书馆,1989年,第338页。

三、全知理性政策分析模式

理性政策分析包括全知理性政策分析和有限理性政策分析两种模式，有限理性政策分析是对全知理性政策分析的修正。全知理性政策分析以"经济人"假设作为基本前提，建立起一套完整的解决政策问题的"经典"公式：[①]

（1）面对一个存在的问题；

（2）一个理性的人首先澄清他的目的、价值或目标，然后在头脑中将这些东西进行排列或用其他方法加以组织；

（3）然后列出所有可能达到他目的的重要政策手段；

（4）并审查每项可供选择的政策会产生的所有重要后果；

（5）这时它就能将每项政策的后果与目的进行比较；

（6）因而选出其后果与目的最为相称的政策。

将政策分析人员视为理性"经济人"，这个假定不仅意味着政策分析人员具有追求政策目标最大化的倾向，而且还具有追求政策目标最大化的能力，即政策分析人员知悉一切政策信息、所有备选方案及其后果，能够从备选方案中选出最优的方案。从全知理性政策分析的"经典"模式中可以看出，全知理性政策分析模式具有如下三个特征：

首先，政策分析人员面对一个既定的政策问题，要解决这个政策问题，政策分析人员必须要先确定政策目标。政策目标的确定与社会价值有关，理性政策分析模式假定政策分析人员知道社会上所有的价值取向，并且能够将这些价值取向按照重要性进行排序，因此政策分析人员能够确定最优的政策目标。在政策目标确定之后，政策分析人员能够找出所有可行的能够实现政策目标的备选方案。其次，政策分析人员能够知道每个备选方案所需的成本、所产生的收益以及后果等。最后，政策分析人员能够使用各种分析方法，特别是成本收益方法，计算出每个备选方案的成本收益比，最终确定最佳的政策方案。理性政策分析设想，在政策目标和政策方案的选择过程中，由于掌握了所有的政策信息，穷尽了各种可能性，因此最终政策方案能够达到最优状态。

---

① ［美］查尔斯·林德布洛姆：《决策过程》，竺乾威、胡君芳译，上海译文出版社，1988年，第19~20页。

理性政策分析为决策科学化和最优化提供了一种思路和方法，但是由于理性政策分析以全知全能的"经济人"作为基本前提，这使得理性政策分析模式具有较大的局限性。由于自身能力与知识具有局限性，政策分析人员不能够掌握所有与政策有关的价值偏好，也不可能搜寻到所有的政策备选方案，更不可能计算出各个备选方案的成本收益比，因此，确定最优政策方案无疑是天方夜谭。托马斯·戴伊将全知理性政策分析的局限性概括为九个方面：[①]

·人们在社会利益上无法达成一致，只能在对于某一个特定团体或者针对个人的利益上达成共识，而这些团体和个人的利益又往往是相互冲突的。

·这些冲突的收益和成本不能相互比较和衡量，例如我们无法在个人尊严和税收增长之间进行比较和衡量。

·在决策者的决策过程中，其动机并不是纯社会收益的最大化，而是试图让他们自己的所得得以最大化，包括权力、地位、连任、金钱等等。

·在现有项目和政策中的大规模投资，使决策者不愿重新思考既往决策所放弃的政策选择。

·在信息收集方面存在着数不清的障碍，而收集信息的目的是为了了解所有其他替代政策及其后果。这些困难包括信息收集的成本、信息的有效性以及收集的时间等问题。

·不论是社会科学和行为科学，还是物理和生物学，其预测能力还不能帮助决策者完全理解每一个政策选项的成本和收益。

·即使是拥有最先进的计算机分析技术，当面临大量分化的政治、社会、经济和文化价值时，决策者仍没有足够的智力水平来准确计算成本和收益。

·各种替代政策后果的不确定性，促使决策者尽可能坚持以前的政策，减少令人烦恼或出人意料的后果。

·大型官僚体系中决策过程的分割性特征使决策协调很难实现，不同专家的意见很难在决策中综合考虑。

---

① ［美］托马斯·R.戴伊：《理解公共政策》（第十版），华夏出版社，2004年，第16页。

第九章

全知理性政策分析存在着如此之多的障碍，以至于希望政策分析人员得出最优政策方案是不切实际的。全知理性政策分析的不切实际的做法影响了其实际应用性。在美国，理性政策分析大约只对20%~25%的公共政策产生了影响，其余大部分的公共政策都是由另外一些方法及其组合决定的，[①]在宏观公共政策分析领域中，情况尤其如此。[②]全知理性政策分析与公共政策制定的实践脱节促使不少政策学家对其进行反思，并探索全知理性政策分析的修正方法。

四、有限理性政策分析模式

在对全知理性政策分析的批评中，诺贝尔奖经济学奖得主(1971年)西蒙对全知理性政策分析进行了全面与系统的批评，并在批评的基础上，形成有限理性政策分析理论。西蒙认为，全知理性政策分析只不过是政策分析中的一幅理想化图景，现实中的理性行为总会受到各种客观条件的制约。"在最优化问题中必须取为给定条件的某些约束，可能就是(生物学上定义的)生物自身的生理、心理限度。例如，一个动物所能达到的最高运动速度，便给其可能行为设定了一种界限。与此类似，计算能力的局限性。对于具体场合下的理智抉择的定义来说，可能也是一种重要的约束"[③]。因此，西蒙认为全知理性政策分析模式具有如下三方面的缺陷：

(1)按照理性的要求，行为主体应具备关于每种抉择的后果的完备知识和预见。而事实上，对后果的了解总是零碎的。

(2)由于后果产生于未来，在给它们赋以价值时，就必须凭想象来弥补所缺少的体验。然而，对价值的预见不可能是完整的。

(3)按照理性的要求，行为主体要在全部备选行为中进行选择。但对真实行为而言，人们只能想得到全部可能行为方案中的很少几个。[④]

西蒙意识到全知理性政策分析具有的局限性，据此他在《管理行为》第

① 林德金等：《政策研究方法论》，延边大学出版社，1991年，第63页。
② [日]叶海卡·德罗尔：《逆境中的公共政策分析》，上海远东出版社，1996年，第135~136页。
③ [美]赫伯特·西蒙：《现代决策理论的基石》，北京经济学院出版社，1991年，第9页。
④ [美]赫伯特·西蒙：《管理行为》，北京经济学院出版社，1988年，第79页。

二版序言(p.xxiv)中提出"有限理性"(bounded rationality)概念,并形成有限理性政策分析理论。有限理性政策分析模式的主要内容包括:

(1)政策分析不是一种"最大化行为",而是一种"满意(Satisfying)行为"。满意行为指这样一种选择行为,即决策者在明确自己的行动时,选择"足够好"的行为,结合"满意的"和"足够的"行为产生一个"既让人满意又足够好的"选择。"满意行为"是可以发生变化的,因为它与欲望水平有关,"一个人如果在探索备选方案时感到容易发现满意方案,其欲望水平便提高;反之,如果感到发现满意方案是比较困难的,其欲望水平就下降"。①

(2)由于政策分析是"满意行为",因此在确定政策目标时,如果不能够实现最优的政策目标,则退而求其次,选择次优的政策目标。在确定政策手段时同样如此,如果不能够找到最大化地实现政策目标的政策方案,那么就去选择能够恰当地实现政策目标的政策方案。

(3)政策分析的选择标准、评估标准不应当也不可能是最佳的,而应当也只能是满意的或次佳的。

西蒙指出政策分析是一种满意的政策分析后,对理性的含义也进行了重新的解释。"理性就是要用评价行为后果的某个价值体系,去选择令人满意的备选行为方案。"②西蒙主张政策分析行为应该是理性的,但也意识到理性选择受到实际环境的制约,因此他提出了有限理性政策分析模式。有限理性政策分析模式既保证决策具有合理性,又可以避免全知理性政策分析难以实现的尴尬。

从有限理性政策分析模式出发,西蒙还探索了程序合理性问题(Procedural Rationality)。西蒙认为,理性可以分为内容合理性(Substantive Rationality,也称为"实质合理性")和程序合理性两种类型。内容合理性是指追求政策目标最大化的行为,也即是为了达到一定目标而采取合理行动的行为。显然,内容合理性对应于全知理性政策分析模式。西蒙认为内容合理性是难以实现的,因此他提出了程序合理性。所谓程序合理性,是指政策分析行为

---

① [美]赫伯特·西蒙:《现代决策理论的基石》,北京经济学院出版社,1991年,第20页。

② [美]赫伯特·西蒙:《管理行为》,北京经济学院出版社,1988年,第74页。

符合了某种规范、程序或制度(制度可以视为某些规范或程序的集合)。如果在政策分析中遵循了某种程序或制度,那么政策分析就具有程序合理性。"在人们的选择行为通过适当的审查之结果而产生的时候,把这种合理性称之为程序合理性"[①]。

内容合理性关注结果,而程序合理性关注过程。西蒙认为,在内容合理性无法实现的情况下,也即是由于人们自身能力的有限、知识有限、信息有限或资源有限而无法达到政策目标最优化时,那么政策分析只能依靠程序合理性,通过采用适当的程序或方法来找到满意的政策方案。在政策分析中,内容合理性和程序合理性应当根据政策问题或政策方案的性质有选择地使用。内容合理性和程序合理性的选择是政策知识的函数,如果关于政策问题的信息、政策目标和政策手段的因果关系以及政策备选方案成本与收益的信息比较充分,那么就可以依赖内容合理性;如果关于政策问题、政策目标和手段、政策后果的信息并不充分,而且政策方案具有较大的不确定,那么就不能够采用内容合理性,而应该依靠程序合理性。通过遵循某种程序或方法,可以减少政策分析的失误和降低不确定性。

西蒙提出的程序合理性是对全知理性政策分析的否定,同时是对有限理性政策分析的支持。因为在全知理性政策分析难以实现的条件下,通过依靠程序合理性,可以实现有限理性的政策分析。而有限理性政策分析也必然要强调程序合理性,因为有限理性政策分析假定政策分析人员不具备获取所有政策方案信息的能力,政策分析所得出的政策方案只能是满意的政策方案,而不是最优政策方案,在这种假定条件下不能够依靠内容合理性,而只能依靠程序合理性。有限理性政策分析是对理想的内容合理性的否定,是对现实的"程序理性"的回归。政策分析人员并不拥有超出其认知能力之外的复杂计算能力,而只拥有进行合理行动步骤的资源,只能追求政策分析过程在逻辑上的没有矛盾,而无法完全实现政策目标的最优化。

第二节　作为意识形态的政策分析

受行为主义的影响,在20世纪五六十年代,理性的政策分析在政策分析

[①]　Herbert A. Simon, From Substantive to Procedural Rationality, In S. J. Latsis, ed., *Method and Appraisal in Economics*, Cambridge: Cambridge University Press, pp.129–148.

理论中占据主导地位。理性的政策分析主张政策分析是为决策者提供客观而中立的信息和建议,它坚持价值中立原则,将一切价值因素排斥在政策分析之外。不仅如此,在20世纪五六十年代行为主义盛行时期,西方学术界开始流行"意识形态终结"论的观点,认为意识形态已经没有存在的必要了。"意识形态终结"论同样对政策分析产生影响,不少政策学家主张将意识形态排除在政策分析之外。意识形态属于价值观念的范畴,因此,排斥意识形态与排斥价值因素在逻辑上具有一致性。然而,随着20世纪60年代末行为主义开始走向衰落,不少政策学家对理性的政策分析进行了抨击,反驳排斥意识形态的观点,指出了意识形态在政策分析中是不可缺少的。林德布洛姆作为政策分析的奠基人,他在1968年出版的《决策过程》(The Policy-making Process)一书中对意识形态在政策分析中的作用进行了论述。随后,劳伦·H.特雷伯(Laurence H. Tribe)、弗雷德·A.克雷默(Fred A. Kramer)也从意识形态角度对政策分析的性质进行了分析,提出了"作为意识形态的政策分析"(Policy Analysis as Ideology)的观点。

一、意识形态的含义

1972年劳伦·H.特雷伯在《政策科学:分析还是意识形态?》一文中对政策分析的意识形态问题进行了分析,1975年弗雷德·A.克雷默在《作为意识形态的政策分析》一文中也对政策分析的意识形态问题进行了论述。要了解作为意识形态的政策分析的有关观点,我们首先需要对意识形态的含义作出解释。

应该说,意识形态一词对我们而言并不陌生。意识形态一词最早是1796年由法国哲学家和经济学家德斯杜特·德·特拉西在《意识形态概论》中提出来的。马克思和恩格斯在1845—1846年写成的《德意志意识形态》一书中对意识形态进行了讨论,这本书在20世纪20年代公开发行,由此引起了不少学者对意识形态研究的兴趣。对于意识形态的含义,学者有不同的看法。马克思和恩格斯认为,意识形态是指在阶级社会中,代表统治阶级根本利益的情感、表象和观念的总和。马克思和恩格斯是从否定角度界定意识形态的,认为虚假性是意识形态的主体特征,"如果在全部意识形态中, 人们和他们的关系就像在照相机中一样是倒立成像的, 那么这种现象也是从人们生活的历史过程中产生的"①。意识形态的虚假性主要表现为:伪真理性,即以真理的面目来遮蔽真实;伪永恒性,即以不变的言说掩盖自身及其代表的阶级的历史暂时性;伪人民性,即以体现社会整体利益的外貌隐藏其特殊的阶级利益。有些学者则认为,意识形态是以政治信仰为核心的关于社会生活的思想体系,是一定社会阶级、集团基于自身的利益对现存社会关系认识的结果。意识形态是一个包括政治、法律、哲学、道德、艺术、宗教等社会学说、观点的系统。一定的意识形态是一定阶级、社会集团的政治纲领、行为准则、价值取向、社会理想的思想理论依据。

政策学家在研究政策分析中的意识形态问题时,也对意识形态的含义做出了解释。林德布洛姆认为,意识形态可以指任何关于社会组织的一系列相关联的重要概念,例如美国的民主、自由、多元主义、私营企业、个人主义以及社会责任一类的概念。它也可以指一整套更正规和高度组织起来的信念,例如指导苏联和中国共产党政策的马列主义原则。②克雷默对意识形态的解释借用了理曼·托瓦·沙根特(Lyman Tower Sargent)的观点:

> 意识形态是被某个团体作为事实或真理接受的一套价值或信仰体系。它包括一系列关于社会的各种制度和程序的观念。意识形态为其信仰者提供关于世界是什么和应该如何的观念,同时,为人们提供一种将复杂的世界看得非常简单与可理解的方式。③

意识形态是某个阶级或团体看待整个世界或某些事物的一套价值观念或信仰体系,这是政策学家对意识形态含义的基本理解。然而,政策学家对意识形态的理解并不仅限于此,他们对意识形态做出更为宽泛的理解,认为意识形态是人们看待世界或问题的一种视角。不同的意识形态就是人们看待问题的不同视角,从不同的意识形态看问题,将得出不同的结论。"意识形态不同的人们将从不同角度看待问题,我们可能把一系列事实看成是很有意义的东西,然而,其他人在看待相同的事实时,可能会得出不同的理解。"④克

---

① 《马克思恩格斯选集》(第一卷),人民出版社,1995年,第72页。

② [美]查尔斯·林德布洛姆:《决策过程》,竺乾威、胡君芳译,上海译文出版社,1988年,第35页。

③ Lyman Tower Sargent, *Contemporary Political Ideologies*, Homewood, Ill.:The Dorsey Press, 1972, p.1.

④ Fred A. Kramer, Policy Analysis as Ideology, *Public Administration Review*, Vol.35, No.5.(Sep.–Oct., 1975), p.510.

雷默认为,在自然科学中,看待事物的视角被称为"范式"(Paradigm):即关于事实的一套假设以及由该假设推导出的一套结论。如果承认社会科学的推理过程类似于自然科学的推理过程,那么社会科学中也存在着范式。在公共政策领域,范式与意识形态具有非常相同的作用,因此,"不仅政策分析者本身的视角,而且以社会科学中流行的范式为条件的视角,都是意识形态的"①。克雷默进一步指出,关于政策中的每一个不同观点并非都源自于意识形态的差异,这些不同的观点可能源自于所使用的方法的不同,不过在这些差异中,最本质的是意识形态上的差异。

二、理性政策分析的虚伪性

20世纪五六十年代理性政策分析的流行是有其现实基础的,因为理性政策分析能够为我们提供秩序井然和合理的感觉,同时,大部分行政管理人员更喜欢有秩序而不是混沌状态。然而,为什么有部分政策学家反对理性政策分析,而提倡作为意识形态的政策分析呢? 主要是因为理性政策分析存在着很大的局限性。

首先,所谓的理性政策分析也只不过是一种分析问题的视角而已。在自然科学中,观察自然现象有很多不同的视角,例如牛顿定律就是观察自然现象的一种视角,这种视角能够使我们合理有序地观察自然现象。在社会科学领域,人们看待社会现象同样也有不同的视角,比如福利经济学中的帕累托准则(Pareto Criterion)或者卡尔多-希克斯准则(Kaldor-Hicks Criterion)就是人们分析经济现象的一种视角。在政策分析中,分析人员同样有多种政策分析的视角,理性政策分析就是其中一种。理性政策分析作为政策分析的一种视角,它具有很大的局限性。分析人员由于强调政策分析的理性而经常会忽略其他更为重要的东西,而且不同时代有不同的准则,这个时代所流行的分析视角在下一个时代将成为被人奚落的对象。因此,谁敢说所谓的能够达到客观目标的理性政策分析视角是准确的呢!

其次,如果决策者在做出分析时完全依赖于政策分析的结果,那么将会产生两个问题。第一个问题是强调量化和价值中立的政策分析可能会排斥

---

① Fred A. Kramer,Policy Analysis as Ideology,*Public Administration Review*,Vol.35,No.5.(Sep.–Oct., 1975),p.510.

其他没有宣称具有科学性的方法的应用,然而,尽管其他方法没有宣称具有科学性,但是它们对于政策分析也是很重要的。波特兰·格罗斯(Bertram Gross)已经提出过"硬性"材料压倒"软性"材料的"分析的格雷斯哈姆法则"(Gresham,s Law of Analysis),但是,也许"软性"材料对决策会起着至关重要的作用。由于体制上的原因,政策分析人员更喜欢定量分析而不是定性分析,这给决策者提出了一个非常值得重视的问题。第二个问题与政策分析背后的社会科学理论有关。社会科学知识总是不完善的,在政策分析中使用不完善的社会科学知识,将会产生预想不到的和不愿看到的后果。既然社会科学知识是不完整的,那么我们又如何能够知道所做的政策分析是正确的呢?我们不可能知道。

最后,理性政策分析将事实与价值分开,在价值因素既定的条件下对事实进行分析,以达到政策分析的客观性。事实上,无论政策分析人员如何努力地将事实与价值分开,它都无法避免受到价值因素的影响,因此完全将事实与价值分开是不可能做到的,所以,想达到政策分析结论的客观性也将难以实现。

克雷默对理性政策分析中存在的问题概括为如下十个方面:

· 分析总是不完善的;

· 我们做任何事情都会受到客观条件的限制;

· 未来总是不确定的;

· 到目前为止还没有人能够找到预测未来的有效方法;

· 很多问题的重要方面并不能够被量化;

· 分析家及其顾客过分依赖量化分析是一件危险的事情;

· 政治考虑有时候是很重要的;

· 并不是每一个人在任何时候都能够合理地安排他的资源;

· 一个人能够用更多的时间去做更深入的分析;

· 一个人永远都不可能掌握充足的事实。

总之,所谓的理性政策分析能够达到客观的结论是虚伪的。而且,所谓的客观而公正的政策分析还包括潜在危险。由于并不存在着纯粹的客观性,因此宣称自己的观点是"科学的"或"客观的",或者伪装成客观性的政策分析反而会误导事情。

三、意识形态在政策分析中的作用

　　尽管意识形态存在于社会之中，但是由于处于特定的文化与时代之中以及受到过特殊的训练，因此政策分析人员往往没有意识到自己带着意识形态的"眼罩"从事政策分析。而事实上，不管政策分析人员意识到还是没有意识到，意识形态总是存在于政策分析之中，"意识形态……就像既定事实般被引入政策分析"①。因此，不少政策学家将政策分析视为意识形态性质的，也就不足为奇了。

　　强调政策分析的意识形态性质，一方面有助于揭开理性政策分析的客观性面纱。理性政策分析所宣称的客观性只不过是覆盖在其表面的一层面纱而已，而且理性政策分析也仅仅是政策分析的一种视角而已，从意识形态的视角，也即是从另一个不同的视角分析政策，那么就容易发现理性政策分析存在的问题。作为意识形态的政策分析强调政策分析的主观性，因而比较容易发现理性政策分析所宣称的客观性的虚伪本质。

　　另一方面，意识形态在政策分析中发挥着较为重要的作用。意识形态不仅是政策分析的一个前提和基础，而且有助于简化政策分析。例如，在西方民主国家中，意识形态的内容包括私有制、民主、自由、多元主义、个人主义等，无论这些价值或信仰是正确还是错误，身处这些国家的政策分析人员基本上都要以这些价值或信仰作为政策分析的前提。以这些价值或信仰作为政策分析的前提，在政策问题与政策方案分析以及政策评估中都以这些价值或信仰作为基本准则，那么将全面地简化政策分析。"不管美国人对私营企业的信仰是否错误，我们往往以私营企业的假设为根据来分析垄断政策，并得出有助于政策决定的结论"②。在社会主义国家中，意识形态的内容主要包括公有制、国有企业、集体主义、马克思主义等，社会主义国家的政策分析人员以这些价值观念作为政策分析的基础，不仅可以简化政策分析，而且可以为政策方案选择提供一个相当充分的正当理论。

　　一般而言，意识形态对政策分析具有较重要的作用，但是根据政策类型的不同，意识形态的作用就有所不同。例如，外交政策非常强调意识形态，而对内政策则可能不那么强调意识形态；涉及政治问题的政策比较强调意识

---

　　①② ［美］查尔斯·林德布洛姆：《决策过程》，竺乾威、胡君芳译，上海译文出版社，1988年，第36页。

形态,而非政治问题的政策对意识形态的强调就比较少一点;公共领域的政策强调意识形态,而私人领域的政策则不那么重视意识形态。

四、作为意识形态的政策分析的局限性

作为意识形态的政策分析的提出承认了意识形态对政策分析的作用,强调了不同的分析家由于意识形态的差异而得出不同的分析结论。这不仅揭开了理性政策分析的客观性面纱,而且从一个全新的视角探讨政策分析的性质,有利于推动政策分析理论和方法的创新与发展。然而,正如理性政策分析是政策分析的一种视角,作为意识形态的政策分析也只是政策分析的一种视角而已,它不可避免地具有局限性。

首先,意识形态毕竟属于主观范畴,如果过分强调意识形态,那么就有可能使政策分析偏离客观事实。如果偏离客观事实太远,就会削弱政策分析的效果。譬如,在20世纪30年代大萧条突发时实施预算平衡政策,尽管预算平衡政策在意识形态上符合自由市场经济原则,但在大萧条的背景下,预算平衡政策显然不能够拉动需求(只有赤字政策才能够拉动需求),使经济走出萧条状态。预算平衡政策在意识形态上是正确的,但是它们延长而不是缩短了大萧条。

其次,相互竞争或对立的意识形态迫使政策分析者去分析各种政策方案的实际优缺点,相反,如果在意识形态上趋于一致,虽然可以很快地得出分析结论,但是隐含的政策错误的风险就比较大。在越南战争中,决策者与政策分析家在意识形态上是高度一致的,即遏制社会主义越南的发展。[1]尽管美国国内有反战示威,但在意识形态上的高度一致使得决策者无暇顾及这些反对意见,反而是竭尽全力说服美国国民政府具有取胜的把握。但是这种意识形态一致的决策却带来了灾难性后果,美国军队深陷越战泥潭,美国政府内外交困。

最后,意识形态会阻碍公共政策的创新。这有两方面的原因:一是意识形态代表某个阶级或集团的核心价值观,实际是代表该阶级或集团的利益,因此该阶级或集团会固守其意识形态而反对其他的价值或信仰;二是意识

第九章

---

① 关于越南战争的起因,位于美国首都华盛顿中心区的越战纪念碑这样写道:"中国已经成为共产主义国家,不能再让越南成为共产主义国家。"

形态的长期存在会使人们形成思维定式,这些思维定式是很难超越的。在政策分析中,政策分析者总是沿着某种意识形态进行分析比较容易,但是要他们超越已有的意识形态则是比较困难的,由此阻碍公共政策的创新。这点在中国《物权法》的出台过程中体现得较为明显。《物权法》起草工作开始于1998年,直到2007年才正式通过,制定过程十分波折。其原因既有需要平衡各方面的利益,又有法律技术上的问题需要解决。另一个不容忽视的原因是,《物权法》还涉及意识形态问题。《物权法》反映的是"私权神圣"的法律精神,是对私有财产权利的尊重与保护。这点与我国坚持的公有财产神圣不可侵犯相冲突。作为一个社会主义国家,我国一直坚持社会主义公有制的原则,强调公共财产优先受保障的神圣地位。一直以来,私有财产权在法律地位上受到歧视。我国对私有财产的详细法律规定只是放在婚姻法和继承法里。人们所说的私有财产,只是婚姻法或者继承法中规定的那些少量的衣物、存款、书籍等,人们也只有在婚姻破裂、财产继承的时候,才涉及私有财产的法律问题。《物权法》立法中的意识形态的争论在某种程度上推迟了法律的出台,正因为如此,当《物权法》通过后,有学者指出,《物权法》是我国在法律中第一次公开使用"物权"的概念,这是对原有法律思维与意识形态的重大突破。

对于作为意识形态的政策分析存在的问题该如何解决呢? 一般而言,有三种解决办法。第一种办法是政府中的通才与政策分析家共事,或者改善他们之间的沟通,从而能够在某种程度上解决政策分析中的意识形态问题。政策分析中意识形态问题的出现与他们之间缺乏交流与沟通有关。政府中的通才与政策分析家在看待问题上往往有不同的视角,有不同的解决方法,这些视角和方法并没有对与错之分。因此,通过加强他们之间的交流,甚至是形成相互谦让的关系,就可以对政策分析中的有关问题进行充分讨论,这将有助于解决政策分析中的意识形态问题。

第二种方法是政策分析家要有意识扩展自己的分析视角, 千万不能够将自己的分析仅仅局限于某种视角。要做到这点,政策分析家要具有"理论的自我反思意识",即政策分析家要对已有的理论进行反思,不断地扩充理论视角。有意识地短期内离开政策分析领域去学习其他不同学科或领域的理论与知识,对于政策分析家扩展理论分析视角将很有必要。

第三种方法是要承认政策分析的多元主义。如果认为政策分析是分析家个人努力的结果,那么这种政策分析将具有较强的意识形态色彩,因为政策分析家往往基于某种意识形态进行分析。要减少政策分析的意识形态色彩，就必须承认政策分析的多元性，吸纳社会各方面的人员参与政策分析，包括政府人员、各领域的专家学者、各阶层或团体的代表、普通公众等。这些人通常是根据自己的立场和观点提出自己的政策见解，各种不同观点的充分交流，使得最终出台的政策能够综合各方面的意见，而不是仅仅体现政策分析家或者某个特定团体的价值观。

第三节　作为假设的政策分析

　　20世纪60年代以来政策分析日益受到西方学术界的关注，学者们经常以"政策分析"的名义进行各种研究活动。但是关于政策分析的学科性质，即政策分析与其他社会科学的区别，还没有学者能够做出准确的解释。在现实政策分析中，政策分析人员不仅采用了哲学与人文学科的知识，而且还用到了包括政治学、经济学、社会学、管理学、法学、心理学等在内的社会科学理论，以及包括医学、数学、计算机科学、物理学、化学、生物学、环境学等在内的自然科学知识，可以说几乎所有学科的理论与知识都为政策分析所采用。世界著名的决策咨询机构兰德公司根据学科门类相应地设立了不同的部门，包括数学部、政治部、经济部、信息技术部等，研究人员包括工程技术人员、物理学家、数学家、计划统计专家、经济学家、社会学家、系统分析专家、计算机专家、心理学家、理论学家、生物学家、化学专家、医学专家、法律专家等，每一项政策分析基本上都由这些专家共同完成，政策分析充分地应用了各学科的知识。由于政策分析的跨学科性和广泛性，因此关于政策分析的定义如同学者一样多。尽管没有必要给政策分析下一个大家都认同的定义，而要做到这点也非常困难，然而，如此之多的定义表明了学者对政策分析的学科性质并没有统一的看法，而对政策分析的学科性质没有统一看法，那么政策分析与其他学科相区别的研究范畴、研究重点和研究方法也难以确定，这是政策分析发展的潜在危险，使政策分析遭遇学科发展危机。为了解决这个问题，政策学家从不同角度探索了政策分析的学科性质。除了理性政策分析和作为意识形态的政策分析外，政策学家还从假设角度探讨了政策分析的性质，认为政策分析在认识论上是假设（hypothesis），马丁·兰多（Martin Landau）是主张该观点的主要政策学家。

第九章

一、政策分析在认识论上是假设

政策分析在认识论上是假设是马丁·兰多1977年在《政策分析的适当领域》(The Proper Domain of Policy Analysis)一文中提出来的观点。马丁·兰多在该文中没有对假设的含义进行解释,但对假设做出解释仍然有必要。一般而言,假设有两层不太相同的含义。第一种含义是指在学科研究上对其研究对象作出的假定说明,不管这种假定说明是否正确,它已经作为一种既定事实被人们普遍接受。这种假设是学科研究的前提条件,例如在经济学中通常以"经济人"假设作为研究的前提。第二种含义是指根据一定的事实材料与理论知识,对于研究对象的未知性质、原因或规律作出的某种推测性说明。由于这种推测性说明没有经过实践检验,因而并不能够确定它是否符合客观事实或是否正确。这种推测性说明需要接受实践检验,如果经过实践检验为正确,则发展为规律和理论;若经过实践检验为否定结论,则放弃。作为假设的政策分析中的假设指的是后一种含义。

由于政策分析涉及多种学科与多个领域,因此从政策分析本身看,它具有很强的模糊性。然而,政策分析有一个性质却很明确,即政策分析人员根据以前的经验或已有知识提出针对未来的政策方案,由于未来具有不确定性,因此政策方案能否解决政策问题也具有不确定性。任何政策方案都包含着不确定性和危险性,它属于未经检验是否正确的命题,因而政策分析是假设。①

一方面,从政策问题的认定看,对政策问题的性质与原因的认定往往是一种假设。政策分析的目标是解决政策问题,对政策问题的分析是解决政策问题的重要步骤,而对政策问题分析的过程也即是构建政策问题的过程。所谓构建政策问题是指采用政策问题分析方法对政策问题的性质、原因和影响进行重新的认定。政策问题构建具有主观性,不同分析人员或者同样的分析人员采用不同的分析方法将得出不同的分析结论,而这些不同的分析结论仅仅是假设而已,它们是否符合客观事实,必须通过以此为基础制定的政策方案的实施来检验。政策问题中的假设分析方法就明显地体现出政策问

① Fred A. Kramer, Policy Analysis as Ideology, *Public Administration Review*, Vol.35, No.5.(Sep.–Oct., 1975), p.511.

第九章

题构建的假设特征。假设分析方法通常应用于复杂政策问题的分析,复杂政策问题意味着对它的性质、原因和影响等方面都难以确定。应用假设分析方法分析政策问题,通常要对政策问题的性质、原因和影响提出若干种不同的假设,然后采用事实资料或逻辑推理对各种假设进行分析,最后选出一种较为合理的假设作为政策问题分析的结论。然而,无论这种假设具有多大的合理性,它都是一种推测性说明,必须通过政策实施才能够检验其真伪。

另一方面,在政策方案设计与规划过程中,也显著地体现出政策分析的假设特征。政策方案规划是寻找和分析达到政策目标的政策手段的过程。政策手段要有效地实现政策目标,政策手段与政策目标必须要具有客观因果关系。但是政策分析中对政策手段和政策目标因果关系的确定是根据已有的事实或经验推断出来的,而在将来这种因果关系是依然存在则具有不确定性,如果这种因果关系存在,顶多也是以某种概率的形式出现。因此,政策分析中确定的政策方案对未来而言只是一种假设。此外,政策方案的确定往往采用预测方法,预测是根据历史和目前的发展趋势、经验事实或者某种理论来对政策方案实施后可能会产生的后果进行推测,尽管采用依据经验事实和采用的严格的推理方法,但是预测总有出现错误的可能,因为未来的发展状况肯定有别于目前的发展状况,这也说明了政策方案是一种假设。政策方案是一种假设在中国的房地产政策中体现得较为明显。

政策方案设计是假设,那么对错误政策方案的修正同样也是假设,因为修正的政策方案如同原来的政策方案一样,其真伪还没有得到实践的证实。根据此逻辑,"错误修正案的修正案"又包括错误的可能性,如此推理,一切政策方案及其修正方案都有错误的可能性,因此,一切政策方案及其修正方案都是假设。

二、政策分析是假设的原因

政策分析在认识论上是假设,其原因主要有两个方面。一方面,政策分析所提出的政策方案是针对未来的,而未来总具有不确定性。所谓不确定性(Uncertainty),是指事物的未来发展方向与趋势不能够确定。确定性(Certainty)与不确定性是相反的概念,确定性是指事物的未来发展方向与趋势是确定的。不确定性是自然科学中常用的一个概念,不确定性分析的兴起同冯·诺伊曼(John von Neumann)的贡献分不开,他在1928年发表的一篇论文中,提出博弈论的基本构思和数学表达方式，形象地将现实世界许多行为主体的利害得失比喻为具有不确定性因素的"对局"。后来，1944年他与莫尔根斯坦合著《博弈论和经济行为》，系统地用这一新的数理经济分析方法解释不确定性条件下的经济活动规律，将不确定性引入到经济学中。此后不确性分析陆续被引用到其他社会科学中，政策分析产生后，不确定性概念也被引入到政策分析中。

由于政策分析面临的客观环境具有不确定性，因而政策分析也具有不确定性，政策分析中的不确定性包括三点内容：无法预测政策分析所面临的客观环境的发展趋势；不能明确环境因素是否对政策执行产生影响和产生何种影响；不清楚政策方案实施后会产生何种结果。具体来说，假定政策分析人员所能够采取的政策方案为A，所有结果为C，对政策方案实施会产生影响的所有客观因素为S。当政策分析人员采取A中的某个方案时，能带来C中的何种结果，则决定于S中的何种条件起作用。因此，当政策分析人员采取A中的某种方案时，预先知道S中的何种条件起作用，便可确定C中的何种结果必将出现，这时的政策分析就具有确定性。反之，当政策分析人员采取A中的某种方案时，预先不了解客观条件，或不清楚S中的何种条件起作用，则不一定能够得到预期的结果，这时的政策分析就具有不确定性。政策分析的不确定性意味着不能够预先确定政策方案的正误，也即是说政策方案具有错误的可能性，它有可能无法解决政策问题，因此，政策分析所提出的政策方案仅仅是一种假设而已。

另一方面，即便政策分析面临的客观环境具有不确定性，但是如果政策分析人员拥有足够的知识和信息，能够预知所有的客观因素S以及S中何种条件对政策方案实施会产生影响，那么就可以减少不确定性，然而事实是，政策分析人员自身能力具有局限性——他们不可能拥有超强的计算能力，所掌握的知识也有局限性——他们不可能掌握所有的科学的知识，以及搜集所有的政策信息需要付出高额成本，因此，他们不可能了解所有的客观因素S，更不可能知道S中的何种因素对政策方案实施产生影响。所以即便政策分析人员主观上希望消除不确定性，但通常也无法实现。政策分析总是具有不确定性，总有错误的可能性，因而政策分析不可避免是假设。

三、作为假设的政策分析的意义

作为假设的政策分析的提出对于政策分析的发展与政策分析的实践都具有比较重要的意义。从政策分析的学科发展看,由于政策分析采用了几乎所有学科的理论与知识,因而被认为是散落在社会科学之中的一门学问,学科性质不明确,也没有独立的研究领域,这势必影响政策分析的发展。作为假设的政策分析明确地指出政策分析在认识论上是假设这一性质,尽管这种观点并没有得到所有政策学家的认同,但是它不仅指明了政策分析的性质,而且指明了政策分析的研究领域和主要任务。由于政策分析是假设,存在着错误的可能性,因此,政策分析的研究领域就是寻找错误和研究错误,政策分析的主要任务是在发现错误的基础上,不断地修正政策错误。①修正政策错误的过程实际也是政策方案不断接受检验和批判的过程,从而使得政策方案的合理性不断增强。政策分析的学科性质、研究领域与主要任务的明确对政策分析的发展起到较大的促进作用。

从政策分析的实践中看,作为假设的政策分析的提出使政策分析人员和决策者能够清楚地认识到任何政策方案都是不完善的,都有错误的可能性,因此,政策分析人员在政策分析实践中要用批判性的态度看待和分析每一项政策方案,找出政策方案存在的错误或漏洞,并探索修正政策方案错误的方法。决策者在接受政策分析人员所提供的政策方案时,也要用批判性目光看待这些政策方案,要努力排除错误的政策方案或者政策方案中的错误。此外,既然政策分析是假设有存在错误的可能性,因此政策分析并不是政策分析人员或专家的特权,任何团体或个人都具有参与政策分析的资格,不同团体或个人从不同角度参与政策的分析与讨论,可以使政策分析能够充分考虑到各方面的情况,进而减少政策错误出现的可能性。所以在政策分析实践中,要探索政策参与的途径与方法,制定政策参与制度,使政策方案得到充分的交流与讨论。在政策分析的讨论中揭示政策的合理性和正当性,减少政策方案错误的可能性。

---

① Martin Landau, The Proper Domain of Policy Analysis, *American Journal of Political Science*, 1977, 21 (4), pp.424–427.

第四节　作为讨论的政策分析

作为理性的政策分析认为只要严格遵循科学的方法，就可以提供客观、有效、因果清晰的知识和建议，这种在政策分析发展早期对政策分析性质的最主要认识在20世纪六七十年代不仅受到作为意识形态的政策分析与作为假设的政策分析的批评，而且自20世纪80年代以来，随着后现代主义的日益流行，不少政策学家开始从后现代主义的视角对理性政策分析进行抨击，提出了作为讨论的政策分析这一观点。威廉·邓恩、吉安东门尼克·马琼、路易斯·怀特（Louise G. White）等政策学家都是这种观点的主张者。

一、后现代主义与政策讨论

20世纪80年代以来，政策学家从讨论或者辩论的角度探讨政策分析的学科性质与后现代主义思潮的流行有密切关系。后现代主义（Postmod-ernism）是一场在20世纪60年代发生于欧美，并于七八十年代流行于西方的艺术、社会文化与哲学思潮，其要旨是放弃现代性的基本前提及其规范内容。后现代主义与现代主义是相对的概念，它的兴起与现代主义在20世纪50年代以来日益受到批判有关。现代主义的主要特征包括：①对科学和技术的压倒一切的信仰和信任；②推崇技术的正面效果；③认为发展是必然的，是现代思维希望的结果。现代主义推崇的理性因素对于人类社会的发展与进步发挥着极为重要的作用，然而现代主义过分推崇理性的作用，而对价值因素与人类的关怀表现出冷漠态度。这个缺陷自20世纪60年代以来备受批评，后现代主义由此产生。后现代主义是对现代主义与现代化存在问题的回应与反思，是对工业文明弊端的批评与忧虑，同时也是对人类未来走向的一种探索。后现代主义的主要观点包括：

（1）反对理性主义。后现代主义认为理性主义不仅扼制人类的情感和价值，导致社会的精神裂变，而且导致技术的滥用和对自然无休止的索取。

（2）反基础主义。基础主义是指一切人类知识都必须有某种可靠的理论基础的学说，后现代主义认为并非所有知识都有可靠的基础，世界上也不存在着绝对真理，"它取消和消除了世界观中不可或缺的成分，如上帝、自我、

第九章

目的、意义、真实世界以及作为与客观相符合的真理"①,因此后现代主义倡导事物变化的多样性、差异性、零散性、特殊性、多元性和不确定性。

（3）反进步主义。现代主义认为随着科技发展,人类社会将呈线形发展,人类会获得越来越美好的生活。但是后现代主义认为科技发展导致人类对自然与资源的过度掠夺并不会使人类过上美好生活,因此反对进步主义,而倡导生态主义、可持续发展观。

（4）强调批判性。出于对现代主义的不满,后现代主义的思维方法具有强烈的批判性。后现代主义有解构后现代主义（Deconstructive Postmodernism）和建构后现代主义（Constructive Postmodernism）两大流派,所谓"解构"就是批判,就是摧毁;而所谓建构,则是以批判、反思为前提的超越,因此无论是解构后现代主义与建构后现代主义都信奉批判性、反思性的思维方式。

（5）重视情感与价值。现代主义过于推崇物质、推崇科技,从而使人类成为只懂得通过发展技术来满足永无止境地追求物质生活欲望的经济动物,这导致人类精神世界的空虚与价值的失落。后现代主义高扬情感与价值的作用,认为人的本性之一就在于超越物质生活而达到精神进步。人要不断追求生活的意义,在意义的世界中遨游,离开了这种意义、价值的追求,人的生活就失去了光彩。

（6）提倡对话和交流。后现代主义倡导事物的多元性与差异性,而每个人的观点和看问题的角度不可避免地受观察者本人的立场、观点和兴趣等的影响,没有哪个人的视角能够充分说明任何一个社会事物的丰富性和复杂性,因此后现代主义主张进行积极对话与交流,以此达到对事物多元性与差异性的更充分认识。

理性政策分析秉承的是现代主义的理论与方法,现代主义强调技术与理性的作用,排斥价值与情感因素,理性政策分析同样强调理性和技术对于政策分析的重要意义,同样也将价值与情感排斥在政策分析之外。正是由于这点缺陷,理性政策分析饱受批评。邓恩、马琼、怀特等政策学家从后现代主义的视角出发对理性政策分析进行批判。后现代主义提倡对话与交流的观点被引入到政策分析中来,由此提出了作为讨论的政策分析的观点。马琼认为,在民主社会中,政策分析的目的不能够只限于简单地选择政策目标最大化的政策方案,而是在于通过公共讨论的相互学习为社会做出贡献。因此,"政策分析是发现可以解决的问题并制定其问题的基本假设,以及使政策讨

---

① ［美］大卫·雷·格里芬:《后现代科学》,中央编译出版社,1998年,序言,第21页。

论活跃起来的活动"①。马琼指出,理性政策分析把主观的、非科学的、非计量的政策分析以缺乏客观性和科学性为名义予以拒绝,这是一种学术上的屠杀。在民主社会中,政策分析不仅仅需要客观性与科学性,更需要考虑价值因素。价值并不能够依靠科学方法来分析,而只能够通过公开讨论的方式进行,通过公共讨论,各方面的价值观念能得到充分表达,公共价值与公共意志得以彰显。马琼认为政策分析中需要讨论的内容主要包括两点:①要对政策分析中的价值标准进行讨论。理性政策分析以某种政治上或道德上被认同的价值标准作为前提,分析只不过以科学名义赋予这些价值标准合理性而已。然而,马琼认为,政策分析没有必要局限于高层决策者设定的价值标准,而是去发现和发掘各种价值标准,通过这些价值标准的讨论,进而确定在社会问题转化为政策问题时应当遵循何种价值标准。②对政策方案的可行性进行讨论。一切政策方案都有局限性,政策讨论的目的是了解政策方案的实际局限性和潜在局限性,并讨论这种局限性对政策执行的影响程度,同时还要讨论克服政策方案局限性的方法。②

邓恩认为政策分析是采用相应的分析方法,产生政策相关知识和信息,分析与解决政策问题的过程。为了创造政策相关知识和信息以及促进政策相关知识的利用,邓恩特别强调政策的互动交流和辩论。在邓恩的政策分析方法论中,政策的交流与辩论是极为重要的组成部分,他认为政策分析的目标是通过创新、批判性评估和政策相关知识的交流来促进政策的改善,这是一个试图通过政策演说与争论来推动个人和集体学识的目标。邓恩对理性政策分析也进行了批评,"改善政策分析作用的目标不是建一个'专家治国'的精英模式这类愚蠢计划的一部分,也不是行使科学的权威来证明其合法的地位,并寻求替代经选举和委任的政府官员及为之服务的公众的判断",认识上的缺损、断裂的决策过程、解释的多维体系和组织的混乱是民主社会制定政策的实际状况,因此理性政策分析与专家治国模式根本不适合民主社会。民主社会的政策分析应当是一个互动交流、批判性辩论以改善政策制定的过程。③

①　Giandonmenico Majone, "Policy Analysis and Public Deliberation,"In Robert B. Reich,ed.,*The Power of Public Idea*,Cambridge:Ballinger Pub. Co.,1988,pp.157–178.

②　See Giandonmenico Majone, "Policy Analysis and Public Deliberation,"In Robert B. Reich,ed., *The Power of Public Idea*,Cambridge:Ballinger Pub. Co.,1988,pp.157–178.

③　[美]威廉·N.邓恩:《公共政策分析导论》(第二版),谢明等译,中国人民大学出版社,2002年,第23~24页。

第
九
章

二、政策讨论与交流的过程及其要素

一般意义上的讨论，是指讨论参与者就某个问题或事物进行意见或观点的交流与辩论，以加深对该问题或事物的认识或达成共同意见的过程。一项讨论要顺利进行，其要素应包括讨论对象、讨论参与者、讨论形式与讨论工具等。政策分析中的政策讨论是指政策分析人员与政策利益相关者就政策问题、政策备选方案、政策执行等问题进行意见交流与辩论的过程。政策讨论的对象是政策问题、政策备选方案、政策结果与政策执行等；政策讨论参与者包括政策分析人员、政策利益相关者、专家学者、与政策有关专门技术人员，甚至是对该政策感兴趣的普通公众，政策讨论参与者应当是多元的，这样才能够从更多角度对政策进行透视，使讨论更加深入；政策讨论的形式包括直接对话、各种类型的研讨会、集会、简报和听证会等；政策讨论的工具也即是政策信息的载体，主要包括政策备忘录、政策发布文件、政策执行总结、附属文件与新闻稿等。政策讨论的目的并不仅仅在于反映各方面的意见，加深对政策的认识，而且在于用政策讨论所获得的知识来改善政策，使政策能够更有效地解决政策问题。

政策讨论与交流过程可以被划分为四个相互连接的阶段：政策分析、材料引申、互动交流、政策相关知识的利用。如图9.1所示，政策讨论的第一个阶段是政策分析，在这个阶段，政策分析人员根据委托者或政策利益相关者的要求，对政策问题、政策备选方案与政策执行等问题进行分析，为委托者或政策利益相关者提供关于政策问题、政策将来、政策行动、政策结果与政策绩效等方面的信息。

第二阶段是材料引申，即在政策分析人员得出政策相关信息后，为了信息和知识的有效交流，政策分析人员需要将政策相关信息制作成多种多样的政策文件，包括政策备忘录、政策发布文件、政策执行总结、附属文件和新闻稿。不同的政策文件，尽管其内容与特点有所不同，但由于政策文件是政策讨论的工具，因此政策文件应当包含所有与政策有关的重要信息，同时要简化，把一些抽象的概念转换成非专业人员能够理解的一般性语言，这样能够使政策讨论的参与者准确获得政策相关信息，有助于政策讨论的有效开展。

第三阶段是互动交流，在政策讨论参与者获得政策文件，并知悉政策相关信息后，就可以进行互动交流与讨论。为使政策讨论更加有效，参与者不仅要有来自于各方面的代表,而且政策讨论的形式要丰富多样,直接对话、各种类型的研讨会、集会、简报与听证会等都可以作为政策讨论的形式。在政策讨论中,每一个参与者都将提出自己的观点,并提供支持自己观点的论据,其他参与者可能支持该观点,也有可能反对该观点,反对者将举出其反对理由。对于反对者的意见,参与者将从不同角度进行反驳。在这种辩论性的讨论中,对于政策有关内容的了解将越来越深刻,新的政策信息和知识将不断被提供。

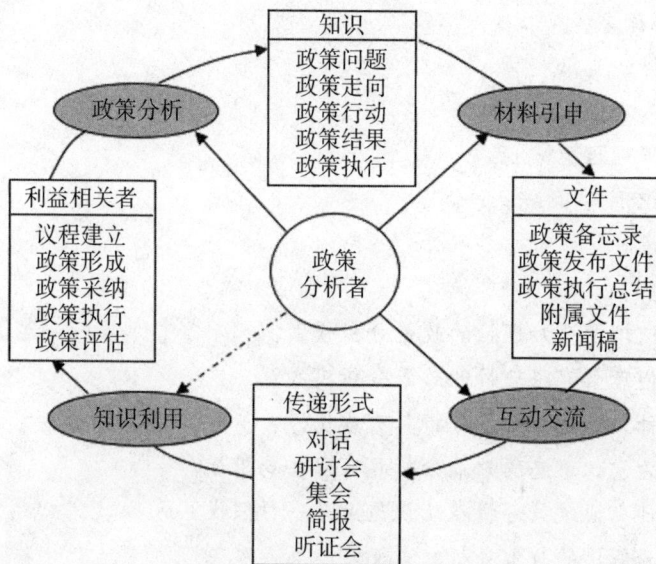

图9.1　政策交流与讨论过程①

注:实线表示政策分析人员对政策分析、材料引申与互动交流的内容和方式有直接影响;虚线表示政策分析人员对政策相关知识利用的影响是间接的。

第四个阶段是政策相关知识的利用。通过政策讨论而得到的政策信息和知识将被提供给政策制定者,而政策相关知识的利用是一个较为复杂的过程,它既取决于政策制定者预期的成本收益考虑,又会受到制度与其所在环境的制约。因此,并非所有的政策相关知识都能够得到充分利用。政策相关知识被利用的情况将被反馈到第一阶段——政策分析阶段,从而为改善政策分析提供依据。因此,尽管政策分析是政策讨论的起始阶段,但政策讨

① [美]威廉·N.邓恩:《公共政策分析导论》(第二版),谢明等译,中国人民大学出版社,2002年,第18页。

论是一个循环反复的过程。通过对有关政策内容的反复讨论,对有关政策内容的理解将越来越深刻和全面,新的政策信息和知识将不断被发掘出来,这不仅有助于更好地解决政策问题,促进社会良性发展,而且还能够推动人类知识的积累与增长。

思考题

一、概念解释

    1. 理性

    2. 全知理性

    3. 有限理性

    4. 意识形态

    5. 假设

二、简答题

    1. 如何理解全知理性的政策分析模式?

    2. 如何理解有限理性的政策分析模式?

    3. 为什么说理性政策分析具有虚伪性?

    4. 作为意识形态的政策分析具有哪些局限性?

    5. 为什么说政策分析在认识论上是一种假设?

    6. 作为假设的政策分析的意义。

    7. 作为讨论的政策分析的缘起。

    8. 政策讨论与交流的过程及其要素。

第九章

本章重点：

    1. 公共政策分析的组成要素

    2. 公共政策分析的结构框架

    3. 公共政策分析的形式

    4. 公共政策分析的模式

    5. 公共政策论证

第十章　政策分析的结构框架

　　第八章与第九章对政策分析的含义、特征、意义、局限性、原则与学科性质等基本理论进行了分析，使我们对政策分析有了大体或者较为深刻的理解，然而知道政策分析是什么，并不意味着知道如何应用政策分析。从实际情况看，知道如何应用政策分析往往比了解政策分析的基本理论更为重要。因此，本章将从不同的方面具体地介绍政策分析的各种方法。本章将首先建立政策分析的结构框架，政策分析的多数活动都在该分析框架内进行。根据政策制定的实际过程或者人们解决某个问题的思维和行动过程，政策分析的结构框架大体包括政策问题分析、政策前景预测、政策建议、政策监测、政策评价等内容与环节。在这些不同的环节中又包含着不同的具体的政策分析方法、政策相关信息等，对政策分析结构框架的不同认识将产生不同的政策分析模式。本章将在介绍政策分析结构框架的基础上，对政策分析的要素、政策相关信息、政策分析方法、政策分析形式、政策分析模式等内容进行分析，最后对政策论证展开论述。

第一节 公共政策分析的要素

按照系统论的观点,"系统"是指由相互依赖、相互作用的若干部分组合而成的具有特定功能的有机整体,其中组成系统的每一部分称为它的要素。"'系统'这个词是指整体,许多部分的组合"①。从现实公共政策运行看,它是由多种要素组成的系统过程,这些要素包括政策问题、政策目标、政策方案、政策执行、政策评估以及决策者、政策利益相关者、政策相关信息、政策环境等。这些要素的相互联系构成了公共政策运行系统。政策分析的要素是指分析人员要分析到的内容或对象。由于政策分析作为反映实际政策运行的思维或智力过程(政策分析是政策分析人员的思维活动),因此,政策分析的要素也理所当然包括了政策运行系统中的各种要素,即政策问题、政策目标、政策方案、政策执行、政策结果、政策利益相关者、政策相关信息、政策环境、政策资源等。

一、政策问题

政策问题是政策运行过程的起点,也是政策分析的逻辑起点,没有政策问题就不会有政策分析。因此政策问题是政策分析的一个重要要素,也是政策分析的第一个要素。政策问题是指被纳入政策议程、由政府部门着手解决的公共问题,而公共问题则是与多数社会公众有关的问题,它不是仅与少数社会公众有关的私人问题。因此,对政策问题的分析首先要界定政策问题与私人问题的界线,其次要对政策问题产生原因、性质、影响范围等进行分析。政策问题分析并不仅仅是一个事实或技术问题,而是一个价值或伦理问题,价值观念不同,则对政策问题分析的结论就可能大不一样。政策问题分析不仅提供关于政策问题过去的信息,而且还为政策建议和政策行动提供依据。错误的政策分析往往导致用正确的方案解决错误的问题(即第三类错误,见第五章),使政策执行达不到预期的政策效果,因此对政策问题的分析必须要小心谨慎。

① [美]小拉尔夫·弗·迈尔斯:《系统思想》,杨志信、葛明浩译,四川人民出版社,1986年,第27页。

二、政策目标

政策问题分析之后的下一步是对政策目标进行分析，从而确定政策目标。政策目标是指在解决政策问题的要求下，进一步确立的通过政策规划和政策执行所要达到的具体目的，以及衡量目的是否达到的各项指标。[①]政策问题分析是确定政策目标的基础，但是界定了政策问题并不等于确定了政策目标，因为政策目标不等于政策问题，而且政策问题往往包含着笼统和抽象的东西。政策问题分析只是指明了政策目标的方向而已。政策目标的分析要注意三个问题：一是政策目标的确定必须要以政策问题为基础，要有利于解决政策问题；二是要将政策总目标分解成不同层次的子目标，使政策目标更为具体，具有可操作性；三是尽可能对政策目标进行量化，即确定政策目标必须要实现的数量界限，包括完成指标、资源投入指标、时间指标等。政策目标分析中遇到的另一个问题是，政策分析人员通常难以弄清楚委托者真正要达到的目标，因为尽管政策分析人员可以根据政策问题确定政策目标，但是委托者往往以笼统或抽象的方式向政策分析人员表达其所要达到的目标，这个目标在多大程度上解决政策问题并不清楚。在这种情况下，政策分析人员应当对政策问题进行深入分析，与委托者多进行交流，弄清楚委托者的价值取向，以使政策目标与委托者所要达到的政策目标保持一致，从而提高政策分析的效率。

三、政策方案

确定政策目标之后，就需要寻找政策方案，对政策方案进行分析。政策方案是指用以实现政策目标的手段。政策方案分析也是对政策手段的分析。政策手段要有效地实现政策目标，两者必须要有因果关系，因此，政策手段分析的一项重要内容是采用科学分析方法对政策目标和政策手段的因果关系进行分析，确定它们之间的因果关系，从而确定政策手段的选择。对政策目标和政策手段因果关系的分析是事实分析的范畴，但是在价值多元化的社会中，政策手段的选择也是关涉价值或伦理的，因而政策分析人员在政策

---

① 王骚：《政策原理与政策分析》，天津大学出版社，2003年，第143页。

第十章

手段的分析过程中,必须要通过多种途径广泛地听取各方面的意见,特别是政策利益相关者的意见,根据不同的观点或意见确定多套政策备选方案。政策分析人员对各种备选方案的优缺点进行分析和说明,以供决策者选择。

四、政策执行

政策分析并不仅仅限于对政策问题、政策目标和政策手段进行分析,为决策者做政策决策提供依据,如果决策者感觉政策执行存在着较多的问题,不能够有效地实现政策目标时,他们也会要求政策分析人员对政策执行进行分析。政策执行是指将政策方案付诸实践行动,以实现政策目标的过程。影响政策执行的因素是多种多样的,包括政策问题解决的难易程度、政策调适对象的反对、执行主体的素质、执行主体的完善程度等。政策执行分析就是要对政策执行的情况进行监测,找出影响政策执行的因素,向决策者提供改善政策执行的建议。

五、政策结果

政策执行之后将产生一系列的结果,为了检验政策执行是否达到了预期政策目标,通常需要对政策结果进行评估。政策执行所产生的结果是较为复杂的,它既有良好结果(社会效益)与非良好结果(对社会的负面影响),又有预期结果与非预期结果,因而政策评估是一项较为困难的分析活动。在政策评估中,必须要对政策结果进行全面的评估,不能只看到政策产生的社会效益和预期结果,还要深入分析它的非良好结果和非预期结果。此外,政策结果与政策执行是否有因果关系是不容易确定的,因为所产生的结果可能是其他政策所致,而不是该项政策所产生的。因此,对政策结果与政策执行的因果关系要进行客观分析,不能够夸大政策执行的效果。只有这样,才能够为决策者提供准确而全面的政策评估信息。

六、政策利益相关者

任何一项政策都有政策利益相关者,他们与政策有着紧密的利益关系,因此他们参与政策制定的愿望最为强烈。政策利益相关者对政策制定和政策执行都会产生重要的影响，如果政策不能够充分地反映甚至是损害他们的利益，那么他们将对政策表示反对和不满，这将导致政策出台受阻，政策执行也会受到较大的阻力。所以政策分析人员在政策方案的分析中必须要考虑到政策利益关系者的利益和要求，区分哪些群体或组织与政策有着最紧密的利益关系，哪些群体或组织的要求最为强烈。政策分析不仅要全面地考虑到各个不同政策利益相关者的利益，做到公平公正，更需要考虑利益关系最密切和对政策要求最强烈的群体或组织的利益，这样才有助于减少政策出台和政策执行的阻力。

七、政策相关信息

信息是指事物在运动过程其运动规律和相互联系的表征，人们通过信息的采集与加工得以了解事物。公共政策的各个方面内容都以信息的形式体现出来，因而政策分析活动实际上是对政策信息进行搜集、加工整理、储存、传递、使用、反馈的过程。政策分析的首要一步是通过社会调查方法和参阅文献方法搜集政策相关信息，然后对政策相关信息进行加工整理。在不同的政策分析阶段，政策相关信息具有不同的类型。在政策问题分析阶段是政策问题信息，在政策方案分析阶段是政策方案信息，在政策执行分析阶段是政策执行信息，在政策结果分析阶段是政策结果信息。不管是哪个阶段的政策相关信息，都需要做到高质量的信息采集、科学的信息处理与加工、畅通的信息传递、快速灵敏的信息反馈。这将有助于各个阶段政策分析的质量。

八、政策环境

公共政策运行系统总是处于一定的环境之中，受一定环境的约束，因此政策分析也必须对政策所面临的环境进行分析。政策环境主要包括：自然环境，即一个国家的地理地貌、气候、水体、生物、矿产资源等；政治环境，即政治制度、政治关系、政治文化等；经济环境，即经济体制、经济实力、经济利益关系、产业结构等；文化环境，即传统文化、风俗习惯等。除此之外，政策环境还包括教育环境、法律环境、人口环境和科技环境等。无论是政策制定还是政策执行都会受到政策环境的制约，如果能够适应政策环境，那么政策制定和执行都会比较顺利，反之将会受到制约。政策环境的分析实际上是政策可

第十章

行性分析的一项重要内容,即政策在自然、政治、经济、文化中是否具备可行性。在政策可行性中,政治可行性尤为重要,因为从某个角度而言政策是政治的反映,所以政策必须要符合政治环境,才能够获得政治支持。如果一项政策得不到政治支持,往往都会失败。

九、政策资源

政策资源有广义和狭义之分,狭义的政策资源主要指经济资源,即政府可用于政策制定和政策执行的支出;广义的政策资源不仅包括经济资源,还包括人力、物力、时间、信息、社会支持等。政策制定和政策执行需要消耗各种资源,因而政策分析需要考虑如何合理有效地配置各种资源,使各种资源能够得到充分有效的利用。此外,政策资源,尤其是政府所能够支配的资源是有限的,因此,对政策资源的分析要考虑到资源有限性问题,要使政策在资源的约束范围之内,不能够超出资源的许可范围。所以对政策资源的分析实际上也是政策可行性分析的一项内容。

第二节 公共政策分析的结构框架、信息与方法

一、公共政策分析的结构框架

在人们的日常生活或工作中,经常会遇到各种各样需要解决的问题,除非遇到紧急问题需要当机立断,否则人们普遍遵照如下的思维和行动过程来解决问题:对所面临问题的形成原因、性质、影响等进行分析;对问题及相关环境的发展进行预测;设计出解决问题的方案;将方案付诸实施;对实施情况进行评估,以确定问题是否解决或解决的程度。政策问题是一种特殊的问题,即它具有公共性、需要政府来解决,尽管如此,政策问题的解决也是遵循人们解决问题的一般思维和行动过程。从实际政策运行情况看,政策问题的解决大体就是遵循这样一种过程:议程建立、政策形成、政策采纳、政策执行、政策评估。政策分析作为实际政策运行过程的思维反映,政策分析的程序与政策运行过程是相吻合的,只不过是两者的名称不同而已。如图10.1所

示,在实际政策运行的议程建议阶段所对应的政策分析程序是问题构建,政策形成阶段所对应的是政策预测,政策采纳阶段所对应的是政策建议,政策执行阶段所对应的是政策检测,政策执行阶段所对应的是政策评估。这五种政策分析程序分别包含不同的政策分析方法,并提供不同的政策相关信息,它们组合在一起就构成了政策分析的结构框架。如图10.2所示,椭圆形阴影表示政策分析的五种程序,白色长方形分别表示政策运行的实际状况。

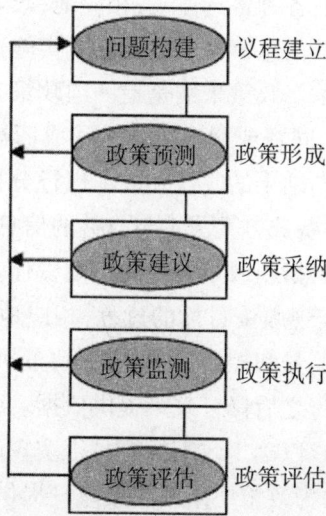

图10.1 政策运行的不同阶段所对应的政策分析程序

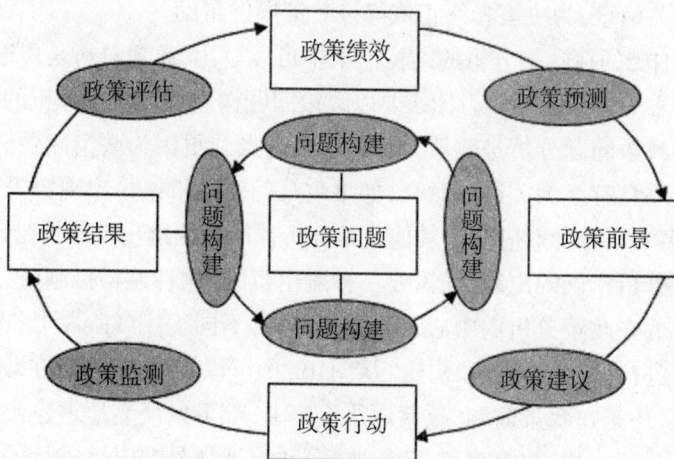

图10.2 以政策问题为中心的政策分析框架

　　根据政策运行阶段的任务与目标的不同，相应的政策分析程序也采用不同的政策分析方法，提供不同的政策相关信息。议程建立阶段的主要任务是将一个公共问题提上政府议程，并确定政策问题的形成原因、性质与影响范围，相应地，问题构建的任务是对政策问题的形成原因、性质等已有的假设提出质疑，并提出和发现各种新假设，对新假设进行验证和论述，最后提供政策问题的形成原因、性质、影响范围等方面的信息。政策形成的主要任务是提供解决政策问题的各种备选方案，相应地，政策预测就是提供可选方案未来可能发生的结果的信息，并对政策方案实施过程可能出现的阻碍因素和政策可行性进行评估。政策采纳是指一项政策方案经立法机构的多数通过、行政机构领导者的同意或司法决定的达成而被采纳，相应地，政策建议的任务是对备选方案的结果的收益和成本进行分析，评估备选方案的风险和不确定性，从而提供备选方案成本与收益的信息，并明确外部性和溢出量，确定选择的相关标准，指明政策执行的行政责任。政策执行是指将政策方案付诸实践行动，以实现政策目标的过程，相应地，政策监测就是对政策执行的过程和结果进行监督和控制，从而提供政策执行的相关信息，为决策者在执行阶段或政策执行之后修订政策提供依据。政策评估是对政策执行所产生的结果进行评价，以确定政策执行是否实现政策目标和在多大程度上实现了政策目标，从而为政策终结或政策修订提供依据。相应地，政策分析程序上的政策评估的主要任务是采用评估方法对政策执行的结果进行全面与客观的分析，寻找政策执行与政策预期目标之间的差异，从而提供政策结果的有关信息，为决策者终止或修订政策提供帮助。

　　从图10.2的在政策分析的结构框架中可以看出，政策分析是以政策问题构建为中心的分析活动。为什么要以政策问题构建作为政策分析的中心呢？不仅因为政策问题分析是政策分析的逻辑起点，更因为政策问题分析对其他分析程序具有至为关键的意义，如果政策问题分析结论出现错误，那么就会产生"多米诺骨牌效应"，即其他政策分析程序会相继出现分析错误。为了避免政策分析错误的出现，就需要一种避错机制，这种避错机制就是将政策问题构建放在政策分析的中心，在政策分析的不同程序或阶段上，都可以对政策问题进行反复的分析和构建。从图10.2中可以看出，不仅是在政策预测、政策建议、还是在政策监测、政策评估程序上，都可以反复地重建政策问题，因此尽管政策预测、政策建议、政策监测、政策评估是顺时针进行的，然而政策问题构建却是逆时针进行的。通过对政策问题的反复构建，可以有效地避免政策问题构建中可能出现的错误。

　　政策分析的结构框架是一个循环的过程。政策问题构建既是政策分析的中心，也是政策分析的起始环节。政策问题构建之后就进入政策预测程序，政策预测之后接着依次进入政策建议、政策监测和政策评估环节。政策评估又与政策预测相连接，这样政策分析就形成了环形的分析过程。在不同的政策分析程序中产生不同的政策相关信息，这些政策相关信息对下一个政策分析程序将产生影响。例如，政策问题构建产生的政策问题信息将对政策预测程序产生影响，而政策预测程序得出的政策将来的信息将对政策建议产生影响。这就使得政策相关信息就会在不同的政策分析程序中进行流动和转换，新的政策相关信息在不断的分析中得以产生和交流。政策分析的结构框架是一个循环过程表明了政策分析是永无止境的。由于社会环境非常复杂和多变，社会价值日益多元化，如果只找到一种政策方案就停止政策分析，那么肯定存在着不合理甚至是错误的可能。在现实中我们也经常满足于找到一种解决问题的方案就停止了搜索，这种解决问题的思维方式存在着较大的缺陷。只有通过反复的政策分析才能够找出更好更合理的政策方案，从而对政策问题的解决和改善社会运行提供有益的帮助。

　　图10.2概括了政策分析的结构框架，它有助于我们对政策分析程序或过程有所了解。然而这个结构框架是从理论上对政策分析实践的抽象概括，在政策分析的实践中可以遵循也可以不遵循这个分析框架。从政策分析的实际情况看，由于政策分析人员往往受到多种因素的制约，他们总是或多或少遵循这个分析框架，而不会严格遵循这个分析框架。邓恩对影响政策分析人员应用政策分析结构框架的因素进行了概括：[①]

　　1. 认识模式

　　认识模式——对不同思考模式的相对稳定的个人倾向——影响政策分析的实践。

　　2. 分析角色

　　政策分析人员作为"企业家""政治家"和"技师"执行角色。

---

　　① ［美］威廉·N.邓恩：《公共政策分析导论》（第二版），谢明、杜子芳译，中国人民大学出版社，2002年，第83页。

3. 机构激励体制

对分析的不同定位——"人文主义价值批判的"和"科学的"——在政策分析研究机构的交叉部门都存在。机构的质量控制机制也不同,这影响着结论和建议的有效性和合理性。

4. 机构的时间限制

在紧张的时间限制下工作的分析者——例如,在3~7天的时间内为立法者准备一个政策文件的限制——比那些很少有时间限制的以大学为基地的分析者在分析进程上要进行得快,这两组人使用不同的方法和资料来源。

5. 职业社会化

一些训练使成员社会化为对政策分析更传统"基础的"定位,即认为政策分析是基础学科,然而另一些训练使成员社会化为对政策分析有一种更"应用的"定位,即认为它包括提供建议和推荐。

尽管政策分析人员并不会严格遵循政策分析的结构框架,但并不是说该政策分析框架没有意义。它不仅提供了解决政策问题的一般思路和分析程序,而且还提供了探索新知识的方法,有助于我们从"已知"去探索和发现"未知",这对于政策问题的解决与知识的积累都具有重要的作用。

二、政策相关信息

政策分析的重要目的之一是向委托者提供政策相关信息,帮助他们对如何作出决策进行参考。政策运行过程包括议程建立、政策形成、政策采纳、政策执行、政策评估等环节,决策者要想有效地控制和改善政策运行过程,以便更好地解决政策问题,那么在不同的政策运行阶段中就需要具体了解不同的情况。在议程建立环节需要了解政策问题原因、性质方面的情况;在政策形成环节需要知道与政策有关的事物未来的发展状况和备选方案未来可能出现的结果的情况;在政策采纳阶段需要了解备选方案成本与收益能够在多大程度上解决政策问题的情况;在政策执行阶段需要了解政策执行的影响因素、政策执行进行得如何等方面的情况;在政策评估阶段需要知道政策执行产生了何种结果、这些结果在多大程度上解决了政策问题以及在多大程度上实现了人们的价值等方面的情况。决策者所需要了解的这些情况都可以通过不同的政策分析程序得出来，通过不同政策分析程序得出的政策各方面的情况就是政策相关信息。

根据政策分析程序的不同,政策相关信息可以分为五种类型。问题构建提供政策问题的信息,即政策问题的产生原因、性质、影响范围等信息;政策预测提供政策将来的信息，即事物的未来发展趋势以及备选方案未来可能发生的结果的信息;政策建议提供政策行动的信息,即政策执行后将产生的成本与收益以及可能实现的价值的信息;政策监测提供政策结果的信息,即政策执行后实际产生的结果以及政策执行过程的信息；政策评估提供政策绩效的信息,即政策执行后所产生的积极效果和消极后果、解决政策问题的程度以及所实现的价值的信息。这五种政策相关信息分别由五种政策分析程序产生,由于五种政策分析程序是相互联系和相互依存的,因此五种政策相关信息也具有紧密的联系。一种形式的政策相关信息通过某种政策分析程序被转化为另一种形式的政策相关信息，而另一种形式的政策相关信息通过另一种政策分析程序又被转化为下一种形式的政策相关信息。政策相关信息在不同的政策分析程序中不断被转换,新的政策相关信息不断产生。由此可以看出政策相关信息的复杂性,从图10.2中看出,问题构建与其他四种政策分析程序都有联系，因而政策问题信息与其他四种政策相关信息也是紧密相连和交杂在一起的。政策问题信息的提供不仅依赖于对过去问题的存在的证实能力,也依赖于政府能够和应该解决问题的期望。政策绩效信息既与政策结果信息有关,又与政策将来的信息有关。

以事实和价值作为标准,五种政策相关信息还可以划分为三种类型:事实性信息、价值性信息与规范性信息。事实性信息主要是指有关于客观事实方面的信息,事实性信息是描述性的,也即是对政策现象的客观描述。价值性信息主要指政策具有何种价值，政策支持或体现了哪个群体或阶层的价值。规范性信息主要是指针对政策问题的解决应该采用何种行动或方法。价值性信息与规范性信息有着密切联系,通过价值性信息往往能够推导出规范性信息,即知道了政策方案具有何种价值,往往就意味着应该采取何种行动。

事实性信息、价值性信息与规范性信息包含于五种政策相关信息之中。政策相关信息中对政策问题原因、后果、影响范围的描述属于事实性信息,而政策问题损害了哪个群体的价值或利益的信息则属于价值性信息。政策将来信息主要对事物的未来发展趋势与备选方案未来可能出现的结果的描述,因而属于事实性信息。政策行动信息主要说明为了解决政策问题应采取何种行动,它属于规范性信息。不过政策行动信息中也包含了政策行动将实现何种价值,所以它又包含着价值性信息。政策绩效信息既包含着事实性信息,又包含价值性信息,因为政策绩效信息既对政策产生的客观效果进行了描述,又对这些政策效果在多大程度上实现了人们的价值进行说明。总之,政策分析的目的是解决政策问题,改善政策运行过程,进而推动社会发展,为了实现这些目标,政策分析人员不仅要告诉决策者与政策有关的客观事实是什么,有何种价值,还要告诉他们应该如何做。这样才能够使政策行为既符合客观事实或客观规律,又能够满足社会价值的需求。

三、政策分析方法

在政策分析结构框架中,不同的政策分析程序产生不同的政策相关信息,这些政策分析程序之所有能够产生出政策相关信息,主要是它们都包括不同的政策分析方法。通过采用不同的政策分析方法,不同的政策相关信息就会产生出来。政策分析结构框架包含五种政策分析程序,相应地包括五种政策分析方法(如表10.1所示)。

表10.1　政策分析程序、政策分析方法与政策相关信息

政策分析程序	政策分析方法	政策相关信息
政策问题构建	边界分析、类别分析、类比分析、层级分析等	政策问题信息
政策预测	时间序列分析、线性趋势估计、相关分析、回归分析、德尔斐法等	政策未来信息
政策建议	成本收益分析、利益分析、价值分析等	政策方案的成本收益及价值的信息
政策监测	图示法、表格法、指数法、回归分析等	政策执行过程的信息
政策评估	成本收益分析、前后对比分析、回归分析、指数法、价值分析、头脑风暴法等	政策绩效信息

在政策问题构建程序中,主要采用政策问题构建方法,由此产生政策问题相关信息。政策问题构建方法主要包括边界分析、类别分析、类比分析、层级分析、假设分析、头脑风暴法、多角度分析法等,这些方法对政策问题的界限、成因、性质等内容进行分析,由此产生关于政策问题的成因、性质、范围等方面的信息。

在政策预测程序中,主要采用政策预测方法。政策预测方法主要包括时间序列分析、线性趋势估计、相关分析、回归分析、德尔斐法等。预测方法对与政策有关的事物的未来发展趋势和备选方案未来可能产生的结果进行预

测,由此产生关于事物的未来发展趋势及备选方案未来可能产生结果的信息。

在政策建议程序中,主要采用政策建议方法。政策建议方法主要包括成本收益分析、利益分析、价值分析等方法。政策建议方法对政策备选方案的成本与收益、政策价值等内容进行分析,产生政策的成本与收益以及政策价值的信息。这些政策相关信息可以为决策者做决策提供有益的帮助。

在政策监测程序中,主要采用政策监测方法。政策监测方法包括图示法、表格法、指数法、回归分析等。政策监测方法对政策执行的状况、过程与问题进行分析,产生政策执行结果、过程及有关问题的信息。政策监测提供的政策相关信息不仅为及时纠正政策执行过程中的问题提供根据,而且还能够确定政策执行结果与政策的因果关系,为进一步完善政策制定提供依据。

在政策评估程序中,主要采用政策评估方法。政策评估方法包括成本收益分析、前后对比分析、回归分析、指数法、价值分析、头脑风暴法等。政策评估方法对政策执行所产生的结果、实现政策目标的程度以及所实现的价值等内容进行分析,产生出政策绩效的信息。政策评估中的不少方法实际上也是其他政策分析程序所采用的方法,例如成本收益分析方法既可以用于政策建议,也可用于对政策结果的评估;价值分析方法既可以用于对政策方案的分析,又可以用于分析政策执行产生的结果对于实现人们价值的情况。政策分析方法的联合使用表明,在政策分析中,政策问题构建、政策预测、政策建议、政策监测与政策评估等各个程序是相互联系和相互依赖的。

除了根据政策分析程序将政策相关信息分成五种类型外,根据事实与价值标准可以将政策相关信息分为事实性信息、价值性信息与规范性信息三种类型。因此,政策问题构建、政策预测、政策建议、政策监测、政策评估这五种政策分析方法可以划分为事实分析方法、价值分析方法与规范分析方法三种类型。对政策的客观现象进行描述性分析,产生事实性信息的方法是事实分析方法。政策问题构建中的边界分析、类别分析、类比分析等方法,政策预测中的时间序列分析、线性趋势估计等方法,政策监测中的图示法、表格法、指数法等方法,政策评估中的成本收益分析、前后对比分析、回归分析等方法都着重于对政策的客观事实与现象的分析,因而它们都属于事实分析方法。

对政策的价值问题进行分析,产生价值性信息的方法是价值分析方法,例如政策建议与政策评估中都有价值分析方法。对解决政策问题应当采用何种行动进行分析,产生规范性信息的方法是规范分析方法。规范性分析方法主要告诉决策者未来应当如何行动，因此这种方法主要在政策建议程序中应用。政策建议中的成本收益分析、利益分析、价值分析对政策备选方案的优缺点进行了比较分析，实际上就告诉了决策者应当选择何种政策方案作为决策方案。

从图10.2中可以看出，政策问题构建处于整个政策分析结构框架的中心地位，因而政策问题构建方法也处于整个政策分析方法的中心地位，是所有政策分析方法的元方法。进行任何一项政策分析，政策分析人员都必须知道政策问题的存在及其可能的解决方法，然而政策问题并非仅仅是一个既定的客观事实清清楚楚地摆在政策分析人员面前，政策问题的很多方面都不会充分暴露出来，它需要政策分析人员对其成因、性质、影响范围等进行挖掘和分析。政策问题构建方法运用是否妥当对政策问题分析结论将产生至关重要的影响，进而影响下一步的政策分析。因此，政策问题构建方法对其他四种政策分析方法起到控制作用，影响着其他政策分析方法的运用。

此外，政策分析方法还有一个重要特征就是它们之间的等级关系，即政策分析方法的运用有先后之分。政策问题构建是政策分析中首先采用的政策分析方法，因为不了解政策问题，就无法进行政策预测和政策建议。同样，政策分析人员不评价政策也可以监测政策，但不监测政策执行就不能够评价政策。提出一个政策建议通常要求政策分析人员先进行政策问题分析、政策监测、政策预测与政策评估，不进行这些分析则难以提出有效的政策建议。政策分析方法的等级关系说明了政策分析必须要以事实为基础，做到事实与价值的统一。

第三节　公共政策分析形式

实际的政策运行过程通常包括政策问题认定、政策形成、政策采纳、政策执行与政策评估等环节，如果以政策是否付诸实施为时间界限，可以将政策运行划分为政策制定和政策执行两个阶段。政策制定发生于政策付诸实施之前，这个阶段包括政策问题认定、政策形成与政策采纳三个环节。政策执行发生于政策付诸实施之后，这个阶段包括政策执行和政策评估两个环节。相应地，如果以政策是否付诸实施作为时间界限，那么从政策分析程序上看，可以将政策分析划分为前瞻性政策分析、回溯性政策分析、综合性政策分析三种形式。

一、前瞻性政策分析

在政策付诸实施之前进行的政策分析属于前瞻性政策分析，由于这类政策分析发生在政策实施之前，所以又称之为事前的分析、预见性分析或预期性分析。前瞻性政策分析主要涉及政策行为启动和实施之前信息的产生与转变过程，为决策者提供政策问题、政策方案未来后果等信息。前瞻性政策分析包括三个环节：一是对政策问题进行分析，即构建政策问题，目的是为决策者提供政策问题成因、性质、影响等信息。任何政策分析都以政策问题分析为起点，因此政策问题构建是前瞻性政策分析至为关键的一环。二是政策预测分析，即对社会情势和政策的未来发展做出预测，目的是为决策者提供备选方案未来可能产生结果的信息。三是政策建议分析，即在政策预测分析的基础上进一步对政策备选方案进行成本收益、价值、可行性的分析，目的是为决策者提供政策行动的建议。

前瞻性政策分析侧重于对政策未来发展的预测，这是政策分析的一项非常重要的内容，因此不少学者从这个角度对政策分析的含义进行界定。政策分析"是综合信息的一种方法，目的是为了从信息中提取政策选择与偏好来作为政策决定的基础或指南，这些政策选择或偏好是以可比较的、预测性的定量和定性术语陈述的；从概念上讲，政策分析不包括收集信息"。相比之下，政策研究是指"使用科学方法描述现象或决定现象之间关系的所有研究"[1]。

在前瞻性政策分析中通常使用定量的或科学方法进行分析，力求使分析结论更接近实际情况，然而前瞻性政策分析所提供的信息或建议与政府解决政策问题的实际需求存在着很大的差距，这些信息或建议的多数往往没有付诸实施，而仅仅有很少的部分付诸实施。据格雷哈姆·阿里森（Graham Allison）的估计，前瞻性政策分析所提供的信息或建议，仅有10%能够在政策实施中得到应用。[2]之所以出现这种情况，是因为政策分析人员的知识、能力、视野等方面的局限性以及未来发展的变动叵测，政策分析人员通常不能

---

[1]　Walter Williams, *Social Policy Research and Analysis: The Experience in the Federal Social Agencies*, New York: American Elsevier Publishing Co., 1971, p.13.

[2]　Graham Allison, *Essence of Decision Explaining the Cuban Missile Crisis*, Boston: Little, Brown and Company, 1971, pp.267–268.

够找到更好的或者更接近实际的政策方案。在政策实施之前,任何政策方案都是存在于政策分析人员脑袋中的一种假设,它们都有错误的可能性。

二、回溯性政策分析

在政策付诸实施之后进行的政策分析属于回溯性政策分析,它主要涉及政策方案实施之后政策相关信息的获取与转变过程,目的是为决策者提供政策执行、政策结果等信息,从而为分析政策制定过程的得失,进一步改善政策提供依据。回溯性政策分析主要包括两个环节或内容:一是政策监测,即对政策执行过程的情况进行监测和分析,提供政策执行状况、政策原因和结果方面的信息。二是政策评估,即对政策结果进行评价,提供政策绩效方面的信息。政策监测与政策评估具有较大的差别,政策监测侧重于对政策执行客观事实的描述,它回答了"发生了什么,怎么样,为什么"等问题,而政策评估则在政策监测基础上回答了"所发生之事产生了什么样的影响"这个问题。政策监测偏重事实性,而政策评估则偏重价值性,它主要分析政策所产生的结果对人们价值的实现程度或达到政策目标的程度。尽管政策监测与政策评估所提供的政策相关信息有所差别,但两者都属于回溯性政策分析,为决策者提供政策实施后的政策相关信息。

根据分析目的的不同,回溯性政策分析有三种不同的类型。第一种是以研究政策规律为主的分析。这类分析主要在描述政策的原因和结果的基础上,发展和验证公共政策中具有规律性的东西,形成新的公共政策理论。第二种是以研究政策问题为主的分析。这类分析同样注重描述政策的原因和结果,但不注重发展和验证公共政策的一般理论,而是注重确认可能被决策者操纵的解决问题的变量。第三种是以运用为主的分析。这类分析主要关注政策分析的实际应用性,因此,这类分析既对政策的原因和结果进行描述,确定可能被操纵的政策变量,更关心决策者和政策利益相关者的目标和目的的确定。

这三种不同类型的回溯性政策分析既有优点,又存在着缺点。以研究政策规律为主的分析在推动公共政策的理论发展方面具有重要意义,但是在解决政策问题和政策的实际应用上却存在着较大缺陷。以研究政策问题为主的分析在解决政策问题上具有较大的作用,然而在促进政策理论发展上却没有太大作用,也没有为决策者提供具体政策目标的信息。以运用为主的分析提供的政策目标的信息为监测和评价政策实施结果提供依据，这些依据反过来又可以被进行前瞻性分析的人员用来构建政策问题，发展新的政策方案，推荐解决问题的新方法。但是这种分析同样对公共政策理论的发展没有起多大作用，而在某种情况下，公共政策理论的新发展可能会比政策的实际应用性更为重要，因为公共政策理论的新发展将在更高层次上提供了解决问题的新方法。总之，三种不同的回溯性政策分析类型各自有其优缺点，只有将三种分析结合起来，才能使回溯性政策分析更加全面与有效。

三、综合性政策分析

在政策付诸实施之前与之后进行的政策分析是综合性政策分析，它是一种较为全面的政策分析形式，主要涉及政策实施前后的政策相关信息的获取与转换，目的是既为决策者提供政策问题、政策方案未来后果的信息，又提供政策执行与政策结果的信息，从而为改善整个政策运行过程提供依据。在现实的政策分析中，由于政策运行的时间往往较长，一项政策运行时间较短的需要几个月，时间长的则需要1年、2年甚至是更长的时间，因而前瞻性政策分析与回溯性政策分析通常是分开进行的，而且分析人员也常常不是由同一组人员担任。这就导致前瞻性政策分析与回溯性政策分析不能够有效地结合起来。而前瞻性政策分析与回溯性政策分析各自都有缺点，前瞻性政策分析作为一种规范性分析，侧重于对政策未来的推测与建议，由于政策分析人员在知识与能力上具有局限性，经常不能够提供充分和可靠的政策相关信息，如果他们得不到回溯性政策分析所提供信息的帮助，这种情况更为严重。回溯性政策分析侧重于对政策实施后的原因和结果进行客观的描述与分析，尽管这种分析所提供的政策相关信息是真实与可信的，但这种分析属于事后的被动分析，如果它不能够与前瞻性政策分析有效地结合起来，那么就不能为政策预测与政策建议提供有用的信息，也不能够为改善政策运行过程起到多大的作用。

综合性政策分析将前瞻性政策分析与回溯性政策分析结合起来，有效地克服了两者的缺点。综合性政策分析要求政策分析人员不能够仅仅或者单独地进行前瞻性政策分析或回溯性政策分析，而是要将两者有机结合起来。它要求政策分析人员从政策分析开始就要在不同的阶段不断地提供和转换政策信息，这意味着政策分析人员在找到一个满意的政策问题的解决方案之前,可以进行多次顺时针方向的政策信息转换。甚至在找到满意解决方案之后,随着政策环境的变动,原先满意的政策方案已经不再是满意的政策方案,那么政策分析人员可以继续进行信息转换,重新找到新的满意方案。因此,综合性政策分析是反复更新的、持续不断的过程。在图10.2中,政策分析人员可以在任何一个政策分析程序上提供和转换信息,或者在政策实施之前,或者在政策实施之后。通过将前瞻性政策分析与回溯性政策分析结合起来,反复地进行政策信息的提供和转换,新的政策信息和政策建议将不断产生,这样能够有效地避免政策分析失误,为改善政策运行过程提供有力的帮助。

第四节　公共政策分析模式

政策分析的逻辑起点是政策问题,其目的也是解决政策问题,一般而言,这一解决问题的分析过程包括政策问题构建、政策预测、政策建议、政策监测、政策评估等环节。然而,由于政策学家和政策分析家所研究的领域不同、所受的训练不同、所处的组织环境不同、政策问题的复杂程度不同,因此他们对政策分析的整个过程、分析角度、分析内容以及分析重点等方面的认识就会有较大的差异。例如,经济学家侧重从经济成本收益的角度看待政策过程,政治学家侧重从政治角度(包括政治过程、政治可行性等)理解政策分析过程,行政管理学家重点从政府管理角度看待政策分析过程,而法学家或律师则重点从法律角度切入政策分析过程。这样就形成了多种不同的政策分析模式。公共政策分析模式是指从实践中概括而获得的不同的政策分析角度、理论体系和分析方法。[1]政策科学家叶海卡·德洛尔1964年发表了《渐进调适"科学"还是惯性?》一文,开始了政策分析模式的研究,[2]此后很多政策学家和政策分析家根据政策分析实践开发出多种多样的政策分析模式。政策分析是解决政策问题的分析过程,因而多数政策学家都从政策分析过程的角度概括政策分析模式,但是有些学者根据自己的政策分析实践或

---

① 王骚:《政策原理与政策分析》,天津大学出版社,2003年,第224页。

② Yehezkel Dror, "Mudding Throuh 'science' or inertia?", *Public Administration Review*, V.24, N.3, Sept, 1964.

学科背景,提出了超越政策分析过程的政策分析模式,主要包括制度分析模式、精英分析模式、团体冲突均衡分析模式、理性政策分析模式、渐进政策分析模式、混合扫描政策分析模式、规范最佳政策分析模式等。[①]在本节中,首先扼要介绍这些超越政策分析过程的政策分析模式,然后重点介绍从政策分析过程提出的政策分析模式。

一、非政策分析过程的政策分析模式

非政策分析过程的政策分析模式也即是不从政策分析过程的角度提出的政策分析模式,而是从政治制度、精英、团体、理性等角度形成的政策分析模式。制度分析模式是基于对社会政治制度、政权体制的研究,从政治体制、政府、政党、社会利益集团、民众等政治因素与公共政策形成的关系出发进行政策分析。这种政策分析模式主要强调公共政策是一定社会政治制度下的产物,政策分析的核心是社会政治制度,主要分析政治制度以及在特定政治制度下政党、政府、利益集团、民众的行为对政策形成的影响与制约。政治制度是政策形成机制的客观制约因素,因而通过对政治制度的分析,可以加强对政策形成机制的认识,从而进一步加深到对公共政策的认识。

精英政策分析模式中的"精英"包括政治精英和政府精英,即社会上少数掌握政治权力和政府权力并支配政治和政府运转的杰出人物。这种分析模式强调政治精英和政府精英在政策形成中的作用,认为人类社会由少数统治者和多数被统治者两个阶级构成,少数统治者掌握着政治权力和政府权力,并享受着由此带来的利益,而多数被统治者只能受少数统治者的控制和支配。政治精英和政府精英掌握着政策制定和执行的权力,尽管在民主社会中公共政策被标榜所谓的民主性,但公共政策总是反映少数精英的利益和价值偏好。因此,政策分析的核心内容就是分析政治精英和政府精英的决策行为及其对政策制定和执行的作用。

团体冲突均衡分析模式也是政策分析模式之一,这种政策分析模式主要强调社会团体在政策形成中的作用。团体冲突均衡分析模式认为,在民主政治社会中,具有共同利益的个人都将正式或非正式地结合成某一团体,以

① 关于这些政策分析模式的具体内容可以参见王骚:《政策原理与政策分析》,天津大学出版社,2003年,第八章。

便向政府提出他们的利益要求,力图通过政府协调达到自身的满意。因此,社会团体是政治社会的重要构成要素之一,团体间的冲突是社会政治的一种重要表现方式。当社会团体向政府提出利益要求和施加压力时,政府可以通过制定公共政策回应他们的需求,使团体冲突达到一种均衡状态。所以,政策分析的中心内容是对社会团体和他们的政治行为进行分析,以及对公共政策如何发挥特定职能使团体冲突达到均衡的过程进行分析。

理性政策分析模式是指以"经济人"假设为出发点,围绕着政策资源的投入和政策目标达到最佳化以及政策效益达到最大化的分析而形成的政策分析模式。这种政策分析模式认为,人的本质是追求效益最大化,而且人的知识、智慧和能力可以达到理性的分析结果,社会资源的有限性和公共需求的无限性要求公共政策必须达到最高效率。因此,政策分析的主要内容是采用理性的分析方法(包括数学方法、模型方法、计算机技术等)对政策目标和政策手段进行分析,使公共政策具有合理性,实现政策目标的最大化。

理性政策分析模式受到不少政策学家的批评,林德布洛姆是其中之一。他在批评理性政策分析模式的基础上提出了渐进政策分析模式。这种政策分析模式认为,由于人类知识、能力、信息的局限性和公共决策特点的制约,公共政策很难达到绝对理性。因此,公共政策制定并不能够完全颠覆原先的公共政策,而只能在先前公共政策的基础上进行局部调整和边际性变革,体现出一种"断续渐进"的过程。因此,政策分析的主要内容是对原先的公共政策内容进行边际性的分析,以提出与原先公共政策既有联系又有区别的公共政策。林德布洛姆认为,通常(虽非总是如此)在政治上切实可行的政策只是与现行政策逐渐的或稍微不同的政策。与现行政策大不相同的政策难免失败。此外,只专注于政策的逐步或微小改变,常常还由于其他原因而有助于提高政策的力量……决策者的分析集中于熟悉的、较为人知的经验上,由此可以大大减少所探索的不同政策选择的数目以及减少政策分析的因素的数量及复杂性。①

理性政策分析模式和渐进政策分析模式既有长处又有不足之处。理性政策分析模式坚持对公共政策进行理性和科学的分析,这是可取的,然而人类在知识、能力、信息等方面具有局限性,公共政策的理性化是难以实现的,这是理性政策分析的不足之处。渐进政策分析模式对公共政策进行渐进的

第十章

① ［美］查尔斯·林德布洛姆:《决策过程》,上海译文出版社,1988年,第42页。

分析,可以有效地提高政策分析的实用性,但是这种分析模式过于保守,不能够满足变革社会的要求。为了克服理性政策分析模式和渐进政策分析模式各自的局限,发挥两者的价值,阿米泰·埃特佐尼等政策学家提出了混合扫描政策分析模式。①这种政策分析模式认为,既要从宏观上对公共政策的内容进行科学、全面的理性分析,又要从微观上对公共政策内容进行局部的与边际性分析。从宏观角度对公共政策进行全面的分析,分析的内容越多越全面,那么政策分析就越趋近于科学和理性。在理性分析的基础上,针对重点的政策内容进行局部的和边际性的分析,提出解决问题的具体方案,这样可以有效地提高政策分析的应用性。因此,混合扫描政策分析模式较好地结合了理性政策分析模式和渐进政策分析模式的优点。

除了混合扫描政策分析模式外,叶海卡·德洛尔针对理性政策分析模式和渐进政策分析模式的局限性提出了规范最佳政策分析模式。这种政策分析模式认为,尽管人类的理性能力具有局限性,但是政策制定无疑应当以理性和最佳作为标准,因此在政策分析中要在可能的前提下努力增加理性因素,争取达到最佳决策。规范最佳政策分析模式强调在政策分析中,要更为详细地说明政策目标、更为广泛地寻求政策方案、精心地设计政策的效益期望值、进一步明确决策标准和政策范围。叶海卡·德洛尔在《公共决策再审定》一书中认为,规范最佳政策分析模式的分析过程包括总体分析、决策分析、决策后分析三个部分。总体分析是一种宏观性的分析,可以概括为七个环节,包括与政策相关的价值、环境、资源、利益分配问题分析,认定问题,设计决策体系和决策策略等。决策分析是具体性的政策制定过程环节分析,同样包括七个环节,即政策资源配置分析、政策目标、价值标准的先后顺序排列、备选政策方案的规划、方案成本效益预测分析、成本效益比较分析并提出最佳方案、最佳方案的执行期评估分析等。决策后分析是具体政策执行过程中各有关环节的分析,包括政策执行的激励措施分析、政策执行过程分析、政策执行效果评估分析等三个环节。②

① Amitai Etzioni, "Mixed Scanning: A 'third' Approach to Decision Making", *Public Administration Review*, V.27, N.4, 1967.

② Yehezkel Dror, *Public Policy-Making Reexamined*, San Francisco, Chandler, 1968.

二、政策过程分析模式

在政策分析产生的早期阶段,也即是从20世纪50年代至70年代,政策学家主要从制度、精英、团体冲突、理性主义、渐进主义等视角概括政策分析模式,这有助于对政策分析的内容、性质等有更为全面的理解。然而,自20世纪80年代以来,随着政策分析实践活动的日益增多,不管是政策学家还是从事具体分析的政策分析人员对政策分析过程的理解也越来越深刻,因此,不少政策学家,准确地说是政策分析学家,开始从政策分析过程的角度对政策分析的内容、重点和性质等进行研究,形成了政策过程分析模式。由于这种分析模式更贴近政策分析的实践活动,因而对政策分析实践指导的意义也更突出。爱德华·奎德、查尔斯·沃尔夫、戴维·韦默、艾丹·维宁、卡尔·帕顿、大卫·沙维奇、威廉·邓恩等政策分析学家是政策过程分析模式的代表,他们从政策分析过程角度分别提出了政策过程分析模式。

爱德华·奎德在1982年出版的《公共决策的分析》一书中将政策分析过程划分为五个最重要的要素:规划问题、寻找备选方案、预测未来环境、对备选方案的影响制作模型、评估(比较和划分等级)备选方案。爱德华·奎德指出,政策分析是一个反复的模型,其中,政策问题要被反复地陈述直至目标明确、反复设计和评估政策备选方案、不断形成更好的模型。他建议政策分析过程要一直持续到时间用完和资金花光为止。[①]

兰德公司高级经济学家查尔斯·沃尔夫根据其政策分析的经验,从政策分析过程角度研究了政策分析模式。他认为,政策分析过程模式通常包括六种分析程序。[②]

1. 认真收集和分析所研究的政策领域中各种数据资料,特别要使用量化数据。同时要熟悉所研究的领域中政府机构之间的内在关系,因为其重要性并不亚于定量分析。

2. 运用数据分析结果与政府机构所提供的资料,以及相关理论,建

[①] Edward Quade, *Analysis for Public Decisions*, 2nd edition, New York: Elsevier Scientific, 1982, pp. 47–62.

[②] [美]查尔斯·沃尔夫:《市场或政府——权衡两种不完善的选择:兰德公司的一项研究》,谢旭译,中国发展出版社,1994年,第五章。

立研究领域或系统内部的各种变量间的关系。

3. 建立分析模型,详细说明因变量与自变量之间的关系。对数据与研究领域所特有的"直觉",以及对公共政策目标的敏感,是成功建立模型的基础。

4. 提出多种可供选择的项目或政策,其中包括具有"基准性"的现有的项目或政策。

5. 通过检验所选择的方案模型,以及对所描述的目标完成结果的比较,切实评价这些政策。

6. 对执行过程的分析往往是标准分析程序中"漏掉的一章"。人们通常潜在地假定,政策执行中政策将不再发生变化。事实上,政策经常在执行中发生根本性的变化。

作为一名经济学家,沃尔夫特别强调在政策分析中要运用量化的分析方法,建立政策分析的数学模型,对模型进行验证。同时他还格外强调政策执行分析的重要性, 并将政策执行分析划分为描述性政策执行分析和规范性政策执行分析两种类型,因为他认为,实际中的所有政策分析都没有系统地解决有关执行的问题,在政策设计与政策执行之间存在着巨大的空白,而且缺乏预见这些空白的方法。

戴维·韦默与艾丹·维宁在《政策分析——理论与实践》一书中对政策分析模式进行了分析。他们认为,政策分析是对有利于解决社会问题的备选方案进行系统比较和评价,向"客户"(即制定决策的特殊人群和机构)提供有关政策备选方案的信息和建议的过程。戴维·韦默与艾丹·维宁强调政策分析人员在政策分析中的作用,因此他们认为,政策分析的第一个环节是政策分析人员对自己进行分析,这种分析叫作"元分析",即"分析的分析"。一般而言,解决问题的思路有线性和非线性两种类型。线性思考者通过一系列逻辑步骤,连贯地向前运动;非线性思考者倾向于形象地看问题,不断向前向后,让拼图的不同碎片变得清晰起来并且到位。两种思考方式既有优点又有缺点,线性思考者注重逻辑性和理性,但容易患上"分析麻痹症",即如果不是严格按照逻辑一步一步地进行分析,那么思路就会陷于停顿状态;非线性思考者并不局限于严格依照逻辑分析问题, 而是从不同角度不同顺序分析问题,但是容易导致分析陷入混乱状态。因此,戴维·韦默与艾丹·维宁认为,"元分析"要遵循两个原则:一是线性思考者要采用非线性的思考策略,而非线性的思考者要采用线性的思考方式;二是在进行政策分析时应该同时运用线性的和非线性的方式。[1]

政策分析的第二个环节是政策问题分析,主要包括三个重要步骤:理解政策问题;选择和解释相关的政策目标和限制;选择解决方案。理解政策问题包括评估客户的情况,将它们界定为市场或者政府的失灵,模拟所关注的情况与那些能够由公共政策操纵的变量之间的关系。第二个步骤的内容是对政策目标的含糊性、多样性和目标之间的冲突进行分析,并且澄清政策目标和政策之间的区别。选择解决方案主要是初步确定能够解决问题的方案。

政策分析的第三个环节是运用成本收益方法对政策方案进行具体分析,包括选择评估标准、详细说明备选方案、用评估标准来评价备选方案以及推荐政策行动。第四个环节是对政策被采纳的过程进行分析。政策分析人员向客户提交了政策行动建议,但这些政策建议并不一定能够被采纳,因而需要对政策方案采纳过程进行分析。政策采纳过程的重要影响因素是政治因素,所以政策采纳过程的分析实际上是政治可行性分析。政治可行性评价的内容包括:影响政策被采纳的政治主体是谁?他们的动机和信念是什么?他们的政治资源是什么?相关决策将会在哪个政治舞台上做出?政策分析的第五个环节是对政策实施进行分析,主要分析哪些因素影响成功实施的可能性,包括对政策逻辑、政策执行人员的分析。

戴维·韦默与艾丹·维宁指出,信息和数据是政策分析的基础,因此有必要收集信息以支持分析并向客户传达有用的建议,政策相关信息和数据的收集方法主要有:文献综述,包括查阅杂志、书籍、学位论文、利益集团和智囊团的出版物和报告,政府的出版物和研究文献;通过互联网搜集信息;通过田野(访谈与实地调查)收集原始数据或查找未出版的报告、备忘录或其他组织的文献。[2]

卡尔·帕顿和大卫·沙维奇在《公共政策分析和规划的初步方法》一书中也从政策过程角度概括了政策分析模式。如图10.3所示,政策分析包括六个步骤:认定和细化政策问题;建立评估标准;确认备选政策;评估备选政策;展示和区分备选政策;监督政策实施。[3]

---

① 戴维·L.韦默、艾丹·R.维宁:《政策分析——理论与实践》,戴星翼、董骁、张宏艳译,上海译文出版社,2003年,第246页。

② 同上,第288~296页。

③ 卡尔·帕顿、大卫·沙维奇:《政策分析和规划的初步方法》(第二版),华夏出版社,2001年,第34~43页。

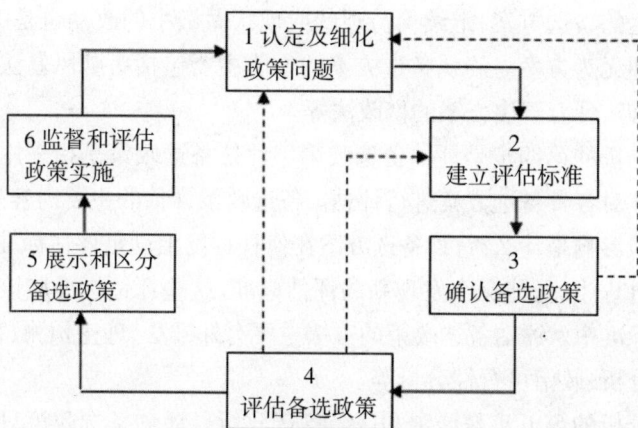

图10.3　公共政策分析的基本过程

卡尔·帕顿和大卫·沙维奇认为,政策问题经常难以界定,因为客户的目标并不明确,或者陈述的各个目标相互冲突,所以界定政策问题就成为政策分析的首要一环。政策问题界定主要内容是:分析政策问题是否真的存在,如果政策问题存在,那么就要分析政策问题的宽度和广度,同时还要重点分析与政策问题有关的个人和团体的立场与影响。政策问题界定的方法包括简易计算、快速决策分析、政治分析、问题报告等。

政策分析的第二步是建立评估标准。在政策问题分析时会产生解决问题的初步方案,但这些方案都是不明确的,为进一步寻找各种解决方案,并对方案进行比较,就需要先确定一套评估标准。政策方案的评估标准可以由客户提供。然而客户经常不愿意提供或确认目标或评估标准,因此,建立评估标准是政策分析人员必须要做的一项工作。一般而言,备选方案的比较、衡量和选择的标准主要包括成本、效益、效用、平等、合法性和政治可行性等,但是这些普遍的评估标准并不能够直接作为某项具体政策的评估标准,政策分析人员必须对决策者、与政策有密切利益关系的个人和团体的价值和偏好进行分析,将他们最关心或最渴望的标准确定评估标准,这样才能够较大程度地满足他们的要求。建立评估标准可以采用的方法有技术可行性、经济和财政可能性、政治可行性等。

政策分析的第三步是确认备选政策。确认备选政策是指确定若干套用于解决政策问题的备选方案。备选方案的来源主要有:决策者提供的政策备选方案,政策分析人员要对其进行进一步分析;与政策有利益关系的个人和团体提出的方案;对各种方案进行组合产生的备选方案;对原来政策方案进

第
十
章

行修改产生的备选方案;继续保持现状或现状做微小的改动也是一种方案，这种方案即无为方案。确认备选方案的方法主要包括头脑风暴法、分类完善、文献述评、现有解决方案的修改法等。

政策分析的第四步是评估备选政策。评估备选政策是指采用已经确立的评估标准对各种备选方案进行评估。备选政策评估的主要内容是:每种备选方案预期影响是什么?每种备选方案在何种程度上满足评估标准? 在评估备选政策过程中，可能又会发现新的评估标准，这些评估标准应该充实到原来的评估标准中。评估备选政策的方法主要有外推法、理论预测、直觉预测、快速决策分析、政治可行性分析等。

政策分析的第五步是展示和区分备选政策。评估备选政策只是说明了未来政策实施将会产生何种结果，但并没有说明各种备选方案之间的优缺点。为了向决策者提供各种备选方案优缺点的信息，就需要展示和区分备选政策。这个分析程序主要说明各种备选方案在成本、收益、技术可行性、政治可行性等方面的优点和缺点。展示和区分备选政策步骤中可以采用的分析方法主要包括成队比较、排列顺序、等价备选方案法、矩阵展示法、脚本写作等。

政策分析的第六步是监督和评估政策实施。前五个步骤是对政策实施之前的分析，尽管政策分析做得比较完美，但是在政策实施之后还将存在着疑问，问题是否被恰当地解决了，甚至是政策方案是否被正确地实施了，这就需要监督和评估政策实施。监督和评估政策实施的主要内容是，对实施中的政策进行维护和监督，以确保它们不被意外地更改形式;衡量它们产生的影响，确定它们是否产生了预期的影响，并确定它们应该继续执行、修改还是中断。监督和评估政策实施所采用的方法主要有前后对比、有为与无为的实验对比、实际对预期的比较、实验模型、成本取向法等。

卡尔·帕顿和大卫·沙维奇认为，虽然政策分析可以划分为六个前后相连的分析步骤，但政策分析并不是严格地按部就班地一步一步进行分析，政策分析活动是在六个环节中反馈和重复的循环过程，即在每一个分析步骤中都可以返回去对前一步骤的问题进行重复分析，获取新的资料或信息。

威廉·邓恩也从政策过程的角度概括出公共政策分析模式。他将政策分析过程划分为政策问题构建、政策预测、政策建议、政策监测、政策评估五个环节，这五个环节分别产生政策问题信息、政策将来信息、政策行动信息、政策结果信息、政策绩效信息。威廉·邓恩认为，政策分析以政策问题构建为中心，在任何分析程序中都可以返回来对政策问题进行重新构建。同时，五种政策分析程序是相互联系的,因此政策相关信息可以相互被转换,政策分析体现为一种循环往复的过程。

从政策过程角度讨论政策分析模式实际上是运用系统分析方法对政策过程进行分析, 它将政策过程视为一个由多环节相互连接组成的动态运行系统。政策过程分析模式主要考察政策动态系统的各个环节、各系统环节的功能与特点和政策分析的内在规律。尽管政策学家对政策过程分析模式的认识和强调的重点不同,但综合政策学家对政策过程分析模式的讨论,政策过程分析模式大体包括四个环节, 每个环节又包含着不同的分析内容和分析方法:

1. 政策问题构建

这个分析环节主要提供政策问题的有关信息,其主要分析内容是:政策问题是否实际存在?政策问题的成因和性质是什么?政策问题的影响范围多大?政策问题的发展趋势如何?有哪些个人和团体与政策问题有关系?他们的观点和态度如何?政策问题构建主要采用方法包括边界分析、类别分析、类比分析、层次分析等。

2. 政策备选方案分析

这个分析环节主要提供政策备选方案和政策建议的有关信息。主要分析内容为:政策目标是什么?可以采用何种政策方案来实现政策目标?政策备选方案将产生如何结果?政策备选方案的评估标准是什么?政策备选方案的成本和收益如何?政策备选方案各自有何优缺点?政策备选方案对与政策有关系的个人和团体将产生何种正负面影响?政策备选方案的政治可行性有多大?政策备选方案分析主要采用的方法包括时间序列分析、线性趋势估计、相关分析、回归分析、德尔斐法、成本收益分析、利益分析、价值分析、可行性分析等。

3. 政策监测

这个分析环节主要提供政策实施过程的信息。主要分析内容是:在政策执行中采取了哪些具体的行动措施? 这些行动措施是符合还是偏离原定的政策方案?政策执行中遇到哪些阻碍因素?政策执行是否产生了预定的政策效果?政策执行成功的因素是什么?政策监测主要采用前后对比、图示法、表格法、指数法、回归分析等分析方法。

4. 政策评估

这个分析环节主要提供政策结果的信息。主要分析内容为:应当如何确定政策评估的标准? 政策实施产生了哪些结果? 哪些结果是正面的? 哪些结果是负面的? 哪些结果是预期的? 哪些结果是非预期的? 这些结果在多大程度上实现了政策目标? 政策结果在多大程度上实现了与政策有密切关系的个人和团体的价值和需求? 政策应该继续执行、修改还是中断? 政策评估主要采用成本收益分析、前后对比分析、回归分析、指数法、价值分析、头脑风暴法等方法。

理性政策分析模式经常受到不少政策学家的批评,但是作为解决政策问题的分析,它必然要求有理性的成分,如果没有理性的思考和分析,随意选择一种政策方案,那么肯定不能够解决政策问题,因此,尽管政策学家批评理性政策分析模式,但并没有完全否定理性分析,有数学和经济学背景的政策学家还特别推崇理性分析方法。所以,理性分析是多数政策分析模式的一个共同特点。理性分析主要体现为采用量化方法和数学模型对政策问题、政策方案、政策效果等进行分析。政策学家在坚持理性分析的同时也普遍认为,在价值多元化的社会中,人们的利益要求、偏好、价值观念等也是政策分析中不可缺少的因素,因此多数政策分析模式认为,政策分析是一个讨论和交流的过程。威廉·邓恩、吉安东门尼克·马琼、戴维·韦默、艾丹·维宁等政策学家都强调政策分析是一个反映社会价值因素的讨论过程,"政策分析是一个涉及阐明和交流有用建议的过程"[①]。通过广泛的政策讨论,不同个人和团体的利益和价值将会在政策中得到充分的体现。既坚持理性分析,又注重政策讨论和交流,表明了政策分析是事实与价值相统一的过程,因为理性分析反映了客观事实,而政策讨论和交流反映了社会价值因素。

政策学家从不同视角讨论政策分析,形成了不同的政策分析模式,但这些不同政策分析模式并不是一种范式,即它们具有不可通约性和相互排斥性。各种政策分析模式是相通的或相容的,只不过是他们的视角和强调内容不同而已。并且,不同的政策分析模式反映政策分析的不同视角、内容与方法,这有助于我们更加全面和深入地理解政策分析。各种不同的政策分析模

---

① 戴维·L.韦默、艾丹·R.维宁:《政策分析——理论与实践》,戴星翼、董骁、张宏艳译,上海译文出版社,2003年,第245页。

式提示政策分析人员在做政策分析时，不能仅仅考虑政策的某些方面问题，而是要综合考虑与政策相关的政治、经济、文化、生态、环境等各个领域的问题，同时还要从不同角度不同层次考虑与政策有关的问题。

政策分析模式是对政策分析实践的抽象概括，在实际的政策分析中并不一定完全遵循某种分析模式。然而，政策分析模式对于指导政策分析的实践仍然具有重要的意义。爱德华·奎德认为，政策分析模式是政策分析的基础方法，任何政策分析都是利用一个或数个模式，建立清晰、可靠、合理的分析过程。[1]卡尔·帕顿和大卫·沙维奇也指出，"我们并不是说政策分析应该僵化地遵从理性模型的每个步骤，这经常是不可能的。我们只是认为，初出茅庐的分析家可以将过程提要当作分析的指南或框架，而且他们应该做遍过程中的每一个步骤"[2]。

思考题

一、概念解释

　　1. 政策分析的结构框架

　　2. 政策相关信息

　　3. 政策分析方法

二、简答题

　　1. 试述政策分析的组成要素。

　　2. 阐述政策相关信息的类型。

　　3. 为什么说政策问题构建处于政策分析结构框架的中心地位？

　　4. 前瞻性政策分析与回溯性政策分析的区别与联系。

　　5. 试述政策分析的基本过程。

三、请就如下政策问题构造关于公共政策的指示性、评价性和倡议性主张：

　　环境污染　贫富差距　房价过高　犯罪

　　财政危机　交通拥堵　公共医疗问题　失业

四、任选三个上面的政策问题，构造一个政策论证

　　给出政策相关信息（I）、政策主张（C）、根据（W）和支持（B），并标明你的每一个论证是指示性的、评价性的还是倡议性的。

---

[1]　Edward Quade, *Analysis for Public Decisions*, New York: Elsevier Publishing Com., 1975, p.4.

[2]　卡尔·帕顿、大卫·沙维奇：《政策分析和规划的初步方法》（第二版），华夏出版社，2001年，第34页。

本章重点:

　1. 公共政策冲突的内涵
　2. 公共政策冲突的表现
　3. 公共政策冲突的影响
　4. 公共政策冲突产生的原因
　5. 政策冲突的治理路径

第十一章　公共政策冲突

　　公共政策是国家进行控制与管理的手段，公共政策执行的有效性反映着国家社会控制与管理的能力。伍德罗·威尔逊指出"政策是由政治家即具有立法权者制定的由行政人员执行的法律和法规"①，戴维·伊斯顿把公共政策看作是"对全社会的价值做权威性的分配"②，托马斯·戴伊指出"公共政策是关于政府所为和所不为的所有内容"③。我国学者陈振明把公共政策定义为"国家机关、政党及其他政治团体在特定时期为实现或服务于一定社会政治、经济、文化目标所采取的政治行为或规定的行为准则，它是一系列谋略、法令、措施、办法、方法、条例等的总称"④。丁煌指出"政策是政府或社会公共权威在一定的历史时期，为达到一定的目标，经过一定的合法程序而制定的行动方案和行动依据。其表现形式为诸如法律法规、政府首脑口头或书面的声明和指示报告、行政命令、会议决议文件等各种表达政府或社会公共权威的某种特定意图的行动方案。其本质上是一种直接或间接地对社会资源和

---

　①④　陈振明:《政策科学——公共政策分析导论》(第二版)，中国人民大学出版社，2003年。

　②　D.Easton. *The Political System*. New York：Kropf, 1953, p.129.

　③　[美]托马斯·R.戴伊:《理解公共政策》(第十版)，彭勃等译，华夏出版社，2004年，第2页。

利益进行权威性分配的方案"①。尽管定义不同，但中外研究者都把公共政策置于社会、政治、经济等生活中至关重要的位置，然而政策冲突却是对政策权威的一大直接挑战，它破坏了公共政策社会关系调节器的作用，与公共政策制定的目标背道而驰。我国目前已经进入一个公共政策冲突的多发期，加上社会转型期社会问题与矛盾多发的影响，公共政策冲突的问题表现得更为突出和明显，政策冲突急需政府相关部门及社会各界的关注，共同致力于政策冲突的消解路径研究。

第一节　政策冲突的内涵与表现

近年来随着政策冲突问题的多发，政策冲突的研究逐渐增多，但对我国来讲政策冲突依然是一个比较新的领域，我国的公共政策冲突研究还没有形成一个完整、系统的体系。但经过多年的努力，我国的政策冲突研究也取得了丰富的成果，对政策冲突的内涵、表现、影响、治理路径等方面的研究取得了一定的进步。

一、政策冲突的内涵

冲突是社会互动交往的一种形式，只要社会群体间存在利益的差别，冲突就不可避免。政策冲突作为冲突的一种表现形式，是社会冲突在政策领域的表现，学术界对冲突的关注和研究首先开始于社会冲突领域。韦伯从社会不平等的多层面来说明社会冲突的起源，从权力、声望和财富的高度相关性、报酬分配的垄断化程度、社会低水平流动率等方面来探究社会冲突的原因，分析了社会冲突与政治合法性权威之间的关系，"如果政治权威的合法性被统治者撤销，他们更有可能寻求冲突"②。科塞在其《社会冲突的功能》中指出，"冲突是关于价值以及对稀有的地位、权力、资源的要求之斗争。在这

---

① 丁煌：《政策执行阻滞机制及其防治对策——一项基于行为和制度的分析》，人民出版社，2002 年，第 14 页。

② ［美］乔纳森·特纳：《社会学理论的结构》，华夏出版社，2001 年。

种斗争中，对立双方的目的是要压制、破坏以至消灭对方"①，并指出引发冲突的原因是物质利益关系和非物质利益关系的失调。

政策冲突的研究起源于西方，西方学者对政策冲突的研究主要集中于三个维度：一是从利益冲突的视角来研究具体公共政策之间的冲突；二是专门研究具体政策之间的冲突，尤其是研究各种具体经济政策之间的矛盾与对立；三是研究公共政策冲突的一般性原理。美国学者斯通是较早研究政策冲突的，他认为政策冲突是政治过程的产物，是不可避免的，在《政策矛盾与政治情理》中他指出政策本来就是从政治情理中形成的，而政治情理即特定的政治情境本身就是充满着矛盾冲突的，在这种政治情境中所形成的公共政策，它本身就内在地包含着矛盾。但人们却认为政策是基于客观的合理性而形成的，这样就不可避免地产生了政策矛盾。②坎贝尔主要研究政府内部的公共政策冲突，他在《政府体制中的政策冲突和消除》中考察了发生公共政策冲突的原因和公共政策冲突结构以及在政府内消除冲突的过程。他认为，"公共政策冲突既有因为没有正确处理好利益关系上的隔绝或者组织间的疏远而产生的，即与结构相联系而产生的一面，也有因为没有处理好冲突问题而扩大再生产冲突的过程方面"③。

政策冲突研究引进到我国以来，国内一批学者致力于政策冲突研究，他们对政策冲突内涵方面的研究多把政策冲突比喻为"文件打架"，胡象明就把公共政策冲突称之为"文件打架"，即政府不同部门的公共政策之间的相互矛盾、相互冲突。④冯庆等认为政策冲突是政策体制中的政令相互矛盾。⑤袁明旭认为政策冲突是"公共政策系统内部各种政策之间以及政策各要素间所发生的对立、抵触、矛盾现象"⑥。钱再见认为公共政策冲突是政治冲突的一种形式，是公共政策过程中不同的政策行动者（包括个人、群体或部门）之间，由于价值观念、利益诉求和体制结构等方面的原因而产生的政策目

①　L·Coser.*The Functions of Social Conflict*.The Free Press，Philadelphia，1956：8.

②　［韩］吴锡泓、金荣枰：《政策学的主要理论》，金东日译，复旦大学出版社，2005年，第48页。

③　John C.Campbell，"Policy Conflict and Its Resolution With the Governmental System" In Ellis S. Krauss，Thomas P. Rohlen，&Patricia G.Steinhoff，eds.，Conflict in Japan，Honolulu：University of Hawaii Press，1984，p：294.

④　胡象明：《"文件打架"的原因及对策》，《中国行政管理》，1995年第9期。

⑤　冯庆、许健、邹仰松：《政策冲突及其成因与应对策略》，《科技进步与对策》，2003年第1期。

⑥　袁明旭：《公共政策冲突：内涵、表现及其效应分析》，《云南行政学院学报》，2009年第1期。

标、政策内容和政策行为的矛盾现象。①学术界对政策冲突的定义并没有统一的定论，但一般讲的政策冲突指狭义上的是政府部门制定的政策，政策冲突发生在两项或多项政策之间，政策冲突既发生在政策制定阶段也发生在政策执行阶段。公共政策冲突是政策网络中的各种公共政策之间的相互矛盾、对立、斗争。

二、政策冲突的表现

政策冲突从不同的研究侧面呈现出不同的表现形式，"根据社会和国家的民族特征和历史传统、社会整合程度和政治理念的不同，政策冲突在不同的国家政策体制中，表现程度又会有所不同。另外根据时代的要求，国家领导人强调不同的国家目标及相应战略，以及决定这些战略和目标的过程如何会使政策冲突有根本不同的表现形式"②。胡象明从政策要素着手把政策冲突分为三类，即政策目标的冲突、政策措施或手段的冲突、政策效益的冲突。冯庆等人根据政策制定主体的地位以及政策本身效力不同认为政策冲突表现为全局性政策和局部性政策之间的冲突，全局性政策内部之间的冲突，局部性政策内部之间的冲突；③从政策本身的冲突情况这个角度来看，有政策目标的冲突，政策措施或手段的冲突，政策效益的冲突等。邹仰松把政策冲突分为公共政策体系内部的冲突，包括全局性公共政策和局部性公共政策的冲突、全局性公共政策内部的冲突、局部性公共政策内部的冲突，和公共政策在实行过程中的冲突，包括公共政策目标的冲突、公共政策的措施或手段的冲突、公共政策效益的冲突。钱再见把政策冲突分为政策目标的冲突、府际政策的冲突、政策工具的冲突、政策效益的冲突四种形式。政策冲突的表现形式多种多样，根据不同的标准，公共政策冲突呈现出不同的表现形式。

(一)根据政策制定主体不同划分

公共政策中的中央政府政策、地方政府政策、部门政策，根据政策制定

---

① 钱再见：《论公共政策冲突的形成机理及其消解机制建构》，《江海学刊》，2010年第4期。

② ［韩］吴锡泓、金荣枰：《政策学的主要理论》，金东日译，复旦大学出版社，2005年，第80~81页。

③ 冯庆、许健、邹仰松：《政策冲突及其成因与应对策略》，《科技进步与对策》，2003年第1期。

主体不同可以把政策冲突分为中央政府政策与地方政府政策之间的冲突、地方政府之间的政策冲突、政府职能部门之间的政策冲突。

1. 中央政府政策与地方政府政策之间的冲突

中央政府制定的政策一般是全局性的、整体性的、抽象性的,地方政府在贯彻中央政策的时候通常需要制定更加具体、细化的政策,在这个过程中地方政府对中央政策的理解偏差,或出于地方保护主义的需要往往造成"上有政策,下有对策"的现象。对中央政策进行选择性执行、象征性执行、附加性执行等,如国家的房地产限购令,国家明确规定各级地方政府在2010年底前出台限购政策,然而到2011年春季仍有一些地方政府未出台相关政策。20世纪80年代以来的经济和政治体制改革,权力下放,地方分权的趋势逐渐明显,中央与地方之间的权力对比出现了根本的变化,加上社会经济的发展,地方的经济实力明显增强,地方政府在制定本地区的公共政策中具有更大的自主权。在经济实力和权力都不断提高的前提下,地方政府追求自身利益的趋势更加明显,出现了与国家整体利益相矛盾的地方利益,在政策的制定与执行中表现出中央政策与地方政策之间的矛盾冲突。

中央分权与地方自治程度不断加强,地方政府有更多的实力为地方利益的获得而竞争,为了地方经济的发展各地纷纷开展竞争吸引人、财、物向本地区的流动,在公共政策中体现为出台各种优惠政策来招商引资,其中不乏地方自行出台的土政策,与中央政策产生冲突。2014年10月住房和城乡建设部、财政部、人民银行联合印发《关于发展住房公积金个人住房贷款业务的通知》(以下简称《通知》),与广州通过的"最严公积金"有很多冲突之处,关于公积金的贷款次数、缴纳公积金的年限规定、异地互认等条款方面存在冲突。

2. 地方政府政策之间的冲突

随着地方自主权的扩大,地方政府在制定地方政策方面拥有更大的自主权,而国家治理社会的发展要求提供的社会服务更加复杂多样,各级政府为了更有效地提供服务形成了复杂的多元网络,在这种复杂的关系网络中各级政府间既相互合作又相互竞争。相比于中央政策与地方政策之间的冲突,地方政府间的政策冲突更难治理,各级地方政府作为独立的行政主体不存在政策之间的相互适应问题,在竞争的压力下各地政策甚至竞相攀比,如各地的价格大战,在招商引资中竞相出台更加优惠的政策等。地方政府间的发展理念不同,政策目标不同等反映在公共政策中也表现为政策之间的相互冲突,如江西彭泽核电项目,与安徽望江县的有关安全、环境政策相冲突,

第十一章

在2011年5月彭泽核电项目的评定报告获批复后,望江县以政府公文的形式向上级部门提交报告,请求取消彭泽核电项目。在彭泽核电项目的地方政府政策冲突中一方从经济发展的角度筹措核电站的建设,另一方从安全、环境等角度提出反对。

地方政府政策冲突还表现为地方保护主义的盛行,利用行政权力对本地企业实行保护,对本地企业和外地企业差别对待,利用非市场的手段来保证地方产品在本地市场的占有率等。在地方保护主义的政策背景下,各地的政策都从本地区的狭隘利益出发,相互之间缺乏交流与沟通,也不愿作任何利益退让,相互之间的政策不免产生冲突。

3. 政府职能部门政策之间的冲突

部门政策就是为在某一特定的部门贯彻基本政策而制定的具体行动方案和行为准则。[①]政府职能部门之间的管辖权限存在一定的关联性与交叉性,"政出多门"的结果是多个部门都对某个问题或领域制定政策,部门之间又缺乏协调与沟通,多项政策之间极易相互冲突。政府职能部门之间的职能交叉,相互之间关系又未理清,容易给政策的适用者带来困难,如经济发展中企业的行政审批政策,审批互为前提易陷入行政审批"怪圈",如企业申请登记注册,工商部门让找环保部门出具文件,环保部门让找发改委备案,发改委又让找工商部门办理营业执照,这些职能部门之间的政策冲突,职权不清常常导致企业还未生产就已停产。政府职能部门之间的政策目标不同,根据各自的目标制定的公共政策之间也难免冲突,如安徽省关于招商引资进来的企业"上峰水泥"的政策之间,怀宁县国土资源局对该公司下达了《责令停止违法行为通知书》,责令其立即停工,但怀宁县发改委下发的怀发改投字〔2014〕170号文件却同意上峰水泥下属的一建材公司投资建设水泥用石灰岩矿废石综合利用项目。国土资源局、国土部门、经信委等部门从资源优化开采利用的角度责令停止石子生产,而怀宁县发改委从支持本地经济发展的角度支持该企业的石子生产,从而引发了"石子打架"。

(二)根据公共政策要素划分

公共政策由一系列要素构成的,包括政策主体、政策客体、政策价值取

---

① 宁骚:《公共政策学》,高等教育出版社,2003年,第22页。

向、政策目标、政策内容、政策工具等,这些政策要素之间的冲突也是政策冲突的表现形式。

1. 公共政策主体与客体的冲突

"政策主体可以一般地界定为直接或间接地参与政策制定、执行、评估和监控的个人、团体或组织"[1],"公共政策客体是公共政策所发生作用的对象,包括公共政策所要处理的社会问题和所要发生作用的社会成员(目标群体)两个方面。公共政策的直接客体是社会问题,而社会成员或目标群体则构成了公共政策的间接客体"[2]。政策系统中政策主体与政策客体之间的地位是不均衡的,政策主体居于主导地位,是政策的制定者、执行者、评估者、监控者,而政策客体是政策的被动接受者,居于被支配和被控制的地位。政策主体与政策的目标群体间的利益诉求也是有差别的,从理性经济人的角度来讲政策主体利用政策追求个人私利的动机更是与目标群体之间的利益相冲突。

政策主体与作为公共政策所要解决的社会问题之间的冲突表现在一些政策并不能很有效地解决社会问题,随着社会的发展和转型期矛盾、问题的增多,社会问题呈现出复杂性、多样性等特征,而政府的能力是有限的,公共政策的效力也是有限的,不可能解决社会上出现的所有问题。政策的成本、风险等也是决策者决策时必须考虑的因素,决策者也常常陷入政策选择的困境使公共政策与社会问题之间产生差异性。政策主体与目标群体之间的冲突表现为利益之间的冲突与博弈,如政府的拆迁补偿政策中补偿标准的设定,政策主体希望补偿标准尽量客观公平,而政策目标群体却希望补偿标准越高越好。政策的制定和执行等环节中利益受损的目标群体与政策主体之间产生冲突。如政策执行或执行中的大量的公众与政府的对抗事件,因对案件判决不满与政府机关对抗、地方的上访与阻访、反对政府的某项规划进行的请愿等。

2. 公共政策价值取向上的冲突

公共政策是由政策系统中的人制定的,而个人的行为必然会受个人所信奉的价值观的影响。公共政策价值取向指"政策制定者以及其他涉及决策过程的人共有的偏好、个人意愿和目标。价值观可能包括一个人的政治信

---

①　陈振明:《政策科学》,中国人民大学出版社,1998年,第107页。

②　陈庆云:《公共政策分析》,北京大学出版社,2006年,第74页。

条、个人偏好、组织目标以及政策取向"①。政策价值取向一般具有多层次性和阶段性,多项价值目标之间,不同阶段的价值目标之间相互冲突的情况时有发生。公共政策的价值取向包括公平、效率、平等、公正、自由、责任等,我国不同的发展阶段的发展战略不同,在公共政策价值取向上的冲突主要表现为公平与效率之间的冲突。"平等和效率之间的冲突是我们最大的社会经济选择。我们无法既得到市场效率的蛋糕又公平地分享它。"②我国不同发展阶段的发展战略下出现过"克服平均主义倾向,以提高经济效益为中心""效率第一,公平第二""兼顾效率与公平""效率优先、兼顾公平",到现在的"初次分配和再分配都要处理好公平与效率的关系",在我国的分配政策中越来越看重公平的价值取向,然而公平和效率本身作为一对矛盾体,它们之间的冲突具有不可调和性,格兰德指出公平与效率不能同时取得,二者之间存在难以琢磨的取舍,在大多数实践中,某些意在提高公平的努力却导致了效率的下降,反之则反。③

如在马路上的行人违章问题,行人违章是一个比较难以管理的问题,一些处罚措施如罚款等并没有起到很好的作用,在这样的前提下一些地方出台的规定"撞了白撞",即如果行人违规发生交通事故,行人负全责。这种规定加大了行人违规的代价,可以起到更好的约束道路上行人行为的作用,是更有效率的规定,但却违背了公平的价值取向,是对生命权的漠视。

3. 公共政策目标冲突

公共政策旨在解决社会中出现的各种问题,协调各种利益关系,不同政策之间的目标设定不同,不同目标之间存在差异,即使是同一政策也可能包含着不同的目标追求,这些差异存在对立和冲突。根据目标的时限不同有长期目标、中期目标和短期目标,根据政策制定主体不同有中央政策目标、地方政策目标和部门政策目标,根据政策范围有宏观政策目标、中观政策目标和微观政策目标,不同发展领域的政策目标有政治、经济、文化、社会、生态等政策目标等。政策系统内的多个目标之间往往是有侧重性的,容易注重一

① [美]E.B.克鲁斯克、B.M.杰克逊:《公共政策词典》,唐理斌等译,上海远东出版社,1992年,第35页。

② [美]保罗·A.萨缪尔森、威廉·D.诺德豪斯:《经济学》,高鸿业等译,中国发展出版社,1992年,第1247页。

③ Grand Julian Le. Equity Versus Efficiency:The Elusive Trade-off. *Ethics*,Vol.100,No.3,1990:pp.554-568.

项目标而忽视其他目标,如注重经济发展而忽视社会、文化生态等领域的发展;不同政策的目标之间也可能因利益、价值观等的不同而出现冲突,如中央政策和地方政策之间的目标冲突。如我国2012年的油价上调,成品油价上调幅度约为6%~7%,全国各地油价进入"破8"时代,国家希望通过油价调整机制实现国内油价与国际市场接轨、保证几大油企的正常利润以避免他们减少市场供应、避免油价变化对市场带来的冲击、通过提高油价达到对资源的节约利用,促进经济增长方式的转变等多重目标,这多重目标之间本身就有相互冲突的地方,既希望能涨价又希望得到社会对政策的认可。

　　4. 公共政策工具之间的冲突

　　政策工具就是政府赖以推行政策的手段。[①]公共政策要得以执行需要以政策工具为手段,政策工具与政策目标息息相关,"丁伯根法则"指出为了同时实现多个经济政策目标,至少必须应用于目标数量相同的政策手段,即经济政策工具的变量数必须不少于经济政策目标的变量数,且这些政策工具必须相互独立。为了实现多个政策目标需要使用多种政策工具,即使是相同的政策目标的实现也不是只靠单一的政策工具就能实现的,多项政策工具在使用过程中因使用方式不同、作用范围不同易相互冲突。加拿大学者豪利特和拉米什把政策工具分为自愿性工具、混合性工具和强制性工具。[②]自愿性工具是在政府极少或不干预的情况下实现政策目标,包括家庭、社区、市场、志愿者组织等;强制性工具指政府强制或直接介入,包括管制、公共事业、直接提供等;混合性工具的使用时政府有限的介入,最终决策权是私人部门和非政府组织,包括补贴、产权拍卖、征税、用户收费等。我国公共政策的工具包括行政性工具、法律性工具、经济性工具、社会性工具等,不同的政策工具的选择容易发生相互冲突的现象,如拆迁政策,有的选择经济、宣传教育的政策工具,有的选择强制拆迁,暴力威胁等手段,这些手段之间是根本对立的。

---

　　① [美]麦克尔·豪利特、M.拉米什:《公共政策研究:政策循环与政策子系统》,庞诗等译,生活·读书·新知三联书店,2006年,第141页。

　　② Michael Howlett, *M.Ramesh. Studying Public Policy:Policy Cycles and Policy Subsystems.* Oxford University Press, 1995,pp.80~98.

（三）根据公共政策作用领域划分

公共政策是解决社会各种问题，调节社会各方面关系的手段，涉及社会的方方面面，各种领域，有政治政策、经济政策、社会政策、文化政策、生态环境政策等，政策冲突也相应地表现为政治、经济、社会、文化、生态环境等政策之间的冲突。

国家在不同的发展阶段发展的战略重点有所变化，国家优先发展的目标在社会发展中被定于优先实现的位置，这一领域的相关政策容易与其他领域的政策相冲突。如在以经济发展为中心的发展目标下一切活动让位于经济发展，在这种发展战略的指导下各地政府都把经济发展摆在首要地位，而忽视社会、文化、生态环境建设等，在政策领域中表现为经济政策与社会、文化、生态环境等政策之间的冲突。一些地方政府为了招商引资纷纷用子女加分政策来吸引投资者，银川市规定凡在银川市投资500万元以上的企业家子女可降低一个分数段（一个分数段为10分）录取；哈尔滨市发布的中等学校2014年招生工作手册规定，为该市引资100万美元以上的侨眷子女可以享受加分政策；深圳市的《深圳市高中阶段学校招生考试工作的意见》规定金融界高层子女中考可以加10分等。这些地区政府的加分政策，献血加分、投资加分、纳税加分等无疑是与教育公平政策相冲突的。一些地区在城市的拆迁改造过程中对文物古迹进行大肆破坏，体现出经济政策与文化、文物保护政策相冲突。2013年广州的城市改造中，金陵台的两幢民国时期的建筑被铲平，萝岗5座先秦墓被毁，在现实的经济利益面前文物保护显得不那么重要，地方政府没有尽到保护职责。

（四）根据公共政策的层次划分

公共政策的层级系统中不同的层次排列着不同的公共政策，排在最高层次的元政策，作为"政策的政策"，排在中间层次的基本政策和排在最底层的和人民生活密切相关的具体政策。这些不同层次的公共政策之间即使是一脉相承的也可能因为政策主体不同、利益差别等导致上一层次政策的价值、理念得不到贯彻而造成不同层次公共政策之间相互冲突。

元政策、基本政策、具体政策之间的冲突。元政策也称总政策，"用以指导和规范政策行为的一套理念和方法的总称，是关于如何制定政策的政策"，①是政策体系中统率或具有统摄性的政策，对其他各项政策起指导和规范的作用，是其他各项政策的出发点和基本依据。元政策在政策系统中居于最高地位，表现为一种政策理念。元政策主要有三种类型，一是价值性的元政策，如宣扬社会的民主、自由、公平、公正等价值的政策；二是方向性的元政策，如"改革开放""以经济建设为中心"等发展战略的规划；三是程序性的元政策，如民主集中制的工作方针的规定。基本政策是总政策的延伸，是执政党和政府给有关团体、个人的行动规定或大方向的公共政策。②基本政策是高层次的、长远的、带有战略性的政策方案，具有中介性，是元政策在实施中的具体化，统帅具体政策，是具体政策实施的依据。基本政策一类表现为针对全国所有机构的根本指导原则；一类表现为某一领域中各部门开展工作的根本指导原则。具体政策是为解决社会发展中某个领域或某个区域中的具体问题的具体策略，是在社会活动中更小范围内发生作用的政策。元政策和基本政策是具有指导性、战略性的价值理念、指导原则等，这些理念和战略方针要得到贯彻必须有具体政策来实施，而制定这些政策的主体不同，利益诉求和价值观不同，容易造成政策之间的冲突。如我国的环境保护政策，元政策是保证经济与生态环境的协调发展，基本政策表现在国家的环境保护制定的基本方针、可持续发展战略、环境立法等，具体政策体现在各个地区对本地的环境政策，而地方政府有可能以牺牲环境为代价发展经济，与国家的环境保护战略相冲突。

此外，根据公共政策时效的长短，可以分为长期政策、中期政策和短期政策之间的冲突，从公共政策作用的范围，可以分为全局性政策与局部性政策之间的冲突等。

第二节　政策冲突的影响

冲突是社会生活中一种正常的现象，只要不是单一个体存在的地方都会有冲突的发生，冲突也并不都是坏的，它是保持社会活力的手段。"尽管冲突有否定方面的含义，但它也能产生积极的后果，例如成功地改变过时的社

---

①② 张国庆：《公共政策分析》，复旦大学出版社，2010年，第75页。

会结构和改变无法达到预期目标的方法"，①只要把冲突控制在一定范围内，它对社会的发展和变革是起积极作用的。"冲突是人类关系中一个实质性的创造性因素。它是改变的手段，是获得社会财富、安全、正义以及个人发展机会的方式——大量冲突的存在只是社会期待得以实现的保证"。②"在社会生活中若无冲突的存在将是一种极不正常的现象，只有存在冲突的社会才具有生命力"。③与社会冲突相同，政策冲突也是政策系统中一种不可避免的现象，具有正面和负面的双重作用。通过政策冲突有利于发现政策体制中存在的问题，有利于推进政策体制的改革与完善。监测政策冲突是发现政策系统中问题的途径，使政策系统中潜在的问题显现化，变得更容易被观察和分析。同时政策冲突发生作用的领域广，范围大，可以发生在各个政策主体制定的政策之间、各种政策要素之间、各个领域的政策之间、政策的各个环节之间等，通过对这些大范围、宽领域的政策冲突的关注和治理有利于对政策系统的全方位优化。

政策冲突虽然有一定的积极作用，但它的消极作用是主要的，为政策失效埋下隐患，而且浪费社会资源、损害政府权威和政府公信力。"政策失效不仅意味着政策不能发挥其应有的作用和政策投入的浪费，而且往往还会给社会造成巨大的破坏，危害公众的利益，损害政府在公众中的威信。"④社会公众对政策的接受与认可程度是政策与政府合法性的重要来源，政策冲突以及进而带来的政策失效是政府对社会管理的失败，必然会引发公众对政府管理能力的质疑进而损害政府权威；公共政策的制定和执行必须有一系列的政策资源的支撑，而政策冲突使政策资源得不到有效的利用，是对有限的公共的政策资源的浪费。

一、浪费政策资源

公共政策的制定、执行、评估、监控等一系列环节中都需要大量的政策资源的投入，需要充足的人、财、物的供应，政策冲突导致的政策资源的浪费

---

① ［美］理查德·D.宾厄姆等：《美国地方政府的管理：实践中的公共行政》，九洲译，北京大学出版社，1997年，第144页。

② John W.Burton.*World Society*.Cambridge University Press，1972，pp.137-138.

③ ［美］刘易斯·科塞：《社会冲突的功能》，孙立平译，华夏出版社，1989年，第24页。

④ 张国庆：《公共政策分析》，复旦大学出版社，2004年，第238页。

主要表现在三方面:首先,政策冲突易导致政策失效,带来投入在失效的政策中的资源的浪费;其次,政策冲突造成社会群体政策适用的困难,阻碍了他们的正常社会活动的开展,造成时间、精力、经济等资源的浪费;再次,政策冲突一旦显现出来必然会被要求改变这种冲突的状态,就需要对政策进行修改或废除,那么政策前期所投入的资源就浪费掉了,而且政策的改革又需要投入各种资源。各种地方政府为招商引资进行的恶性竞争,开出的低地价、税收优惠等使社会资源以低于原有价值使用,不利于资源的节约、优化,其中一些有限资源、稀缺资源、不可再生资源等的浪费更是全社会的损失。一些地方保护主义政策对本地企业实行各种保护,而对外地企业设立各种门槛,这些政策在破坏社会公平的同时也不利于效率的发挥,本地企业在各种保护伞的保护下容易不思进取,投入的各种资源并不能取得很好的经济效果。

政策资源是公共资源也是稀缺资源,对公共资源的浪费意味着全体社会公众都会受到影响,而资源具有稀缺性,这项政策浪费了政策资源则意味着那项政策的顺利执行可能会得不到充足的政策资源的保障。一些政策资源是难以再获得的,如权威资源,一旦失去将造成公众对政府的不信任。

二、破坏政策统一性,阻碍政策效力的发挥

公共政策统一性与稳定性是公共政策持续发挥效力的保障,政策冲突破坏政策的统一性,阻碍政策效力的发挥。政策冲突也是造成政策朝令夕改的一个因素,如地方政策或部门政策制定后发现与更高层级的政策相冲突而必须作出修改或废除,给社会公众留下政府政策缺乏稳定性的印象,易造成公众对公共政策的观望期与适应期延长,要经过更长的一段时期才把它当成一项有约束力的政策,从而使公共政策不能更快、更有效地发挥作用。如2008年3月,东莞颁布"禁猪令",规定从2009年1月1日起东莞全市范围内禁止养猪,因违反《行政许可法》和与国务院《关于促进生猪生产发展稳定市场供应的意见》相冲突,颁布一天后便被撤销;广东佛山市的"限购松绑令",上午11时49分发布,当天夜里23时24分宣布暂缓执行,政策的朝令夕改引起舆论的广泛批评。这些朝令夕改的政策破坏了政策的统一性,同时也是政府管理的失败,使政策发挥不了应有的成效。

三、损害政策与政府权威

政策与政府权威是政府合法性的重要来源，政策冲突使政策不能顺利地贯彻执行对政策和政府的权威造成破坏。如在中央政策与地方政策冲突中，地方政府对中央政策的象征执行、敷衍执行、选择执行、附加执行等使中央政策得不到贯彻，有损中央政策的权威。公共政策的合法性是人们接受、认同、服从政策的基础，人们认为公共政策是合法的、公正的，才会认为政策是可服从的，否则会对政策产生怀疑。公共政策的科学性、合法性增强政府的合法性和权威，反过来，政策冲突、政策失效等损害政府权威和合法性。政策冲突易造成各个地区、各个部门各自为政的现象，表现为政策的支离破碎，一个地区或部门出台的政策只能在本地区或本部门的小范围内适用，使一些政策形同虚设。首先，利益结构的分化导致公共政策执行过程中缺乏权威性。在社会主义市场经济条件下各利益主体追求利益最大化而参与市场竞争，而不同地域、不同层次、不同性质的竞争主体的利益要求是不同的，各利益主体为了维护自身的利益易忽视政策的执行，损害政策的权威性。其次，政策冲突体现政策制定过程中缺乏合理性和合法性，损害政策权威。公共政策制定的合法性、科学性、稳定性和协调性是公共政策获得权威性的前提，相互冲突的政策体现出政策制定过程中缺乏科学、合理的论证，容易导致政策执行的失败，使政策的权威性受到破坏。最后，一些政策主体素质偏低，制定政策过程中缺乏科学性，受错误政绩观的影响盲目制定一些政策，导致政策冲突，政策多变等，损害政策的权威性。而政策的权威性与政府的权威性息息相关，公众对政策权威性的质疑累积起来最终会破坏政府的权威性。

四、损害政府形象，破坏政府公信力

政策冲突暴露出政策系统中的一些问题，把政府的缺点暴露在社会公众面前，特别是政策冲突中表现出来的利益之争，部门利益化、政策主体与社会争利等都不利于公众对政府的信任。公共政策是为社会公众谋利益的，应该以全局利益和社会利益为出发点，一些基于地方利益或部门利益的政策从小团体主义出发，置公众利益和全局利益于不顾，体现不出政府为人民服务宗旨,易导致公众对政府价值与理念的怀疑。一些地方政府为招商引资制定的土政策为投资者提供无限优惠,子女考试加分、开车不违章等,是对社会公平价值的破坏。一些地方的土政策更是给百姓的生活和工作带来困难,如由非行政审批衍生的一些"奇葩证明",东莞派出所要求证明"你妈是你妈",否则死者不能火化;哈尔滨的医保报销需非打架斗殴证明;西安买房需要"结婚前是单身"证明等,各种琐碎奇怪的证明导致人民在政府部门办事困难从而对政府的信任程度下降。"信任是问题的关键所在。如果公众对政府失去信任,对民选的官员和任命的官员失去信任,那么,公众就会对政府决策的执行持不合作的态度,特别是在出现危机或者资源短缺的时候,如果这些决策的执行需要某些牺牲,公众是不会合作的。如果公务员是公众的信托者,负责执行公众的意愿,那么,正是他们的自我服务行为损害了公众的信赖,最终使政府失去公众的信任。"①

第三节　政策冲突产生的原因

公共政策冲突是一系列因素共同作用的结果,既有结构性方面的因素也有人为因素,坎贝尔提出了导致公共政策冲突的四种结构性方面的因素:第一,正式组织之间的隔绝性。政府内部的正式组织如部门、局、科之间因目标、管辖权、对稀缺资源的竞争等使组织之间存在政策冲突的可能性,而这些组织之间相互依赖性低,特别是等级制组织之间的相互隔绝使发生政策冲突的概率大大提高。第二,在利益表达结构上形成隔阂而产生的公共政策冲突。政府部门内部有一些被坎贝尔称为次级政府部门的组织,这些次级政府部门都想控制政策并把本部门的利益反映到政策中,但这些次级政府部门往往成为孤立的单位使得利益表达结构上产生隔阂而出现政策冲突。第三,非正式的派别的影响。在正式组织内部存在很多非正式组织,这些非正式组织中成员会形成关于政策的意见,这些不同意见之间的冲突易上升到政策冲突。第四,等级上的分割问题。等级上的分割主要是上下级之间对政策的不同态度和看法,如下级经常不认可上级制定的政策而制定自己的政

---

① [美]乔治·弗雷德里克森:《公共行政的精神》,张成福、刘霞、张璋、孟庆存译,中国人民大学出版社,2003年,第33~34页。

策而在执行过程中发生冲突。在政策冲突多发的背景下如何有效的治理政策冲突是政策研究者、政策部门，甚至整个社会都必须加以关注的问题，探究政策冲突的原因是研究政策冲突治理的前提，只有找到病因才能对症下药，探索出更多更有效的途径治理政策冲突。

一、政策体制不健全

政策体制上的不健全主要表现在"政出多门"。"政出多门"原意是政令出自几个卿大夫的门下，形容中央领导软弱，国家权力分散。在公共政策领域中政策体制没有理顺易导致多个政策部门对同一政策问题都制定出相应的政策，而且多个政策部门之间的利益不同、政策价值观不同、政策目标和出发点不同，相互之间的矛盾易造成政策之间的相互冲突。我国的"控烟令"政策已在全国多个城市执行，一些地区的政策执行因政出多门而遭遇困难，广州在2010年9月正式实施《广州市控制吸烟条例》，实施一系列控烟措施，但广州的控烟工作由15个部门分管，执法主体过多，一些执法领域划分的不明确存在各个部门"踢皮球"的现象，从全国范围来看，各地的控烟场所范围划定、控烟专款拨付、违法行为处罚等方面标准不一，影响了禁烟活动进程的整体推进。由首都经济贸易大学与社会科学文献出版社共同在北京发布的《京津冀发展报告（2015）——协同创新研究》显示由于掌握进京户口审批权限的有多个部门，"政出多门"现象导致首都人口控而不制。进京户口审批涉及北京市人口计划生育、发展改革、规划、统计、公安、教育、民政、人事、劳动社会保障、卫生等41个部门，多头管理、多个部门之间缺乏协调，制定的标准和指标难以统一给人口管理带来困难。而且我国的政府机构设置缺乏稳定性，一轮轮的政府机构改革带来政府机构部门的裁撤与合并，而往往改革后又会出现机构的重新膨胀，这样各部门的政策随着机构部门的改变而发生变化，政策缺乏连贯性与稳定性，且易导致部门之间的政策相互冲突。

官僚制的发展助长了政策冲突的发生，官僚制的组织形式，等级化、规则化、非人格化等特征不利于组织部门内部的感情、信息等的交流，易造成决策过程中缺乏沟通而出现政策冲突。坎贝尔专门研究了官僚制政府体制内的政策冲突，分析了四种结构性因素导致政策冲突：正式组织之间的隔绝性、利益表达机构上的隔阂、非正式组织的派别和等级上的分割。①唐斯在《官僚制内幕》中总结了官僚的四种偏见：官员在给上级传送信息时，易夸大对其有利的信息，掩盖对其不利的信息；在政策选择时倾向于支持能够增加其利益的，反对损害或不能增加其利益的；在执行命令时或快速的执行或冷淡执行或拖延或忽视；在考虑接受更多职责时倾向于接受有利于自身目标实现的。②官僚和官僚制组织的这些特性使政策体制的不完善表现得更加明显，为政策冲突埋下隐患。

二、政策利益博弈

以布坎南为代表的公共选择学派认为政府工作人员与普通公众一样，是具有追求自身利益最大化的理性"经济人"，每个政府工作人员、不同部门、地区之间的利益追求是不同的，这些多元的目标与利益或多或少地会在他们制定与执行的公共政策中体现出来。公共政策冲突表面上看是不同的政策之间的冲突，实质是政策主体的利益冲突。公共政策冲突反映公共利益、地区利益、部门利益之间的冲突，在政策利益的博弈中各种利益主体都期望通过公共政策实现自己的利益目标。政府部门是"自利"与"公利"的结合体，"各级政府既有追求公共利益的'利他'动力，又有追求本身利益最大化的'自利'动力"③，公共政策应该是以实现公共利益为目标的，但在具体政策的制定和执行中不可避免地体现出部门、地区自身利益扩张。在不同地区或政府职能部门之间的政策制定者都围绕本地区或本部门的利益制定公共政策，相互之间缺乏交流与沟通，在地方政府执行中央政策时选择性地执行与自身利益相一致的政策，或对政策进行附加执行，制定与中央政策相冲突的但符合本地利益的政策。

三、政策价值观的差异

个体的观念和行动都会受所遵循的价值观的指导，在公共政策领域中

---

① 参见［韩］吴锡泓，金荣枰：《政策学的主要理论》，金东日译，复旦大学出版社，2005年，第81~82页。

② 参见［美］安东尼·唐斯：《官僚制内幕》，郭小聪等译，中国人民大学出版社，2006年。

③ 杨宏山：《府际关系论》，中国社会科学出版社，2005年，第2页。

的一系列的政策活动也都受政策主体所遵循的政策价值观的影响。政策价值观指政策制定者及其他涉及决策过程的人共有的偏好,个人愿望和目标。①价值观具有多元性,同一政策的价值取向之间、不同政策的价值取向之间都存在相互冲突的可能性,如追求"公平"与"效率"的价值取向之间的冲突。政策价值观主要由政策理论、政策理想、意识形态、政策认知、政策感情、政策评价标准等组成,政策主体的政策理论和政策理想等反映他们对国家政策系统和政策过程的基本态度,指导着政策过程。不同的甚至相互冲突的政策价值观指导下制定的政策之间必然难免产生冲突。而且价值观会随着社会客观现实的变化而变化,"价值是一个由多种要素构成的,以多元形态存在的体系,在该体系内部多种价值要素的位阶是上下浮动的。在社会发展的每个阶段和每个特定时期,总有一种价值处于首要地位"②,如今的社会快速发展也加大了政策价值观的变化,新旧价值观之间、主导地位与从属地位的价值观之间、不同政策主体的政策价值观之间的差异更加明显。

四、政策信息的阻隔

公共政策的制定必须以充足、全面的信息为基础,政府内部的信息传播分为纵向和横向两个方向。纵向的信息传播往往需要经过多个层级,在传递过程中容易被传播者选择性传播、加工、过滤,信息失真的可能性很大,容易因信息失真而造成上下级之间的信息不对称。而且上下级政府之间的权力关系是一种以服从为结构的刚性结构,上级部门往往忽视下级的自主性要求,上下级之间缺乏有效的交流。横向的信息沟通是平行传播,但横向的信息传播不存在等级关系,不是硬性的任务规定,各主体往往不愿意主动获取或传播政策信息,使地方政府间或政府职能部门间形成一个个信息孤岛,各部门都只依据自己获得的片面的信息决策。而且受信息收集成本的限制,一些决策预期收益难以抵消信息的获取成本,或者一些决策信息的收集难度大,决策部门往往难以收集到充足有效的信息,当信息收集的成本超过了决策的预期收益时决策者会选择放弃收集更多的信息。

---

① 参见[美]E.R.克鲁斯克、B.M.杰克逊:《公共政策词典》,唐理斌等译,上海远东出版社,1992年。
② 张文显:《法学基本范畴研究》,中国政法大学出版社,1993年,第251页。

第四节　政策冲突的治理路径

发生政策冲突不仅导致资源的浪费，影响政策的效果，而且破坏政策和政府权威，影响政府公信力。政策冲突作为冲突的一种表现形式，是政策领域中一种不可消除的现象，但鉴于公共政策的重要作用，必须采取措施减少政策冲突发生的概率并把政策冲突的影响降低到最小范围。

一、加强政策主体能力建设

政策主体作为政策的制定者、执行者、评估者和监督者必须具备必需的政策活动中的知识和能力，需要有基本的管理方面的基础知识，需要有统筹协调能力、收集处理信息能力、人际协调能力、精确的判断能力、问题识别能力等各种方面的知识和能力。政策主体的能力主要来源于学习和实践。对政策主体进行定期的培训，开展知识能力教育和思想政治教育，提高政策主体的知识素养、能力素养和理论素养。其次，从实践中提高决策素养和能力，客观世界是复杂多变的，人的有限理性不可能预测到所有可能发生的情况，需要通过实践积累经验、知识和能力。各政策主体需要在工作实践中积累经验，提高预防、监督、处理政策冲突的能力。

完善政策主体的协作意识与能力。公共政策的成功实行是政策多方主体共同努力，协同合作的结果，单靠某个政策部门或机构是难以实现的。夸克批评了当时政策问题研究上"零和游戏"的观点，提出协作解决政策冲突，只要冲突当事者是相互依赖的，而且他们处在"非零和游戏"状态，那么协作解决冲突就是可行的。[①]他利用博弈理论分析冲突当事者的行为方式，把政策问题的内容、冲突的结构、领导、政党制度、政治制度作为客观变量分析协作解决冲突的条件。这一分析模式对我们解决政策冲突具有很大的借鉴作用，政策主体作为政策的制定者和执行者他们对待政策的态度和能力直接决定一项政策的好坏，具有协作意识的政策主体更倾向于在政策制定与执行中与其他利益相关者进行协商合作，及早发现可能发生冲突的政策并寻

---

① ［韩］吴锡泓、金荣枰：《政策学的主要理论》，金东日译，复旦大学出版社，2005年，第174页。

求消解之法。

二、完善公共政策过程机制

公共政策过程中需要有一系列制度与机制的保障，制度与机制的稳定性与权威性有利于保证规范、科学的决策程序能够得到遵循，并且有益的决策经验能够得到传承。

(一)建立政策价值观引导机制，积极达成合意

公共政策中的价值冲突表现在两个方面：一是政策本身存在不同的价值追求，这些价值观之间存在冲突；二是政策主体的不同政策价值观之间的冲突。公共政策是对社会价值的权威分配，如何分配？是以"功利主义"为价值指导追求"最大多数人的最大幸福"，还是以公平为价值指导，重视被忽视的少数人？公共政策归根结底是由人制定的，政策主体的价值观和态度会在政策中反映出来，不同政策主体之间的价值观存在不一致和冲突体现在公共政策中则会造成政策之间的冲突。

对于政策本身的价值取向冲突，需要政府树立正确的政绩观，政策目标设定既要注重效率又要注重公平，既要考虑社会大多数人的利益，也要兼顾少数群体的利益，在政策追求的不同价值观之间尽量达到平衡。对于一些地方或干部的不正确的政绩观造成的有失公平、以生态环境换经济发展等实行问责，2015年7月中央全面深化改革领导小组第十四会议审议通过了《环境保护督察方案(试行)》《党政领导干部生态环境损害责任追究办法(试行)》，明确要求对因不正确的政绩观造成环境损害的领导干部，不论是否已调离、提拔或者退休都要严肃追责。当然，正确的政绩观的树立需要通过教育、宣传等方式使其内化为领导干部的内心信仰，但在重经济轻环境观普遍盛行的情况下加强追究与问责，加大不正确行为的成本不失为扭转观念的有效措施。对于政策主体之间的政策价值观差异，需要加强相互之间的协调与沟通，了解对方的价值诉求并适当作出妥协退让以达成政策合意。

(二)完善公共政策决策体制,合理配置职权

公共决策体制是决策权力分配的制度和决策程序、规则、方式等的总称。[1]完善公共政策决策体制,合理配置职权,理顺各部门之间的权责关系是预防"政出多门",治理公共政策冲突的必要措施。决策体制中必须明确哪些职权由哪些机构、人员担当,明确参与人员的权限、能力、知识等的要求等,合理、明确划分各部门的权责范围。我国并没有法律法规对各级政府和相关职能部门的权限作出明确的划分,使各级政府及职能部门的决策具有很大的自由裁量权,易导致决策边界模糊。2014年11月发布的《国务院办公厅关于加强环境监管执法的通知》要求:2015年6月前地方政府必须全面清理、废除阻碍环境监管执法的土政策;2015年底前组织开展一次环境保护大检查、划分若干环境监管网络单元、全面落实执法责任制;2016年底前全面清理违法违规建设项目。2014年12月中国政府网刊发了《国务院关于清理规范税收等优惠政策的通知》,要求全面清理已有的各类税收等优惠政策,统一税收制定权限,坚持税收法定原则,除依据专门税收法律法规和《中华人民共和国民族区域自治法》规定的税收管理权限外,各地区一律不得自行制定税收优惠政策。这是国家治理政策冲突的重大举措,通过废除地方自行制定的各项土政策,把一些重要问题的决策权交给一个部门或统归中央,是完善公共决策体制,防止决策模糊、混乱引发的政策冲突的有效机制。

(三)建立部际联席会议制度

政策主体间的协调交流需要以制度的形式稳定下来,建立部际联席会议制度是我国在解决政策冲突方面新的突破。在办理国务院涉及多个部门职责的事项时各部门共同商定、及时沟通、协调处理,以防止部门间冲突,推动任务顺利进行。部际联席会议制度既有牵头单位,又集合与任务有关的各成员单位,牵头单位起组织、协调各成员单位的作用,在解决某项问题时把各单位集合到一起协商,有利于相互之间的协调沟通,减少矛盾冲突的发生。

在部际联席会议工作机制下各领域中也设立了联席会议制度协调部门

---

① 参见陈振明:《政策科学》,中国人民大学出版社,2010年,第131页。

间的工作,2009年4月,国务院同意成立打击生产销售假药部际联席会议,以协调打击生产销售假药工作;2013年在《国务院批转发展改革委关于2013年深化经济体制改革重点工作意见的通知》精神的指导下建立经济体制改革工作部际联席会议制度,在国务院的领导下各成员单位协调解决经济体制改革中的重大问题;2014年5月国务院批准由发改委建立的深化收入分配制度改革部际联席会议制度;2015年6月,国务院同意建立国务院口岸工作部级联席会议,统筹协调全国口岸工作等。部际联席会议的设置越来越普遍,在协调解决各类问题中发挥着重要的作用,应该继续发挥各领域建立的部际联席会议的作用,在各成员单位的协调沟通中减少政策冲突的发生。

(四)建立政策监督反馈机制

完善的监督与反馈机制有利于保证有冲突的政策迅速反映到政策部门,及早治理,减少政策冲突带来的影响。我国的政策监督与反馈机制还不健全,作用发挥的有限,主要是同体监督,异体监督中社会公众的参与力度不够,政策接受社会公众监督的主动性与积极性不够。加强政策运行中的监督力度首先需要发挥各种监督方式的作用,使上行监督、下行监督、专门监督、社会监督和舆论监督等都能发挥监督的作用;其次,推进法制建设,把政策监督与评估、反馈等纳入法制化进程,明确各监督与评估主体的权限与职责。完善独立的监督机构的建设,发挥其于政策制定主体之间的相互独立地位,保证监督的客观、公正。同时需要保证独立监督机构的独立性,确保其不受政策部门的影响与控制。

政策反馈是政策过程中一个非常重要的起中介作用的环节,它的作用是把政策执行过程中出现的问题及时地反馈到政策相关部门,以便能够及早发现和处理问题。政策反馈机制是一种事后处理机制,有利于发现问题及时补救。我国目前政策在执行过程中出现的问题多是靠社会的力量发现的,在社会上引起重大反应后才引起相关部门的重视,政策部门主动发现政策执行过程中问题的能力还有待提高。完善的政策追踪反馈需要政策部门建立常态的、稳定的政策追踪反馈机制,积极主动地追踪政策进程的进展情况,并及时向相关部门报告。四川省2014年8月开始开展政策措施落实情况的追踪审计,追踪政策措施的落实情况,发现了政策落实过程中的一些问题。政策追踪审计虽然与政策追踪反馈有所区别,但可以借鉴为政策过程中的反馈,作为发现政策冲突的手段。

三、完善利益协调和信息交流

各种矛盾和冲突归根结底是利益的矛盾和冲突,公共政策在实现社会公共利益的前提下也会考虑地方和部门的利益,政府具有自利性,并且是有限理性的,公共决策遵循"偏好显示机制",受"特殊利益集团"的影响。公共政策制定中各级部门偏向于优先考虑本部门的利益而缺乏与其他部门或组织的协调。政策制定中信息是必不可少的因素,信息的畅通和交流有利于政策主体间价值、观念、利益等的沟通,减少因隔阂产生的政策冲突。

(一)促进利益协调和共享

利益是社会主体的需要在一定条件下的具体转化形式,它表现了社会主体对客体的一种主动关系,构成人们行为的内在动力。[1]利益构成激励人们行动的动力和依据,有利益差别就会有利益冲突。公共政策是对社会关系的权威性分配,也包括对利益关系的协调分配,公共政策也是利益关系博弈的产物。利益主体的多元化、多样化造成的冲突只有通过理顺利益关系才能有效地解决,满足各种复杂的利益需求的资源具有有限性和稀缺性,不可能满足所有主体的利益需求,只有通过协调与分配来达到更优化的结果。公共政策的所有利益相关者中既有政策利益受益者也有利益受损者,利益受损者的政策主体可以通过自己制定政策或影响政策的制定来维护本群体的利益,这样就可能与既定政策相冲突。扩大政策过程中的利益协调与共享有利于降低政策利益受损者的抵触,促进其对政策的认可和接受,促进政策主体之间的利益协调与共享有利于减少不同部门之间的政策利益博弈,促进职能部门之间的交流,扩大政策的适用性,减少各种土政策的出现。政策利益冲突包括政策主体之间的利益冲突和政策主体与目标群体之间的利益冲突。

在政策主体与政策客体的利益冲突中要扩大目标群体的利益表达,我国目前主要的公民表达机制主要有投票、选举、听证会等,利益表达途径有限,难以满足社会众多的利益需求,而且这些渠道作用发挥的有限,如选举

---

① 张文显:《法理学》,高等教育出版社,2002年,第215页。

制中人大代表并非总能代表选民的利益,而听证会往往流于形式,1998年听证会制度写进《中华人民共和国价格法》,规定在对公共事业或自然垄断的商品进行定价前,政府价格主管部门应当举行听证会。听证会的组织者一般是政府物价部门,组织者往往与听证申请人关系密切,而且参加听证的代表由组织者决定,往往使价格听证会变成涨价听证会。我国的公民利益表达渠道还需进一步扩展,决策中吸纳更多的公民参与,并且以制度、法律法规等规范公民参与的程序,保障公民的利益能够得到有效的表达。协调政策主体之间的利益冲突需要构建利益主体之间的利益协调与共享机制,对于不同层级的政策主体之间的利益冲突可用通过上级的政策支持和经济支持对下级进行利益补偿,减少部门政策或地方土政策的出现。同级政策主体之间的利益冲突需要构建各方利益对话与交流的平台,把利益冲突协调解决在萌芽阶段,以经济的手段化解利益冲突,避免利益冲突以政策冲突的形式表现出来。同时还需要建立利益引导与约束机制,通过完善立法、扩大宣传教育等方式保障正当的利益诉求,减少各种部门利益、地方利益和个人私利等。

(二)扩大信息沟通和共享

充足的信息是决策的依据,巴纳德认为共同的目标、协作的意愿以及组织成员的相互沟通是组织存续的三要素,而连接前二者的正是信息沟通。[1]阿尔蒙德把由信息传播构成的沟通网络称为"政府的神经"。[2]我国政府的决策中缺乏充分的信息交流与传播,各级政府及职能部门在决策时只以小范围的信息为依据。为有效地治理政策冲突,必须扩大政策信息在各级政府之间及政府职能部门之间的交流,拓展信息的收集渠道。首先,需要扩大政府机构内部的横向和纵向交流,建立常态的、经常的信息交流机制,使机构之间能够经常的互通信息。我国政府机构庞大,行政层级过多,纵向的信息传播往往因层级过多而失真,而且传播时间长降低了信息的时效性,应该构建更加"扁平化"的组织结构,缩减信息传递环节,提供沟通效率。其次,完善信息沟通规则和程序。信息沟通规则和程序不完善容易导致某些沟通环节脱落,如该反馈的信息没有得到反馈,影响决策的质量。第三,利用现代化技

---

① [美]巴纳德:《经理人员的职能》,孙耀君等译,中国社会科学出版社,1997年,第62页。

② [美]阿尔蒙德、小鲍威尔:《比较政治学:体系、过程和政策》,曹沛霖译,上海译文出版社,1987年,第166页。

术,扩展信息收集渠道,推进行政组织的信息化建设。现代信息技术的发展提高了信息传播的效率,利用现代网络和通信技术,构建行政组织的沟通网络。同时扩大信息的收集渠道,发挥社会公众在信息沟通中的作用。社会公众是政策的重要利益相关者,政策的顺利推进需要社会公众的参与,公众的参与是政府获取政策信息的重要渠道,政府决策中吸纳更多的社会公众参与,获取他们关于相关政策的态度、期望等信息,有利于扩大政府的信息来源,减少政策冲突的发生。

　　一个社会的文化对待包括政策冲突的态度影响着政策冲突的协调措施,包容的社会文化能够容忍更大程度的冲突,把一定范围内的冲突看作是社会发展的正常现象,同样,一定程度上的政策冲突是政策领域中不可避免的,且对政府解决政策冲突抱有更多的包容。培养社会的包容文化,在组织和部门内部形成一种友好亲近的氛围,使各种意见和建议能够得到广泛的交流,即使是少数反对意见也能够得到表达,以最大限度地扩大信息的交流和共享达成政策合意。

思考题

一、概念解释

　　1. 公共政策冲突

　　2. 政策利益博弈

　　3. 部际联席会议制度

　　4. 元政策

二、简答题

　　1. 如何理解政策打架现象?

　　2. 公共政策冲突的类型有哪些?

　　3. 公共政策冲突的影响有哪些?

　　4. 阐述公共政策冲突产生的原因。

　　5. 请联系我国公共政策实践阐述如何治理与防范公共政策冲突。

本章重点：

1. 公共政策滞后的概念
2. 公共政策滞后的类型
3. 公共政策滞后的基本特征
4. 公共政策滞后的影响
5. 公共政策滞后产生的原因
6. 公共政策滞后的治理与防范

第十二章　政策滞后

近二十年来，随着经济社会的发展，社会问题层出不穷，政策环境不断发生变化，解决社会问题的相关公共政策却未能及时发挥效能，公共政策实践中不可避免地存在政策滞后现象。政策滞后问题的出现，既妨碍了政策问题的解决，又浪费了珍贵稀缺的政策资源，严重影响民主政治的发展和社会的繁荣安定。因此，要实现科学决策，推动民主政治发展，不仅要解决上一章所分析的政策冲突问题，也要关注并研究政策过程中出现的政策滞后问题，以充分了解政策系统过程中的多种政策异变，及时反应。本章就以政策滞后为主要内容，在梳理政策滞后相关概念基础上，多方面剖析发生政策滞后现象的原因，并提出公共政策滞后治理与防范的路径。

第一节　政策滞后概述

随着现阶段社会变迁的加速，政策问题的动态演变，政策环境的不断变化，政策滞后现象屡见不鲜。学术界关于公共政策的研究与政策滞后多有涉及，但专门对政策滞后的研究却少之又少，政策滞后缺少系统化、专门化的研究与分析。而对政策滞后的研究与探讨需要研究与分析。而对政策滞后的研究与探讨需要建立在对其的基本了解之上，这些基本了解就包括政策滞后的概念内涵、表现类型、现象特征等方面。

一、政策滞后的概念

(一)政策滞后的研究进展

关于政策滞后准确的内涵与概念界定，学术界尚无统一明确的规定，但关于政策滞后的研究成果丰富。在公共政策研究中，学术界普遍认为，政策是动态化的制度，制度是凝固化的政策。因此，学术界对政策滞后的内涵理解主要通过制度供给滞后的研究表现出来。综观学界已有的国内外研究，关于制度滞后主要有以下观点。

1. 制度时滞论

即认为制度滞后是一种常态的制度时滞，这是学术研究界最普遍的观点。制度时滞论以新制度经济学中制度变迁内容为依托，将公共政策滞后视为制度变迁理论的重要组成部分，因此对政策滞后的解释一般等同于对制度滞后的理解与阐释。例如，美国学者塞特菲尔德·马克在其文章《制度滞后模型》中这样阐述制度滞后："由于一个变量的过去值对已定的外生变量、系数及结构方程有影响，而且已定的外生变量、系数及结构方程又赋予了决定此变量的系统以特征。因而，当一个变量之长期值依赖于这一变量的过去值时，滞后就出现了"①。诺思把制度供给对制度需求的滞后反应看作是两者之间不可避免存在的时间滞延，他把这种时滞分为："从辨识外部利润到组织最新创新团体所需的时间；发明一种将外部利润内在化的技术所需要的时间；从各种可选安排中选出一个最能满足创新利润最大化的安排所需的时间；从可选择的最佳安排到实际经营之间所需的时间"②。还有我国学者贾康、冯俏彬认为，制度变迁是一个自然演进的过程，人类制度变迁的轨迹为我们提供了充分的经验，不论是在宏观的制度结构层次上还是在微观的制

---

① [美]塞特菲尔德：《制度滞后模型》，《经济译文》，1995年第4期。

② [美]道格拉斯·C.诺思：《制度、制度变迁与经济绩效》，上海三联书店，1994年，第109页。

度安排层次上，供给滞后都是一条客观规律，"一个制度安排是对上一个时期中某一种制度需求所作出的供给回应，该社会某一时期的整个制度结构可视为一个由方方面面的、相互之间存在某种联系的需求体系所引致的制度供给回应"①。这种制度时滞的观点，趋向将政策滞后的理解引向常态性的时滞定义，成为政策滞后的研究者普遍认同的概念。

2. 有效制度供给不足论

即认为制度滞后是一种有效制度供给不足。持这一观点的多是国内学者。周冰、靳涛认为，制度滞后是指制度变迁过程中各行为主体对制度需求和实际制度供给之间存在的差额，换句话说，制度滞后就是制度变迁过程中的有效制度供给不足问题。②向玉琼认为，从制度变迁过程来看，制度滞后不仅是指制度出台相对于制度需求的滞后，而且包括制度出台后在实际的贯彻、实施过程中各主体的博弈行为导致的新制度无法发挥作用而出现的实际制度供给滞后。③这种制度滞后的论点为学术界对政策滞后的概念界定提供了一条新的研究路径，学术界也因此将政策滞后的概念理解为是公共政策供给不足所导致的滞后现象，这不同于制度时滞角度的概念理解。

3. 无效制度供给过剩论

即认为制度滞后是制度过剩的一种表现，这是从对旧制度没有及时终止或调整角度来谈的一种制度滞后。我国学者卢现祥认为，制度供给过剩是指相对于社会对制度的需求而言有些制度是多余的，或者是一些过时的制度以及一些无效的制度没有及时终结，仍然在发挥作用。④部分研究者将这里的过时的制度以及一些无效的制度仍然在发挥作用同样地理解为制度滞后，这不同于制度时滞与有效制度供给不足论，其指的是由于某些有效制度供给滞后，使得那些过时的制度及无效的制度并没有走向终止，也没有及时调整，以至于对现实生活仍然发挥着作用。卢现祥教授认为，无效制度供给过剩与供给主导型制度变迁、政府行为中的"政治创租"和"抽租"、政府干预制度的延续性和管制需求密切相关。并且我国学者吕之望、李雄斌则从这一角度探讨了其产生的原因，他们认为，当维持现行制度的净收益小于推行某

---

① 贾康、冯俏彬：《论制度供给的滞后性与能动性》，《财贸经济》，2004年第2期。

② 参见周冰、靳涛：《制度滞后与变革时机》，《财经科学》，2005年第3期。

③ 参见向玉琼：《实际制度供给滞后与政府行为分析：博弈论的视角》，《社会主义研究》，2007年第4期。

④ 参见卢现祥：《论制度变迁中的制度供给过剩问题》，《经济问题》，2000年第10期。

种制度的预期收益时,便存在制度过剩。①这种无效制度过剩论为公共政策滞后的理解提供了反向路径,即从已有政策过剩而不是未有政策定义政策滞后。

以上三种制度滞后概念的研究观点对政策滞后概念的研究有着重要意义:一是确立了政策滞后概念的研究路径,即通过制度滞后的研究为政策滞后提供了制度供给角度的研究路径。二是界定了政策滞后概念的基本性质,即制度滞后是制度变迁中发生的常态现象获得学术界普遍赞同,明确了政策滞后的时滞常态性,一定程度上补充了政策滞后概念的理解。但是,广义上制度是政策,狭义上说,政策又以其极大的灵活性、可变性不同于制度。并且,我们应关注的滞后问题恰恰多发生于灵活多变的政策之中。因此,对政策滞后概念的界定与理解不能与制度滞后等同,而应该在制度供给的研究路径基础上,把握政策滞后的基本性质,定义明确统一的政策滞后概念。

(二)政策滞后的含义

一般来说,界定问题概念主要有形式逻辑和辩证逻辑这两种思维工具,无论是形式逻辑还是辩证逻辑,它们都承认概念是反映对象本质属性的一种思维形式。不过形式逻辑在研究概念实质时,侧重于把握概念的某种普遍性、确定性和抽象性,而撇开了概念同时所具有的特殊性、灵活性和具体性;而辩证逻辑把概念看作不断流动的对立统一,密切结合概念的形成、发展过程来研究和把握概念的实质。形式逻辑概念分类研究的基本特征是坚持思维的确定性原则,以概念所固有的相对确定的内涵和外延特征为依据,其作用在于帮助人们认识事物构成的最简单要素与其结构的稳态秩序;而辩证逻辑研究概念的分类基本特征在于坚持思维的动态性原则,从概念的内在矛盾及其运动发展来研究概念,其作用在于帮助人们认识事物的总体演化与其系统的动态秩序。因此,把握一个概念应该坚持形式逻辑和辩证逻辑相结合的思路。②借鉴学术界制度滞后概念的研究成果,按照界定问题概念坚持形式逻辑和辩证逻辑相结合的思路,本书编者如下定义政策滞后的概念。

① 参见吕之望、李雄斌:《关于制度供给过剩的一个框架》,《西北大学学报》,2004年第2期。
② 参见钟裕民:《公共政策滞后:类型与特征的探讨》,《学术探索》,2010年第1期。

首先从构词法角度看,"政策滞后"是由名词"政策"和形容词"滞后"组合而成,定义政策滞后的概念需要了解"政策"和"滞后"两词的含义,尤其关键是明确"滞后"一词的含义。在新华词典中,"政策"定义是"国家、政党为完成特定的任务而规定的行动准则","滞后"解释为"一个现象与另一密切相关的现象相对而言的落后延迟"[①],因此,政策滞后可以简单从形式逻辑上理解为国家政权机关落后延迟出台公共政策的一种现象和行为。

其次,结合制度滞后提供的制度供给研究路径,建立政策供给的研究路径。那么可以发现,在公共政策运行过程中,也存在着政策供给与政策需求的关系。在政策实践中,社会问题的出现推动政策需求,政府出台政策属于政策供给。当社会问题出现,政府及时出台政策满足政策需求时,政策供给与需求达到一种均衡状态,但这只是一种相对均衡。随着政策环境的变化,政府出台的政策逐渐不适应政策环境的变化,未能更好地解决政策问题,处于一种政策无效或政策失效的状态,需要及时对政策进行调整和更新。此时,政策供给与需求又将进入不均衡状态,产生政策滞后。新的政策需求随之产生,要求对政策进行调整和更新以适应新的政策环境,公共政策呈现出一个"供给与需求不均衡I—供给与需求相对均衡—供给与需求不均衡II"的动态循环过程。因此,政策滞后概念可以界定为在这一动态循环的公共政策过程中产生的两种政策供给与政策需求不均衡状态。

综合两种概念界定思路,本书编者最终将政策滞后定义为:在公共政策的动态循环过程中,以政府为核心的政策供给方不能满足现实社会政策需求,出现的有效政策供给不足和无效政策供给过剩的两种政策供需不均衡状态。

二、政策滞后的表现类型

在了解政策滞后概念内涵的基础上,可以依据一定的标准,将公共政策实践中的政策滞后现象进行分类划别,有利于政府决策者在把握政策滞后共性的基础上,进一步认识不同类型的政策滞后的个性,以便深层次地分析各类政策滞后的原因,采取不同的防范措施,预防和减少政策滞后的发生。关于政策滞后的表现类型划分,不同的标准有不同的分类。

---

① 《新华词典》,商务印书馆,2002年,第1272页。

第十一章

(一)以现实表现为标准,政策滞后分为有效政策供给不足和无效政策供给过剩两类

1. 有效政策供给不足

即政策滞后于社会问题,属于政策供给与需求不均衡I阶段。有效政策供给不足,是指现实生活中存在一些社会公共问题暴露出对某一政策需求的强烈愿望,但是由于多方面的原因,公共政策供给在数量、质量和时效方面难以满足需求。有效政策供给不足一般可以分为政策需求过渡型和政策供给不力型两种情况。政策需求过渡型指政策供给能力既定时,因整个社会对政策资源数量和质量过度需求而形成的政策供给不足。政策供给不力型是指整个社会对政策的需求为正常时,政策供给不能有效满足社会的正常需求的供给不足。以《校车安全管理条例》的出台为例,自2006年黑龙江校车事故进入人们视野,我国校车安全事故频发,事故危害严重,引发社会对校车管理的激烈讨论。这说明社会对校车安全管理相关政策规定的急切需要,但是那时并没有相关政策解决校车安全问题,也就是政策供给不能满足社会需求,由此政策滞后产生。直到2012年《校车安全管理条例》的发布,校车安全管理方面的政策缺陷和政策真空状态得以弥补,从而达到政策供给与需求的相对均衡。

2. 无效政策供给过剩

即政策滞后于政策环境,是政策供给与需求不均衡II阶段。随着政策环境发生变化,现有的政策供给已经不适应政策环境的发展,不能解决原有的政策问题使得政策处于一种无效状态,如果不及时终结或调整,继续低效或无效的运行,既不能解决政策问题,又浪费政策资源、妨碍经济和社会发展。这一类型之所以对应的是政策供给与需求不均衡II阶段,是因为其是以原有政策为基础的,就是说在这一不均衡状态产生之前,政策供需有过相对均衡状态,现有的政策曾经能够满足需求,只是现在政策无效了,政府所需要的是终结或调整该政策。这不同于政策供给与需求不均衡I阶段,在I阶段并没有原有政策的铺垫,需要创新制定一套新的政策。无效政策供给过剩大量存在于我国公共政策实践中,尤其在食品安全标准领域。如20世纪90年代以来,我国生乳的细菌含量标准一直处于滞后状态,直到2010年我国将《生乳》(GB19301–2010)标准中每毫升生乳细菌限量总数由50万个提高到200万个,

每百克蛋白质最低含量由2.95克下调至2.8克，暂时满足了民众对出台规范生乳标准政策的需求。然而，近年来随着人们生活质量与生乳安全水平的提升，2010年修订的旧国标已处于一种滞后状态，政府部门必须出台更加严格与细致的生乳标准规定，民众对生乳国标的新需求与国家制定的旧标准滞后从而产生II阶段的不平衡状态。

公共政策滞后的这两种类型贯穿于整个政策过程，且两种类型相互发展，互为循环。当社会问题出现，而政策迟迟未出台时，属于有效政策供给不足型政策滞后；当政策需求满足之后，有效政策开始发挥效能，直至低效或无效，如果不能及时调整或者终结，就进入了无效政策供给过剩型政策滞后，如此反复循环。

(二)以变迁程度为标准,分为隐性公共政策滞后、显性公共政策滞后、险性公共政策滞后三类①

将政策滞后按政策变迁的程度为标准，首先需要了解政策变迁的规律。政策变迁理论指出，社会问题的出现推动着公共政策需求的产生，政权机关供给公共政策，带有目的性和针对性付诸实施。在公共政策实施初期，所需要付出的政策变迁总成本②相对较少，社会问题得到有效解决，获得可观的政策效应，但是随着政策环境的变化，原先的政策会越来越不适应新生的社会问题，政策变迁成本也不断增加，政策实施的效应呈现递减的状况，这种递减效应会趋近于零，甚至会产生副作用。这说明了在政策变迁中政策绩效先递增后递减，政策成本递增这一客观规律，而且，政策变迁过程必然经历政策绩效高于政策成本阶段、政策绩效等于政策成本阶段和政策绩效低于政策成本阶段三个阶段。依据政策变迁的这一规律，我们可以把公共政策滞后划分为隐性公共政策滞后、显性公共政策滞后、险性公共政策滞后(如图12.1)。③

①③　参见钟裕民:《公共政策滞后:类型与特征的探讨》,《学术探索》,2010年第1期。

②　政策变迁的总成本=调整成本(调整成本=改革旧体制成本+建立新体制成本+政策真空的中间成本)+延误成本(延误成本指在旧体制弊端已暴露无遗,经济出现停滞和无序的情况下,由于还没有进行政策调整,导致了改革时机的延误,社会由此所承受的各种代价)。

第十二章

成本（C）

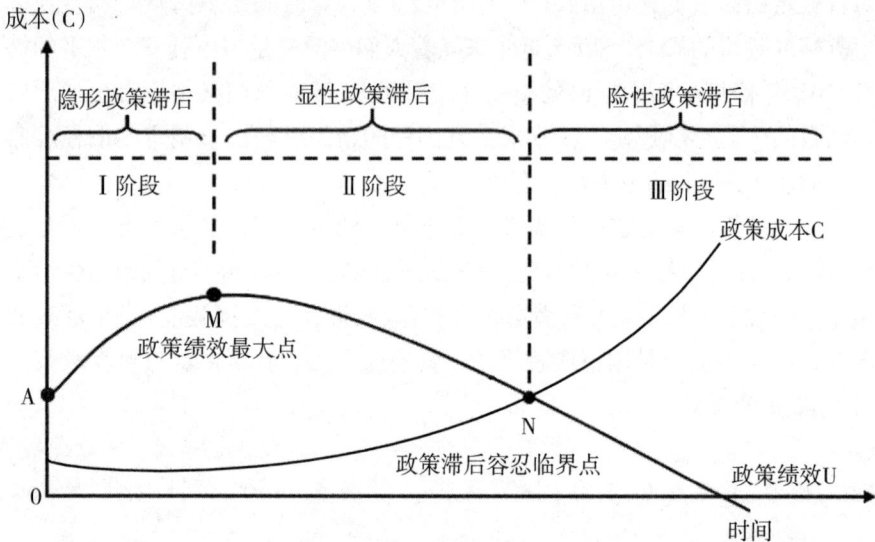

图12.1 政策滞后变迁图

1. 隐形政策滞后

这一类型的政策滞后处于政策滞后变迁图中的I阶段，即伴随着政策绩效递增、政策成本低水平上升出现政策滞后状态。在I阶段，也是政策实施的初始阶段，代表政策绩效的AM曲线快速上升，因为在这一阶段，现有政策与社会问题相互磨合，并且新生政策能够有效解决社会问题，政策功能得到充分发挥。这一阶段看似并不存在政策滞后情况，但实际上由于政策实施的良好效果，政策决策者认为政策完美无瑕，不需要对政策进行调整，产生政策的依赖心理，为政策滞后埋下隐患，出现隐形的政策滞后现象。一般来说，现阶段人们所能感知到的或者说已经发生的政策滞后都是由隐形的政策滞后过渡和演化而成的，所以某种程度上，隐形政策滞后是显性和险性政策滞后的基础。以我国的计划生育政策为例，最初计划生育政策的推行适应了20世纪中后期我国人口快速膨胀，人口素质低下等问题，获得了非常可观的政策绩效，但是经过时间历史的检验，可以发现原先计划生育政策没有经过调整，造成现阶段的人口老龄化、失独等社会问题突出，存在隐形的政策滞后现象。

2. 显性政策滞后

这一类型的政策滞后处于政策滞后变迁图中的II阶段，即是政策绩效处于缓慢递减、政策成本逐步递增阶段的政策滞后状态。在II阶段，政策绩效U

表现为缓慢递减趋势的MN段。在这一阶段,由于社会变迁发展,原有的社会问题和政策环境场发生改变,加上政策的惯性作用,政策调整的成本大大提高,原有的政策越来越不适应社会问题的发展,解决新生复杂的社会问题效率低下,甚至在某些方面已开始表现为无效,给社会公众生活带来不利影响,此时就出现了显性的政策滞后现象。例如,1950年我国实施的《特种人口管理暂行办法(草案)》开始了新中国户籍制度的起点,而后户籍制度不断发展演变,成为我国一项基本的国家行政制度,有力地解决了我国人口过多带来的征调赋税、落实政策等政府管理问题,促进社会经济发展,但随着现代城乡两元差距、利益分配差距等社会问题的凸显,户籍制度的弊端不断显露,但改革户籍制度牵扯的利益团体过多,改革难度巨大,使得这一方面的政策出台却很缓慢,形成显性的政策滞后现象。

3. 险性政策滞后

这一类型的政策滞后对应政策滞后变迁图中的III阶段。在这一阶段,政策绩效曲线U快速递减、曲线C政策成本急速递增,两曲线相交于N点,即政策容忍临界点, 代表政策变迁过程中政策滞后达到了会导致政策变迁总成本大幅提升的临界点,[①]至此后政策变迁进入政策绩效低于政策成本的险性政策滞后状态。之所以称为险性政策滞后,是因为这一阶段的政策滞后状态将给社会发展带来巨大的不利影响或带来更大的政策变革难度。一方面,在III阶段,政策不但不能解决现实问题,而且由于公众对政策的不满意,公众强烈呼吁政府调整政策,甚至抵制政策的继续施行,反而给社会带来巨大的负面效应,危害社会秩序稳定。另一方面,由于改革旧体制的成本、建立新体制的成本、政策调整延误成本的急剧递增,政策负面效应快速增大,迫切要求政府供给有效的政策替代有害的旧政策或实现政策终结,但由于有效政策供给滞后, 此时的政策滞后不可避免地会给政策改革增加额外的损失和难度:一是可能加大公共管理的成本,即政府对政策需求不能及时制定公共政策而错失了有效管理的最佳时期, 以至于要付出更大的代价的政策供给才能消除对社会所产生的负面影响;二是可能消解政府的合法性,即由于政策滞后,公众的强烈政策变革需求未能得到有效满足,致使政府的合法性基础受到削弱。例如,2003年孙志刚案件的发生掀起了社会对《城市流浪乞讨人员收容遣送办法》的反思和抨击,社会大众迫切需要对收容遣送制度的补救

---

① 周冰、靳涛:《制度滞后与变革时机》,《财经科学》,2005年第3期。

和改革政策,但相关的政策空白,引起了社会强烈的激动情绪,对社会秩序的和谐稳定产生巨大威胁,这正是典型的险性政策滞后现象。

隐性政策滞后、显性政策滞后和险性政策滞后是政策滞后变迁的基本规律和三个常态变化,不同时期的政策运行情况需要警惕不同类型的政策滞后,在政策初期就应当做出相应的预防和应对措施,防止隐形政策滞后现象向显性与险性滞后过渡与演变。

(三)以持续变量为标准,分为突变型政策滞后、间歇型政策滞后和渐变型政策滞后三类

以持续变量为标准,参考变量的变化特征,即突变、间歇和渐变,应用于政策滞后的类型探讨,可以将政策滞后分为突变型政策滞后、间歇型政策滞后和渐变型政策滞后三类。[①]

1. 突变型政策滞后

是指政策实施中由于某些突发的事件作用或某些既定因素发生重大改变导致的现行政策失效或新政策未出台而产生的政策滞后。如果这种偶然因素的作用是暂时的,则可以等其消失后继续恢复政策功能,如果这一偶然因素不可能立即消除,则可以通过对政策的调整来保证政策的继续良性运行或终结现有政策。这一类型的政策滞后多见于社会突发事件所引起,例如2003年非典的爆发,暴露了我国在处理突发公共卫生事件的应急政策空白,出现突变型政策滞后现象,于是国务院2003年5月12日紧急出台《突发公共卫生事件应急条例》。

2. 间歇型公共政策滞后

是指影响政策运行的某些因素周期性起作用而产生政策周期性失效而形成的政策滞后,但这种政策滞后不是一直存在,只是短暂性的存在于政策过程之中。造成这种类型政策滞后产生的原因有:一是政策实施所需要的资源时有时缺,造成政策的有效供给与政策需求之间的不均衡状态;二是政策执行中对政策标准把握时紧时松,造成政策供给不足或无效政策没有及时得到终结,从而产生政策滞后。例如,由于政府受限于房地产市场价格的波动和房地产供求资源情况的估计,我国的房价调控政策经常出现短暂性的

---

① 参见钟裕民:《公共政策滞后:类型与特征的探讨》,《学术探索》,2010年第1期。

房地产政策失效情况,属于间歇型政策滞后类型。

3. 渐变型公共政策滞后

是指随着政策的运行,原来的政策呈现出越来越多的不适合,政策绩效就会趋向于递减趋势,而改革旧体制的成本、建立新体制的成本、政策调整延误成本必然呈现递增趋势,以至于政策的负向效应逐渐增大而产生的政策滞后。它可能是政策实施中公众的抵抗力量不断上升、政策执行障碍因素不断增多的结果,也可能是政策环境的变化使原有政策对社会经济发展逐步产生不利影响的结果。我国2014年通过的《出租汽车经营服务管理规定》就是应对有关出租车管理政策出现渐变型政策滞后的对策。我国1998年起实施《城市出租汽车管理办法》,这对城市出租车的管理带来一定便利。随着出租车队伍的发展和扩大,无运营资格和资格不全的"黑车"充斥其中,但1998年的《城市出租汽车管理办法》对这些"黑车"无法有效治理,缺乏专门的政策规定应对"黑车"问题。原政策继续推行,只会引起公众对原政策的抵抗加深,对社会经济发展逐步产生不利影响的结果。因此,我国2014年通过了新的《出租汽车经营服务管理规定》,并于2015年1月1日正式实施。

三、政策滞后的基本特征

虽然政策滞后现象根据不同的标准可以划分为多种类型,这些不同的政策滞后类型各有特点,但仍然可以从不同的特点中发现政策滞后的基本特征,总结概括政策滞后的基本特征主要有以下三点:

(一)政策滞后性质的常态性

从政策的供给和需求的角度来看,公共政策是一个"供给与需求不均衡I—供给与需求相对均衡—供给与需求不均衡II"的动态循环过程,政策供给相对于需求而言总是滞后的,因为人们对政策的需求会随着技术进步、环境的变化和意识形态的调整而在较短时间内发生变化,但政策供给的周期是漫长的,需要经过政策问题的提出、政策方案的磋商、政策实验、政策实施和磨合等相对较长的学习、设计、实施和磨合过程,这一过程总是难以及时迎合政策需求,政策过程中政策供给与政策需求的不均衡状态经常性出现。因此,从广义上说,随着政策变迁过程的推进,政策滞后是一个客观必然的常态现象。

(二)政策滞后过程的渐变性

由于随着时间的推移,环境和人们效用的变化而导致政策滞后程度逐渐加剧,政策绩效的边际报酬就会递减。这主要是因为政策作为约束人们行为的规则的适用性是有限度的,由于社会的快速发展,原来政策设置的情境也会发生巨大改变,这时原来的政策呈现出越来越多的不适合,因此政策绩效就会趋向于递减;另一方面,随着时间的推移,政策变迁的成本将会出现递增趋势,而由于政策的惯性、既得利益集团的保护等,改革旧体制的成本、建立新体制的成本、政策调整延误成本必然呈现递增;并且,当滞后程度超出了政策滞后容忍临界点时,政策绩效呈加速下降趋势,而政策成本呈加速递增趋势,从而使得任何一项政策都会随着时间的流逝而呈现滞后加速趋势。

(三)政策滞后危害的递增性

一项政策在初期实施的时候能有效解决社会问题,政策呈现出良好的正面效应。但随着时间的推移,原本社会问题的环境设置会随着社会变迁不断演变,产生许多新的社会问题,政策的弊端会越来越显现出来,政策绩效经历递增到递减再到锐减的趋势,而政策成本则呈现反方向递增到锐增的趋势,以致政策滞后变迁中达到政策绩效必然小于政策成本阶段。这时,原有政策已经给社会带来较大的不利影响,并且随着政策的继续运行,它的负面效应也逐步加深,整个政策运行出现危害逐步加剧的过程。

第二节　政策滞后的影响

从政策滞后的概念定义和其表现特征可以得出一个基本的判断,即政策滞后是公共政策领域中不可否认的客观事实,与政策领域的其他现象一样,也同样具有积极和消极两方面的效应。从当前中国多元化的社会转型背景看,政策滞后的积极效应或正效应是较为有限的,而消极效应或负效应则是主要的。但如果全盘否定政策滞后的现实意义是偏激和有失公允的;而如果过分夸大政策滞后的有限积极效应也是不现实的, 因此认识评价政策滞后既要说明其有限积极效应也要指出其负效应,保持客观态度,不偏不倚。

一、政策滞后的有限积极效应

对政策滞后有限积极效应的探讨要以政策系统为切入点, 主要表现在政策制定创新、政策体制的完善和促进系统活力等方面。

1. 政策滞后凸显了公共政策体制中存在问题, 对政策体制的改革和完善具有积极意义

从一定的角度说,任何一项公共政策都是政策体制运作的产物,而政策滞后是政策体制中政策供给与政策需求存在差距的集中表现, 政策滞后的出现,可以凸显政策体制中关于政策供给与需求所存在的方方面面的问题。这些问题既有政策供给方与政策需求方之间沟通传输方面的, 也有政府组织机构设置和人员因素上的,诸如政策需求的沟通机构设置问题、政策制定部门的权限重叠、权限职责的模糊、职能界定的交叉、人员素质的低劣、权利的滥用、监督的缺位等,正是由于这些问题的存在,影响了政策体制下供给政策和调整政策的效率,政策需求得不到及时满足,产生政策滞后。通过政策滞后, 把这些过去隐藏在政策体系中的不易被发现和不为人们所重视的各种问题充分暴露出来,从而凸显出问题的严重性,引起公众、社会舆论的关注,引起政策体制中高层决策者的重视,由此推动采取相应的措施对政策体制进行改革和完善。并且,治理政策滞后对政策过程中的各个环节提出了要求,包括政策体制中决策权限的明确界定,职权责任的明确划分,部门职能之间的合理确定,决策程序的公开、民主、科学,政策主体的素质提高等等方面,这些要求也有利于推动政策体制的改革和完善。

2. 政策滞后是政策创新的一种内在动力,有利于促进公共政策创新

政策创新是政府“对政策要素的新的结合,即政府根据行政环境的新要求,主动改变既存的政策要素的组合形态,创立一种具有积极社会价值的、新颖而适宜的政策要素组合形式(政策安排)的过程”[1]。同时,政策创新也是一种废旧立新的过程,是政府“打破观念、制度和程序上的陈规,规定、执行

---

① 汪永成:《试论政策创新能力》,《广东行政学院学报》,2002年第4期。

与完善有创意、有价值的公共政策,有效地促进公共问题的解决的过程"①。而且,政策创新是对传统政策的突破,是"政府以新的理念为指导选择突破传统的政策方案,及时有效地解决社会公共问题以及对稀缺的社会资源进行最优化的配置"②。从政策滞后的发生机理和概念定义角度可以看出,政策滞后与政策创新在某种程度上有着密切联系,政策滞后为政策创新提供了可能。这是因为政策滞后的出现,有的是由于过去的政策存在着严重的缺陷,有的是随着社会环境的变迁,其对策措施已经不合时宜,其适应能力大大降低,这些滞后情况的出现使得政府决策部门治理政策滞后的行动成为必然,从而为公共政策进行创新和优化提供了一个契机。但政策创新和优化在很大程度上又往往取决于相关的政府部门和决策者,如果其具有高度的责任感,能敏锐地洞察到公共政策滞后所暴露出来的问题的实质,发现政策所存在的缺陷,能够抓住机遇,及时采取果断措施予以解决,就能促使政策创新得以实现,使公共政策得以优化。一般来说,公共政策主体为了更好地实现和完成政策目标,常常会在外部压力和内在需求的情况下,对公共政策进行必要的调整。政策滞后在客观上激发了相关的政策主体积极寻求问题的解决,从对问题的解决而达到对公共政策的创新与优化。因此,在一定程度上可以说,公共政策滞后是政策创新的一种内在动力。

3. 政策滞后能够有效激发政策系统的活力

公共政策系统内部的活力是保障政策发挥其预期效用的重要基础。公共政策系统内部的活力源自于政策内部各种要素之间的相互作用,在某种程度上源自于这些要素之间的一种必要的张力的存在。在社会系统中,一定限度内的政策滞后是激发政策系统内部活力的源泉,尤其是在一个长期比较僵化的政策系统中,公共政策滞后暴露了政策系统所长期隐藏的矛盾和问题,政策滞后的发生有利于引起系统内各方面的关注,提供给政策主体进行变革的动机,通过变革的实施能够为政策系统注入新的活力。

二、政策滞后的巨大负效应

政策滞后作为一种具有社会危害性的现象,对其进行客观评价,不仅要

① 卞苏徽:《入世背景下的公共政策创新》,《中国行政管理》,2002年第11期。
② 严荣:《公共政策创新与政策生态》,《上海行政学院学报》,2005年第4期。

正确发现其带来的积极效应,也应该发现政策滞后所带来的巨大负效应。政策滞后的巨大负效应主要体现在以下方面:

(一)浪费政策资源,损害公共利益

公共政策滞后,尤其是无效政策得不到及时终结所造成的政策滞后,必然带来政策资源的巨大浪费。公共政策资源,是指公共政策主体为了实现政策目标而可以利用的各种物质和非物质资源的总和,是政策主体制定和执行政策的基本条件,是确保政策目标顺利实现的重要保障。从本质上说,公共政策资源是政策运行过程中的投入和支出。具体而言,政策资源主要包括政策的权威资源、人力资源、财务资源、信息资源等几个方面。任何的政策制定、出台和实施都需要一定的资源,都必须付出必要的成本代价,而任何资源都是有限和稀缺的,政策资源尤其如此。政策滞后,尤其是无效的政策没有得到及时终结而继续投入过多的政策资源,但这些投入的政策资源对新生的社会问题没有发挥效力,造成政策资源的巨大浪费。而政策资源又是一种公共资源,公共资源的浪费意味着国家和人民公共利益的损害,造成公共利益的缺失。

(二)削弱政府权威,侵蚀政府的合法性基础

政府公共权威理论上来源于国家法律的赋予和人民的授权,但在实际政治生活中,政府权威更多的来自于政府能力和政策绩效。政府能力和政策绩效通过政府出台的公共政策表现,公共政策作为政府管理社会公共事务、达成政府目标、提高政府绩效的重要工具,其政策的科学性、有效性、合法性等,是政府增强权威的重要基础。政府公共权威的提高有赖于政策权威的增强。政策权威是公共政策实施过程中对社会的约束力、影响力以及获得的社会认同度,公共政策权威来源于公共政策的合法性和有效性。公共政策的目标及其过程的实现在本质上需要公共政策具备相当的权威性,而政策滞后产生,出现有效政策不足和无效政策过剩的情况,有损于公共政策的科学、有效形象,影响公共政策的权威,从而削弱了政府权威,对政府合法性基础产生不利影响。

(三)降低政府的公信力

政府公信力是政府通过自身行为获取社会公众信任、拥护和支持的能力的总和。在本质上,它是社会对政府及其工作人员的外在评价。政府作为社会的公共权威机构,在社会生活中扮演着重要角色。政府公信力直接影响着整个社会良好信用环境的培育和成长,作为社会活动的主导者,政府的政策行为在客观上具有极强的导向作用。公共政策的可靠性、稳定性、公正性在很大程度上能够增强政府的公信力。但是,政策滞后问题的出现,一方面使得公共政策主体在政策供给与政策需求的尖锐矛盾面前显得十分尴尬,因为政策滞后在很大程度上公开暴露了政策主体的政策能力缺陷,让公众看到了政策主体最不愿意公开的一些有损其形象、权威的行为和因素。另一方面,政策滞后在很大程度上直接损害了公众的利益,公众往往成为政策滞后的最大受害者。因此,一旦公众在相关的公共政策体系中没有获得必要的保护和救济,反而遭到侵害时,随之而来的必将是公众产生对相关公共政策的信任危机,导致人们对政府政策的质疑,并认为政府是不诚信的,是不值得信赖的。这正如美国著名行政学家弗雷德里克森所指出的,"信任是问题的关键所在。如果公众对政府失去信任,对民选的官员和任命的官员失去信任,那么,公众就会对政府决策的执行持不合作的态度,特别是在出现危机或者资源短缺的时候,如果这些决策的执行需要某些牺牲,公众是不会合作的。如果公务员是公众的信托者,负责执行公众的意愿,那么,正是他们的自我服务行为损害了公众的信赖,最终使政府失去公众的信任"①。因此,政策滞后不仅导致政府权威流失,同时也使得政府的公信力被大大削弱。

(四)损害政府形象

政府形象,主要是社会公众对政府部门在实际公共管理活动中所展示出来行为、精神、结果等特征的主观评价。现代社会随着民主化进程的逐步推进,社会对公共部门的形象要求也越来越高,公共形象也就成了评价公共

---

① [美]乔治·弗雷德里克森:《公共行政的精神》,张成福,刘霞,张璋,孟庆存译,中国人民大学出版社,2003年,第30~40页。

部门活动的重要指标之一。公共政策作为政府解决社会问题、协调社会矛盾的基本手段，公共政策和政策行为的基本状况能够在很大程度上展示和反映政府的基本形象。政府公共政策能力的大小、公共政策水平的高低、公共政策绩效的优劣，对政府形象的塑造有着重要的促进作用。但是政策滞后现象的出现，直接说明了政府部门在政策运行和政策制定环节的失位、缺位和错位，直接影响了社会公众对政府部门的社会公共管理行动的评价，这一方面导致了人们对政府已制定的公共政策合法性的质疑，产生对现有政府政策执行的抵触，阻碍现有政策的贯彻推行，损害公共政策和政府部门的公共形象。另一方面政策滞后使公众看到了作为行政权威的政府部门在解决社会问题、满足公众政策需求方面的无能状态，这直接对政府的权威形象造成了伤害。

第三节　政策滞后产生的原因

在政策体系中，政策滞后的出现虽然一定程度上有利于保持体系的活力，但从整体角度看，其主要的负面效应对政策体系甚至是社会秩序的稳定影响深重。要消除政策滞后产生的负面效应，就要深入探究政策滞后产生的原因。大体来说，政策滞后产生，一方面是由于政策需求的表达渠道不畅通，导致政策问题未能及时提交给决策层，相关的政策迟迟未出台，出现政策滞后。另一方面是由于政策主体的自利性和决策者的有限理性导致过时、无效的政策未能及时调整和更新，产生政策滞后。具体来说，可以从政策制定主体、政策途径、政策调整等方面分析政策滞后产生的原因。

一、政策主体的自利性

一方面，政策主体有追求自身利益最大化的价值导向。"经济人"假设认为"各个微观主体都是以追求利益最大化为目的的'经济人'，他们自觉地按照利益最大化的原则做事，即制定利益最大化的目标并获得最大化的利益"[1]。这一假设同样可以适用于政策过程，不论政策主体是个人还是群体，都倾向

---

① 陈振明：《政策科学：公共政策分析导论》，中国人民大学出版社，2004年，第37页。

于追求自身利益最大化。如果政策主体的利益导向与社会问题需求的利益导向一致，那么政策供给会偏向于解决此社会问题，但如果社会问题所反映的政策诉求与当前政策供应的价值不一致，那么决策层出于自身利益考虑，总是优先选择有利于自身利益的政策出台，其余政策问题被迫延后，有效政策供应不足，政策滞后状态就出现了。

另一方面，政策滞后是政策主体进行政策成本和收益计算的结果。任何一项政策的成本都包括政策设计成本、政策协调成本、政策试错成本、政策执行成本、政策监督反馈成本、利益损失群体的补偿成本、政策终结成本等，所以决策者在做出政策创新、调整或者政策终结时会考虑花费多少政策成本及其获得多少收益，如果政策收益大于政策成本，那么决策者有意愿进行政策调整，政策有效需求可以满足；如果政策成本大于政策收益，就会出现政策供给不畅，不能及时出台新政策或者调整、终结无效的政策，那么无效政策过剩现象依然存在，政策滞后就产生了。除此之外，J.斯坦布鲁纳的决策控制论认为衡量不同决策的共同尺度是效用，即政策所带来的收益，并且认为在决策过程中人们建立了一个期待价值模型。"所谓期待价值，就是各事件能够发生的概率乘以这一事件所能提供的效用或价值的结果，进而把各事件的期待价值做个比较，并选择其计算结果最大的方案。"①因此在各种政策需求出现时，政策的供应者——政府决策部门会逐一计算各政策供应所获得的期待价值，选择期待价值更大的，而怠慢其他期待价值小的政策的调整延迟，社会问题不能及时解决，这样就出现了政策滞后。

二、决策者的有限理性

林德布洛姆的渐进决策理论认为决策者的认知是有限度的，因此政府在决策时很难基于全面的信息做出最优的决策。同时，由于决策者缺乏前瞻性，或者对问题的认知程度不够，未能及时出台政策导致政策滞后。决策者认知的有限性主要表现在以下三个方面：

一是决策者的理性的无知。政策的制定与选择是以知识理论为基础的，而且政策要求的知识技术支撑日益多元化、丰富化。而现代的政府官员设置讲究专业分工，官员自身的科学素质、知识能力有限，对社会问题所反映的

---

① ［韩］吴锡泓、金荣枰：《政策学的主要理论》，金东日译，复旦大学出版社，2005年，第205页。

政策敏感度不高,不能在政策选择和制定中做出及时有效的反应。而且,由于受制于知识的有限,决策者对社会问题的未来走向、政策制定后的实施预测、政策收益等具有很大的不确定性。因此,"在知识搜寻成本高昂而结果又不确定的情况下,人们保持理性的无知是合乎理性的。如果人类全知全能,那么在政策创新时会有更大的确定性,而人类理性的无知则使得政策变迁出现时滞或无法进行"①。近年来人们对转基因食品的政策需求日益高涨,但由于政府部门、有关转基因食品研究专家对转基因技术的认识有限,对转基因食品的危害性、安全性无法标准,和不能预测到转基因食品在未来的发展趋势,所以对转基因食品的相关规定政策迟迟没有出台,造成转基因食品政策的滞后。

二是决策者的偏好。G.阿里森以官僚政治模型说明政策决定的本质,认为决策主体并不是国家或组织,而是占有一定职位的个人。因此,决策者的偏好与喜好程度对政策的制定与调整有着很大关联。马奇和舒尔茨通过调查发现,不同领域在竞争着决策者的注意力。当决策者的注意力更多关注于某个领域时,该领域就更可能出现政策供给,而其他领域可能始终无法得到决策者的关注,也就无法产生政策变迁和政策供给,尽管存在着政策需求。也就是说,如果决策者致力于辖区内的经济发展,财政增加,那么就会关注经济发展中出现的社会问题,并出台相关的经济扶持政策,满足经济政策需求,而不会特别关注社会公平公正问题,从而忽视了民众的公正公平需求,导致公平保障政策的供给不足,或者相关政策滞后的现象。

三是渐进决策理论对决策者的影响。林德布洛姆的渐进决策理论主张决策者在决策时在既有合法政策的基础上,采用渐进方式对现行政策加以修改,通过一连串小小的改变,在社会稳定的前提下,逐渐实现决策目标。在渐进决策理论的影响下,决策者不会过多地致力于政策的创新,更多地采取保守的轻微改变。但这比较适合于现行政策依然完好或者相对稳定的环境,一旦出现重大的社会变动,需要对政策进行彻底的变革和调整时,渐进决策理论就不适用了。现代社会变化迅速,政策需求也在不断变化,不断暴露的社会问题与政策诉求需要决策者对现有的政策尽快做出调整,甚至终结原有的政策而重新制定新政策。受渐进决策理论影响的决策者并没有改变其稳中求进的保守决策方式,因此必然会导致政策的调整不及时,政策创新不

---

① ［韩］吴锡泓、金荣枰:《政策学的主要理论》,金东日译,复旦大学出版社,2005年,第210页。

足,出现政策滞后现象。

三、政策需求的表达渠道不畅通,导致政策滞后

一种社会问题只有被提上政策议程才有可能出台相关的政策加以解决,社会问题上升到政策议程的过程就是决策层知晓民众政策利益需求的过程,因此,决策层与民众之间的桥梁——政策需求表达渠道显得十分重要。目前,我国政策需求的表达渠道主要有人大代表表达、听证制度、人民信访制度、社会舆论表达等。但是由于人大代表的比例、自身素质、自身权力有限等因素,人大代表并没有很好地表达民众的政策诉求,听证制度与信访制度也大多流于形式,目前承载着大部分政策诉求表达的是通过媒体网络等社会舆论方式。但是,由于社会舆论表达广泛,政策需求的表达也需要积累才能引起决策层的重视。现实社会中,民众无法通过正常的听证制度、人大代表表达自身的政策所求,转而依靠游行聚会等非正式的方式向政府决策层表达需求,这说明我国政策需求的表达渠道有限,民意反馈机制不畅通,政策问题未能及时提交给决策层,有效政策供给不足,产生严重的政策滞后现象,危害社会稳定。

四、决策者的政策整合和政策创新能力不足,导致过时、无效的政策未能及时更新,产生政策滞后

政策整合是指将政策资源进行合理分配,对原有的各种政策进行合理归置,正确调整或适当终结政策,政策创新是指政府根据政策需求,运用政策资源的重新组合,冲破原有的政策,建立一项新的政策或制度。在实际政治生活中,政府的政策整合能力与政策创新能力往往不尽如人意。由于政策覆盖的是政府辖区甚至是全国,因此政策的整合需要考虑不同地区不同省市的特殊情况,寻找合理政策,但政府往往无法顾及全局,不能及时地整合政策,导致无效政策继续发挥作用或者无力出台有效政策,造成政策滞后出现。除此之外,政府决策经常受制于知识的不足与信息的制约,没有能力创新政策解决政策问题,对政策问题的新的政策的有效供给不足。而且政府行为的路径依赖现象严重:政策整合与政策创新必然会受到相关利益受损者阻碍,政府为了回避这些阻力就会转而沿袭原有的政策,而尽量避免政策的

变迁。我国官员财产申报与公开制度滞后就是如此。由于没有官员财产公开制度的先例,相关财产标准也不明晰,而且制定该政策会受到相关利益者的阻碍,需要巨大的协调成本和政治风险,所以政府部门无力进行官员财产申报与公开制度的创新,导致政策滞后现象存在。

第四节　政策滞后的治理路径

公共政策实践中政策滞后这种政策供给与政策需求不均衡现象的长期存在,不仅影响政策效率的发挥,耗费政策资源,更会产生其他负面效应,削弱政府公信力,影响社会治理。因此,决策者应重视政策滞后,从政策制定、政策评估监控、政策利益表达、政策补偿等多方面尽可能地预防和治理政策滞后。

一、政策制定主体应树立前瞻性思维,理性推动政策整合、政策变迁和政策创新

治理与防范政策滞后要从转变政府决策模式开始:一是培养决策者的责任意识,扩大公民参与。政策调整与终结需要听取广大公民的意见,认真考虑公众的政治需求理性决策,不能以决策者的个人偏好为标准。政策供给既要满足经济发展,也要照顾社会公平公正,兼顾全局,统筹发展,满足社会多方面政策需求。二是加强政策前瞻性,提高政策预见性。政府管理模式要从传统的"回应性"转向"前瞻性"[1],建设服务型政府,建立敏锐的问题察觉机制,积极主动了解民众需求,及时察觉和发现社会问题,及时合理地供给公共政策。三是增加战略性政策,提高政策适用度。政府决策要具有长远战略眼光,全面考虑政策未来走向,增强政策的自我发展能力。例如,近年来,全国各大城市受雾霾天气影响严重,凸显我国环境问题。由于20世纪经济建设为中心的政策纲领影响,导致各地方政府经济政策供给充足,但缺乏政策前瞻性,忽视了环境政策的需求,造成环境保护政策滞后。还有近年来同性侵害事件不断增加,而目前我国对同性侵害的约束与惩罚法规空白,急需相

---

[1]　参见吴光芸:《论从"回应性"政府向"前瞻性"政府转变》,《现代经济探讨》,2014年第5期。

关政策的出台。因此,政府应及时更新原有的政策法规,及时修订与调整,主动供给政策,保障社会公平公正。

二、建立健全政策评估监控机制,及时调整或终结政策,避免政策滞后

政策滞后的类型其一是无效政策供给过剩,也就是旧的、过时的政策仍然发挥余热,因此政策滞后的治理需要建立政策监控和评估机制,及时地终结无效政策。

一是建立独立的政策评估组织,建构专业化政策分析与评估队伍,采用科学计算与评估方法,多角度多元化进行政策评估,及时评估政策收益与政策成本,在政策收益低于政策成本前及时做出政策调整或者及时终结政策。同时减少政策评估组织的行政依附关系,多渠道筹措评估资金,建立独立的政策评估基金体系;发展多元化评估主体,积极发挥社会组织和专业研究咨询机构的评估力量,及时评估政策执行。2014年6月,国务院对已出台政策措施的执行情况启动全面大督查,在自查和实地督查基础上引入由国务院发展研究中心、国家行政学院等专业咨询机构组成的第三方评估机制,对我国实行的简政放权、棚户区改造、精准扶贫、重大水利工程等部分重点政策措施落实情况展开评估,及时了解政策需求的变化,防止政策滞后,为后续的政策调整提供依据。

二是建立健全政策监控机制。由于政策环境的变化,政策执行过程中会与政策目标发生偏离,产生新的政策问题或政策需求,但这些新的政策问题和政策需求没有及时上传,导致政策滞后的发生,因此有必要建立健全监控机制。一是要发挥内部监控与外部监控的合力,即健全上下级组织内监督的法规制度,实施内部监督的同时,发挥外部立法监督、诉法监督、政党监督和社会监督的作用,多管齐下,减少政策出台的随意性,提高政策调整科学性,保证政策有效供给;二是要尽量量化政策滞后指标,准确预警政策滞后。政策滞后指标设置要抓住政策的关键性要素,并对关键性要素赋值,使得政府部门能准确把握政策实施情况,及时调整或终结无效政策。就像塑料制品的相关标准如增塑剂、塑料溶油指标等,之前卫生部明确规定食品中塑化剂DEHP(邻苯二甲酸酯)的最大残留量不超过1.5毫克/千克,但是随着技术的改进与人们健康要求的提高,食品安全事故频发,这些指标限制已太过宽

松,需要及时更新,进行重新赋值,制定合理科学标准。政策监控机制的建立,能够有效地防止政策滞后的出现,对社会问题的解决有一定的积极作用。

三、完善政策利益表达机制,拓宽利益表达渠道

政策滞后的一个重要原因是政策利益表达渠道的不畅通,导致社会政策需求未能及时上达至决策层,因此需要拓宽利益表达渠道,完善公众参与决策机制。这可以通过以下方式实现:

一是合理增加人大代表和政协委员中普通民众所占的比例,在每年"两会"这一政策议程设置重要渠道中表达民意;并且推进人大代表专职化,积极主动地吸纳民众需求,积极向上传达民众呼声。二是严格落实听证制度,保证政策听证会代表的合理比例,做到听证人员、听证过程、听证结果的公开、公正、公平。三是继续发挥媒体、网络的社会舆论作用,可以通过网络信息技术,建立电子政府门户,网络问政平台等多渠道利益表达形式,突破行政层级制约,使得民众的利益表达便利化,简化民意与解决政策之间的行政程序,保障网络言论开放,及时向上传达民众的政策需求,及时处理民众的政策诉求。四是建立利益表达的监督机制,以法律手段保障各种利益表达渠道畅通,避免各种政治诉求渠道流于形式。政府出台公共政策要广泛地听取民意,保障社情民意反映制度的推行,积极组织听证会、专家说明会等活动加强政府与民众的联系,提高民众与智库的比例,增强政策科学性、可行性和预见性,防止政策有效供给不足与治理无效政策过剩现象。例如,2003年非典之后出现的SARA后遗症患者的医疗保障问题缺乏相关政策支持,属于弱势群体利益表达渠道的不畅所带来的政策滞后问题。2003年非典患者幸存者普遍患有骨坏死、肺纤维化、抑郁症状,但这一问题一直未进入公众视野,直到国际残疾日后央视"新闻1+1"报道才引起政府的关注。政策出台也逐渐顾及SARA后遗症患者,将肺部纤维化及精神抑郁症纳入免费治疗的范围,但这些政策只是回应性的,缺乏对此弱势群体的生活保障制度和一个应对类似疾病的长效机制。要建立长效机制与保障制度需要扩宽底层民众特别是弱势群体的利益表达方式,加大弱势群体的人民代表比例,疏通社情民意反映渠道,保证民意诉求的上达,确保政策供给及时。

四、完善利益补偿机制、协调利益相关者的利益以减少政策变迁的阻力

政策调整或政策终结等政策变迁必然会造成利益相关者的损失，引起利益损失者对政策变迁的阻碍，造成政策出台不及时或者无效政策不能及时终结的政治滞后现象。因此，治理和防范公共政策滞后需要完善政策变迁的利益补偿机制。

首先，明确利益受损对象。政策变迁必然涉及许多利益相关者，要区别对待利益受损者与得益者，明确利益受损范围与人数。其次，选择合理有效的利益补偿方式。政策变迁可能会造成相关人员的行政损害（如降级）、经济损害等，因此利益补偿方式要根据实际情况和利益受损者的需要合理灵活选择。最后，确定合理的利益补偿标准。政策变迁对利益相关者的利益损害可能有物质的，也可能有精神的，并且要考虑政策变迁可能带来的长久危害，因此，利益补偿标准的确定需要合理、公平、公正。有了完善的利益补偿机制，政策变迁的阻碍和困难可以大大减小，从而减少政策滞后的发生。

思考题

一、概念解释

    1. 公共政策滞后

    2. 隐性公共政策滞后

    3. 显性公共政策滞后

    4. 险性公共政策滞后

    5. 渐变型公共政策滞后

二、简答题

    1. 如何理解公共政策滞后是一种常态？

    2. 公共政策滞后的类型有哪些？

    3. 公共政策滞后的影响有哪些？

    4. 阐述公共政策滞后产生的原因。

    5. 请联系我国公共政策实践阐述如何治理与防范公共政策滞后。

本章重点：

1. 公共政策失灵的概念
2. 公共政策失灵的类型
3. 公共政策失灵的影响
4. 公共政策失灵产生的原因
5. 公共政策失灵的治理与防范

第十三章　政策失灵

公共政策是以实际存在问题为导向，通过综合各种不同的方法和手段来解决实际事务，以此来改善社会成员的福利和保障他们的尊严，它与人们的生活密切相关，但公共政策不是万能的，一方面它是解决公共问题的手段，另一方面它不可避免地给人们带来政策失灵的困扰。政策失灵是一种常见的社会现象，对民众的日常生活、国家的正常运转、社会的和谐发展有很大的负面影响，正越来越受到各国政府和公民的关注，也是公共政策分析中的重要话题。不过，总的来说相对于政策过程、政策工具等方面的研究，政策失灵的系统研究还是比较缺乏的。本章将以公共政策失灵作为专题研究，一定程度上弥补政策科学在这一方面的缺失。

第一节　政策失灵的内涵与表现

一、公共政策失灵的界定

政策作为一种工具和其他工具一样不是万能的，也会出现失去效用的情况。公共政策失灵是公共政策研究一个必不可少的方面，虽然我国对政策失灵的研究起步较晚，但仍有不少学者对公共政策失灵这个概念提出了自己的理解。本书将其归结为以下三种角度：

第一，目标角度。如台湾学者林水波、陈志玮为公共政策失灵下的定义，"凡是于一定期间内，职司机关投入一定的资源后，原定政策若犹未达成预定政策目标者，皆可视为一种政策失灵"[①]。陈振明也认为，"政策失灵是指一项公共政策的过程或结果偏离了政策制定者事先预想的目标，并给政策对象造成了始料不及的负面影响"[②]。

第二，利益影响角度。胡凯等人认为公共政策失灵是指一项公共政策在运行的各个阶段因利益的博弈而出现的非连续的、与公共利益相背离、对政策目标群体造成的负面影响超过其获利程度的现象。[③]我国学者汤敏轩发现了这两个角度存在的漏洞，并对公共政策的界定作了补充说明。他认为偏离目标和始料不及的负面影响是导致政策失灵的两个充分不必要条件，他还对这两点作了说明，首先目标是指政策制定者实际预想的目标，因为公共政策对外宣称的目标和制定者实际想达到的目标并非完全一致，甚至有可能完全相反。其次，只有给相关群体造成的影响是始料未及的时候才称得上政策失灵，预料之中的负面影响只能叫作政策的正常负外部性。

第三，市场失灵角度。"公共政策失灵是指公共政策未能有效地克服市场失灵，甚至阻碍了市场机制的正常运作或加剧了市场失灵的现象，从而造成了社会资源的浪费和社会福利的损失。"[④]在借鉴以上学者对公共政策失灵的界定基础上，可以认为：公共政策失灵是公共政策在制定或实施过程中，受各种社会环境因素的影响，政策实施的结果偏离了政策制定者预想的目标或者给政策的目标群体等相关群体造成了非预期的负面影响。

二、公共政策失灵的表现

基于公共政策产生的原因，我们将政策失灵的表现归结为错位性失灵、

---

① [台]林水波、陈志玮：《政策失灵与责任归属》，《公共政策分析的理论与实务》，韦伯文化事业出版社，2001年，第31~61页。

② 陈振明：《公共政策分析》，中国人民大学出版社，2003年。

③ 参见胡凯、杨雄辉：《公共政策失灵及其矫正对策》，《云梦学刊》，2010年第5期。

④ 杨亮：《浅析公共政策失灵与政府失灵的区别》，《中共山西省委党校学报》，2006年第8期。

缺陷性失灵、利益变异性失灵和负面性失灵这四个方面。

(一)错位性失灵

错位性失灵是指公共政策对社会事务的不适当干预而引发的政策无效或低效，通俗来讲就是公共政策被用在了不该用的地方，管了不该管的事务。就像某些学者说得那样："公共政策的最大悲哀不是在于解决不了应该解决的问题，而是花费大量资源解决了一个不该解决的或根本不成其问题的问题。"[1]

(二)缺陷性失灵

缺陷性失灵是指由于公共政策本身的不完善或实施过程中存在问题而导致政策预定目标未达成或产生负外部性[2]（大于收益）的情况。缺陷性失灵又分为公共政策制定的失灵、公共政策执行的失灵及公共政策反馈的失灵。首先政策制定阶段可以进一步分解为议题提出、目标确定、方案设计、方案抉择等环节。在议程提出环节，政策失灵表现为两方面，一是该提出的议程没有提出，如农民工工资拖欠等与弱势群体相关的问题；二是不该提出的却进了政策议程，如各类行政审批事项、形象工程、政绩工程等。在目标确定环节，会出现目标模糊，目标过于单一，目标可行性低、脱离了现实条件及目标冲突等问题引起政策失灵。在方案设计环节，政策失灵通常体现在政策数量和质量这两方面，政策数量过多过少或政策方案存在明显漏洞都不行。在方案抉择环节，抉择的随意性和抉择机制的专断性是政策失灵的常见根源，重大事项由领导拍拍脑子决定而导致"朝令夕改"、政策无效等现象在我国屡见不鲜。其次，在公共政策执行阶段公共政策失灵主要表现为以下三个方面，一是政策方案执行受阻，如2007年中国人民银行、中国银监会联合发布

---

① 陈潭：《公共政策案例分析——基于理论的与实证的视角》，湖南师范大学出版社，2003年，第9页。

② 负外部性描述的是这样一种情况，尽管需求与供给达到了一个最优的均衡，但是却对第三方造成负面影响。例如煤矿安全生产政策实施后，矿难发生频率大幅降低，但由于煤矿安全生产政策使得大量煤矿被迫关闭或整顿，导致煤炭供应量大幅下降，燃煤、电煤十分紧缺，严重影响经济生产、人民生活。

《关于加强商业性房地产信贷管理的通知》即二套房政策,由于受到开发商、炒房客等群体的施压,加之地方政府、商业银行的自利驱动,这一政策在很多城市已经形同虚设。二是政策被歪曲执行,导致政策偏差或无效。这里面有理解偏差的问题,也有故意扭曲的现象。如地方政府经常为了本地利益,当执行的政策对自己不利时往往只是表面与上级政策一致,而事实上背离政策精神,而地方政府常见的做法有敷衍性执行政策,曲解政策,有选择性的执行政策等。三是公共政策在执行过程中,出现了意料之外的"派生的负外部性"。最后是公共政策反馈阶段的失灵,即目标群体不能将他们对该项政策的真实感受及时传递给政策制定者和执行者,导致公共政策不能得到及时有效的调整,从而影响系统功能的发挥。例如,一些弱势群体急需解决的问题难以传递给决策层,地方政府在政策执行过程中报喜不报忧等,还有一些政策本该终结却没有终结。

(三)利益变异性失灵

利益变异性失灵是指公共政策在增进人类全体公共利益的过程中出现利益偏差,公共政策部分实现公共利益,或完全违背公共利益。有学者认为:"当进行政策评价时,不仅需要指出政策是否实现了声称的目标,还需要指出既定的政策目标是否值得实现。"①也就是说,即使公共政策的结果实现了预定目标,但没有体现公共利益而是满足了某些集团、某个阶级乃至个人利益时,该公共政策也是失败的。最典型的就是政府的寻租行为,寻租是指政府及其工作人员利用其自身所掌握的公共权力而谋取自身利益的一种行为。某些政府官员为了追寻自身利益,使公共政策因对其贿赂的集团利益倾斜而偏离公共利益。

(四)负面性失灵

负面性失灵,指的是在政策完善、能够对社会资源进行合理配置、政策执行良好且能够达到预期目标的情况下,政策运行的结果中出现了不符合社会需要的价值判断标准,从而对社会产生负面影响而导致的政策失灵。负

---

① 叶芬梅:《公共政策失灵之四维剖析》,《江汉论坛》,2007年第1期。

面性失灵通常表现为:第一,过于注重对显性效率和短期效益的追逐而忽视对民主公平意识的培育和长远利益的考虑。由于政策效果的复杂性,选民和政治家交易倾向于选择具有急功近利的政策而舍弃那些具有长远效益的政策。例如,我国实行计划生育政策,目的是控制人口数量,以提高人民生活水平,但忽略了多年以后出现的男女比例失调和人口老龄化严重等问题。经济政策一味追求国内生产总值,却忽视了对人类赖以生存的生态环境的保护。第二,由于政策之间的摩擦和不配合而引发负面效应。我国的公共政策之间是相互联系的,就拿核心主体政府来说,处于垂直系统的各层级的政府所制定的公共政策与处于横向系统的各层面的政府职能部门所制定的公共政策形成了一个纵横交错、相互依存、相互制约、相互影响的超大政策网络。在这样一个复杂的网络系统中,政策之间难免会发生冲突。

第二节　公共政策失灵的影响

公共政策失灵这个看似学术化的概念,其实就发生在人们的日常生活中,与我们每个人的利益息息相关。公共政策的本质属性是公共性,根本目标是实现公共利益。公共政策失灵会引发蝴蝶效应,对社会经济、政治、文化等各个领域会造成负面影响,最后导致社会不稳定,政局动荡。因此,政策失灵现象不容忽视,接下来我们将具体分析公共政策失灵的负面影响,让我们更加直白地明白政策失灵的危害,提高公共政策主体、目标群体等利益相关者对公共政策的重视度。

(一)公共政策失灵会造成市场失灵

公共政策是克服市场失灵的主要手段,而作为手段、工具,公共政策也有失灵的时候,失灵的公共政策不仅不能缓解市场失灵的危机,还有可能进一步阻碍市场机制的正常运作加剧市场失灵的现象,造成社会资源的浪费和社会福利的损失。2008年,由美国次贷危机引发的金融危机席卷了全球,其波及范围之广、破坏力度之大、影响程度之深,在世界经济史上均较为罕见。很多人认为罪魁祸首在华尔街,却忘了追究华盛顿在这场危机中的责任。

在整个经济过热和房地产价格日益上升的情况下,房地产贷款公司和商业银行为了追求自身利益,在放贷环节不断降低门槛,这是次贷危机发生的直接原因。市场参与者过度膨胀的贪婪欲望导致市场失灵,而这种狂热往往又与政策不顾客观事实、脱离客观现实及政策失灵有关。首先,美国"次级贷款者可以获得贷款以购房,由政府担保的"法律政策很大程度上推动了美国银行放出如此多的次级贷款。美国政府的出发点是好的,它希望每一个美国人有房住,可是它们的做法却违背了市场规律,搞乱了市场秩序,才导致了次级房贷的数额如此巨大。其次,美联储的货币政策出现了重大失误,美国政府为了稳定资本市场,保持经济发展而多次非常规降息,到了2004年,为了应对日益严重的通货膨胀压力,美联储货币政策开始转向,由宽松转为紧缩,两年时间内连续17次加息,最终点燃了金融危机。简单来说美联储错误的货币政策扭曲了市场经济中非常重要的一个价格,就是利率,使得投资和消费间出现失衡,使得房地产市场和经济中投资过度形成了以次级按揭为代表的房地产泡沫。总之,公共政策失灵会引起和加剧市场失灵,存在政策失灵与市场失灵共振的风险。现实中这样的例子还有很多,例如欧洲出现主权债务危机,就是政策为博选民好感、福利过度及财政无法承担所引发。

(二)公共政策失灵会引发公共政策主体的合法性危机

合法性一词在政治学中通常用来指政府与法律的权威为民众所认可的程度,公信力是合法性的根源。公共政策的基本衡量标准是以公共利益作为价值取向,而理性的公共政策主体往往会在政策制定和执行的过程中产生利益变异,以实现自己或个人所在团体的利益为价值取向。最常见的是政策性腐败,它是指在制定、执行国家有关政策过程中,借政策之名假公济私,将政策异化成谋利平台的腐败行为或腐败现象。政策是对公共资源权威性的分配,公共政策的制定者往往利用手中掌握的权力和资源进行寻租。江苏省盐城市阜宁县政府被曝于2009年时以政府公文形式,要求各机关事业单位对缓刑期满人员进行安置入编且部分人员存在吃"空饷"现象。2010年4月20日,《经济参考报》曝光了"山西省忻州市首例限价房项目被建成公务员小区",该市首例限价房项目不仅专供市直机关,而且被公务员大肆高价倒卖,市直八百多名机关干部转手倒卖牟利超五千万元,忻州市的限价房政策被广大网民指责为与民争利、一起大规模的政府腐败案件。这一系列的政策腐败案件抹黑了政府的形象,使得公民不信任政府,对政府产生不满。缺陷性政策失灵是影响政府合法性的另一方面,有时候政府出发点是好的,抱着为公众服务的心态,可是公共政策的质量很差并不能解决公共问题甚至还会引发新的问题。这就不是政府意愿的问题而是有关政府能力的问题,政府能力是保证公共政策质量的基础。美国政治学家阿尔蒙德将政策功能作为政府能力的一种体现,认为政府在应对环境中的刺激、压力甚至挑战等一切政策行为都是对政府能力的考验。一个强有力的政府通常能以最短的时间、最少的投入完成政策活动的全部过程并取得最佳的政策效果, 而无能的政府则相反,高成本、低效率,不能解决公共问题的无能政府也是难以获得社会公众的普遍认同的。总之,政策失灵会降低公共政策主体(核心主体是政府)的公信力,反过来公民不信任政府,又会对政策持冷漠悲观的态度,不接受、不配合政策的制定和实施,这样就形成了一个恶性循环,进一步引发公共政策主体的合法性认同危机。

(三)公共政策失灵会破坏社会稳定,加剧社会冲突、无序

公共政策的核心是解决社会利益的分配和协调问题, 而政策失灵意味着政策没有协调好不同阶层、不同利益团体之间的利益,使公共资源分配不合理、不公正。通俗来讲,如果公共政策一味地偏袒某个阶层或群体,而忽视其他阶层和群体的利益,随着时间的累积,既得利益群体与受损利益群体之间的差距越来越大,受损群体心中的不公平感、怨气也越来越多,

这种矛盾积累到了一定程度就会激化, 受损群体会采取非理性的方式抗议,而就我国现状来看,受损群体占多数,他们往往是弱势群体、普通大众,在公共政策制定和实施过程中没有话语权,处于被动地位。初始政策失灵直接或间接导致了房价高起、矿难频发、民工讨薪、暴力拆迁等现象的出现,调节补救过程中的政策不作为或政策再失灵加剧了冲突,群体性事件随之爆发,造成政局动荡、影响社会的正常发展。公民对政策的满意度大幅下降,再加上我国有关公民表达诉求渠道和制度的缺乏,公民不断走上上访道路,自1993年以来,全国信访总量持续增高,"信访洪峰"成了我国政治社会生活中的常态,但上访之路并没有公民想象中的那么容易,成功的例子少之又少,当公众连上访的机会都没了的时候,便采取危害公共安全的极端手段来引起社会关注、发泄心中不满。如2013年"6·7福建省厦门BRT公交爆炸案"的主犯陈水总,因屡次上访遭拒最后导致许多无辜的民众丧命, 还有许多

"集体访"演化升级为群体性事件的例子。中南财经政法大学法学院副院长张红认为:"原生信访矛盾主要是由政策失灵所致。在转型过程中过多依赖政策调整而诱发众多原生信访矛盾:一是政策本身不周全,如失地农民的社会保障问题;二是因政策前后脱节而引发历史遗留问题;三是面对新问题,政策未能及时跟上,导致政策真空;四是执行政策的伸缩性导致分配不公现象发生;五是由于各级政府落实政策出现偏差。"当然信访导致的公共危机只是政策失灵破坏社会稳定的一种表现,还有因利益纠纷引起的其他冲突,如图谋不轨的不法分子利用公众的不满心理做出危害公共安全的事。总之,公共政策失灵给公众原本已经无法承受的负担雪上加霜,其负面影响必然超过原先存在的问题,问题逐渐累加,若不被及时引导平息会给社会和谐稳定带来恶劣影响。此外,任何公共政策都需要财政的支持,公共政策失灵意味着已经投入的人力、物力、财力付诸东流,对财政资源造成极大浪费,而这些资源本可以投入到改善民生的其他项目中。

第三节　政策失灵产生的原因

通过对政策失灵的负面影响的了解,我们意识到公共政策失灵是国家治理过程中不容忽视的问题,要想减少政策失灵的发生,我们有必要探讨一下:政策为什么会失灵? 有哪些因素可能会导致公共政策失灵的发生? 分析政策失灵的原因可以使人们警惕在政策实施过程中避免类似失败发生,"吃一堑,长一智"。本节将从政策系统的构成和政策运行的角度来探讨公共政策失灵的原因。

一、从政策系统的角度来看

公共政策是一个由多种要素构成的系统,主要包括公共政策主体、公共政策客体和公共政策环境这三个要素。下面从这些要素出发来分析公共政策失灵的原因。

(一)政策主体的素质低,价值观偏失

公共政策主体一般可以界定为直接或间接地参与政策制定、执行、评估、监控和终结的个人、团体或组织。公共政策主体是政策系统的核心部分,是公共政策出现和实施的主要推动者,是公共政策发挥效能的关键变量,而政策主体的素质不高,态度价值观的偏失会妨碍整个政策系统的运行,导致出现政策失灵的后果。首先,政策主体缺乏必要的知识和能力,一般而言,能力是指为完成一定的活动所需要的才能和本领,知识是指人们对某个事物的熟悉程度。作为公共政策主体必须掌握一定的与政策有关的知识,如基础知识、专业知识、相关知识、管理知识以及实践中的工作经验。在具备一定知识的基础上,公共政策主体的能力主要包括其在从事政策工作时所需要的理解能力、随机应变能力、组织管理能力、协调能力、人际关系能力、社会活动能力、开拓创新能力、独立思考能力等。政策主体的知识和能力在相当程度上决定了公共政策的成败。而现实生活中由于内外部因素的影响(政策制定者缺乏专业性例子),往往有很多政策主体缺乏相应的知识和能力,从而阻碍政策系统的运行,导致政策变形。如政策执行者对某项政策理解不透,把握不准其精神实质,就导致政策在传达、宣传、执行中的失真、失当、失误。其次,政策主体价值观偏失,态度消极。政策主体价值观是指政策主体对自己需要和行为是非善恶的评价标准,它能影响政策主体的行为方向和行为方式。政策主体价值观的偏失意味着价值观发生了错误,以个人偏好和是否利己作为公共政策制定和实施的准则,进而导致公共政策的价值偏离。政策主体价值观偏失主要表现为过度追求个人利益和道德水平低下,公共政策的公共性要求公共政策主体为大众服务,谋求公共利益,但并不否认他们也有自己的利益追求。政策主体适度、适当的利益追求有利于推动公共政策系统的运行,但不适当的利益追求、过分地强调私人利益会导致政策失灵。例如,政策制定者只将与自己有利害关系的问题纳入政策议程,做出有利于自己的决策。政策执行者如果觉得上级的政策内容触犯了自己的利益,就会以各种借口变通、拖延或改变执行这些政策出现诸如执行滞后、敷衍执行、选择性执行等现象,甚至有些人拒不执行或歪曲决策,严重影响政策的执行效果,最终导致政策失灵。美国著名行政学家埃莉诺·奥斯特罗姆指出:"在每

一个群体中,都有不顾道德规范、一有可能便采取机会主义行为的人。"①政策主体错误的价值观使得自身道德水平低下,责任感缺失,他们往往以消极的态度参与政策。冷漠自私的政策主体足以使政策失灵。

(二)公共问题的复杂性,目标团体的不配合

詹姆斯·E.安德森指出:"公共问题是由多种因素引起的,而政策却可能只是解决其中的一个或数个问题。"②因此有些政策达不到预定的目标是社会问题本身的复杂性造成的。如针对某路段交通事故率较高的情况,政府制定出拓宽路面的政策。这在一定程度上有助于减少因路面狭窄造成的交通事故,但对于因人为因素造成的交通事故,如交通法规意识淡薄,该项政策则无济于事。该项政策只能解决问题的一个方面,而不能解决其他原因造成的交通事故。还有的公共问题因其所涉及的复杂环境,难以解决或难以彻底解决。这些问题一般都涉及人性或国家利益。此外,公共问题的动态性加大公共政策成功的难度,政策的形成总是需要时间的,再加上有时候政府某些环节的低效率,当政策制定出来准备执行时,政策意在解决的问题已发生了性质变化,该政策已经不适合当前的情况,若继续执行,那政策自然失败。因此政策失灵也可能是因社会问题的动态性而引起的政策滞后性。总之社会问题的复杂性和动态性加大了公共政策解决的难度,容易造成政策失灵。

每项政策都有其固定的指向对象,即目标团体。政策能否达到预期目的,并不只是政策主体的事,目标团体的态度也起着很大的作用。如果目标团体顺从、接受政策,政策就会被顺利执行,反之,即使政策执行者投入再多的人力、物力、财力,政策也很难被有效执行,甚至在目标团体的强烈抵制下,政策会惨遭失败。就计划生育政策执行而言,先不考虑其本身的科学性,在某些地区、某部分人中间,该项政策并不成功,这些人由于"男尊女卑""养儿防老"的思想抵制国家的计划生育政策,很多家庭违反规定甚至法令偷生、超生,不利于计划生育工作的开展,还引发许多其他社会问题,如超生子女无法获得合法身份、干群矛盾等。

① [美]埃莉诺·奥斯特罗姆:《公共事物的治理之道》,余逊达译,上海译文出版社,2000年,第61页。
② [美]詹姆斯·E.安德森:《公共决策》,华夏出版社,1990年,第207页。

(三)公共政策环境的影响

政策环境是影响政策产生和发展的一切因素总和，一般分为自然环境和社会环境。任何政策总处于一定的环境之中，环境影响和制约着一国的内外政策，地理位置、自然资源、政治环境、经济状况、社会心理、国际环境等都会影响政策效力，它们的影响是双面性的，既可能促进政策的实施也可能造成政策失灵。如社会经济状况是公共政策制定的出发点，经济环境为政策系统的运行提供了人力、财力、物力等必需的资源。因此政策主体要想制定出合理的政策并使它取得预期的效果，首要和根本的一条是从本国或本地区经济发展的实际情况出发。而现实中，政策制定者往往忽视了经济实力的制约，好高骛远制定出的政策远远超过了经济实力可承担的范围，最终导致政策失灵。改革开放前，我国出现的一系列政策失误，如"大跃进"、人民公社化运动等都是由于忽视当时的国情和经济水平引起的。很多情况下政策失灵不是单纯的某一个机构或某个人的问题，根本的还是体制问题。在政治体制上，我国政府的权力过大，而公民权利小，这就给政府提供了政策寻租的空间。此外，在经济全球化的今天，"国际环境也成为各国公共决策的一个重要变数，离开国际环境，无视国际经济、政治、科技、文化发展趋势的公共政策要取得预期效果是不可想象的"[1]。还有政策制定者不考虑本国国情照搬国外政策也是政策失灵常见的原因。

以上是从静态角度分析政策环境可能引起政策失灵的原因，而政策环境并不是一成不变的，它是处于相对静止，绝对运动的状态之中。尤其对处于转型期的中国来说，外部环境呈现变异性和流动性的特征，不确定性因素增多，加大公共政策稳定运行的难度。滞后性是政策失灵的主要原因。政策制定时依据的政策环境到实施时已经发生了变化，政策问题和政策目标群体同样发生着变化，如果政策本身不具有相当的灵活性和调适性，即使政策得到完整有效的执行，那么彼时的政策也必然会在此时的环境中失灵。

---

① 陈振明:《政策科学——公共政策分析导论》(第二版),中国人民大学出版社,2003年,第69页。

二、从政策过程的角度来看

我国学者一般将政策系统的运行看作是由政策制定、政策执行、政策评估、政策监控和政策终结等环节所组成的过程,接下来笔者将分别从这四个环节具体探讨政策失灵的原因。

(一)政策制定过程

受到公众的广泛关注且大多数认为有必要解决的社会问题会引起政策主体的关注,成为备选议题,之后政策主体通过具体分析、权衡而确定议题,同时提出预期目标,接下来根据目标设计解决多种备选方案,最后选择一个最佳方案并将其合法化,这就是政策制定阶段政策形成的全过程。然而现实中,这个过程不会像理论描述的那样简单,会受到各种主客观因素的影响,每个过程都可能出现变异而导致最后形成的政策"药不对症"。

1. 议题安排环节的失灵

政策是解决公共问题的工具,但并不是所有的公共问题都能被纳入政策议程成为议题的。议题安排就是从纷繁复杂的社会问题中挑选出公共政策议题,并作出初步政策规划。到底什么样的社会问题能被提上政府的议事日程?进入政府决策领域的社会问题是最急需解决的吗?解决之后受益的公民是最多的吗?该问题解决之后的收益远高于解决其他问题的收益吗?受主客观条件的影响,政策制定主体对议题很难做出最佳安排,甚至有许多政策是在问题尚不清楚的情况下制定的。议题安排是政策制定过程的决定性前兆,政策制定又是政策过程的首要阶段,因此议题的选择和安排是决定政策系统能否有效运行的关键,正确合理的议题安排意味着公共政策已经成功了一半,而若这个环节出现了失灵,那也就是公共政策的失灵。议题安排环节的失灵主要表现为政策制定者决定的议题并不是大多数公众最急需解决的问题,甚至出现政府被某些利益集团所俘虏将一些使少数人受益的问题提上议程。议题选择之所以不能代表民意,是由于议题安排被核心决策层垄断,非核心政策主体和目标群体缺少利益表达。核心决策层(通常为政府)应该是"代表民意的议题选择者"即在"民意"这个规范的约束下,由政府最终确定议题。然而,我国一些地方政府在议题安排中出现了角色错位,他们只是从自己的角度"考虑民意",很多政策议题都是根据领导的兴趣决定的,完全按照领导人的主观意志自上而下地安排政策议题。另一方面,决策层之外的政策主体和目标群体利益表达不畅,当然这可能由于很多公民本身缺乏主动表达利益的意识,他们更愿意交给政府解决,但主要责任还是在政府,他们不仅没有提供便捷的利益表达渠道(或渠道如摆设根本发挥不了作用),还对民众自发形成的表达渠道进行限制。

2. 目标确定失灵

政策目标的失灵有两个表现,一是政府为了自身利益故意模糊政策目标,如面对畸高的房价,上至中央政府下到地方各级政府及其职能部门都出台了大量的相关政策,但这些政策都没有明确地将抑制高房价或打击投机炒房、哄抬房价的行为确定为它们的目标。为什么会这样呢? 因为如果抑制房价的目标明确了将会影响政府自身的利益,房价低了,地价也随之降低,政府的土地出让金收益就会减少。二是政府自行确定目标,没有征求各方意见,导致出现主次目标颠倒,目标期望过高或过低等问题,而目标确定的偏差会影响后面政策方案的设计,进而影响整个政策系统的运行。

3. 方案设计失灵

方案设计缺乏现实可行性和灵活创造性会导致政策失灵。方案的现实可行性是指现有的资源和条件能够确保政策的实施,如果无视现实的条件和可能,那么再完美的方案也会因无法实施而缺乏实际价值。政策制定者在设计政策方案的过程中很有可能会由于自身专业能力不强、信息搜集不够完备或缺乏科学预测等原因缺乏对政策的可行性分析,使得设计出的政策方案缺乏可行性。方案设计缺乏灵活性主要表现为方案设计者很多情况下按照原有的或者上级政府的政策文件来设计自身的方案,很少体现出本部门、本地区乃至本国的特殊性和创造性,也难以设计出一套富于创见的政策方案。如我国矿难频发,地方政策出台得也不少,为什么发挥不了效力呢? 那是因为中央将文件下达到地方,地方政府基本都是照抄,再层层转发,根本没有结合本地实际情况调整可行性方案,所以政策根本起不到什么规范作用。

4. 方案选择

方案选择即政策制定者的最终决策,从众多的备选方案中选出一个最合理的确定为最终方案。方案选择和方案设计一样既是一种要求专业性的研究活动,又是一种涉及利益调配的政治行为。提到选择,我们往往会想到选择的标准和时滞性问题。方案选择同样会因为选择标准偏离公众利益和决策滞后而导致政策失灵。决策层在这个环节的角色是"代理者",授予政策有利害关系的目标群体的委托而进行方案选择。而在实际的方案选择中,决策层往往忽略了委托人的利益,而选择对自己有利的方案。此外,决策层内部首长负责制的决策形式使得方案选择权集中到领导手中,由领导个人决定,方案选择是一个需要专业研究的复杂活动,缺少专家、智囊团的力量,单凭个人根本无法保证其科学性,会增加许多外部成本。时滞性问题贯穿整个政策系统,方案选择也会因为协调各方利益花费太多时间以至于最终方案无法适应变化的环境而使得社会问题无法被解决。

(二)政策执行失灵

政策执行就是在政策期望与政策结果之间所发生的活动,它的好坏决定着政策结果的好坏,因此政策执行失灵也会导致政策失灵。接下来本文将分析政策执行过程中哪些具体情况会导致政策失灵,这里只关注执行本身的缺陷,对于外部环境、政策资源等就不详加赘述。

1. 解释偏差

政策执行的第一步要求政策执行者将政策方案转换成具体可行的实施计划,也就是政策方案要被层层解释。政策执行者做好与政策制定环节的衔接的前提是理解和认同政策方案,正如美国政治学家阿尔蒙德和鲍威尔认为:"一项政策得以贯彻到什么程度,通常取决于官僚对他的解释,以及他们实施该政策的兴致和效率。"而我国政策执行者在政策执行中往往存在政策的认知障碍,政策的认知障碍会产生政策解释偏差,政策解释偏差又会引起政策执行失灵,最终引发政策失灵。政策认知障碍产生的原因有两种,一是执行者自身素质不高,对政策的领悟能力低;二是政策执行者自身的利益追求和行为价值取向,如果公共政策威胁到自身利益时,执行者就会抵制这一政策,使该项政策很难得到顺利有效的执行,执行者的抵制行为有多种表现形式,包括执行态度不积极、曲解政策、有选择的执行政策等。通过以上分析发现,政策在被解释环节偏离原意的主要原因还是政策执行者缺乏执行规范约束,自由裁量权或主观随意性太大。

2. 组织机构的缺陷

建立精干高效的组织机构是确保政策贯彻落实的保障,而混乱低效的组织机构会阻碍政策的顺利执行,导致政策失灵。我国组织机构的缺陷主要表现为组织机构设置不合理及科层组织的弊端。在转型中国,执行层已经习惯于自上而下地成立各种执行组织,每新增一项政策,就要成立一个新机构,而且随着政策的不断细化,政策机构的划分也越来越细,导致机构设置过多,产生诸多人员兼职、机构职能重叠的问题,在政策执行的时候会造成多头执行(有利可图的政策)或无人执行(责重利微的政策)的状况。政策执行组织机构的科层组织特征也会导致政策执行失灵。烦琐的规章制度会妨碍组织成员创造性和自主性的发挥,使组织事务的处理变得呆板,成员的主观能动性缺乏、形式主义作风严重,这些都会影响政策执行的效率。此外,科层制层级过多容易造成信息失灵,妨碍执行机构组织间的沟通与协调,使得下级在执行政策时偏离上级的原意。

3. 实施手段不合理

政策的具体实施并不是政策执行者单方面的事,也需要目标群体的积极参与和配合。我国的政策执行往往是自上而下强制性的,不考虑目标群体的接受能力,这样往往会造成目标群体不配合政策的实行,面对目标群体的不配合,政策执行者又缺乏协商,采取更强硬的手段,最后政策不但不能顺利执行,还要付出巨大的执行成本和外部成本。如地方政府在实行拆迁政策过程中,很多公民都不清楚有关拆迁政策的具体内容,自然不能接受政府的拆迁行为,而政府为了达成政策目标就强拆,结果目标群体采取了"自焚""钉子户""暴力对抗"等非理性行为使双方都付出了巨大的代价,使得政策成本远超政策收益。总之,缺乏协商、单一强制的行政手段不利于政策的推行,易致政策失灵。

(三)政策监控失灵

政策监控是贯穿于政策过程始终的一个基本环节,它制约、影响着其他环节,对实现政策目标起着重要的作用。反之,若是公共政策过程得不到有效的监控,那政策就很有可能出现失灵。我国监督机制的不完善主要表现在两方面:一是体制内监督的形同虚设,我国体制内的监督包括党内监督、民族党派监督、行政机关监督等,可以看出政策监控主体很多时候与政策制定者、执行者是一致的,就会出现有些监督主体为了减少自己的麻烦懒得监督,有时候就算发现了问题也碍于面子帮执行部门隐瞒。此外体制内监督机关缺乏充分的独立性,监督机关对其上司及同级的有些部门负责人无法超然行使监督权。这样一来,失灵的政策得不到有效的控制和及时调整,只能进一步恶化。二是体制外监督的薄弱,体制外的监督说到底是民众监督,而我国民众缺乏正式的监督渠道,人大监督不起作用被体制内化,信访部门监督权力有限,只能靠爆发群体性事件等非正式渠道,但要付出巨大的成本,往往得不偿失。还有在信息不对称的情况下,民众也缺少足够的必要信息来有效地监督公共机构及其官员的活动。

(四)政策评估失灵

公共政策的评估与监控相辅相成,评估是检验公共政策效果的重要过程,它的好坏关系到公共政策的后续进程和下一个公共政策的改进。而目前我国很多政策评估流于形式,缺乏一套科学的、规范的评估体系。评估主体单一,以政府为主,缺乏独立的民间评估机构、社会的自主评估系统不受重视。身兼"运动员"和"裁判员"双重身份的政府在评估过程中主观性大,容易混淆角色,造成评估结果失真。信息不对称、技术落后也是导致政策评估失灵的原因。

第四节　政策失灵的治理路径

通过对上文政策失灵原因的分析总结,笔者将从政策资源、政策机制、政策组织结构和政策环境这三个角度提出防止和纠正政策失灵的对策。

一、投入充分的政策资源

政策的有效运行离不开政策资源的投入,这些资源包括有形资源如人、财、物等,也包括无形资源如信息、权威等。政策资源的投入不仅要有"量"的保证,还有"质"的要求。在探讨政策失灵的过程中,我国政策资源的不足主要集中在"人"和"财"这两项资源。资金方面,地方财政资源尤其紧张,因此我们要处理好地方与中央的财权和事权划分,财权与事权要成正比。在人员方面,政策主体的素质有待提高,具体而言,一方面是提高其思想道德素质,增强大局观念,防止和克服以权谋私、地方和部门的保护主义,提高自律精神,规范其行为,防止以权谋私、弄虚作假的行为。另一方面,提高政策主体的专业知识和能力,要定期组织政策主体对于政策知识和理论的学习,通过实施国家公务员制度使我国政府官员从政策制定到执行整体认知水平提高,大力选拔高素质人才进入公务员领域,提高国家政策运行主体的总体水平。此外,国家还要深化教育制度改革,加大教育投入力度,全面落实教育法,从整体上提高广大人民群众对政策的认知能力和理解能力,为目标团体对政策的正确认知创造必要条件。

二、完善相关政策机制

应当从政策制定、政策执行、政策监督、政策评估等政策过程的各个环节入手,避免出现政策失灵的现象。

(一)政策制定方面

首先,成立问题研究机构,引入第三方参与决策。每一项公共政策的制定都要针对特定的问题。如果没有把握住问题的本质,则公共政策很难取得预期效果。因此在公共政策制定的时候,必须充分分析问题的本质,这样才能对症下药。成立专门的问题研究机构,加强对问题的研究,使之对问题的解决提供帮助。研究机构的人员最好由科研所、高校、政府和公众合理搭配组成,合理的人员搭配,为分析和寻求问题的解决办法提供可能的解决方案。其中科研专家、智囊团等也称为"第三方",他们具有的中立性、专业性、草根性等特点有利于合理安排议题,确定正确的目标,制定出最佳的政策方案。其次,吸收公众参与,完善公共利益的诉求机制。密切联系群众,从群众中来到群众中去。一方面,群众是实践的主体,他们处在第一线,与问题本身有很大关联,公共政策在制定的过程中,要吸收公众的参与意见与建议,公众扎根基层,对当地的情况非常了解,可以帮助公共政策制定者收集信息、分析问题。只有公众参与进来,才能更好地处理这些问题。另一方面,公众参与扩大了制定政策的民主参与,能够保证公共政策制定公平性,引导公共政策的方向和利益协商平衡,使政策得到较好的执行。如果没有公众的参与,公共政策制定的公平性会受到考验。让不同利益主体将各自的利益诉求明确地表达出来,是利益视角下的政策过程分析最为重要的启示。提高公民参与需要完善公共利益的诉求机制，相关政府部门应自觉摒弃单向传达、"替民"做主的惯性思维，着力于设计并完善覆盖广、兼顾公平的公共利益表达机制，进一步畅通公共利益表达渠道，实现公共问题纳入议程、公共政策制定与公共利益表达同步。如依托互联网平台，加强公共服务平台建设，让社会公民能够及时、顺畅地表达利益诉求，实现公共政策制定部门与社会公民集体的"扁平化"交流。最后，公共政策制定的程序必须法制化。公共政策必须严格按照法定程序来制定，坚决反对暗箱操作等损坏公共利益的行为。用法制规范公共政策的制定，减少政策制定过程中的人为干扰，提高公共政策制定准确性和可行性。

(二)政策执行方面

首先，建立政策主体责任制和奖惩制。公共政策制定后，必须严格执行才能使公共政策产生效果，因此公共政策执行主体的严格执行非常重要。执行主体在执行的时候，必须严格按照公共政策所规定的执行。同时为了方便对公共政策的评估，必须建立政策主体责任制。将政策主体责任制纳入政绩考核，成为升迁的一个考量因素。根据奖惩一致的原则，在政策主体责任归属明确的情况下，建立惩罚机制警示政策主体，约束他们的行为。

其次，培训政策执行主体。加强对政策执行主体的培训，提高公共政策执行主体的素质和能力。公共政策执行主体是公众政策由文书变为实际工具的载体和指挥者，与公众有着直接的联系。政策执行主体的素质关系着公共政策的成效大小。政策执行主体能否完全领会公共政策的精神、能否根据实际情况保证无私执行、能否与公共政策对象进行良好的沟通协商、能否对发现的新问题进行反馈等，这些都影响着政策功效的发挥。

再次，加大政策宣传力度，完善政策传播机制。实践证明，由于宣传不力导致目标群体难以准确的认知。政策的传播离不开对政策信息的宣传，加大对政策的宣传力度，有利于执行人员和广大的目标群体对政策的了解，认识到政策的充分执行与他们自身利益之间的关系。建立完整的信息传播网络，改变高度一元化的传播方式。传统的信息传播渠道是单一的、垂直的，由各级政府之间传播，难以满足公众对政策知情要求，也无法适应现代社会对政策过程高效要求。随着传播技术的发展，电子邮件、电话会议等传播手段出现，促进政策信息传播多元化发展。政府的宏观政策可以通过媒体、电视、互联网等走进千家万户,提高政策的时效性,同时,减少单一传播的层级,确保信息真实性,还可以及时得到市民对政策和政府的反馈信息。例如,政府官网给公众与政府之间搭建了一条直接沟通的渠道, 不但公众可以直接点击政府的官网,迅速、及时地获取政策信息,而且公众对政策的意见和要求也可以通过电子邮件、电子投票、电子民意调查等形式来反馈给政府。

最后,建立政策执行反馈机制。政策执行反馈是指将公共政策的执行进行量化,并将执行的情况反馈给上级政策制定者。一方面,完善公共政策数据库。完整的、系统的统计公共政策目标的各种情况,并确定哪些公共服务是需要优先配给提供的,建立这些数据后,政策执行主体也可以有针对性地去解决公众关心的问题,将政策落到实处。另一方面,完善公共政策执行的数据库。将每个政策的执行者、执行数量、执行方式、执行效果、新发现等一一录入数据库,并将这些执行情况纳入考核范围,这样不仅可以将公共政策的效果进行很好的量化和评估,也有利于激励公共政策执行主体的积极性。

(三)政策监督方面

对公共政策的监督是保证公共政策从制定到执行的公平性和正确性。只有接受监督,公共政策才能够体现公共利益,并以公共利益为导向。只有接受监督,公共政策的执行才能更加到位、更加有力度。首先,建立健全公众监督机制。公众对公共政策的监督是目前最薄弱也最迫切需要加强的部分。公众是公共政策的受益者,因此对公共政策的监督肯定最为热情。在公众的监督之下,公共政策的效果也最为明显。而传统的群众信访、干部下基层做调查等已经不能满足公众的监督需求, 因此必须拓宽公众监督的渠道和对话机制。如,建立专门的监督网站、政府直接联系群众的短信问答、网络问政等。利用新技术和新渠道直接将公众与政府连接起来,构成点对点的直接对话,公众可以将实际情况直接传达给政府,政府也可以利用这些工具进行调查。其次,加强媒体的监督机制。在网络时代,网络媒体成了监督的利器。网络媒体监督具有很强的时效性、公开性和便捷性。政府要鼓励网络媒体监督,使之为公共政策的制定和执行营造一个公平、洁净的环境。通过媒体监督,使公共政策得到较好的落实。最后,完善公共政策失灵预警与矫正机制来防范公共政策出现偏差,政府部门应在收集公共政策执行反馈的基础上,组织政策制定参与人员, 相关领域研究专家和其他智囊团对现行公共政问题及其与预期目标的偏差进行科学的分析，预先判断今后继续执行该政策的社会反应，做好失灵与否的预判。在公共政策失灵矫正方面，政府部门应在科学判断现行政策偏差与否的基础上，充分咨询专家建议，借鉴国内外相关经验，制定现行公共政策纠偏的方案，并成立相应工作小组及时对执行中的公共政策进行矫正或有选择性的放弃。

(四)政策评估方面

实践是检验真理的唯一标准。公共政策效果的评估就是对公共政策绩效的检验，对制定新的公共政策有参考和借鉴意义，因此政策评估是一项非常重要的工作。必须对公共政策的制定、执行和绩效等进行一系列的评估，从评估中找出有利和不足之处，为下一个政策提供借鉴。建立一个相对公开、公正、合理的评估标准，在评估中做到不偏不倚、实事求是、就事论事。在公共政策的评估中，公众的意见必须予以优先考虑，并做到效率与公平兼顾。不能为了绩效盲目地追求效率，也不能为了公平而浪费大量资源。因此评估工作存在一定的难度，需根据实际情况评估。应该强化审慎思辨强制的评估方式，增加对政策结果的属性投入更多关注。为强化和纯洁公共政策的评估，应制定完善评估制度。用制度保障评估的合理、正确、公开。通过评估，找出公共政策各个环节中存在的不足，并对这些不足及时纠正，以减少因时间成本和沉没成本而造成的损失。使公共政策的预期回归民生，发挥功效。

三、合理设置组织机构

针对由组织机构过于复杂冗余而引起的政策失灵，我国要明确政策系统的职能划分，本着"成本—收益"的原则合理设置机构，规范各单位、部门之间的职责划分和互动关系。首先在政策实践中要改变各级党代会、人大、政协、司法机关权力虚置的现状，保证政策制定机构与政策执行机构二者的独立性。具体从结构层次上来说，在横向上要进一步深化大部制改革，将组织机构中处在同一层次、职能重叠交叉或相近的部门按照综合管理的要求，合并成一个大的部门，从而克服多头管理、政出多门、机构臃肿、人员冗杂的弊端。此外，还可以探索将纯粹的政策执行职能从各部门中剥离出来，交给一个或几个新设的"执行局"统一执行，切实提高执行效能。在纵向上，应加强政府纵向决策层与执行层的沟通，一般的公务活动可以在更接近社会大众的基层政府完成,降低政务信息逐级向上传递的必要性,尽可能减少中间环节和管理层次,扩大管理幅度,力争实现机构的扁平化。

思考题

一、概念解释

    1. 公共政策失灵

    2. 利益变异性失灵

    3. 负面失灵

    4. 缺陷性失灵

    5. 政策监控失灵

二、简答题

    1. 如何理解利益变异性政策失灵?

    2. 公共政策失灵的类型有哪些?

    3. 公共政策失灵的影响有哪些?

    4. 阐述公共政策失灵产生的原因。

    5. 请联系我国公共政策实践阐述如何治理与防范公共政策失灵。

本章重点：

1. 政策网络理论
2. 政策变迁理论
3. 多源流理论
4. 中断——平衡理论
5. 倡导联盟理论
6. 政策扩散理论

第十四章　公共政策科学的最新进展

进入20世纪90年代以后，西方公共政策科学的发展进入了一个全面反思和拓展的阶段，学者们在澄清公共政策研究"混沌"现实的同时，致力于整合分裂的公共政策研究局面；在致力于拓展政策过程理论研究的基础上，学者们寻求新的公共政策理论并提出了新的政策过程模型，其中有助于人们从不同视角观察思考纷繁复杂的政策过程的理论。主要包括：政策网络理论、政策变迁理论、多源流理论、中断——平衡理论、倡导联盟理论、政策扩散理论等。

第一节　政策网络理论

政策网络是将网络理论引入政策科学而形成的一种分析途径和研究方法。政策网络兴起于20世纪50年代的美国，经过英国学者发展，成为英国政治学界研究政策制定的主导范式，现在流行于整个欧美学界。目前，政策网络的概念已经无处不在了。政策网络研究的兴起被认为是对政治科学的一大贡献，它是过去二三十年里西方学界寻求对政策决策现象进行重新概念化的重要成果。

一、政策网络理论概述

政策网络最初作为一种比喻来描述政治过程中各种主体之间的复杂关系,这一概念最早出现于20世纪五六十年代的美国。政策网络分析的理论有二个源头:其一是盛行于20世纪六七十年代的组织社会学,尤其是组织间关系的相关研究。其二是关于政策系统和政策社群的研究,这些研究源于政治学领域,是20世纪五六十年代精英主义和多元主义关于权力讨论的产物。在政策过程理论的发展过程中,先后出现了多元主义、统和主义和网络主义三种理论。多元主义和统和主义之争由来已久,但是由于这两种理论各有理论缺陷,无法解释新时代社会公共政策过程中的所有现象,政策网络理论应运而生,并开始引起学者们的普遍关注和重视。按照网络分析途径,公共行政或者政策过程发生于相互依赖的许多主体形成的各种网络。政策的构建、制定、执行及政策变化受到政策网络的塑造、制约和影响。尽管学者们普遍认为政策网络在政策过程(政治过程)中扮演着重要作用,但是对政策网络内涵和本质的认识学界并未形成一致的看法。在对政策网络的界定中,不同的学者具有不同的看法。休·米勒指出,政策网络是反复出现的社会关系,但这种关系相比制度化的社会关系来说是非正式化的、有限制的。贝松对政策网络的定义是:"由于资源相互依赖而联系在一起的一群组织或者若干群组织的联合体。"彼得森和鲍姆勃格则将政策网络定义为:"在特定政策部门拥有各自的利益或者'股份',并且有能力推动政策成功或者导致政策失败的一群(政策)主体。"我国台湾学者刘宜君提出,政策网络可视为"利害关系者与国家机关各部门之间建立例行化的互动模式,对关心的议题进行沟通与协商,使得参与者的政策偏好被满足或是政策诉求获得重视,以增进彼此的政策利益"。

由于各国的政治制度和文化的差异以及各自学术传统的不同,学者们对政策网络的本质理解不同,形成了不同理论和流派。西方学者对政策网络的研究主要分为以英美学者为主的利益协调学派和以德国、荷兰为代表的治理学派。利益协调学派认为,政策网络是概括国家与利益集团之间各种关系形式的一般性术语,它反映特定利益集团在某一政策领域的相对地位或者权力,政策网络影响政策后果。治理学派则继承了利益协调学派中有关利

第十四章

益联盟与合作的思想,同时又吸纳了组织间关系理论的元素,将政策网络定义为治理的一种特定形式,即在政治资源分散于各种公共与私营主体的背景下动员政治力量的一种机制。按照治理学派,政策网络在本质上是一种建立于非等级的协调之上的、公共部门与私营部门之间相互作用而形成的一种治理形式或者治理结构。

美国政策网络分析典范基本定位于微观层次的研究。美国学者秉承多元主义和利益集团理论等美国主流政治研究的传统,强调微观层次的不同机构之间的人际关系的互动而不是组织结构关系的互动。起初,学者着眼于由利益集团、国会议员和政府官员等政策利益相关者所形成的次级政府,并认为它是民主政治的一种制衡。后来,一些学者转而批判次级政府。他们认为,诸如关系封闭的次级政府等政策网络有时候的确影响政策后果,但对美国民主思想提出了挑战并构成了威胁。英国政策网络分析典范基本定位于中观层次的研究。以罗茨、马什、乔丹、史密斯、威尔克斯与赖特为代表的英国学者,重点研究政府部门之间、政府部门与利益集团之间在政策过程中的部门结构关系对政策后果的影响。罗茨把政府间关系作为研究重点并定位于中观层次的部门结构,指出在英国实际的政策过程中存在着不同类型的政策网络,尤其是关系松散、开放的议题网络与关系紧密、封闭的政策社群。德国、荷兰的政策网络分析典范定位于宏观层次的研究结果,将政策网络的研究提升到宏观层面,以考察国家与公民社会之间的关系,视政策网络为一种新的国家治理方式。作为国家治理的形式,德国学者主张政策网络与官僚组织、市场三者鼎足而立,荷兰学者则将政策网络与政府并立为两大国家治理形式。但总体而言,他们都主张政策网络的公、私行动者在政策过程中的非科层互动模式。

从学术界关于政策网络理论的研究成果来看,大致可以将政策网络划分为四大理论模型:封闭式的利益协调网络理论模型、开放式的利益协调网络理论模型、治理模型和作为公共政策分析方法的途径。

(一)封闭式的利益协调网络理论模型

学术界普遍认为,政策网络的研究缘于美国统和主义政治学者对于美国政策过程中的亚政府的研究,具体包括政策子系统研究、亚政府研究、铁三角研究等,旨在为美国政府的政策过程提供一个具体的分析框架。子系统理论将政策制定描述为一种封闭模式，子系统存在的目的即是为了对内协调一致减弱政策冲突，对外减少外界对政策制定的干预。它表明紧密的政治关系在美国政治中有着很大的影响力，为观察者理解美国的政策提供了一个很好的框架。政策网络最早的关注焦点就在于某个特定政策领域中的参与者的互动模式。亚政府的概念出现于20世纪五六十年代的美国，它强调的是利益集团、官僚机构和政府中个体之间有常规的联系。亚政府同样是一个封闭式的政策体系，在政策过程中普遍存在，但主要存在于一些不会引起太多纷争的常规性政策和收益相对集中而成本相对分散的分配性政策当中，并非存在于所有的政策过程中。"铁三角"研究。亚政府描述了利益集团、国会与政府之间形成的亲密的小政治团体，在政策制定的过程当中，这种小政治团体对内协调对外排斥其他的利益需求，因而产生了偏离公共性的公共政策。西奥多·罗威形象的将这种稳定的亲密关系称为稳定性极强的"三角形"关系，由此产生了"铁三角"理论。利益集团、国会、政府利用三角形的网络关系，对政策资源进行权威性的分配，特别是在分配性政策领域中，在利益一致的前提之下，三方相互合作，相互协商和妥协，力求达到一个令大家都满意的政策结果，各取所需。英国学者查森和乔丹提出，由公职人员与生产者交织而成的"政策共同体"是英国政策过程的主要特点。与"亚政府"或是"铁三角"一样，这种共同体是未被认可的团体或是一般民众难以渗透的。他们还使用了"政策过程的分裂性"这样的说法来强调政策过程不是整体的、铁板一块的模式，而是被一个个关系亲密的共同体成员分解成了碎化的模式。

（二）开放式的利益协调模型

休·赫克拉提出了"议题网络"的概念，认为议题网络比铁三角更具普遍性，因为它以开放式的属性代替了铁三角封闭式的控制圈，与以往封闭式的分析模型相比，议题网络具有以下特点：首先，议题网络中的行动者没有严格的限制条件。其次，议题网络的人事变动频繁，组织稀松，充满不稳定性。第三，在这个网络中，直接的利益关系让位于观念或请愿的联结。罗茨将以往学者的研究成果做了整合，根据参与者整合程度、参与成员的类型、成员之间资源的分配，将政策网络放置在从高度整合到低度整合的谱系上进行分析。高度整合的政策网络包括政策社群，低度整合的政策网络为议题网络,还有位于两者之间的专业网络、府际网络、地域网络与制造者网络,构成一系列的光谱。

(三)网络治理理论模型

20世纪90年代后,政策网络研究和治理理论结合起来产生了网络治理研究派。治理学派认为,政策网络在本质上是一种建立于非等级的协调之上的、公共部门与私营部门之间相互作用而形成的、与政府和市场相区别又介于二者之间的第三种社会结构形式和治理模式。由于解决政策议题所需要各种资源的分散性和相互依赖性,各行动主体都积极参与到政策网络之中,通过集体行动来寻求问题的解决和自身利益的实现。政策网络治理的过程就是所有参与主体通过对资源的相互依赖和经常性的互动,培养共同的价值观、协商共同的行为规则、遵循价值观和行为规则行事来达成预期政策结果的过程。因此,政策网络治理具有四个基本特质:一是行动主体的相互依赖性。二是网络成员交换资源和协商利益的持续互动。三是互动按照"游戏规则"进行,并能产生信任。四是国家干预之外的社会实质性自治,政策网络具有自主性并且自我自理。

(四)作为公共政策分析方法的途径

有学者试图通过对政策网络本身的剖析,探讨网络对于公共政策过程和结果的影响。网络分析注重决策者之间的动态、非正式的关系,但是决策者之间的关系既有结构性的也有人际性的,这就导致了两种不同的研究路径:网络结构分析法和网络人际分析法。网络结构分析法认为网络本质上是一种结构,是由相互依附的资源而形成的结构。这种结构对代理人起作用,政策行动者在结构中相互作用,寻求相互之间的利益,因而参与者的利益关系是网络的纽带。网络结构分析法认为网络结构影响政策结果,强政策网络的存在可以约束政策代理人,可以形成持久有力的政策共同体。窦定提出了网络人际交换法,他认为网络并不能直接地影响政策结果,而是通过影响行动者之间的互动从而影响到政策结果。网络反映的是代理者之间的资源交换与相互作用的一种模式,政策结果的解释依赖于政策行动者的特征,而不是依据网络。因而,行动者才是政策分析的起点而非网络本身,行动者的偏好特征和决策程序影响政策结果，政策结果的变化是不是按网络结构分析法所主张利用网络外生的变化那样来解释，必须依据网络中相互依附的资源的内在变化来进行解释。

二、政策网络的基本特质

政策网络是一种非科层和非市场的结构，它是在多元主义、法团主义发展的基础上形成的。表面上，政策网络有着复杂性和无常性，实际上仍然有一定的规律可循。由于网络结构介于市场与科层之间，表现出动态与稳定、互倚与自主、排他与包容的两重性。

(一)动态性和稳定性

一方面，政策网络中的成员始终处于一个不断流动和更替的过程。网络中的行动者根据各自的资源占有情况获得在网络中的影响力，形成了动态发展的互动过程。而且，在政策网络中，行动者各自根据自身的目标来影响政策过程，使得政策过程充满了不确定性，从而使政策网络的动态性进一步加强。另一方面，政策网络也潜藏着一定的稳定模式。政策网络的稳定性指的是，政策网络中会有一些常规的决策，网络中行动者的活动有一定的秩序而不是杂乱无章的。这是因为，政策网络中的互动是一个多次博弈的过程，能够形成一个稳定的合作模式。

(二)互倚性和自主性

政策网络是互相依赖的行动者的一种关系模式。互相依赖是政策网络的一个关键词和解密词。互相依赖的基础在于资源在各种行动者之中的非垄断性分配，由于网络中的行动者依靠自身的力量无法完成任务，必须依靠其他行动者的帮助来实现目标。因此，公共事务就需要政府、非政府公共组织和私人部门多方力量共同管理，各尽所能、各司其职。在资源依赖的导向下，各种行动者在网络中进行交换信息、目标和资源，形成资源交换、互利互惠的关系。资源依赖和交换是政策网络本质的特征所在。

第十四章

（三）排他性与包容性

政策网络的边界具有排他性和包容性。这是政策形成和改变的基本决定因素。政策网络具有包容性的特质，在基本的准则和底线设定之后，符合资格条件的行动者都可以进入网络之中。与此同时，政策网络也有着排他性的特性。政策网络在允许一些行动者进入的同时，意味着对另一些行动者作出了进入限制。政策网络总是在不断地寻求维持成员利益的新均衡，防止少数人的专断决策和政策垄断。

三、政策网络理论评述

政策网络理论模型体现了研究者对于政策制定中国家与社会组织之间更普遍、更早的兴趣，而且它进一步深入到更加灵活的框架中。这个框架体现的不一定是政府与团体间的牢固、稳定或持久的关系，相反，它体现着各个政策部门中在关系利用和创造上的互动。这种研究路径及理论模型似乎能够比以利益集团方法更好地处理政策过程中的复杂性和流动性。

政策网络模型方法的一个重大问题是，它在描述关涉网络活动中的关系模式时是有用的，但是在解释政策结果或政策领域是如何塑造网络结构时，这种方法就发挥不了作用。在描述层面上，研究者很难描述网络的组成以及如何、为何它会改变。而且进入到网络的内部来理解各个参与者之间关系的本质也很难。另一个问题是，政策网络方法虽致力于突破原有的分析框架，但它并没有把自身与政策过程和行为方式的传统分析模型清晰地区分开来。

第二节 政策变迁理论

公共政策在其动态运行过程中，政策变迁是一个自然的过程环节。所谓政策变迁是指不同政策间的替代与转换过程。公共政策变迁是人类社会基本的正式制度变迁模式，是围绕集体行动而开展的自发的或通过人为安排的秩序演进过程。政策变迁呈现出结构性逻辑和阶段性逻辑的特点。结构性逻辑表现为:政策时滞、政策博弈、政策演进。阶段性逻辑呈现为政策失效、政策创新、政策均衡三个阶段。任何一项公共政策的变迁都是在均衡—失效—创新—均衡这种方程式中循环。

一、公共政策变迁的过程

公共政策变迁是制度变迁的正式而又基本的形式，任何时代和社会条件下的制度变迁基本上是以政策及其文本形式作为载体表现出来的。政策变迁的阶段性逻辑呈现为政策失效、政策创新、政策均衡3个阶段。公共政策变迁的过程就表现为政策失衡、政策创新、政策均衡的循环过程。

(一)政策失衡

一项公共政策若本身缺乏对社会发展的推动力和协调力，并失去了满足人们利益的吸引力时,这项公共政策就需要开始某种程度的转换或变更。这表明该项政策已经变得"不好"甚至"坏了"，整个政策处于非合理或非良性状态,它已经不能有效地维持和推动某一领域或政治、经济、文化、社会整个领域的发展,这时的公共政策已经失衡。政策失衡指的是愿意改变既定政策的政策参与者的集合力量，超过愿意维持既定政策的政策参与者的力量集合时的一种状态;我们把政策失衡的这种状态所处的阶段称之为"僵滞"阶段,这也是政策变迁的起始阶段。此阶段,公共政策的主要特点表现为失效。所谓政策失效是指一项公共政策在运动中的效力退化过程或效力丧失状态,它在实施过程中无法促进社会资源的优化配置,有时反而导致政策本身资源和社会其他资源的浪费。事实上,"事物的不断发展变化,与政策相对稳定性之间的矛盾,决定了每一项政策都有其失效过程。而且,正是源于政策失效才诱发了政策的演化和变迁。

公共选择学派认为,公共政策失效的原因主要包括:①社会实际并不存在作为政府公共政策追求目标的所谓公共利益。②现有的各种公共决策体制及方式(投票规则)的缺陷。③信息的不完全、公共决策议程的偏差、投票人的"近视效应"、沉积成本、先例等对合理决策的制约。④政策执行上的障碍。公共选择学派倾向于从公共决策本身的复杂性和困难以及既有公共决策体制和方式的缺陷即公共政策制定的角度探讨公共政策失效。肯尼思·阿罗的"阿罗不可能定理"、奥尔森的"集体行动的逻辑"以及古典"投票悖论"揭示的个人偏好或利益总为集体偏好或利益的不可能等反映了公共决策体制具有的内在缺陷,这些都有可能由公共政策缺陷而导致公共政策的失效。政策分析学派倾向于从政策制定、政策执行和政策评估的政策过程角度对政策失效进行探讨。制度经济学派倾向于从政策的无效率和政策供给不足探讨政策失效。

第十四章

陈潭等人综合了公共选择学派、政策分析学派、制度经济学派的观点,对政策失效的表现和原因做了以下几个方面的解析。就政策失效的表现来说,可能具有其中某些表征:一是政策负效应明显,政策效率低,政策效益为负值,如人民公社制度。二是政策维护成本高昂,政策功能式微,如原有户籍制度和现行人事档案政策等。三是违背普适的价值观,如《生活无着的城市流浪乞讨人员收容遣送办法》及其他一些歧视性政策。四是舆论反映和公众意见强烈,如原有三农政策等。就政策失效的原因来说,主要有以下可能性:一是政策本身的缺陷。由于政策目标不明确、政策决策体制障碍、决策信息不完全、决策者的短见等因素导致政策的科学化和民主化的不足。二是政策执行的障碍。政策人员的领悟水平差,沟通程度低,政策执行资源短缺。"上有政策、下有对策"扭曲式的执行方式都有可能导致"政策相关低度化、政策调控弱化、政策效应短期化、政策运行阻隔化"的现象。三是政府自立性的存在。政府自立性的存在有可能偏离政策的公共性,从而导致政策执行阻滞和效率缺损。四是政策时滞的惯性。时滞的存在使政策不同程度地出现惯性和惰性,旧政策的"沉淀"与新政策的"生长"同时存在,因此摩擦和失效不可避免。五是利益集团的博弈。政策参与各方特别是利益集团之间出现相互拆台、互不买账的现象,或者是集体行动困境导致"搭便车"行为,致使政策失效。六是政策环境的变化。知识、技术、市场、意识形态、国际形势、公共危机等方面的改变将导致政策的部分或全部失效。

(二)政策创新

政策创新是指由旧政策到新政策的转换,是政策变迁过程中最为主要的一个阶段。没有政策创新行动,政策变迁就不可能有实质性的演进。政策创新的发生是由于存在着政策失衡,但并不是任何政策失衡都能够立即引发创新变革行动。政策陷入失衡状态后,政府一方面可能会采取各种手段促进政策创新行动,另一方面,由于既得利益团体抵制、政治体制的保守性、政府机构官僚化程度等多种因素的影响,政府也可能会做出暂时维持原政策、推迟创新变革的决定。一旦政府做出这种决定,便使得政策处于被"锁定(Lock-in)"状态,维持低效率的勉强运转,从而造成政策创新的"时滞"。这种"锁定时滞"状态不仅不能解决现实政策问题,而且会成为社会发展的阻碍因素。

政策"锁定时滞"现象的发生阻碍了政策从初始均衡向新均衡转变的进程,延长了政策变迁周期,可以说是一种恶性的路径依赖。"政策锁定"持续时间越长,政策创新的难度就越大,而且,随着政策问题的积累与政策矛盾的激化,政策很可能会发生剧变,这对于政策变迁的良性发展无疑具有消极作用。因此,打破"锁定时滞",选择在最佳时机发起政策创新变革行动是这一阶段所面临的首要任务。

此外,为了突破政策"锁定时滞",决策者还将面临创新方式的选择。在突破锁定时滞的创新方式上,选择渐进方式还是选择激进方式,是存在争论且值得思考的问题。有的人认为由于政策时滞的存在,政策创新的路径依赖特征十分明显,加之体制的文化惯性和创新过程本身的复杂性,于是由易到难、由浅入深的渐进式路径及其行动策略便更容易被人理解和接受,从而成为政策时空上的一般化的可能选择。事实上,不论是渐进还是激进的方式都不应该是唯一的和排他的选择,创新方式的选择应该基于多种客观条件进行综合考虑。从政策创新的成本大小来看,渐进方式劣于激进方式;从创新阻力引起的摩擦成本来看,渐进方式创新变革又明显优于激进方式的创新变革。从政策创新主体的有限理性来看,由于创新主体积累的知识经验有限,对于每一项创新方案不具有充分的预测能力,因而渐进方式更合理。从政策创新的承受能力来看,政策参与者的思想观念更新越快、越彻底,经济承受能力越强,激进的创新方式就越容易展开。否则,政策创新宜采用比较稳妥的渐进方式。

(三)政策均衡

政策均衡表明一项政策处于稳定状态,它指的是所有的政策要素、政策关系维持一定的最好情况的状态,政策供给适应政策需求,人们对既定的政策安排和政策结构处于一种满足或满意状态,因而无意也无力改变现行政策。只有当创新变革的政策取得公认的合法地位以及公众的普遍接受和遵照执行的效力后,政策才真正发生了改变,改变后的政策将维持一段时间的稳定,这个阶段就是政策均衡阶段。政策均衡应当包括两个方面:一是政策系统内的各种要素变量及其关系在给定的政策安排中运行。二是政策系统内各变量总会在政策不变的前提下最终获得均衡,变量的变动不会出现改变政策的情况。政策的失效是相对于政策均衡状态的,是政策均衡的应然和实然;政策创新的完成是以政策均衡为标志的,创新是促使政策均衡的。从一定程度上来讲,政策变迁的目的就是追求政策均衡。

政策均衡的特点主要表现为以下四个方面:第一,供需均衡。任何一项政策安排和政策选择都不是随意规定的,而是根据人们的需求状况由公共权力机构所供给的。如果政策供给满足不了政策需求,政策需求大于政策供给,政策处于一定的失效状态,"政策市场"当中的攻击方对需求行情就把握不够,对市场回应不够。如果政策需求小于政策供给,一方面说明政策要么动员力不够要么理解力差,导致政策处于零认知或低度认知状态。另一方面说明政策要么"超前"要么脱离实际。因此,政策均衡表明的是政策需求等于政策供给。第二,利益均衡。任何政策都是权力和利益的分配规则,是各种社会力量作用的结果。具有一定利益要求并拥有一定政治资源的个人或集团,都会以一定的方式对公共政策施加影响。当各种社会政治力量保持均势格局,他们的互动行为推动政策趋于稳定。第三,结构均衡。在政策系统中,政策横向联系和政策纵向层次之间均相互支持、相互协调、有机配套,政策系统运行通畅,政策整体效能能够有效发挥,同时又与社会意识形态、价值观念、道德规范具有可相容性,这时的政策结构或政策系统处于良性化状态,于是政策均衡自然而然。第四,动态均衡。我们知道,政策本身是一个动态的、协调的、开放的系统,政策要素的变动性和政策环境的非确定性要求政策必须开展适应性调整,因而政策均衡并非静止的、安于现状的均衡,政策稳定也只能是相对的稳定。

总的来看,"政策失衡—政策创新—政策均衡"构成了一个完整的政策变迁过程。但是一个政策变迁周期完成后,政策并没有静止不动。实际上,经过一段时间后,受各种诱致因素的影响,不同政策参与者之间的力量对比会产生变化,均衡政策便潜伏着向政策失衡过度的趋势,从而政策变迁又进入到下一个"政策失衡—政策创新—政策均衡"的循环周期中(见图14.1)。

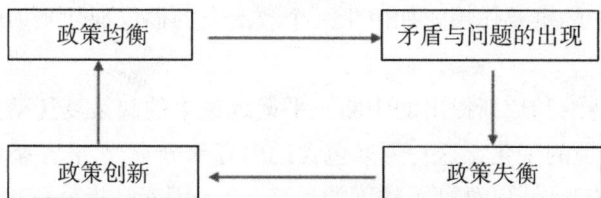

图14.1 公共政策变迁的周期

二、公共政策变迁的动力分析

萨巴蒂尔提出的倡导联盟理论已成为当前具有重要影响力的政策变迁理论。这一理论中的政策变迁动力因素主要有：①社会经济条件的变化。这一因素可以被进一步细分为两个因素：一是社会条件的变化，二是经济条件的变化。前者是指社会发展形势的变化，如社会问题的增多或减少等；后者是指经济发展形势的变化，如经济的过热或过冷等。②民意与公共舆论的转变。这一因素主要是指公众观念与认识的变化，如公众认为某一事物具有合理性转变到认为该事务不具有合理性，或者相反；再如公众认为某一事项具有重要性转变到认为该事项不具有重要性，或者相反。总之，这一因素反映的是公众心理上的变化。③执政者的更迭。这一因素主要是指新的领导人或新政府的当选。④来自其他政策子系统的影响。这一因素主要是指其他政策领域对某个特定领域内政策的影响作用，如以限制城乡人口流动为目的的户籍政策松动后，城市义务教育政策就必须做出接纳来自农村的少年儿童的就学改变。⑤政策效果的反馈。这里的政策效果反馈主要是指负面政策效果的反馈，如政策效果不佳使政策制定者重新对原来的政策方案进行评估，并采取相应的改进措施。⑥不同倡导联盟之间的互动。这一因素主要是指不同倡导联盟之间的交流、对话与辩论，持有不同观点的人互相影响。

金登的多源流理论则认为政策变迁动力因素主要有：①问题的凸显。这一因素反映着问题的变化情况以及问题的严重性程度。问题的凸显往往会促进人们采取必要的应对措施。②政治形势的变化。多源流理论将这一因素细分为公共舆论的变化和新政府的当选。③政策方案的完善。这一因素是指人们找到针对问题的更好解决办法。更加完善的政策方案的出现会促使旧的政策方案被予以更新，而当更好的政策方案没有产生时，现有的政策就不得不维持原状。④政策企业家的大力推动。这一因素主要是指一些关键人物在政策变迁中的重要作用，如由于一个政治家的倡议而使某项政策发生了重大转变。

鲍姆加特纳和琼斯提出的中断—平衡理论中的政策变迁动力因素主要有：①外部环境的变化。这一因素包含的内容十分宽泛，它是指政治、经济、社会形势等的变化。②外部关注度的提高。这一因素是指公众和政府对某项政策议题或某个政策领域给予更多的重视。

柏必成以政策子系统作为参照，将九个政策变迁动力因素分为外部动力因素与内部动力因素两类，构建了政策变迁动力分析框架（见图14.2）。

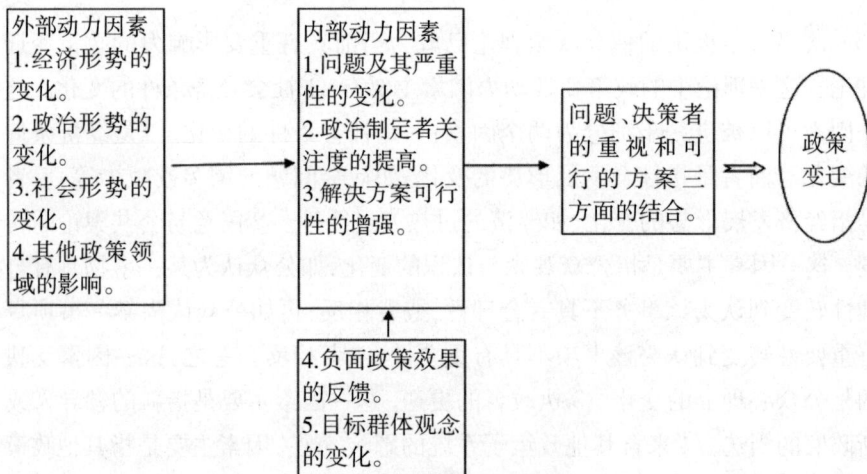

图14.2　政策变迁动力分析框架

前一类因素包括经济形势的变化、政治形势的变化、社会形势的变化和其他政策领域的影响的四个因素，它们位于政策子系统之外；后一类因素包括问题及其严重性的变化、政策制定者关注度的提高、解决方案可行性的增强、负面政策效果的反馈、目标群体观念的变化的五个因素，它们位于政策子系统之内。问题、决策者的重视与可行的方案三者在内部因素的某一因素的作用或多种因素的同时作用下实现结合，则政策的变迁得以形成。政策变迁的内部动力因素如下：①问题及其严重性变化时的结合。新问题的出现或者原有问题的恶化很可能引起决策者的重视，如果决策者同时能找到具有可行性的解决方案，那么，问题、决策者的重视与可行的方案便可以实现结合，相应地，新的政策得以制定，政策的变迁得以发生。②政策制定者关注度提高时的结合。当政策制定者的关注度提高时，原来不受重视的问题被提上了议事日程,如果决策者同时也能获得解决问题的可行方案,那么在这种情况下,问题、决策者的重视与可行的方案三者就能实现结合,政策变迁因而得以发生。③解决方案可行性增强时的结合。方案可行性程度的增强促进决策者对问题采取新的解决措施,从而实现问题、决策者的重视与可行的方案三者的结合,政策的变迁相应也得以发生。负面政策效果的反馈这一内部因素可能对问题及其严重性的变化、政策制定者关注度的提高和解决方案可行性的增强这三个因素产生影响,从而作用于政策的变迁。同样,目标群体观念的变化也可能作用于问题及其严重性的变化、政策制定者关注度的提高和解决方案可行性的增强这三个因素,从而影响到政策的变迁。如,目标群体观念的变化可能会使某些问题得以显现,也可能会使原来不具有可行性的方案具有可行性。

外部动力因素对政策变迁的影响是间接的,它们对政策变迁的影响作用要通过内部动力因素的传导,因而外部动力因素首先是作用于内部动力因素,并通过内部动力因素进而影响到政策的变迁。经济形势的变化可能会影响到问题及其严重性程度,如经济形势的变化导致某些新问题的产生。政治形势的变化也可能会使一些问题得以显现,如由于某些政治禁锢被破除,以前被掩盖着的问题可能会得以显现。社会形势的变化如同经济形势的变化和政治形势的变化一样,也可能会对问题及其严重性的变化、政策制定者关注度的提高、解决方案可行性的增强这三个因素产生影响。其他政策领域的影响作为一个中观因素也能作用于我们所要研究的政策领域或政策子系统之内的一系列因素。

第三节　多源流理论

多源流分析视角的基本框架最早是由美国著名政策科学家和政治学家、密歇根大学政治系教授约翰·金登在其代表作《议程、备选方案与公共政策》一书中提出的。金登的多源流分析主要讨论了政策议程的建立和备选方案的产生问题。他将科恩、马齐、奥尔森提出的垃圾箱模型应用于美国联邦政府中,并提出了两个"前决策"过程:议程的确定和可供选择方案的具体阐述。他在广泛深入的实证调研和案例研究的基础上,对公共政策过程的核心环节——议程的建立和公共政策的形成进行了科学的探讨。金登通过对美

第十四章

国卫生和运输两个政策领域一些接近决策的人士进行访谈和案例调查研究,以及对调查结果的分析,最终提出了政策议程过程的多源流模型。

　　该模型回答了三个重要的问题:①政策制定者的注意力是如何分配的。②具体问题是如何形成的。③对问题及其解决方法的发现是怎样和在哪里进行的。他的理论没有将其重心墨守成规地局限于一种"自上而下"的中央集权模式,而是认真考虑了政策制定的动态本质。

一、多源流理论概述

　　金登认为,议程的建立和备选方案的产生中存在着三种过程"溪流"(问题源流、政策源流和政治源流)和一个"政策之窗"。问题、政策和政治这三条过程溪流主要都是相互独立的,而且它们各自都是按照自己的动态特性和规则发展的。这些分离的溪流往往在某些关键的时候汇聚在一起。解决办法与问题连接起来,而且它们二者都与一些有利的政治势力连接起来。而这种连接只有当政策之窗(policy windows)竭力提出最得意的政策建议或关于问题的想法的机会打开时最有可能出现,或者是它们促使其特殊问题受到关注的机会。在需要决策的关键时刻,政策问题的提出者就将三者结合起来。三者的结合使一个问题获得政策制定者高度关注的可能性大大地提高了。[①]（见图14.3）

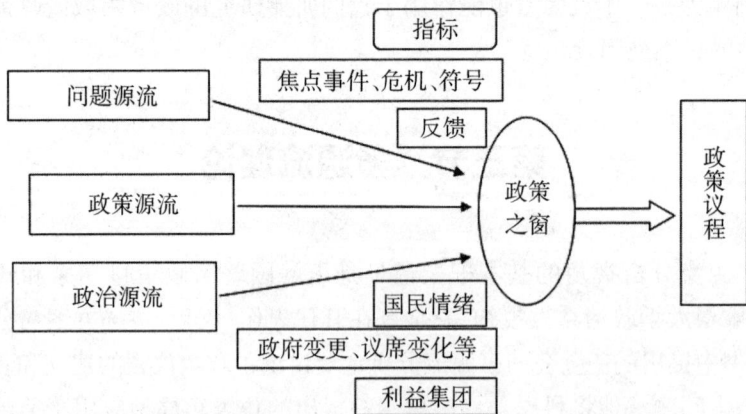

图14.3　多源流分析框架

①　陈敬德:《多源流分析:解读政策制定的新途径》,《管理学研究》,2005年第6期。

　　首先是问题源流。问题源流是由社会环境中的各种社会问题形成的。各种社会问题在四处漂浮，并不是每一个问题都有可能被提上政策议程，如何引起决策者的关注主要取决于某个问题本身的特点。为什么政策制定者对一些问题给予关注，却对其他问题视而不见？这主要取决于官员了解实际情况的方法，更重要的是，取决于这些实际情况是怎样被定义为问题的；金登直接指出，问题中必须包含明确的可感知的因素。①一些实际情况逐渐被界定为问题，因此比其他情况获得了更多的关注。这是如何进行的呢？由于政府机构和非政府机构都可以对各种活动和事件进行常规性的监控，所以实际上在政治领域有很多这样的指标。二是一些重大事件或危机事件将导致对某个问题的关注。因为政策问题通常不会因为一些指标而自动出现，它还需要一些推动力量来引起政府内部及其周围人们的关注。三是关于现行项目运作情况的反馈信息常常使一些问题受到决策者的重视。官员们有时是以很系统的监控和评估研究报告得到这种反馈信息的，但通常也会通过一些非正式渠道来获得反馈信息。②

　　其次是政策源流。政策源流是政策建议产生、讨论、重新设计以及受到重视的过程，该过程通常是在一个由某一特定政策领域的专业人员组成的政策共同体中产生的。在"原始的政策鲜汤"周围"漂浮"着由官僚、学者和研究人员等组成的政策支持者，针对共同关注某一政策领域中问题解决方案形成的各种意见主张。意见主张由政策共同体中的专家们提出，政策共同体是一个包含着官僚、国会委员会成员、学者和思想库中的研究人员的网络，网络成员共同关注某一政策领域中的问题，如环境政策，卫生政策等。这些意见主张需要通过多种方式的试验和检验，其中包括听证会、会谈和民意调查等多种方式。经过检验，一些主张保持原封不动，一些被合并为新的提案，一些则被取消。尽管主张很多，但仅有少数能引起高度重视。③

　　最后是政治源流。政治源流有其自身的特性，其流动规则是独特的，是与问题源流、政策源流不同的。其中包含三个因素：国民情绪、压力集团的争夺行动、行政或立法上的换届。国民情绪是指在某一既定国家中的相当数目的个体都倾向于沿着共同的方向思考，并且这种情绪会随着时间的变化而

第十四章

　　①　[美]保罗·A.萨巴蒂尔：《政策过程理论》，彭宗超译，生活·读书·新知三联书店，2004年，第97页。

　　②　陈敬德：《多源流分析：解读政策制定的新途径》，《管理学研究》，2005年第5期。

　　③　[美]保罗·A.萨巴蒂尔：《政策过程理论》，彭宗超译，生活·读书·新知三联书店，2004年，第98页。

改变。国民情绪可以很容易促使一项建议进入政策议程,决策者对国民情绪的认知既可以成为政策议程设立的有利推动力,也可以成为政策议程设立的阻碍因素。意识到国民情绪变化(可以通过民意调查方式获得)的政府官员们,通常会在议程上增加某些事项或淡化其他人的希望。压力集团具有普遍的组织性,因共同的利益而集合在一起,它会为争取本集团成员的利益而活动,可以对政策制定者造成很大压力,甚至影响政府的决策。而且,政治家们经常将压力集团的支持或反对态度作为更广阔的政治领域内的一致或分歧的衡量标准。政府变更、议席的变化往往意味着政策风向标的变化。首先是关键人事的调整。其次是管理权限的问题。在政治源流的三重因素中,国民情绪和政府的换届这两个因素的结合,会对议程产生强有力的影响。

金登多源流理论最大的特点在于"结合"。在一个关键的时间点上,当上述三大源流"融合"到一起时,问题就会被提上议事日程,金登将这样的时间点称为"政策之窗"。所谓"政策之窗",是政策倡导者把他们的注意力集中在政策问题并为实现他们所喜欢的方案而开着的机会。政策倡导者们准备自己所喜欢的政策方案,并等待他们所关心的政策问题表面化,或能够形成有利于他们的政策环境。有时候,"政策之窗"按可预测的日程打开。如预算审议和国政监督。相反,有时候,"政策之窗"因不可预测的政治和社会事件而打开。这样,政策倡导者们只能准备好政策问题的定义和政策方案内容而等待"政策之窗"的打开。如果政策倡导者们没有充分地利用已经打开的"政策之窗",就必须等待"政策之窗"的再次打开。"政策之窗"开着,就意味着为设定政策议题到最高决策为止的过程所必需的诸多条件已经成熟。如果从狭义的角度看"政策之窗"是开着的,那么它就意味着一种议题已经从广泛的政府议题变为政策议题了。所谓政策议题是包含已成为立法议题或正等待最终决策的那些议题。虽然已成为决策议题并不是说只有好的结果,但确实比政府议题处在更积极而有利的地位。[①]

二、"政策之窗"打开或关闭的原因

一般来说,在政策过程的三条主线,即问题主线、政治主线、政策主线,当中,因政治主线而开"政策之窗"的情况最多。例如,政权交替、议会中政党

---

① [韩]吴锡泓、金荣枰:《政策学的主要理论》,金东日译,复旦大学出版社,2005年,第338页。

议席的变更、思想倾向的变动。国民舆论的变化等政治主线的变化,使处于政策核心的人们注意到新的问题而打开"政策之窗"。其中政权交替是最为突出,又具有强影响力的政治主线变化。"政策之窗"有时因偶然事件而打开。偶然事件更加深政策问题的严重性,从而给政策倡导者提供他们所准备的方案能够提出来的机会。例如,三鹿奶粉的"三聚氰胺"事件直接导致了我国长达数年的食品免检政策的终结。广州"两抢"事件的凸显,直接导致了广州市"禁摩"政策的出台。"政策之窗"因如下五个原因而关闭:

第一,在有关问题的参与者认为,他们所关心的问题被决策机关或立法机关充分关注的时候。即使这一问题没有得到充分的关注,只要政府对此采取某种行动,那么对此问题的"政策之窗"就会关闭。

第二,如果参与者没能诱导出政府的任何行动,"政策之窗"也会关闭。一旦失败一次,那么他们在遇到下一次机会以前不愿意投入时间、精力、政治资源及其他资源。正如房产税的征收政策迟迟没有在全国全面铺开。

第三,有时也发生打开"政策之窗"的事件从政策场中消失的情况。任何危机情况或爆炸性事件,其寿命是短暂的。一般国民对大型飞机事故或铁路事故感兴趣的时间很短。有利于打开"政策之窗"的环境条件持续的时间一般也很短暂。

第四,有些人事变动可以成为打开"政策之窗"的契机,而另一些人事变动也可以成为关闭"政策之窗"的原因。例如,2014年12月22日《不动产登记暂行条例》正式出台。在习近平主持工作后大力提倡反腐败,在反腐的大环境下给予了不动产统一登记制度出台的一个契机,反腐是制度出台的一个重要推动力。在负责特定政策问题的高级官员就这一问题同议会有关人员进行协商需要一段时间的情况下,如果这一高级官员被免职或议会有关人员进行人事变动,那么这一"政策之窗"就自然地关闭。

第五,在某些情况下,因不存在有关问题的解决方案而关闭"政策之窗"。一般来说,在"政策之窗"突然打开的情况下,决策者们在没有对问题予以很好的界定,或没有对方案进行充分的讨论和分析的情况下参与政策过程。这时候,如果没能在短期内完成政策方案所需要的这一切事情的话,"政策之窗"就会因缺乏政策方案而关闭。如针对交通拥堵问题的解决政策迟迟没有出台,异地高考问题也没有统一规定的政策出台。

三、对金登多源流理论的发展与评价

金登所提出的多源流分析框架将公共政策阶段分析的触角向前延伸了一步,扩展了政策阶段分析的研究空间。多源流分析打开了政治系统的"黑箱",提供了政策过程参与者的全景分析图。它已经能够将原先的垃圾箱模型应用到了国家层面的政策制定过程。多源流分析修正了"垃圾桶模型",提升了其价值。但是金登的观点涉及的只是美国决策前的过程:议程确定和备选方案的细化。对多源流分析框架的批评主要是针对该理论的几个缺点。主要涉及五个方面的问题:①三个溪流之间是否真正独立? ②政策之窗在耦合中究竟发挥着什么样的作用? ③活动家的战略是如何影响耦合的? ④政策源流中的解决办法是否是渐进式发展的? ⑤这种方法是否仅仅是一种启发式的手段?

扎哈里尔迪斯对金登的理论做出三个方面的扩展和一个方面的修正。

首先,扎哈里尔迪斯运用多源流框架,解释了整个政策形成的过程(议程确定和决策)。在这一点上,他与金登最初对决策前的过程的解释有所不同。金登把有限的备选方案的细化与某一方案的确定以及实际的政策选项本身区分开来。扎哈里尔迪斯却认为两者是同一过程(决策)的两个部分。其次,扎哈 里尔迪斯利用多源流分析框架进行了政策比较研究,他运用这一框架对英国、法国进行了分析,提升了这一分析框架的普适性。金登对美国联邦层级的强调似乎与强烈模糊性的条件很接近。但是,英国与美国有很大不同,英国社会中的模糊性相对较低,斗争较少,相互之间的联系更加紧密、更加正规,较少有人会在政策选择中有所投入。基于上述原因,金登认为这种多源流方法对于英国不是很适用,但是扎哈里尔迪斯则认为是适用的。第三种扩展主要是分析单元的变化。金登对于多源流分析的讨论主要是指整个国家的政府和多样性的问题。扎哈里尔迪斯则试图将单一问题模型化:私有化问题。然而金登将整个系统看作是一个包含着问题、解决办法和与所有问题都相关的政治因素的巨大容器。扎哈里尔迪斯分析了在不论其他问题如何被阐述的情况下,一个问题成为一个暂时"容器"的趋势。①

---

① [美]保罗·A.萨巴蒂尔:《政策过程理论》,彭宗超译,生活·读书·新知三联书店,2004年,第103页。

　　除了这三个方面的扩展之外，扎哈里尔迪斯还对金登的框架进行了修正，将政治溪流中国民情绪、利益集团、换届整合为一个变量概念——执政党的意识形态——这样的变化并未削弱该理论的分析能力。这一修正使得从美国这样分权的国家提升出来的分析框架同样能够适用于具有集权特性的政治系统和有强有力政党的国家。这些扩展和修正，拓展了多源流分析框架的应用范围，提高了应用的普遍性。[①]

第四节　中断—平衡理论

　　20世纪90年代，美国学者琼斯和鲍姆加特纳对德洛尔和林德布洛姆的观点进行了有机结合与合理延伸，从而建立起"中断—平衡模型"。琼斯和鲍姆加特纳在研究了大量的不同时期、不同领域的政策制定案例后，发现美国政策制定中出现的大量政策变迁，有些是渐进发生，有些则是爆发性或是间断性地出现。因此，美国政府的政策制定过程总是体现出"被短期的重大政策变化所打断的长期渐进变化"这一明显特征。[②]中断—平衡理论进一步发展了政策过程的阶段性方法。此理论致力于解释一个简单的现象：政治过程通常是由一种稳定和渐进主义逻辑所驱动，但是偶尔也会出现不同于过去的重大变迁。间断平衡理论可以同时解释政策的变迁和政策的稳定性。

一、中断—平衡理论概述

　　中断—平衡理论认为，情景的特点对于个体来说是至关重要的，原因就是个体所注意到的特点将决定人们的选择。此理论将政策过程放在政治制度和有限理性政策制定的一种双重基础之上。它强调政策过程中两个相互联系的元素：问题界定和议程设定。渐进主义的有限理性理论和偏好最大化的无限理性理论都不能很好地解释中断—平衡理论所关注的停滞和剧烈变化两方面的现象。但是，中断—平衡理论并不是集中地探讨纯粹的渐进性政策理论或纯粹的理性选择理论的问题。而是以拓展了现有的议程设置理论，

---

①　陈建国：《金登"多源流"框架评述》，《理论探讨》，2008年第10期。
②　王骚、靳晓熙：《动态均衡视角下的政策变迁规律研究》，《公共管理学报》，2005年第11期。

来处理政策停顿和政策间断问题。①鲍姆加特纳和琼斯在研究了不同时期，不同领域大量的政策制定案例之后发现：①政策制定同时存在着跳跃和几乎停滞的时期，就如在公众议程中问题的出现和消失一样。②美国政治制度加剧了趋于间断式平衡的趋势。③政策图景在问题拓展到专家控制和专业兴趣也就是"政策垄断"之外的情况下就会发挥关键作用。

　　根据中断—平衡理论的观点，政策制定具有长期的渐进变迁伴随短期的重大政策变迁的特点。当政策反对者力图形成新的"政策图像"、利用美国政策多样化这一特征时，就有可能发生短期的重大政策变迁。中断—平衡框架旨在对政策稳定与激进政策变迁作出清晰解释。制度结构为中断—平衡理论提供了一个重要的基础，而议程设置提供了另外一个重要的基础。没有任何政治系统能够在对其面临的所有问题的持久讨论中显示其特色。但是，对于政治问题的讨论通常可以分散到一系列的以问题为导向的政策子系统当中。这些子系统可能处在众多利益的斗争之中，也可能只由单一利益主导。利益的斗争可能在一段时间后破碎，也可能建立起它们不同于其他子系统的独立性。它们被称为铁三角、论点小环境，政策子系统，或是议题网络，但是任何这样的特点可以被认为只是动力过程中的一个简单写照。无论人们怎样处理政治聚光灯以外的问题专家集团，大多数时候的问题都是由这个专家集团来处理的。但是，在宏观政治的条件下，有些问题的出现，会主导议程，并在一个或多个子系统中引起变化。

　　中断—平衡理论的关键在于政策垄断的思想。政策垄断是指政策制定中由最重要的行为者所组成的集中的、封闭的体系。垄断者热衷于把政策制定封闭起来，因为在一个封闭的体系中，垄断者可以通过各种方式对政策进行控制。

　　当子系统被单一利益主导的时候，子系统就最好被视为一种政策垄断。政策垄断有一种可以界定的制度结构，这种制度结构负责影响某一领域的政策制定，同时其责任是由某些强有力的观念和理想来支撑的。这样的理想是和核心政治价值相联系的，也可以简单而直接地和公众进行沟通。因为成功的政策垄断，系统地减轻了变迁的压力。它含有一个负向消极反馈过程。当然，政策垄断也不是永远无懈可击的。政策垄断也有可能崩溃。如果民众

---

①　[美]保罗·A.萨巴蒂尔：《政策过程理论》，彭宗超译，生活·读书·新知三联书店，2004年，第126页。

被排除在政策垄断之外,因而有政治冷漠感,政策制度安排通常保持常态,政策变迁就只会缓慢进行(即负反馈过程)。当变迁压力出现的时候,垄断可以在一段时间内成功地与之对抗。但是如果压力足够大,就会导致以前并不包含在内的政治行动者和政府机构的大量干预。通常来说,这需要支持性的政策图景发生实质性的变化。当问题被重新定义后,辩论的新维度就变得重要起来,新的行动者就认为可以在他们以前并不涉足的地方发挥自己的作用。这些新行动者可能坚持要重新设定规则,坚持要改变原来的力量对比平衡关系,并可以用新的制度确保新平衡的建立,而原先的机构和制度不得不和新获得合法性的机构来分享他们的权力。因此,由政策垄断崩溃而产生的变迁,可能被锁定为未来要进行的制度改革服务。[①]

中断——平衡理论包括平衡或几乎停滞的时期,那时一个问题则被纳入宏观政治议程当中。当一个问题领域处于宏观政治议程时,客观环境中的微小变化都可能引起政策上的重大变化。该系统即在经历正向反馈。公共政策的图景变幻和制定层面的相互作用引发了正向反馈过程。政策图景是经验信息和感情要求的混合物,任何政策或是计划的实际内容可能包含很多不同的方面,也能以不同的方式影响不同的人。当一种政策图景被广泛地接受并获得支持,其通常与成功的政策垄断结合在一起。当对于描述或是理解一项政策的合适方法存在不同意见时,支持者们会聚焦一组图景,而他们的反对者会聚焦一组不同的图景,当反对者提出相反的图景时,这种政策垄断就有可能崩溃。

中断——平衡模型实际包括铁三角模型和议题网络模型。其理论基点是:其一,美国的利益集团、国会和政府立法和管制问题上形成相互扶持的体系。这种三方互利互惠的关系也被称为铁三角关系。在政策制定的铁三角构架中,就更有可能产生一个封闭而稳定的体系。他们对政策过程实行严密的控制。在政策制定过程中,强势利益团体的势力串联国会议员,进而掌控政府机关,使得政府机关无法保持中立,而必然受到利益团体与国会议员的影响,二者形成密切共生和对外封闭的铁三角关系。利益集团和国会及政府之间以利益为纽带,形成了铁三角网络关系,用他们自身建立的利益网络关系进行着权威性分配。[②]铁三角最为显著的特征是互相援助。在共同利益的前

---

① [美]保罗·A.萨巴蒂尔:《政策过程理论》,彭宗超译,生活·读书·新知三联书店,2004年,第131页。

② 同上,第133页。

提下,政府部门、国会委员会和利益集团有着相同的问题和目标,他们通力合作、各取所需。对于处在受管制地位的利益集团,作为管制者的政府不是通过强制性的手段,而是进行协商和妥协。三方合作的结果往往是各方都得到了利益,因此铁三角关系非常稳定;其二,政策垄断所把持的均衡一旦破裂,对问题的关注就会更加强烈和具有批判性,政策也会迅速改变。随之,政策垄断自身会崩溃,至少会走向更为开放的议题网络。从议题网络视角出发,铁三角中利益的代表并不总是以制度化的形式固定下来,政策过程中除了以利益为纽带联结起来的少数强有力的行为者之外,还存在着靠观念或感情联结的议题网络。在议题网络视野中,没有一个统一的支配公共政策的网络群体,没有谁能够真正地控制公共政策。议题网络模型中,直接的利益关系让位于观念或感情的联结。在议题网络看来,随着参与者的更换,政策过程中充满着不确定性和流动性。议题网络模型并不否认"铁三角"的存在。相比较而言,在"铁三角"模型中,一小群参与者成功地获得主导地位,他们相互之间会密切共生、对外封闭。参与者的关系是依靠彼此间的直接经济利益比较稳定地联合起来,以此来控制小范围的公共计划。而议题网络是由大量的参与者组成,这些成员之间的责任各不相同却互相依存。参与者频繁变动,公共计划受问题和政策本身左右。而且网络的纽带在于共同的知识构成和思想感情,而不在于直接的物质利益。可见与铁三角相比,议题网络的人事变动频繁是非常不稳定的体系。如果从排他性和依赖性的角度看,议题网络是一个低度排他和低度依赖的网络,与铁三角高度排他和高度依赖的属性形成鲜明的对比。总之,中断—平衡模型的核心点在于,从长期来看,利益集团政治权力的平衡相对稳定。而一旦公众对公共政策的理解突然有了变化,或者集团寻求打破已有的利益格局,这种平衡就会打破。因此,大多数情形下,美国的政策过程呈现的是一种稳定和渐进主义的总体趋势,但偶尔会出现重大变迁。长期的稳定之后会有一个急剧的改变,然后又是一个长期的稳定时期。①

二、对中断—平衡理论的评价

中断—平衡理论建立在人类决策的有限理性和美国政府制度的本质之

---

① 卓晓宁,周海生:《西方公共政策理论模型及方法论演进述评》,《南京社会科学》,2010年第7期。

上，它能够强烈地说明其理论解释与我们所观察到的国家决策为什么高度一致。它可以解释稳定的和渐进性的变化时期，也能够解释发生剧烈变革和大规模变化的时期。渐进性的调整、甚至停滞是经常发生的，但是现实并不总是这样。间断与剧烈的政策偏移并非失常，外部性被剔除出去，使得线形数学和中心限制理论技术能够起作用。间断是美国预算决策和美国政策制定的一种正常并且重要的特征。

长时期的观察表明稳定性和间断性是许多政府政策制定的特点。与此同时，制度层面的多维度相互作用以及有限理性决策，使得中断—平衡理论特别适合于解释相对开放的民主政体的情况。事实上，中断—平衡模型被证明在理解英国卡车道路政策变迁时，在理解国会委员会权力机构时，在理解延伸的州际竞争者时，都被证明卓有成效。

但是中断—平衡理论的效用及其所观察到的事实的一致性也使其付出了代价。对于复杂性和美国政策过程变化的相互作用的全面评价，使得我们确信关于政策过程变化的相互作用的全面评价，使得我们确信关于政策结果的个人层次预测只在有限程度上才成为可能，这种程度首先是我们能够选择研究领域和研究时期以避开反馈与间断的时期和领域。其次是我们能够将我们的"预测"限制在事后能够知道何谓成功动议的时期。经验数据的非线性、非常态性、相互独立性和高度聚积性，意味着清晰的因果关系链和准确的预测在某些时期的某些案例中才能够行得通。但是完整的模型很难得到，这是因为我们不能预测间断出现的时间和出现之后所产生的结果，什么会导致下一次注意力的重大转移、维度上的变化或者新的会议框架？什么时候这些变化会发生在一个特定的政策领域中？从系统的角度来看，作为一种理论，中断—平衡引导我们认为几乎所有的时期都有某些政策间断正在发生。同时这个理论结合制度设定以及决策过程可以预测，局部变化的量级与其系统层次的发生频率是联系在一起的。中断—平衡理论预测了一种系统层次的稳定性模式，但是它不能够帮助我们在特定政策问题上作出预测。①

———————

① ［美］保罗·A.萨巴蒂尔：《政策过程理论》，彭宗超译，生活·读书·新知三联书店，2004年，第131页。

第五节　倡导联盟理论

倡导联盟理论作为一种公共政策过程理论,至今已在众多国家、诸多政策领域得到广泛的应用与检验。它立足于现代社会中公共政策的复杂性,试图提出能将其进行有效简化的理论工具,进而实现对复杂政策过程全面、深入的理解。倡导联盟理论与其他政策过程理论相比,关注政策子系统中因共同政策信念而致力于协调行动的政策活动者所构成的"倡导联盟",关注基于政策信念的政策取向学习与政策变迁之间的关系,同时也关注影响政策子系统的外部因素及其作用机理,提出了引发政策变迁的多种途径。

一、倡导联盟理论的由来与发展

20世纪七八十年代,民主化浪潮使得政策制定不再仅限于政府部门,公民参与成为普遍趋势。同时社会经济环境的复杂化使得政策目标趋于多元,社会利益超于分化,各行动主体的诉求日益异质化,而知识技术在不断发展的同时也带来更多争议与对抗。虽然传统的阶段分析模型有助于理解整个政策的循环过程,但是它在逻辑上缺乏因果机制,在描述上不够准确细致,在应用中存在盲点和过于简化,因此无论从理论上还是从实践上,都难以适应新形势,无法对政策过程出现的"上下互动""目标冲突"的新特征作出有效解释。正是在此背景下,倡导联盟框架以阶段分析模型的替代理论出现并不断发展,成为众多替代理论中最具影响力的代表之一。

倡导联盟框架的最初观点是由萨巴蒂尔率先提出来的。倡导联盟框架最初的理论形式应该说为回应政策过程文献中的几个被注意到的"需要"作出了重要的贡献:第一个是需要用长时段的视角理解政策的改变,第二个是需要有一个包括研究人员和政府间关系在内的更复杂的子系统观念,第三个是需要更加关注公共政策中科学和政策分析的作用,第四个是需要有更现实的深深地植根于心理学而非微观经济学的个体模型。1978年,萨巴蒂尔介绍了行政机构对技术性信息的获取与利用,初步形成了框架萌芽。随后,他对政策执行中的自上而下和自下而上的模式作了分析和建议,并初步提出政策变迁的倡导联盟框架理论。在20世纪80年代中期,萨巴蒂尔开始与简金斯·史密斯合作，而简金斯·史密斯已经完全独立地提出了与公共政策中科学信息作用非常相似的概念。简金斯·史密斯和萨巴蒂尔共同设计了一个战略，这个战略鼓励其他学者批判性地评价政策领域中支持联盟框架的有关内容以及他们的建议中的数据资料。结果形成了包括九个框架应用实例在内的研讨会集，并进而引发对该框架的几点修正。从1993年开始，倡导联盟框架已经被美国、加拿大、澳大利亚和西欧的许多学者所应用，这些应用大多数是他们自己主动所为。

最初的倡导联盟框架建立在五个基本假设之上，大部分源自于关于政策执行的研究文献和公共政策中技术信息的作用。

第一个假设是，政策过程或者说政策变迁理论，需要研究技术性信息在政策过程中所发挥的作用，技术性信息涉及问题的重要性和多面性、问题的原因和各种解决方案的可能后果等。这些信息明显地在行政机构的许多决策中发挥了重要的作用。

第二个假设是，在一个政策子系统中的主要争论议题上，当政策核心信仰有分歧时，联盟群体及其反对者的力量是否会在随后十年或更长一段时间内更加稳定地成长。

第三个假设是，那些理解现代工业社会中政策变迁的大多数有用的政策分析单元，并不是特定的政府组织或计划，而是公共政策的子系统（或领域）。一个政策子系统包括那些来自于公共组织、私人组织中对某一公共政策问题，比如对空气污染控制特别关注的行动者，或者那些试图去影响该领域公共政策的活动者。

第四个假设是，在子系统中，倡导联盟框架认为，我们关于政策子系统的概念应该从传统的"铁三角"观念中扩展出来，仅限于行政机关、立法部门的委员会和影响单一政府层级的利益集团，而包括另外两个行动者集团：①新闻记者、研究者和政策分析者，他们在政策思想的产生、传播和发展中起着重要的作用。②活跃在政策形成和执行过程中的所有层级的政府行动者。在许多国家，政策创新经常发生在国家的局部层面，然后再扩展成为全国性的计划。

第五个重要的假设是，公共政策或公共计划整合了有关如何实现目标的一些固有理论，因而能够像信仰系统那样以一种大致相同的方式被概念化。这包括价值偏好、对重要因果关系的洞察力、对世界状态的观察力和对各种政策手段功效的洞察力或判断力。①

　　1988年,萨巴蒂尔对倡导联盟框架进行了系统阐述,分析了政策学习的作用,由此形成了初始框架(见图14.4)。

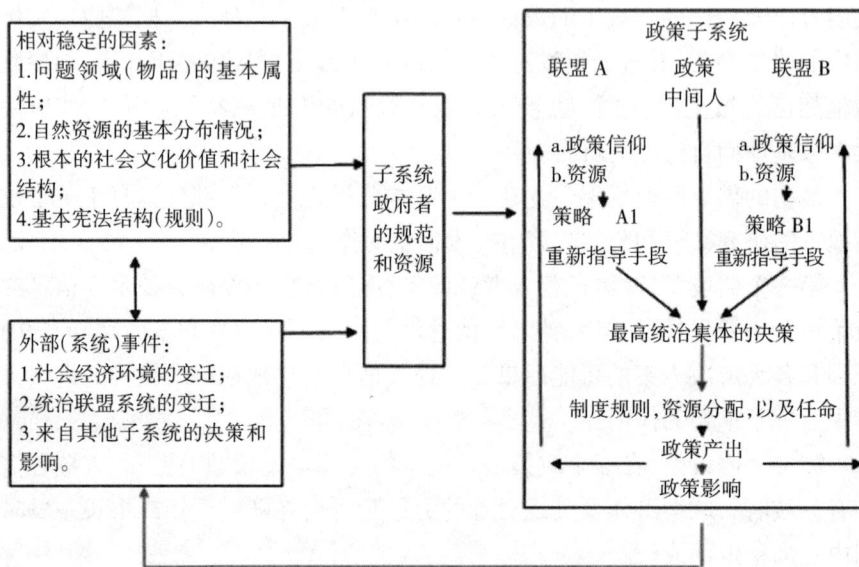

第十四章

相对稳定的因素:
1.问题领域(物品)的基本属性;
2.自然资源的基本分布情况;
3.根本的社会文化价值和社会结构;
4.基本宪法结构(规则)。

外部(系统)事件:
1.社会经济环境的变迁;
2.统治联盟系统的变迁;
3.来自其他子系统的决策和影响。

子系统政府者的规范和资源

政策子系统

联盟A　　政策中间人　　联盟B

a.政策信仰
b.资源
策略　A1
重新指导手段

a.政策信仰
b.资源
策略B1
重新指导手段

最高统治集体的决策

制度规则,资源分配,以及任命
政策产出
政策影响

图14.4　1988年倡导联盟框架范式

　　在整个框架内有四个模块(如图14.4所示),第一模块为相对稳定的因素。因为这组变量涉及基本的宪政结构、社会文化价值观、自然资源等,尽管它们难以改变但能明显地影响到最后的政策。第二模块为外部事件。这些子系统的外部变量因素是主要政策变迁的重要先决条件。第三个模块为子系统行动者的约束和资源。第四个模块为政策联盟子系统。第三个模块和第四个模块分别描述子系统,强调子系统需要集中在十年或更长一段时期中一组有规律互动的人或组织身上,他们旨在影响某特定领域的政策构建和执行。图左是两组外部变量,中间是一个中间变量,通过这个中间变量,外部变量可对整个政策子系统即最后一个模块施加影响,同时右边的子系统又会反向影响"外部事件"。所以,一项政策博弈与出台或修订可看作是一个渐进的过程。

　　20世纪80年代中期,萨巴蒂尔开始与简金斯·史密斯合作。简金斯·史密

---

　　① ［美］保罗·A.萨巴蒂尔:《政策过程理论》,彭宗超译,生活·读书·新知三联书店,2004年,第154页。

斯和萨巴蒂尔共同设计了一个战略，这个战略鼓励其他学者批判性地评价政策领域中倡导联盟框架的有关内容以及他们建议中的数据资料。1993年，萨巴蒂尔和简金斯·史密斯出版《政策变迁与学习:倡导联盟框架》一书，不仅系统阐释了倡导联盟框架的知识体系，而且收集了重要个案研究作为检验，由此形成了倡导联盟框架的第二个版本。与第一个版本相比，第二个版本对核心概念的界定更为清晰,对核心观点的阐释更为深入,但框架整体构成方面没有显著变化。①

　　1999年萨巴蒂尔出版的《政策过程理论》一书中提出了倡导联盟框架的第三个版本。与前两个版本相比,该版本有两项改进:一是新增一项"公共舆论的变化"作为影响政策子系统的外部事件,二是增加"主要政策变迁所需的共识程度"作为相对稳定因素影响政策子系统的中介机制,这使倡导联盟框架在不同政治制度的国家具备了更广泛的解释力(如图14.5)。

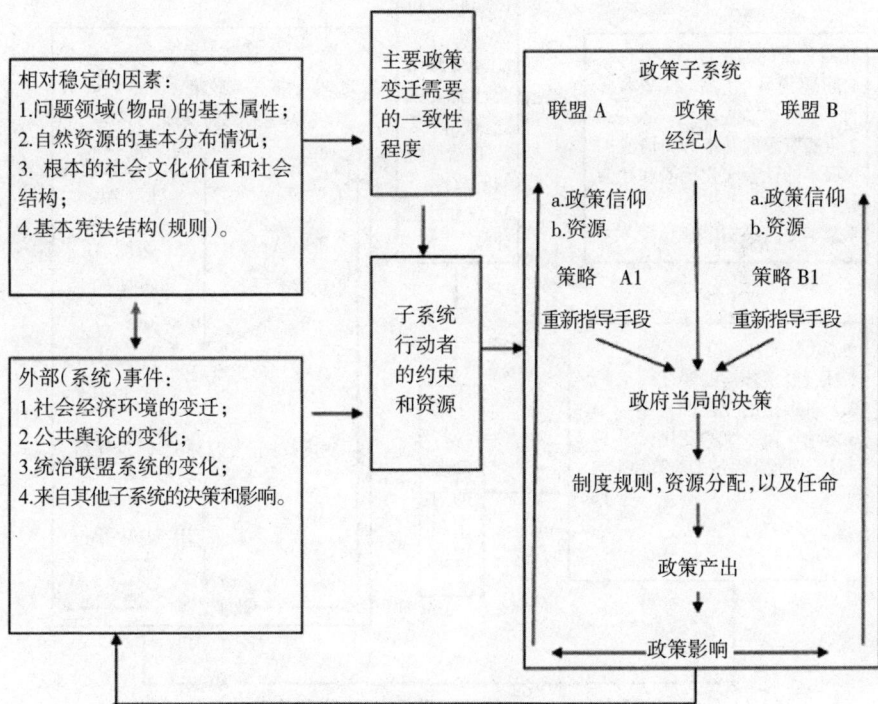

图14.5　1998年倡导联盟框架图

---

① 朱春奎、严敏、曲洁:《倡议联盟框架理论研究进展与展望》,《政府间关系与管理》,2011年第7期。

　　随着倡导联盟框架的广泛应用，它不断吸取其他模型的合理因素，尤其是政策网络途径与合作途径，从而实现了倡导联盟框架的重大突破，将政策变迁的原因由两个扩展为四个，外部因素作用于政策子系统的原理得到更明确的阐释，形成倡导联盟框架的第四个版本及其修改版（见图14.6），将政策变迁的原因由两个扩展为四个，外部因素作用于政策子系统的原理得到更明确的阐释，同时改进了外部因素影响政策子系统的机制，添加了"减少社会分歧"和"政治系统的开放性"变量，并将它与"主要政策变迁所需的共识程度"整合为"长期的联盟机会结构"。至此，外部因素作用于政策子系统的机制被分为长期与短期两个方面：相对稳定的因素主要通过对长期联盟机会结构的影响而制约政策子系统中的政策行动。外部事件则主要通过短期内对子系统行动者形成的规范和资源约束而制约政策行动者的行为。

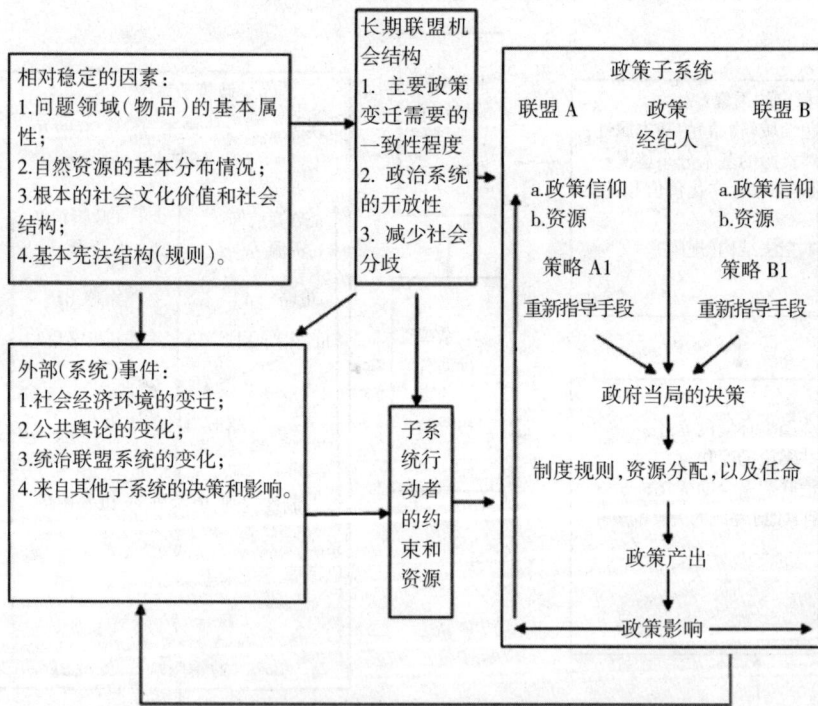

图14.6　2007年倡导联盟框架流程修正

　　倡导联盟框架聚焦于倡导联盟之间的互动作用，每一个倡导联盟都是由来自政策子系统的不同行动者组成，他们拥有一套共同的政策信仰。在倡导联盟框架下，政策变迁是子系统内部竞争与外部事件影响的共同结果所致。它详细描述了政策精英的信仰系统,并对不同联盟之间进行政策学习所需的条件作出分析。如图14.6所示,倡导联盟框架的主要贡献之一,就是将政策子系统与其所处的政治环境区分开来。由于政治系统横跨多个地区涉及诸多领域,它以议题的形式促进行动者汇集在一起达成共识,从而推动政策变迁,因此倡导联盟框架将政策子系统定义为主要的分析单位。子系统会受到外部影响,图14.6显示出子系统在其所处的政治环境(由相对稳定的因素和外部事件构成)中运转,并且受到长期的联盟机会结构与子系统行动者的短期约束条件和资源,以及其他政策子系统事件的限制。长期机会结构的重要修订,是为了便于在美国多元主义体制以外的社团主义体制下运用,其中主要政策变迁所需的共识程度,会影响联盟的数量与成员和联盟为达成一致所采取的策略;政治系统的开放程度也受到国家体制的影响,由于美国的联邦制度与分权制衡,使政策过程分解到许多部门并鼓励开放和多方参与,而社团主义体制则相对封闭、更加集权和限制参与。①

　　除了外部的客观因素以外,行动者的思想与行为等主观因素是导致政策变迁的直接原因。图14.6右侧的政策子系统,将参与者分为两种类型,一是谋求影响政策的直接利益相关者所组成的倡导联盟,同一联盟成员的政策信仰②基本一致,并掌握一定的资源。他们通常会在既定的策略下,采取一致的行动来影响政府当局的决策,从而使制度规则,包括资源分配和任命有利于本联盟。二是具有中立色彩旨在协调冲突的政策掮客。在政策过程中,不同的倡导联盟的战略往往互相冲突,这些冲突需要政策掮客调解。

　　倡导联盟框架最初仅仅聚焦于政策子系统。发生政策变迁的两条路径,一是子系统的外部事件,这被视为促使子系统政策核心发生改变的关键因素。外部事件或震荡包括社会经济条件、公共舆论、统治联盟和其他子系统的广泛变化。外部震荡能够通过资源的重新分配、联盟权力的垮台和信仰的变化促使某一子系统内部发生政策变迁。第二条路径是政策学习。政策学习

---

①　朱春奎、严敏、曲洁:《倡议联盟框架理论研究进展与展望》,《政府间关系与管理》,2011年第7期。

②　政策信仰贯穿于政策子系统与各倡导联盟之中,表现为一个具有等级特征的三维结构,由深层核心信仰、政策核心信仰与次要信仰组成。深层核心信仰类似于一种宗教信仰,包括根本的规范性认知和本体论公理,很难被改变;政策核心信仰包括对重要因果关系和问题严重性的认知,是联盟与联盟之间的根本区别,其中的基本规范性认知调整起来比较困难,但有关实际经验成分的认知体系可随经验证据的累积而改变;次要信仰则随经验资料和数据的不断更新而对工具性决策做出调整。

是指"与政策目标达成或修订相关的思想或行为倾向变更,取决于经验或新信息,需要较长时间"。因为框架行动者信仰体系的刚性,政策学习主要是在长时期内对次级层面信仰或政策子系统的次要方面产生影响。

对倡导联盟框架的最新修订,指出了政策变迁的第三条和第四条路径。第三条路径是子系统内部事件,相对于外部事件,它发生在子系统内部并且突出强调当前子系统的政策失败。第四条路径则基于变更有争议的决议文本并通过2~3个联盟之间的协商一致达成。该路径与跨联盟学习的发生条件密切相关,"职业论坛"提供了一个制度基础,允许联盟进行友好协商、达成一致与履行合约。萨巴蒂尔和怀布尔还指出了四条路径中导致政策变迁的九个条件,即政策僵局的打破、高效的领导、基于决策规则的共识、多渠道的资金、过程的坚持与成员的承诺、经验问题的聚焦、诚信构建的强化和相关部门的支持。

总之,在外部环境影响下,政策子系统内部要素间发生冲突与博弈,最终形成一个或多个政府政策,这些政策运用于实践层面后,产生的政策影响与其他因素调和之后,对目标问题的界定又产生一系列的影响,从而引发下一个政策循环圈。

二、对倡导联盟理论的评述

倡导联盟框架到现在已经产生了二十多个年头。它作为传统分析模式的替代性理论是对进步主义、利益组织竞争和意识形态冲突三种政策模型的发展;它主要集中对信念体系的分析,把政策信念系统作为政策共同体内在的稳定的参数,强调政策僵局是发生政策学习的一个重要条件。在很长一段时期,在美国和其他任何组织、国家学者的推动下,倡导联盟框架的研究从美国扩及各大洲,已经成为具有国际影响力的研究热点。作为一项日臻成熟的政策变迁理论,它已经带来了相当大的好处,除了有很多案例应用了倡导联盟理论外,还有很多主要研究批判性地运用了它。

(1)倡导联盟中的大多数关键术语都被清楚地界定,大多数支持联盟框架的命题也有清楚的陈述,并显示出内在的一致性。无论如何,"倡导联盟"的定义是非常清楚的。

(2)倡导联盟理论有两个驱动因素:联盟成员的核心价值和外部影响。从这个意义上说,它与生物学上的人口动力理论相似,在这里人口的质量水平是下面两个变量的函数：(a) 个人之间的竞争和物种寻求使内在适应性最大化的努力；(b)外部的影响力。

(3)倡导联盟理论在适应范围上相当广泛，即它似乎是至少在经济合作与发展组织国家中，已经能很好地、合理地适应于分析大多数的政策领域。

倡导联盟理论也引来不同领域学者的兴趣和建设性的批评。这些学者包括受到制度理性选择训练的学者和那些倾向于对政策进行认知性解释的学者。总之，倡导联盟理论是以"革新性研究方案"的面貌出现的，也就是说，它是一个激发兴趣和推动进步的方案。[①]

当前，倡导联盟框架依然处于检验和发展过程中，尚存在不少局限性并由此引发了若干质疑。虽然倡导联盟框架旨在替代阶段分析模型，但是倡导联盟框架主要针对一个时期的政策变迁展开分析，其前提需要对政策阶段进行梳理，在此意义上，倡导联盟框架实际上是一种超越而非替代。倡导联盟忽略了政策周期中各个阶段的意义，忽视了公众舆论(民意)在政策过程中的作用。倡导联盟框架倾向于将主要政策变迁与单一外部事件相联系，但事实上可能是众多相互关联的外部事件共同促成了政策变迁；任何有经验的政策实践者都能够识别政治冲突中的各方，因此倡导联盟框架仅仅是陈述了十分明显的事实，缺乏理论创意和深度，意义有限；一些概念和因果机制的界定仍然模糊，尤其是缺乏描述联盟形成和联盟行为的概念化的、可操作的制度变量；其关于信念和自利性在政策过程中的作用解释是模糊的，对联盟形成、策略、维持和集体行动的描述还不清晰，并没有作出令人完全信服的有关集体行动问题的解释。尽管在应用与假设的检验过程中，倡导联盟框架还暴露出不少局限性并由此引发若干质疑，但是这不会影响到它的科学性特征，而且萨巴蒂尔对很多质疑已经作出回应，部分予以驳斥，部分予以反思，从而使框架的假设不断得到修订与完善。目前，我国社会处于社会利益格局分化的关键时期，各利益群体之间的关系亟待调和，这是公共政策的首要任务。同时，各种矛盾、摩擦和社会发展目标给公共政策制定造成了多方压力，使公共政策过程日趋复杂。而倡导联盟框架正好通过将众多的政策行动者建构到倡导联盟之中，为研究如何动员整个社会力量、推动各种不

① [美]保罗·A.萨巴蒂尔：《政策过程理论》，彭宗超译，生活·读书·新知三联书店，2004年，第213页。

同的利益群体在共同的政策目标中一致行动,提供了一个基本的范式。①

第六节 政策扩散理论

一、政策扩散理论的由来与概述

20世纪中期以来,社会经济环境的快速变化要求政府的执政能力不断提高,政策扩散逐渐成为政策过程研究的新焦点。1969年,密歇根大学的沃克开始关注各种创新型政策如何在各州之间的扩散,首先提出的一个问题是,创新型政策在各个州政府之间扩散这一现象为什么会发生?自沃克开创了政策创新扩散的先河后,随后经过罗杰斯、格雷、格洛尔、贝瑞夫妇等人的努力,政策创新理论得到了迅速发展,并成为公共政策研究的重要内容。

政策扩散通常是指创新型政策的扩散,即一项或一组公共政策创新方案从发源地向其他区域扩散的过程。国际政策科学界通常将政策扩散定义为一项创新通过某种渠道随着时间流逝在一个社会系统的成员之间被沟通的过程。②具体而言,它指的是某种创新从其发明和创造的发源地传输到创新的最终使用者或者采纳者的过程。美国学者埃弗里特·罗杰斯提出,政策扩散是一种创新随着时间的流逝在一个社会系统的成员之间通过某种渠道被沟通的过程。我国学者王浦劬认为公共政策扩散是指一种政策活动从一个地区或部门扩散到另一地区或部门,被新的公共政策主体采纳并推行的过程。费比诺·吉拉尔迪、科瓦东加·梅塞格尔等人认为政策扩散研究已进入第三代。第一代政策扩散研究是概念化阶段(1980年之前),第二代政策扩散研究是机制探索阶段(从1980年至2000年),第三代政策扩散为定量研究的成熟期和大N数研究阶段(从2000年至今)。

早期政策扩散理论主要集中在解释影响扩散的不同因素上。在美国州政府创新扩散的早期研究中,影响因素主要为三类:沟通因素,地域因素,政治、经济、社会等自身因素。随着扩散研究的深入,学者们开始检视前期的

---

① 朱春奎、严敏、曲洁:《倡议联盟框架理论研究进展与展望》,《政府间关系与管理》,2011年第7期。

② See, Everett M. Rogers. *Diffusion of Innovations*, New York: The Free Press, 1983。

政策扩散研究。他们认为早期的研究"除少数情况外扩散理论家倾向于使用集合数据、多元政策系统分析的宏观方法。这类研究可以对影响政策扩散的因素及影响关系有总体认知,如社会经济因素、地理因素、政治因素等都可能成为一项新政策采纳的早晚、甚至最终是否被采纳的影响因素。但是,这样的研究难以发现存在于不同政治体间扩散行为的具体动机。于是第二阶段,很多政策扩散的研究者开始致力于扩散机制的研究。机制是指"关于(两个变量)如何相关的貌似合理的解释的一系列陈述",它能揭示引起扩散行为的具体因素或影响变量。政策扩散机制的研究成为这一时期政策扩散理论体系的重要研究内容。到了第三阶段,许多学者开始尝试扩散机制的整合研究。魏吉娜提出了一个整合政策创新扩散各变量的概念框架,这个框架把所有扩散变量分为三类,第一类是创新本身的特征,包含政策采纳之后的公私影响和成本收益两类变量。第二类是影响政策采纳率的创新者的特征,共有六组变量,创新者的社会存在体(个人、组织、州等)、创新者的新密性、情形特征、社会经济特征、社会网络中的位置,以及个人素质。第三类是当代世界促成扩散现象的结构特征,即环境特征,包括地理环境、社会文化、政治条件和全球一致性等。[①]

第十四章

二、政策扩散传播过程

作为一种政策过程理论,有关公共政策扩散的具体过程的分析和探讨无疑是政策扩散研究中的关键内容。在早期的研究中,格雷借鉴其他学科对创新扩散的研究,提出了政策扩散过程的一个经验模型,他发现在一项创新型政策扩散的初期,政策被采纳的发生相对不频繁,而随着各种因素的影响,在此之后被采纳的比例会急剧上升。[②]布朗和考克斯则将创新型政策扩散的过程总结为三条规律:即时间维度上呈现出S形曲线,在空间维度上表现为"邻近效应",以及在区域内出现"领导者——追随者"的层级效应。卢卡斯从阶段论的视角出发,进一步将政策扩散过程划分为政策再发明、政策发展、政策尝试、政策的调节修改与政策的融合等五个阶段,同时他还指出这

①　陈芳:《政策扩散理论的演化》,《中国行政管理》,2014年第6期。

②　Virginia Gray.Innovation in the States: A Diffusion Study, *American Political Science Review*. Vol.67,1973,pp.1174–1185。

五个阶段并非是线性的,其间可能存在着跨越。另外,在有关影响政策扩散过程的具体因素方面,米特洛母等人先后分析了政策倡导者和政策网络对于政策扩散过程的作用机理。进入20世纪90年代,贝瑞夫妇的一系列研究为政策扩散理论的深入发展提供了新的指南。首先,他们最早采用事件历史分析法,将政策创新中的内在因素和邻近效应整合为一个模型;其次,他们通过对州政府层面的大量实际案例的全面分析,为政策创新模型提供了强有力的实证支持。①

政策扩散过程有四种基本模型:全国互动模型、区域扩散模型、领导—跟进模型、垂直影响模型。

(一)全国互动模型

"全国互动模型"是假设在州政府官员之间存在一个全国性政策沟通网络,通过这个网络,已经采纳新政策方案的州政府官员能够与尚未实现的州政府官员自由互动与交流。在这一前提性假设的基础上,该模型进一步推断认为未实施该新政策的州政府官员与已采纳州的官员的每一次接触都能够给前者提供政策采纳的额外激励。由此,"全国互动模型"指出,一个州采纳新的政策项目的概率与该州官员和已采纳政策项目州的官员之间的互动次数成正比关系。

(二)区域扩散模型

"区域扩散模型"假设各个州主要受到地理位置相邻的州政府的影响。这一模型又可细分为邻近模型和固定区域模型。前者假定各州主要受到那些与之有着共同边界的州政府的影响;后者则假定一个国家分成若干个区域,而各个州政府倾向于与同一区域的州政府开展政策竞争。尽管邻近模型和固定区域模型在强调相邻州之间政策学习或竞争的意义上是相似的,但是这两种模型在发生影响的具体途径上存在着一些差异:前者假设每个州都有独一无二的参照系作为公共部门创新的提示,而后者则假设同一区域

① 周望:《政策扩散理论与中国"政策试验"研究:启示与调适》,《四川行政学院学报》,2012年第4期。

内的州政府之间有着相同的影响途径。

(三)领导—跟进模型

"领导—跟进模型"假设个别的州在一项政策采纳方面是先行者,而其他州则争相效仿,并且跟进。许多研究者进一步指出,这种领导与跟进的关系模式是区域性的, 即各个州主要受到来自他们所在地区中一个或者更多先进州的指引,当区域内有成员率先采纳新政策时,会大大增加其他成员采纳同一政策项目的可能性。由此可见,这一模型强调的是各州之间通过相互的学习来进行效仿,而不是迫于公众压力或彼此之间的竞争。

(四)垂直影响模型

"垂直影响模型"与"领导—跟进模型"有相类似的地方,联邦政府的角色类似于区域内的政策采纳者先行者,各个州政府再随之跟进。两者之间的区别在于: 各个州政府在新政策方面对于先行者的跟进式学习是一个具有主动选择权的过程,而面对来自联邦政府的命令式安排却必须服从。当然,联邦政府也会提供一些激励机制,尤其是在财政方面。显而易见的是,在联邦政府的垂直影响下, 新的政策项目在州政府中扩散的速度比前述三种模型中的任何一种都要快。

三、中国公共政策创新扩散的基本模式

王浦劬认为分析和概括中国公共政策扩散模式, 应该在采用公共政策扩散一般研究工具,在分析和把握中国公共政策扩散发展过程的时间、空间方式的基础上,尤其着力结合中国公共政策的特定行动主体来分析进行。他提出了中国公共政策扩散的四个基本模式:

(一)自上而下的层级扩散模式

自上而下的层级性公共政策扩散模式,是在政府科层组织体系内部,上级政策推动者选择和采纳某项政策, 并用行政指令要求下级采纳和实施该

项政策的公共政策扩散模式。这是目前中国较为常见的公共政策扩散模式，具有行政指令性特征。

中国作为单一制国家，政府机构组织具有明显的层级化、集权化特点，作为公共政策扩散行动主体的上下级政府之间，具有行政权力的命令和服从关系。因此，在中央、省市自治区、地（州、旗）级市、县—县级市和乡镇构成的五级政府体制中，由上级政府及相关部门制定的政策，往往直接通过政策落实和政策执行等方式，迅速扩散到下级政府及相关部门。这种自上而下的公共政策层级扩散路径或者是"政策全面铺开"，或者是"政策局部地区试点——全面推行"。从中国公共政策实践活动来看，"政策局部地区试点——全面推行"是公共政策扩散的基本路径。这一路径主要包括两个阶段：第一，政策在局部地区试点；第二，政策试点取得一定效果和经验后，向全国全面推行。公共政策的局部地区试点，为相关公共政策全面推行的合法性，可以减少公共政策的执行阻力。①

（二）自下而上的吸纳辐射扩散模式

中国公共政策实践中的这种政策扩散路径，集中体现为"地方政府创新—上级采纳—推广实行"。这种公共政策扩散模式，实际是一种"吸纳—辐射"的公共政策扩散模式。

中国具有中央统一权力的政府体制，但是中央统一权力体制并不意味着地方政府在公共政策活动中缺乏积极性、创新性和能动性空间。确实，在中国这样一个"巨型社会"里，仅仅依靠中央政府来实现全社会的调控，是难以想象的。实际上，地方政府作为中国公共政策扩散的行动主体，在中国政府公共政策创新和探索中具有较大的政策空间。对于省级政府而言，这一空间尤其明显。随着中国行政管理体制改革的深化和政府职能转变的推进，省级政府在多方面公共政策制定和实施中具有自主权。因此，省级政府常常是自下而上地吸纳辐射公共政策扩散模式的首创主体。

---

① 王浦劬、赖先进：《中国公共政策扩散的模式与机制分析》，《北京大学学报》，2013年第6期。

(三)同一层级的区域或部门间扩散模式

在同一政府层级,由于作为公共政策扩散主体的区域政府或政府部门的作用,中国的公共政策也会出现区域、部门之间的扩散模式。这种模式主要体现在以下三方面:第一,邻近区域、城市间的公共政策扩散。中国的公共政策实践表明,政策创新性扩散活动具有邻近效应。由于邻近区域、城市间政府信息交流频繁,容易获得政策创新的信息,加上邻近区域和城市政府在提供公共物品和服务中具有竞争关系,进而驱使相邻区域和城市政府倾向于积极采取政策跟踪和政策学习方式,由此客观上推动了公共政策扩散。第二,部门间的公共政策扩散。从中国的公共政策实践来看,其政策扩散呈现政策部门之间扩散的鲜明特点。第三,区域间的公共政策位移扩散,即公共政策呈现跨区域的位移扩散。这方面的主要表现是:在学习机制和模仿机制的驱动下,作为主导社会经济发展和公共政策扩散重要主体的中国地方政府,积极促使公共政策由政策领先地区向政策跟进地区扩散。

(四)不同发展水平区域间政策跟进扩散模式

在公共政策系统中,公共政策扩散具有梯度性。由于公共政策在时间和空间上存在势能差或位势差,公共政策通常会沿着扩散动力源向周围政策势能较低的地区扩散。当前,这种模式在中国的集中表现是,相同的公共政策及其活动从东部发达地区向中西部地区扩散。改革开放以来,我国经济发展首先采取非均衡发展战略,允许一部分地区、一部分人先富起来,以先富带动后富。这些经济活动反映到公共政策领域,使得东部发达地区处于政策领先地位,成为中西部地区经济发展和公共政策学习的跟进对象。中西部地区对于东部地区的公共政策学习和跟进造成的公共政策扩散模式,主要集中体现在经济政策领域。

思考题

一、概念解释

    1. 政策网络理论

    2. 政策变迁理论

    3. 多源流理论

    4. 中断—平衡理论

    5. 倡导联盟理论

    6. 政策扩散理论

二、简答题

    1. 如何评价政策网络理论?

    2. 阐述公共政策变迁的过程。

    3. 阐述多源流理论的主要观点。

    4. 简要评述中断—平衡理论。

    5. 简要评述倡导联盟理论。

    6. 请联系现实公共政策实践来分析我国政策扩散的模式。

第十四章

参考文献

1.《中国大百科全书·社会学》,中国大百科全书出版社,1991年。

2.[美]B.盖伊·彼得斯、弗兰斯·K.M.冯尼斯潘:《公共政策工具——对公共管理工具的评价》,顾建光译,中国人民大学出版社,2007年。

3.[美]E.S.萨瓦斯:《民营化与公私部门的伙伴关系》,中国人民大学出版社,2002年。

4.Jay M. Shafritz, Karen S. Layne;Christopher P. Borick, Classics of Public Policy,北京大学出版社,2006年。

5.[美]R.M.克朗:《系统分析和政策科学》,陈东威译,商务印书馆,1985年。

6.[美]保罗·A.萨巴蒂尔编:《政策过程理论》中译本,生活·读书·新知三联书店,2004年。

7.[美]查尔斯·林德布洛姆:《决策过程》,竺乾威,胡君芳译,上海译文出版社,1988年。

8.[美]查尔斯·沃尔夫:《市场与政府——权衡两种不完善的选择:兰德公司的一项研究》,中国发展出版社,1994年。

9.陈庆云:《公共政策分析》,北京大学出版社,2006年。

10.陈庆云:《公共政策分析》,中国经济出版社,1996年。

11.陈振明:《公共政策分析》,中国人民大学出版社,2003年。

12.陈振明:《政策科学——公共政策分析导论》(第二版),中国人民大学出版社,2003年。

13.[美]大卫·雷·格里芬:《后现代科学》,中央编译出版社,1998年。

14.[美]戴维·L.韦默、[加拿大]艾丹·R.维宁:《政策分析——理论与实践》,戴星翼等译,上海译文出版社,2003年。

15.[美]戴维·杜鲁门:《政治过程——政治利益与公共舆论》,天津人民出版社,2005年。

16.［美］戴维·伊斯顿：《政治体系——政治学状况研究》，马清槐译，商务印书馆，1993年。

17.［美］道格拉斯·C.诺思：《经济史中的结构与变迁》，陈郁、罗华平译，上海人民出版社，1994年。

18.［美］道格拉斯·C.诺思：《制度、制度变迁与经济绩效》，刘守英译，上海三联书店，1994年。

19.［美］德博拉·斯通：《政策悖论——政治决策中的艺术》（修订版），顾建光译，中国人民大学出版社，2006年。

20.方福前：《公共选择理论——政治的经济学》，中国人民大学出版社，2000年。

21.［美］弗兰克·费希尔：《公共政策评估》，吴爱明、李平等译，中国人民大学出版社，2003年。

22.顾建光：《公共政策分析学》，上海人民出版社，2004年。

23.［美］海伦·英格兰姆、［美］斯蒂文·R.史密斯：《新公共政策——民主制度下的公共政策》中译本，上海交通大学出版社，2005年。

24.［美］赫伯特·西蒙：《西蒙选集》，首都经济贸易大学出版社，2000年。

25.［美］赫伯特·西蒙：《管理行为》，北京经济学院出版社，1988年。

26.［美］赫伯特·西蒙：《现代决策理论的基石》，杨砾、徐立译，北京经济学院出版社，1991年。

27.［英］杰弗里·S.维克斯：《判断的艺术——政策制定研究》中译本，中国青年出版社，2004年。

28.［美］卡尔·帕顿、大卫·沙维奇：《政策分析和规划的初步方法》（第二版），孙兰芝、胡启生等译，华夏出版社，2001年。

29.［美］E.R.克鲁斯克、B.M.杰克逊：《公共政策词典》，唐理斌等译，上海远东出版社，1992年。

30.林德金等：《政策研究方法论》，延边大学出版社，1991年。

31.林水波、张世贤：《公共政策》，五南图书出版公司，1987年。

32.［美］罗杰·J.沃恩、特里·E.巴斯：《科学决策方法——从社会科学研究到政策分析》，沈崇麟译，重庆大学出版社，2006年。

33.［英］罗素：《宗教与科学》，商务印书馆，1982年。

34.［英］米切尔·黑尧：《现代国家的政策过程》中译本，中国青年出版社，2004年。

35.[美]斯图亚特·S.那格尔:《政策研究百科全书》,林明等译,科学技术文献出版社,1990年。

36.潘莉:《社会保障的经济分析》,经济管理出版社,2006年。

37.[美]乔治·弗雷德里克森:《公共行政的精神》,中国人民大学出版社,2004年。

38.[美]斯科特·普劳斯:《决策与判断》中译本,人民邮电出版社,2004年。

39.[美]斯图亚特·S.尼古:《政策学:综合与评估》,周超等译,中国人事出版社,1991年。

40.宋锦洲:《公共政策:概念、模型与应用》,东华大学出版社,2005年。

41.孙光:《政策科学》,浙江教育出版社,1989年。

42.汤敏轩:《转型中国公共政策失灵研究——基于组织整合理论的系统分析》,西苑出版社,2010年。

43.[美]托马斯·R.戴伊:《理解公共政策》(第十二版),谢明译,中国人民大学出版社,2011年。

44.王达梅、张文礼:《公共政策分析的理论与方法》,南开大学出版社,2008年。

45.王骚:《政策原理与政策分析》,天津大学出版社,2003年。

46.[美]威廉·N.邓恩:《公共政策分析导论》(第二版),谢明等译,中国人民大学出版社,2002年。

47.吴鸣:《公共政策的经济学分析》,湖南人民出版社,2004年。

48.[韩]吴锡泓、金荣枰:《政策学的主要理论》,金东日译,复旦大学出版社,2005年。

49.伍启元:《公共政策》,香港商务印书馆,1989年。

50.伍启元:《公共政策》,香港商务印书馆,1985年。

51.[美]小拉尔夫·弗·迈尔斯:《系统思想》,杨志信、葛明浩译,四川人民出版社,1986年。

52.[美]小约翰·B.科布:《后现代公共政策——重塑宗教、文化、教育、性、阶级、种族、政治和经济》中译本,社会科学文献出版社,2003年。

53.谢明:《政策分析概论》,中国人民大学出版社,2004年。

54.谢明:《政策透视——政策分析的理论与实践》,中国人民大学出版社,2004年。

55.[英]休谟:《人性论》,关文运译,商务印书馆,1980年。

56.[以]叶海卡·德罗尔:《逆境中的公共政策分析》,王满传等译,上海远东出版社,1996年。

57.[以]叶海卡·德罗尔:《逆境中的政策制定》中译本,上海远东出版社,1992年。

58.[美]约翰·W.金登:《议程、备选方案与公共政策》(第二版),丁煌,方兴译,中国人民大学出版社,2004年。

59.[美]约瑟夫·斯蒂格利茨:《政府经济学》,曾强、何志雄译,春秋出版社,1988年。

60.[美]詹姆斯·E.安德森:《公共决策》,唐亮译,华夏出版社,1990年。

61.张国庆:《公共政策分析》,复旦大学出版社,2004年。

62.张金马:《政策科学导论》,中国人民大学出版社,1992年。

63.周炼石:《政策分析》,上海交通大学出版社,2006年。

64.猪口孝:《现代政治学丛书·国家与社会》,经济日报出版社,1990年。

65.Abraham Kaplan, Moral Responsibilities and Political Realities, *Policy Sciences*, No.14, 1982.

66.Allen D. Putt, J. Fred Springer, *Policy Research: Concepts, Methods, And Applications.* New Jersey: Prentice-Hall, Inc., 1989.

67.C. E. Van Horn, D.S. Meter, "The Implementation of Intergovernmental," in C. O. Jones(ed), *Public Policy Making in Federal System*, Beverly Hills: Sage Publications, 1976.

68.C.O. Jones, *A Introduction to the Study of Policy*, North Scituate, Mass, Duxbury Press, 1977.

69.Charles E. Lindblom and David K. Cohen, *Usable Knowledge: Social Science and Social Problem Solving*, New Haven, CT: Yale University Press, 1979.

70.Charles E. Lindblom, "The Science of Muddling through", *Public Administration Review*, No. 19 , Spring1959.

71.Charles John, *An Introduction to the Study of Public Policy*, Belmont, Wadeworth Publishing Co., 1970.

72.CharlesO. Jones, *An introduction to the Study of Public Policy*(3rd., eds.). Monterey, California: Brooks/Coles Publishing Company, 1984.

73.David L Weimer, Aidan R. Vining, *Policy Analysis: Concepts and Practice*, Englewood Cliffs, New Jersey: Prentice Hall, 1989.

74.E. S. Savas, *Privatization, The Key to Better Govenrnent.* Chatham, New Jersey:Chatham House, 1987.

75.Edward Quade, *Analysis for Public Decisions*, 2nd edition, New York: Elsevier Scientific, 1982.

76.Edward S. Quade, *Analysis for Public Decisions*, New York:American Elsevier Publishing Co., 1975.

77.F. E. Rourke:Bureaucracy, *Politics and Public Policy*, Boston:Little Brown and Co., 1967.

78.Fred A. Kramer, Policy Analysis as Ideology, *Public Administration Review*, Vol. 35, No. 5.(Sep.–Oct., 1975).

79.G. C .Edwards Ⅲ and I. Sharkansky, *The Policy Predicament*, San Francisco W. H. Freeman, 1978.

80.Giandonmenico Majone, "Policy Analysis and Public Deliberation," In Robert B. Reich, ed., *The Power of Public Idea*, Cambridge:Ballinger Pub. Co., 1988.

81.Graham Allison, *Essence of Decision Explaining the Cuban Missile Crisis*, Boston:Little, Brown and Company, 1971.

82.Harold D. Lasswell and Daniel Lerner, *The Policy Sciences:Recent Development in Scope and Methods*, Stanford CA:Stanford University Press, 1951.

83.Harold D. Lasswell, *A Pre-view of Policy Sciences*, New York:American Elsevier Publishing Co., 1971.

84.Harry Hatry, Richard E. Winnie, and Donald M. Fisk, *Practical Program Evaluation for State and Local Government Officials*, 2nd ed., Washington, DC: Urban Institute, 1981.

85.Henry L. Tosi and Stephen J. Canoll, *Management:Contingency, Structure and Process*, Chicago Illinois, Cluin Press, 1976.

86.Jeanne E. Nienaber and Aaron Wildavsky, *The Budgeting and Evaluation of Federal Recreation Programs*, New York:Basic Books, 1973.

87.Kenneth J. Arrow, *Social Choice Individual Values*, New Haven CT:Yale University Press, 1963.

88.Larry N. Gerston, *Public Policy Making:Process and Principles*, New York: M. E. Sharpe, Inc., 1997.

89.Lyman Tower Sargent, *Contemporary Political Ideologies*, Homewood, Ill.: The Dorsey Press, 1972.

90.M. Hammer, and J. Champy, *The Reengineering the Corporation: A Manifesto for Business Revolution*. New York: Harper Collins, 1994.

91.Martin Landau, The Proper Domain of Policy Analysis, *American Journal of Political Science*, 1977, 21(4).

92.R. F. Elmore: Organizational Models of Social Program Implementation, *Public Policy*, V.6, No.2, 1978.

93.Roger W. Cobb and Charles D. Elder, *Participation in American Politics: The Dynamics of Agenda-Building*, Boston: Allyn & Bacon, 1972.

94.Russell L. Ackoff, *Redesigning the Future: A System Approach to Social Problem*, New York: Willer, 1974.

95.Theodore J. Lowi, American Business, Public Policy, Case Studies, and Political Theory, *World Politics*, 1964, No.16.

96.Thomas R. Dye, *Understanding Public Policy*, Englewood Cliffs, New Jersey: Prentice-Hall, Inc., 1975.

97.Walter Williams, *Social Policy Research and Analysis: The Experience in the Federal Social Agencies*, New York: American Elsevier Publishing Co., 1971.

98.Wayne Parsons, *Public Policy: An Introduction to the Theory and Practice of Policy Analysis*, Cheltenham: Edward Elgar Publishing Limited, 1997.

后　记

公共政策学是行政管理本科专业的一门专业必修课，我校自2004年开设该课程以来，公共政策课程组老师通力合作，认真备课，潜心研究，精心制作教学计划、大纲、课件和教案，使公共政策学课程教学水平逐年提高，学生教学评价反馈一直保持优秀，本教材即是课程组多年来教学成果的汇总。本教材在国内外公共政策学研究成果的基础上，结合多年的教学和科研实践，吸纳国内同类教材优点，反映公共政策研究的最新学术成果。本教材主要包含四个部分：政策系统、政策过程（政策制定、政策执行、政策评估、政策监控与政策终结）、政策分析和公共政策研究学术前沿（即政策冲突、政策滞后、政策失灵、政策网络理论、政策变迁理论等目前国内教材没有的内容）。全书一共十四章，体系新颖，理论与实践紧密结合，在介绍公共政策理论知识同时，结合具体政策案例分析论述，便于读者理解抽象的理论，在每一章都有学习重点和思考题，是一本系统的、前沿的、适合行政管理专业本科生和研究生学习公共政策课程的教材。

本教材由吴光芸拟定编写大纲，主编为吴光芸、副主编为唐兵。本教材是集体合作的结晶，各章撰写者如下：

第一章，南昌大学吴光芸；

第二章、第五章，南昌大学李彦娅；

第三章、第四章，南昌大学唐兵；

第六章、第七章，南昌大学郭曦；

第八章、第九章、第十章，广州科技贸易职业学院翟秋阳、广东外语外贸大学王达梅；

第十一章，南昌大学吴光芸、李培；

第十二章，南昌大学吴光芸、祝小芳；

第十三章，南昌大学吴光芸、方林敏；

第十四章,南昌大学吴光芸、王灿;

全书由唐兵统稿,吴光芸校对并定稿。

本教材的出版得到了南昌大学公共管理学院院长彭迪云教授、公共管理学院副院长廖晓明教授、尹利民教授的大力支持,天津人民出版社王康老师给予了大力支持和帮助,在此一并致谢。

在本书的编写过程中,我们参考和引用了专家、学者的部分著述和网上的相关资料,在此向他们表示衷心的感谢。公共政策学学科发展很快,要编写一本好的教材,对于我们来说难度很大,加之时间紧、水平有限,缺点和不足在所难免。恳切希望能够得到专家、学者、同行和广大读者的批评指正,我们在此表示衷心的感谢! 联系方式:nkwgy@163.com。

编　者

2015年9月